全国大学通识教育系列教材

U0744423

现代企业制度与企业管理

主编◎ 刘 淼

副主编◎ 齐顺利　陈 慧

XIANDAI QIYE ZHIDU YU QIYE GUANLI

暨南大学出版社
JINAN UNIVERSITY PRESS

中国·广州

图书在版编目（CIP）数据

现代企业制度与企业管理／刘淼主编；齐顺利，陈慧副主编．—广州：暨南大学出版社，2010.9（2011.7 重印）

（全国大学通识教育系列教材）

ISBN 978 - 7 - 81135 - 618 - 2

Ⅰ.①现… Ⅱ.①刘… ②齐… ③陈… Ⅲ.①企业管理—高等学校—教材 Ⅳ.①F270

中国版本图书馆 CIP 数据核字（2010）第 165956 号

出版发行：暨南大学出版社

地	址：	中国广州暨南大学

电　话：总编室（8620）85221601
　　　　营销部（8620）85225284　85228291　85228292（邮购）
传　真：（8620）85221583（办公室）　85223774（营销部）
邮　编：510630
网　址：http：//www.jnupress.com　http：//press.jnu.edu.cn

排　版：暨南大学出版社照排中心
印　刷：广州市怡升印刷有限公司

开　本：787mm×1092mm　1/16
印　张：13.75
字　数：358 千
版　次：2010 年 9 月第 1 版
印　次：2011 年 7 月第 2 次

定　价：27.80 元

目 录

编者的话

经过三年多的筹备,"全国大学通识教育系列教材"终于面世了。作为本套丛书的主编,总有话想说,故特作一说明。

这套丛书之所以这样称呼,主要是因为该丛书汲取了近年来关于大学通识教育研究、通识教育报告及大学通识教育教材的精华,形式多样,内容丰富,此其一。其二,既然是大学通识教育,就同基础教育中所说的通识教育有很大的不同,基础教育中的通识教育侧重于知识的学习,讲求的是对新知识的了解和掌握;而大学通识教育的要求是在专业基础知识及专业学习之上的跨学科、跨领域、跨文化的学习。大学通识教育之所以以人文教育作为基础,目的在于能够为大学教育提供人文科学、社会科学、自然科学的学科理论与方法,这就更能够了解和掌握各学科之间的联系,同时也便于从整体上思考进行综合研究的价值和意义。通识教育和大学阶段所进行的专业教育也是有紧密联系的。换句话说,如果大学期间仅仅进行专业教育,高等教育的成效则很难真正体现出来。

对每个人来说,学习都是终生的事,只不过有些学习的形式不同于在校读书罢了。既然如此,大学的通识教育,其根本任务是要在大学阶段激发出适合个人的学习兴趣和学习方法,激活个人的思维,培养善于学习、有效学习的能力。大学提供的通识教育课程,其目的在于为学生的思考和学习拓展更为广阔的空间。不同学科专业的学生都可以通过通识教育的形式自主选择感兴趣的课程,通过通识教育课程的学习拓展自己的认知领域,这也是大学期间的一种收获,对于未来人生道路显然是大有裨益的。

通识教育所涵盖的人文科学、社会科学、自然科学的学科领域之广泛,不是专业教育所能替代的。在现代社会,大学教育首先是人的教育,是培养人的全面的、自由发展的教育,因此需要教育机构提供完整的通识教育体系来解决人才培养问题。只有受过良好教育的人,对未来社会的适应性才能够更强。当然,通识教育不是"百科全书"式的教育,并不需要去开设所有学科领域的课程;通识教育不是专业课的浓缩,不是将文科的专业课程给理工科学生学、将理工科的专业课程给文科学生学;不是科普性、基础性、常识性的教育,不是越简单越好;当然也不是所谓的"营养学分",不是大学专业学习的调剂或补充。大学通识教育的基本要求是对学科基本原理及相关学科关联性进行整合,侧重学科之间的关系及跨学科领域学习。只有这样,才能从大学通识教育中体味、认识自然与社会的学术价值和大学的意义。当然,仅仅通过几门通识教育课程是不能完全解决跨学科、跨领域、跨文化问题的。对于大学学习,只能说在个人能力可承受的范围内学习的内容越广博越好,因为人类所积累的知识体系,按今天的学科专业来说,也不过是为学生更好地学习和掌握学科知识而提供的范围和框架而已,把已有的知识转化为个人的经验和能力,需要个人对知识的实践,才能最终成为个人的思想和行为。而通识教育所提供的跨学科领域的学术研究理论与方法,对于从不同角度进行思维是很受用的。如果在大学期间学生不能很好地解决跨学科领域有效学习的问题,今后的路难免会遇到阻碍。

　　本套丛书正是在上述原则指导下编写的。从大学通识教育的角度看，这套书可能并不像其他教材那样以讲解课程知识点为重点，而是从学术研究和学科关系的角度，提供另一种思维和想象的空间。从通识教育教学的角度看，大学教育是从以教师讲授教学为主向以学生独立学习、团队学习、有效学习为主的转变，这也是传统教育向现代教育转型的重要内容之一，采用这种方式的人才培养，最终受益的是学生。因为学生是为提升自我而学习，不是为考试或为别人而学习，这道理很简单。当然，实现这种转变需要学校、老师和同学们的共同努力。这也可以说是本丛书编写的初衷吧。

　　特代为序。

刘　淼

2010 年 5 月 20 日于广州

前 言

　　"现代企业制度与企业管理"作为大学通识教育课程，主要有以下几点考虑：首先，随着我国经济的发展，企业在现代社会中的主体性作用将得到很大提升。一般来说，企业在时间与空间上是其他社会经济组织所无法比拟的，从目前的跨国公司来看，世界上经营百年以上的长寿企业比比皆是，而跨国公司的经营范围之广，也是企业活动在空间上没有国界限制的极好证明。其次，既然企业在现代经济社会中有如此巨大的力量，学习现代企业制度与企业管理的理论与方法，也是顺理成章的事。对于大学生而言，今后走出校门，大多是进入企业工作，这门课程对于大学生今后的成长，多少会有所帮助。此外，大学通识教育主张跨学科、跨领域、跨文化的有效学习，这对于在校学生了解现代企业制度与企业管理的基本理论，是一件好事。以上这些考虑，也可以说是开设此门课程的初衷吧。

　　大学通识教育课程，其课程设计与企业管理专业课程会有很大不同。在本课程中，我们更注重运用管理学、经济学、社会学、组织学、历史学等多学科综合研究方法，不仅对现代企业制度和企业管理的基本概念进行解释，更注重学科之间的相互关系，同时结合学术界和企业界相关研究成果及案例，注重对企业管理基本理论、经典案例的分析和研究，并在此基础上提供拓展学习的空间，使大家在学习中真正有企业管理实际操作的感受。如果大家能从本教材中有所收获，就算是达到了本课程的通识教育教学目标。

编 者

2010 年 7 月 20 日于广州

第一章
现代企业制度的形成

　　企业是社会经济组织，它在国民经济结构中作为经营者为社会提供财富。对于企业的性质，无论是工业企业还是其他行业的经济组织，如公司等，实际上都应该作为企业组织在市场中运作，并从市场上得到回报，以维持企业组织的正常运行。

第一节　现代企业的体制

　　从一般意义上讲，企业可分为合伙制和独资经营两种体制。在市场经济条件下，企业的性质是根据投资主体确定的，就是以所有制形态来确定企业的所有权，通俗地说，就是谁投资，企业就归谁所有。

一、企业资本构成与所有制形态

　　企业是法人治理结构，法人对企业经营负有完全责任，法人是企业资本构成的主要投资人。当然，如果在企业成立之初经所有投资人商议推举并不占有最大额度的投资人为企业的法人，也未尝不可。不过，对于企业经营行为而言，法人对企业负完全责任这一点是不可改变的。

　　所有制关系，即企业的法权。从资本制度来看，投资人是企业的主体，根据其投资额在企业资本构成中所占的比例不同，即占有企业的股权不同，在企业中的责任、权利、义务、效益、风险也按其股权比例确定。如投资额占企业的20%，那么，投资人对于企业的责任、权利、义务、效益、风险也占20%。换句话说，如果企业赢利，其利润分配就按以上比例支付；如果亏损，也按出资比例分摊。由此可见，在现代企业制度下，合伙制企业的形成与资本关系（即股权）相一致。按照这个原则，对于独资企业，因投资人承担全部投资，企业的所有权自然完全归其所有。

　　产权制度的规定，明确了投资主体在市场经济下的法权关系，对于企业进入市场的运作及盈亏，也自然是由其承担责任，与其他人没有任何关系。按企业制度来说，就是共同出资、共同经营、共担风险、共同分配。

　　在国家经济中，所有制的形态多种多样，具体包括个人私有制、集体雇佣制、国家雇佣制、个体所有制、集体公有制、国家公有制、合作共有制、集体合作共有制、国家共有制、混合所有制等不同形式。

　　（1）个人私有制：投资者个人拥有企业所有权，是企业的唯一主人。投资者自主经营，自负盈亏，投资者雇用劳动者并支付其工资，劳动者与企业是雇佣关系，但与企业效益无关，效益归投资者所有，并由其支配。劳动者在企业中完全由资本支配。

（2）集体雇佣制：投资者不是一个，而是几个或数万个，如上市公司，从社会募集资金共同组成投资者集体即股东大会，投资多的组成董事会，由董事会授权经营者负责企业经营。经营者不是投资人，但在其经营期间代表投资者集体的利益，对投资者集体负责。劳动者是投资者及其代理人（即实际经营者）从劳动力市场雇用的，并按双方约定或合同规定支付劳动者工资，工资的多少与企业效益无关。其性质是股份制，投资人按其投资份额分得公司红利，公司雇用职业经理人为公司的管理者，虽在性质上与劳动者相同，也是被雇佣者，但与企业或公司的效益有关，与集体雇佣者（即董事会）是合同关系，按合同规定领取工资及分享公司利润，只不过职业经理人领取的公司效益部分需要计入成本而不是利润的直接分配。

（3）国家雇佣制：国家是企业的投资者，以国家财政形式投资。国家财政一部分来源于纳税人，一部分来源于国家收入，由国家授权经营者自主经营，经营者对国家负责。劳动者是国家或经营者雇用来的，与企业效益没有关系，企业效益为国家所有，国家所雇用的经理人按合同领取报酬，即从国家获得的效益中分割一部分作为自己的收入。劳动所产生的效益大多被国家占有，劳动者只获得工资收入，工资比例由国家确定，劳动者无权改变，因此存在明显的剥削现象。

（4）个体所有制：经营者个人既是投资者，又是劳动者，是企业的唯一参与者。自负盈亏，自主经营，劳动成果为个人所有。

（5）集体公有制：劳动者集体既是企业的投资者，又是企业的劳动者，共同拥有企业所有权，是企业的唯一主人。经营者是劳动者集体推选的，代表劳动者集体的利益，对劳动者集体负责，这样的企业称为"集体企业"。它有两种类型：一是劳动者收入与企业效益挂钩型；二是劳动者收入不与企业效益挂钩型。前者的企业效益被劳动者集体所占有，而后者的劳动者只获得工资一项收入，经营者从劳动者集体获得的收益中分割一部分作为自己的收入。由于劳动者是劳动者集体的平等成员，是劳动者集体的主人，加上劳动者集体为每个劳动者提供各种社会福利，因此劳动者的劳动成果并未被劳动者集体以外的人所占有。

（6）国家公有制：国家是全体劳动者的大集体，是企业的投资者。全体劳动者都是企业的主人。经营者是国家委派的，或者是全体劳动者共同推选的，代表国家和全体劳动者的利益，对国家和全体劳动者负责。这种公有化程度很高的国有企业，其经营者、劳动者的收益是由国家和全体劳动决定的，经营者和劳动者均为工资收入，由于经营者和劳动者是国家大集体的平等成员，是国家也是企业的主人，国家为每个劳动者提供各种社会福利，与国家机关、事业单位的工作人员同等对待。

（7）合作共有制：投资者和劳动者都是企业的主人。投资者拥有企业资本所有权，劳动者以其劳动力或智力入股，拥有劳动力所有权，他们共同拥有企业所有权。投资者和劳动者都是参与企业生产的平等成员，是合作共有关系，而非雇佣与被雇佣的关系。经营者是投资者和劳动者共同平等协商后推选的，代表投资者和劳动者的共同利益，对投资者和劳动者共同负责。投资者获得资本固有值和资本收益，劳动者获得工资收益，经营者分别从投资者和劳动者获得的收益中分割一部分作为自己的收入。由于他们三方分别获得了各自应得的部分，因此不存在剥削现象。这种所有制形式与资本制的相同之处在于：投资者、生产要素提供者的合作关系可分别构成股权，也可以以其他生产要素（如土地、技术）或其他资源入股，只不过其要素价值是以货币单位来计算的。

（8）集体合作共有制：投资者不是一个，而是多个或数万个，共同合作组成投资者集体，然后与劳动者集体协商，授权经营者自主经营，经营者代表投资者集体和劳动者集体的共同利益，对投资者集体和劳动者集体负责。投资者、劳动者和经营者是平等合作关系，而非雇佣与被雇佣的关系。投资者获得资本收益，劳动者获得劳动力收益，经营者分别从投资者和劳动者获得的收益中分割一部分作为自己的收入。由于他们三方分别获得了各自应得的部分，因此不存在剥削现象。

（9）国家共有制：国家仅以投资者的身份而非劳动者的集体身份出现，只承担投资者责任而没有其他连带责任。国家与劳动者集体平等协商后授权经营者自主经营。经营者对国家和劳动者集体负责，代表国家和劳动者集体的共同利益。国家获得资本收益，劳动者获得工资收益，经营者分别从国家和劳动者获得的收益中分割一部分作为自己的收入。由于他们三方分别获得了各自应得的部分，因此不存在剥削现象。在此所有制形式下，国家共有形态也可以成为国家控股制，实际上无论什么样的所有制形式，最终双方或多方的投入都是按一定比例确定的，如国家投资大于劳动者或其他要素投入的总和，即可实现国家控股。那么，企业产生收益，就按各自所占的股权份额进行权、责、利、效分配。

（10）混合所有制：在一个企业中存在两种或两种以上所有制形式。如企业的投资者有可能是国家、基金组织、私人、职工中的两个或两个以上，共同组成混合的投资者集体，然后再授权经营者经营企业。

当然，企业的生产并不是一次性投入的，在不断投入或扩大再生产或经营不善等情况出现时，企业的股权结构就会有所改变，这就必然造成企业资产重组。现代社会中常见的企业兼并、收购、资产重组、破产及企业扩张等现象，无一不是企业所有制的变革。即便是原有所有制形态不变，在企业原有基础上的扩大再生产，其资产比例也会有大的增长，如果股权比例不变，对于各自的收益就是逐步增加积累。在个人投资企业中，投资者并不是把他们所占有的价值一次性全部消费掉，而是把相当大的一部分价值留作企业积累，供企业扩大再生产使用。因为他们留作企业积累的这部分价值在上次企业分配时就已归他们所有，所以这部分企业积累的价值在以后的企业分配中就永远归他们所有。在共有制企业中，其剩余价值归劳动者所有，对投资者来说，获利将大大缩小，这就势必影响到企业的积累。

二、独资企业的性质

2000年1月1日，《中华人民共和国个人独资企业法》（以下简称《个人独资企业法》）正式实施，这对于中国社会进步的意义，不在于是否允许个体经营或独资企业存在，也不是因为就业形势严峻不得不让民间小资本开办企业，而是又多了一部市场主体法。

从理论上讲，任何社会形态中都有小资本存在，而个人收入转化为企业资本，主要是由国家社会经济结构决定的。从我国社会经济的发展来说，应扩大内需、鼓励民间投资。我国已经从传统的卖方经济转为买方经济。虽然近几年我国实行了降低银行存贷款利率、征收存款利息所得税、扩大出口退税力度、住房货币化、高教扩招等一系列积极的货币、财税和社会改革政策，但居民储蓄仍居高不下。我国经济究竟如何发展、民间资本究竟如何进入市场并成为我国内需市场的一部分，是具有投资能力的人十分关心的大事。《个人独资企业法》的实施，为我国充分动员和利用民间资本打开了突破口，并为留学人员回国创业、大学生自主创业、其他社会力量创业提供了法律依据，对于有效地将闲散的民间资本和居民储蓄引导、转化到投资领域，以投资拉动国内需求，将发挥巨大作用。

　　由于市场经济是开放型经济，因此在市场经济条件下，除国家法律和特殊行业规定的限定外，自然人都允许以经营法人的身份进入市场。在西方发达国家中，实行自由经济的制度，市场准入门槛几乎没有关于注册资金的限制，实际上就是极大地鼓励民间创业。民间资本进入市场，是在国家工商和税务部门的监管下运作，纳税人越多，纳税额越大，对国家整体经济的发展就越有好处。尤其是在知识经济条件下，注册一个科技开发、咨询、服务性的公司，所需资金不多，而对于个体经营者所开办的微型企业，在很大程度上对扩大就业、增加国民收入有积极作用。对于民间投资资本来说，民间有巨额储蓄作为投资的基础，资本进入市场是为了把投入的货币变为资本，这需要通过市场运作才能实现，并在经营规模的扩大中达到增值的目的。如果按照传统的对于资本额的限制，已经拥有财富的人对于进入市场的积极性不高，而想进入市场的人，由于个人财产的数额小，就被挡在市场经济的大门外。换句话说，已经进入市场的人可以从市场中得到市场的回报，没有进入的人则永远没有资格进入，这在市场经济公平竞争原则下，显然不利于中小城市资本的调动与利用，民间资本增值保值也就成为一句空话。对于国家经济运转来说，由于民间资本的流向只有进入股市才能发挥作用，就决定了中小城市资本在股市中的地位和作用，显然是以投机性投资为主，这对于资本市场的健康成长是不利的。从现代社会知识经济的特性来说，知识经济的经济基础就是知识。知识与科技成果是可以进入市场进行交易的，并从市场运作中获取回报。如果按照传统的市场准入原则，知识和技术是很难进入市场的。更进一步说，进入市场进行交易的知识与技术会得到市场的保护，其价值可以从市场回报中得到反映，知识与技术的产权受法律保护，应当比不准进入市场的私下交易要安全可靠得多。知识与技术通过市场可实现自身价值，通过市场竞争可提升技术的水平，只有这样才能最大限度地促进知识创新，有利于知识经济的成长。据报道，美国个人独资企业占全国企业总量的70%，这大概是美国人富有创业精神在法理上的具体体现。在中国，居民储蓄居高不下，意味着市场大，因为储蓄随时可以转化成巨大的市场需求和消费，所以储蓄支持国家经济的流动性。但这并不是说储蓄越多越好，从国家经济运行的角度看，储蓄的持续增长，会出现两种情况：一种是经济高速增长，在投资几乎保持高比例增长的情况下，使利润沉淀下来转化为储蓄；另一种情况是经济高速增长，使投资沉淀下来转化为储蓄。如果投资出现严重不足而仅仅是储蓄增长，说明国内经济结构已开始严重失衡，国内需求也随之弱化，需求减少，最终迫使企业生产萎缩。投资持续弱化，大量的储蓄没有投资方向，储蓄就会以各种形式寻找新的投资市场，也有可能出现资本外流。如果出现资本外流，本国经济就会缺乏资金的支持，会从总体上逐渐萎缩。从这个意义上讲，个人独资企业的兴起，最大的意义并不在于国家政治稳定与法律健全。

三、现代企业与股份制

　　在现代经济生活中，企业作为"无国界的第三社会"得到很大发展。随着经济全球化步伐的加快，跨国公司的全球扩张，导致出现各种不同类型的国际公司，其实力之雄厚、经营范围之广、经济渗透能力之强，都成为国际经济活动的主体力量，甚至支配国家经济的运行。

　　目前，在经济全球化条件下，股份制国际公司已成为国际经济的最大受益者。在市场经济条件下，对于合伙制的股份制公司，共同出资和共同承担风险最为关键。由于资本投资的要件在于最大限度地防范投资和经营风险，因此需要运用企业组织的有效性和市场机制达到有效规避风险的目的。股份制并不是现代经济特有的经济组织形式，在现代市场经济条件下，它究竟能否被认为仍是有效的市场组织形式，这是需要认真研究的新课题。

❶ 英荷皇家壳牌集团

英荷（英国、荷兰联营）皇家壳牌集团简称壳牌公司，其组建始于1907年英国壳牌运输和贸易有限公司与荷兰皇家石油公司股权的合并。此后，该集团逐渐成为世界主要的国际石油公司，业务遍及大约130个国家，合作伙伴非常广泛。它是国际上主要的石油、天然气和石油化工的生产商，在30多个国家的50多个炼油厂中拥有权益，而且是石油化工、公路运输燃料（约5万个加油站遍布全球）、润滑油、航空燃料及液化石油气的主要销售商。同时它还是液化天然气行业的先驱，并在全球各地大型项目的融资、管理和经营方面拥有丰富的经验。该集团2007年销售总收入达3 557.82亿美元，利润为313.31亿美元，位列全球500强企业第三位。它在全球任何地方都把健康、安全和环保标准及遵守集团的经营宗旨放在首要地位，并注重当地员工的培训和发展。

母公司荷兰皇家石油公司及英国壳牌运输和贸易有限公司是股票公开上市的公司。它们本身并不是集团的成员，不参与经营活动。荷兰皇家石油公司拥有集团60%的股权，英国壳牌运输和贸易有限公司拥有集团40%的股权。整个集团由控股公司、服务公司和营业公司组成。两家母公司下属的荷兰壳牌石油有限公司和英国壳牌石油有限公司持有服务公司的全部股权，并且直接或间接地持有集团在营业公司的所有股权。集团控股公司获得这些股份产生的股息，继而向母公司支付股息。

股份制企业是指两个或两个以上的利益主体，以集股经营的方式自愿结合的一种企业组织形式。它是适应社会化大生产和市场经济发展需要，实现所有权与经营权相对分离，有利于强化企业经营管理职能的一种企业组织形式。

股份制企业采用合伙经营方式，其特征如下：可以发行企业股票，作为股东入股的凭证，一方面借以取得股息，另一方面参与企业的经营管理，这也是最主要的特征；建立企业内部组织结构，股东代表大会是股份制企业的最高权力机构，董事会是最高权力机构的常设机构，总经理主持日常的生产经营活动；股份制企业的所有权收益分散化，经营风险也随之由众多的股东共同分担；具有较强的动力机制，众多的股东都从利益上去关心企业资产的运行状况，从而使企业的重大决策趋于优化，使企业发展能够建立在利益机制的基础上。正因为股份制企业可以把不同形式、不同种类、不同所有制形态、不同层次、不同水平的生产力的资本组合在一起，形成资本集聚效应，并且能够迅速联合成为高度集中的、高层次的、集约的社会生产力，才能真正构造成跨地区、跨行业、跨所有制、跨国经营的大企业集团。另外，充分利用和发挥社会资本的力量，对于企业成长具有助推效应。自18世纪欧洲开始实行股份制公司后，19世纪后半期广泛流行于世界各国，目前股份制公司在世界各国国家经济中占据统治地位。

股份制这种财产组织形式，可以为建立"归属清晰、权责明确、保护严格、流转顺畅"的现代产权制度奠定良好的基础，使企业真正具有法人财产权，可以独立运用和经营所有者投资形成的资本，还可以形成新的监督和激励运作机制。国家按投入企业的资本额享有所有者权益，对企业的债务承担有限责任；企业依法自主经营，自负盈亏。政府不直接干预企业经营活动，企业得受所有者约束，不得损害所有者权益。这就可以使投资者、经营者和管理者各自发挥所长，实现动态最佳组合，以创造良好的业绩。要明确股份制是公有制的主要实现形式，公司法人财产只能属于公司法人所有，而并非股东所有。任何股东作为个人，无权干预公司法人对自己的法定财产行使各项法定权力。对于出资者所有权，因为出资者是股东，所以出资者所有权就是股权，而且只能是股权。

ⓘ 股份制的形成与发展

早在古罗马就有一种包税人，他们组织的股份委托公司被经济史专家认为是股份经济的先兆。从十四五世纪开始，随着商品经济的发展，在欧洲的一些采矿业中，出现了自由民之间或手工业者之间的以人、财、物三种生产要素的一种或几种为联合内容合伙经营的经济形式。但在合伙内容、经营方式、分配办法等方面，都没有明确的规范，更没有形成严格的股份制度，这是股份制的原始形式。当时，在德国南部、奥地利和捷克境内，有农奴和城市破产欠债的小手工业者聚集在一起组织的合作社团，用简单的工具采矿，共同劳动，分享产品。后来有些商人以入股的形式参加进来，结果富裕的人把持资产，使原来的合作发生了质变。按照马克思的说法，"原来由合伙的劳动者构成的矿业组合，几乎到处都变成了靠雇用工人开采的股份公司"。

15世纪至16世纪初，由于地理大发现和新航路的开辟，世界市场开始形成，国际贸易所带来的丰厚收益带动西班牙、葡萄牙、荷兰、英国等国家开始纷纷向海外发展。但问题是，这些国家组织远航贸易不仅需要承担巨大的远洋航行的风险，同时还需要提供较大数额的资本。在当时的经济条件下，靠单个资本家是无法办到的。于是，一种合股经营的"康梅达"经济组织便产生了。"康梅达"从事海外贸易，负责筹集资本，由专人经营，利润在集资者与经营者之间分配。以后这种组织发展到内陆城市，出现了入股的城市商业组织，如意大利的"大商业公司"，入股者有商人、贵族、教授、廷臣和平民。这种股份制一般由自由城邦组织，官方进行业务监督。国家为了鼓励商人积累资本向海外扩张以攫取更多的财富，不仅为股份制集资提供法律保护，并且给予商业独占权和免税优惠等特权，这就为股份制的发展创造了有利条件。

据学术界的研究，世界上最早的股份制公司是在1554年由英国人成立的"莫斯科公司"，它是以入股的形式进行海外贸易的一家特许公司，它的成立标志着真正意义上的股份制的产生。该公司成立当年便进行航行白海的冒险尝试，目的是想发现新的地区和岛屿，深入俄国内地。该公司最初把整个公司的资本分为240股，每股25英镑，每人投资一部分，由6人分担风险，并规定，公司营业只限一次行程，每次远航归来，按股份分配所有的利润，并连股本一起发还。后来，随着贸易活动的频繁和规模的扩大，就把原来投入的股份全部或部分留在公司，作下次航行使用。1604年，该公司股东已增加到160人，有15个人成为董事，管理公司的整个业务。"莫斯科公司"的成立，意味着新的赚钱方式有很好的效果。于是，1557年成立了西班牙公司，1579年成立了伊士特兰公司，1581年成立了勒凡特公司，1588年成立了几内亚公司，1600年又组建了东印度公司。这些贸易公司都是以股份制形式组建的，是英国向海外扩张殖民势力最有成效的组织形式。其中东印度公司势力最大，资本最雄厚：成立之初拥有股本6.8万英镑，股东198人，到1627年股本达到162万英镑，股东954人。它独占从好望角直到东方一切国家的贸易，还享有对殖民地军事和政治的全权。截至1680年底，英国建立的股份制公司为49家，伴随着英国的海外扩张，他们将股份制的商务与运作模式推向世界各地，以致其他欧洲国家也纷纷仿效。如荷兰1602年成立的东印度联合公司以及1621年成立的西印度公司，法国、德国、瑞典等国也先后成立了股份贸易公司，都是运用合伙经营的基本原理，并在长时期的商务运作中显示了这种组织模式的作用。

ⓘ股份制经济模式

随着海外贸易公司的产生，股份制经济模式迅速推广到欧美国家的其他行业和经济领域中。如金融业中股份制银行已成为长久不衰的组织形式。如 1694 年，英国首先成立了股份制的英格兰银行。该银行拥有股资 120 万英镑，银行把资金贷给政府，取得相当于这笔贷款的银行券发行权。这种银行券发行权具有广泛吸收社会资金的职能。1826 年，英国政府颁布条例，为股份制银行提供法律保护，进一步促进了股份制在银行业中的迅速发展。截至 1841 年，股份制银行已经增加到 115 家。19 世纪末，英国非股份制银行几乎绝迹，股份制银行成为国际金融市场上的统治力量。美国于 1791 年成立了第一家国家银行即合众国银行，这也是一家通过股份制大规模筹集资本股份的银行，当时该银行拥有股资 1 000 万美元，发行 2 500 股，每股 400 美元，其中 25% 由政府贷款，其余是私人投资；另外，还依据此制度成立了北美银行和纽约银行。1862 年，根据州银行法令，相继建立了 1 600 多家股份制银行，其后随着国民银行制度的建立，以股份制公司形式建立的银行等金融机构的数量快速增加。欧美股份制在金融界的成功，对于今天国际政治与经济格局的形成发挥了不可低估的历史作用。

第二节 中国企业制度

一、国有企业

在中国，对于能源、通信及关系国计民生的大企业，基本上是属于大型国有企业的性质，如按照前面所说的所有制关系来说，就是属于国家全民共有制企业。其国有资产的产权制度、用工制度及企业经营管理者与企业的责、权、利、效关系是十分清楚的。从现代企业制度的角度分析，只要产权明晰、经营状况透明、分配制度与分配实际状况公平，并向全社会公开，企业的经营管理者无论是由国家委派的还是由国家机构委派的，应没有太大的争议。

以国有大型企业为例来说明国家在能源等战略性产业中实行国有化的基本做法，从世界范围来看，对于实行国有化的国家来说，其做法是不同的。

ⓘ中国石油天然气集团公司

中国石油天然气集团公司（CNPC）简称中国石油集团，是根据国务院机构改革方案于 1998 年 7 月在原中国石油天然气总公司的基础上组建的特大型石油石化企业集团，是国家授权投资的机构和国家控股公司，实行上下游、内外贸、产销一体化，按照现代企业制度运作，跨地区、跨行业、跨国经营的综合性石油公司。

中国石油集团作为中国境内最大的原油和天然气生产、供应商，其业务涉及石油、天然气勘探开发，炼油化工，管道运输，油气炼化，产品销售，石油工程技术服务（物探、钻井、测井、井下作业），石油工程建设（油气田地面工程、管道施工、炼化装置建设），石油机械加工和装备制造（勘探设备、钻采装备、炼化设备、石油专用管、动力设备），石油贸易，金融服务（资金管理、金融保险）及新能源开发（非常规油气资源、生物质能等可再生能源）等领域，在中国石油、天然气的生产、加工和市场中占据主导地位。2008 年，中国石油集团在美国《石油情报周刊》世界 50 家大石油公司综合排名中，居第 5 位，在美国《财富》杂志 2008 年世界 500 强公司排名中居第 25 位。经过近 50 年的积累建设和 6 年多的快速发展，中国石油集团已经建成了一支门类齐全、技术先进、经验丰富的石油专业化生产建设队伍，具有参与国内外各种类型油气田和工程技术服务项目的全套技术实力和技术优势，总体技术水平在国内处于领先地位，不少技术已达到世界先进水平。进入新世纪，中国石油集团瞄准国际石油同行业先进水平，加快建设主业突出、核心竞争力强的大型跨国石油企业集团，继续保持排名前列的世界大石油公司地位。

二、家族式企业

家族式企业是经济欠发达时期的主要企业组织形式，此种经营模式维系时间长，而且在小资本成长过程中较为普遍，即便是在国际大企业中，家族式企业经营方式依然得到保留，并在现代企业运作中较为常见。可见此企业制度，即便在今天，也有其合理的地方。归纳起来，主要包括以下几个方面：

（1）企业大多实行终身雇佣制，员工稳定，很少流动，因而人力资源开发投资少，员工培训成本低。由于员工较少流动，专业技能操作熟练，整体素质较高。

（2）员工对企业的依赖性强，企业有较强的凝聚力。企业将员工的利益和命运同企业连在了一起，形成共同体意识和企业文化，培育员工爱厂如家的主人翁精神和责任感。尤其是在企业创建或企业处于困境时，员工的忍耐力较强，增强了企业的凝聚力和抗风险能力。

（3）企业内部人际关系较为和谐。家族式管理讲求以情动人、以行感人、以德服人，企业领导用职位权力较少，用个人权威较多，讲求恩威并重的个人风格和领导魅力，管理者提倡企业家庭温暖，因而劳资纠纷少，企业的人事纠纷也少，像西方企业那种劳资激烈对抗、罢工、示威、成批解雇工人等恶性事件很少发生。员工以企业为家，加班加点、与企业共赴时艰成为员工的自觉行为，很少因多干少干而发生纠纷。此外，企业领导层大多是投资人的亲戚，裙带关系在企业中较为普遍，班子核心成员特别团结，投资人作为企业的老板，在老板具有绝对权威时，企业决策集中，管理效率高，成本低，市场反应迅速。

（4）对新技术、新工艺有较强的吸收消化能力，能有效地防止企业机密和技术专利的泄露。企业内部技术创新有较强的针对性和实用性，技术革新及小创造、小发明等活动开展得有声有色，能为企业带来巨大的经济效益。

（5）家族式企业中管理者和员工的感情联系密切，员工普遍存在着"报恩"意识。企业中靠亲缘、地缘、学缘、血缘关系进入企业的人较多，整个企业中具有血浓于水的亲情及视老板为衣食父母的报恩心理，促使非亲缘员工也会有知遇之情、赏识之感、重用之恩，他们会以努力工作去报答。企业内的人情伦理文化特别强烈，如若某人忽视或违背了这种伦理价值观和行为准则，则会引起公众的指责，有时很难在企业甚至社会上立足。这种无形的伦理道德观对社会公众的约束，使企业主从中受益。在西方管理学看来东方许多家族式企业管理平庸、技术低下，但仍有很强的生存能力和竞争能力，其原因不过如此。而西方视若神明的管理学教条，在家族式企业中则完全行不通。

家族式企业的这些特点，从另一个方面来看，也恰恰是家族式企业的致命弱点。归纳起来，主要包括以下几个方面：

（1）家族式企业内部裙带关系强烈，员工有亲疏距离感，亲缘以外的员工感到受排挤，不被信任，工作干得再好也没有人承认，在家族式企业没有前途和归属感。按照亲缘决定用人的标准，贤能之人不能及时提拔重用，以致挫伤企业骨干的积极性，甚至不能形成庸者下、能者上的用人机制。若管理者喜欢搞小圈子，凭家族的亲疏来分配和滥用权力，就会造成大多数员工的怨言，如果积怨长久未化解，那么，当企业成长到一定规模后，其内部的致命弱点就会暴露出来，甚至会导致企业陷入危机。如果本家族成员多在同一企业，企业内部的分裂就会对企业形成灭顶之灾。所以有人说企业一般"富不过三代"，实际上是指家族式企业的接班人权力的分配、交接方面所引发的企业分裂。

（2）家族式管理重视人情，忽视制度建设和企业刚性管理。家族式企业内部在人际关系融洽时，能够为企业带来和谐的利益。表面上企业是家族共同经营的，但当家族成员发生利益冲突时，如果没有制度而是仅凭领导人的权威是很难解决家族成员之间的利益矛盾与冲突的。尤其是在企业规模大、主要领导人的权力弱化的情况下，缺乏制度建设的家族企业，对很多重大问题的处理和解决将缺乏标准和判断能力。此外，企业毕竟不是家庭而是社会经济组织，企业成员的个人目标和利益与企业目标和利益存在一定的差异，特别是没有血缘关系的员工之间，以及员工与老板及其亲属或亲信之间的利益关系的调整，必须有一个客观公正的标准，用统一的制度和纪律来约束全体成员的行为，才能形成客观公正的管理机制和良好的组织秩序。

（3）家族式企业在领导职位选择上往往以血缘亲疏为标准，采取子承父业和亲戚总比外人可靠的家族继承制，忽视个人的才干和品行，从而导致企业持续发展受阻，领导更替造成企业破产的事例屡见不鲜。如美国华人企业王安电脑公司，王安被称为慈善的独裁者，他敬业、勤奋，不贪财，为员工谋福利，因而很受员工的爱戴，但他忽视制度建设和管理，被美国《商业周刊》称为"管理泛泛平庸者"。家族式企业领导者的作用非常突出。他们既要道德、行为端正，作风严谨，奉公敬业，也要有一技之长。他们中有许多是复合型人才，既是某个技术领域的专家、精明的商人，还是公关能手。由于他们的才能而限制了许多下属作用的发挥，压制人才的成长，形成个人绝对权威。因此，这类企业经常会出现"成也萧何，败也萧何"的现象，即能人经济现象，当个人决策正确时，不仅决策迅速，贯彻有力，还会提高个人的权威；但当其决策失误时，也得不到他人的及时提醒，会给企业造成巨大的损失。同时，当此人不在位或退位时，组织会出现人才断档和权力真空现象（继任者很难在短期内形成个人绝对权威），会造成企业一定时期内混乱或无组织状态。

（4）家族式管理任人唯亲现象严重。他们在处理人际关系时是按亲疏远近的原则而非因才适用的原则，因此在组织内产生"自己人"和"外人"的差别，造成"打仗亲兄弟，上阵父子兵"的家族氛围。外人为生存也就趋炎附势，拉帮结派，形成"你群"和"我群"的派系。有时为保护"外人"的利益他们会团结起来与老板或"自己人"抗争，造成企业内讧。因此，家族式管理要么凝聚力很强，人际关系融洽；要么内部四分五裂，派系纷争。家族式企业的管理目标往往是以社会责任和员工福利为第一位的，而将经济效益放在第二位。由于这类企业在创业时有亲朋帮助打天下才获成功，从伦理道德上讲不能忘了患难弟兄，因而为他们谋福利义不容辞。同时为兼顾公平对全体员工也会一视同仁，企业包揽了员工的住房、医疗、保险、子女就业乃至全家的生老病死，很容易将企业办成福利组织。

❶案例　大午集团

扎根于农村的现实决定了大午集团从一开始就带有浓厚的家族企业性质。农村信贷供给的严重不足以及高素质人才的缺失，让大午集团在发展初期不可避免地和亲戚朋友、邻里乡亲有剪不断、理还乱的错综复杂的关系。

"家族企业没有什么不好。我也愿意我的儿子当董事长，我也期待我的儿子当董事长，我也有权力让我的儿子当董事长！但据我所知，国外80%的家族企业都传承不下去，我们也有富不过三代的问题。"大午集团创建的时间并不长，孙大午的年纪也并不太大，但这家公司已经从创业者当家逐步走进了第三代的接班时期。在自己频频遭遇政策风险，甚至银铛入狱的客观形势下，孙大午不得不思考自己创办的这家典型的家族企业的架构完善和事业传承问题。他急需一个周全的解决方案，不但要在家族内部保持和谐的关系，不至于因为企业的控制权问题而产生内耗，同时也要保证企业经营的独立性、连续性和收益的最大化。

经过反复论证和长达五年左右的完善，大午集团探索出了一条行之有效的"民主立宪"制度，解决了这两个难题。孙大午认识到，立"宪"的内容首先是限制创始人。这个企业是他的，他从董事长退下来，做监事长，就是要把董事长无限大的权力进行分割。

在孙大午的规划中，集团设董事会、理事会和监事会。企业的所有权、决策权和经营权三权分立，并立并行，互相制约。重大决策由监事会、董事会、理事会的"联席会议"裁定。而核心领导层包括董事长和理事长（总经理）均由企业全体员工选举产生，正式员工都拥有选举权与被选举权。董事会由企业内部人员选举产生的董事组成，行使决策权，但无权干涉经营。理事会由单位一把手和子公司办公室主任组成，执行董事会的决策，行使执行权。监事会主要由家族成员组成，所有权作为一个整体存在，由后代继承，不进行财产分割。监事会无权决策，也无权任免董事长、总经理，但是有监督权、组织选举权以及弹劾权；监事会世代继承，监事长由家族内部选举产生；家族成员每月除工资外，可以拿相当于工人平均工资1~3倍的补贴，这是产权拥有者的一个象征性的收益权。"民主立宪"的"宪"就是对三权的限制，三项权力不能并存。拥有所有权就不能参与决策，也不能调动自己的资产，而拥有了决策权就没有所有权和执行权。

在这些规划上，孙大午的设计颇有巧妙之处。他明确规定家族的产权不可分割，而是"整体传承"。企业成立监事会，孙大午为首任监事长，而且这个职位只在孙家内部"世袭"。监事们的职责是监督产权的传承和企业的运营，他们可以享受每月比工人平均工资高几倍的收入。如果自己创业，则拥有百万基金，保证衣食无忧。家族成员担任监事会成员后，不能再进入董事会。这样，整体传承就断绝了每个家族成员争抢财产的想法，有效地避免了家族内部的分裂，以及由此对公司造成的强烈影响。此外，监事的作用更像是一种害怕家族成员"成事不足，败事有余"所设立的妙招。如果家族成员素质过低，有决策权和执行权双双控制在外人手里，起码也能保证家族财产不被"败家子"败光。

除了在监事会任职的家族成员，其他家族成员孙大午也都给予了额外激励，可得到所在岗位的岗位工资和一定比例的分红。其中时任董事长的孙大午弟弟孙二午的分红为当年企业利润的1.5%。这种设计既是对家族成员"削藩"的一种补偿，也是变相对其"整体传承"后，依然保持股东分红权利的一种默认，只是淡化了他们作为单个的股东主体的概念。

不过千万别认为，孙大午希望家族成员都留在监事会坐享其成。相反，他更期望家族成员除守住监事会之外，更多的家族成员进入董事会和管理团队。但这种进入是有条件的，就是经过大家认可的，民主选举的。在2009年的选举大会上，孙大午的次子孙硕出人意料地进入了董事会。孙大午对此非常兴奋，丝毫没有避讳，"如果说我不愿意孙硕当选，不愿意搞家族化，为了迎合社会上的一些看法，把当董事长的弟弟换掉，让孩子退出，家族退出，那恰恰是一种自私！是一种沽名钓誉的行为！当然我也没投他的票，说白了，我就不想让他上来。但是退一步讲，就是我的儿子当董事长又有什么不好？如果我的儿子得到了大家的拥护，我为什么不能认可他？民主既是手段，也是目的。没有民主程序的时候，民主就是目的；有了充分的民主表达程序时，民主就是一种形式，一种监督。"家族成员竞聘董事会和管理团队，一方面在最大程度上维持了家族内成员间以及家族成员和公司内部精英人士间的公平，因为"民主"本身就是对"公平"最好的诠释。而家族矛盾和公司内部矛盾往往都是由于不公平和暗箱操作而引起的，杜绝了大家泄愤的源头自然就能保持家族关系的和谐以及公司内部的和谐。既然给予了大家共同的"民主"的筹码，董事会和管理团队自然就会择优录取，优秀的家族成员通过选举进入领导层是对其领导能力的"合法性"认可，这既保持了团队成员的高素质和高水平，也为家族企业培养了好的接班人，更重要的是也为未来企业永续经营、创造更大收益奠定了基础。

孙大午的这套"民主立宪"制度包含了所有权、管理能力、家族亲情、员工认同等要素在内的企业机制和文化的完整梳理，通过制度化的形式把家族内部的和谐、企业内部的和谐以及家族和企业共同成长的理念巧妙地结合起来。家和则万事兴，大午集团不断翻番的财务报表背后，孙大午大气魄、大智慧和用心良苦地推动家族企业改革的做法功不可没。

第三节　员工与企业的关系

现代企业制度是目前国际管理学界讨论最多的问题。现代企业制度研究的对象是在现代社会经济中，企业究竟采用什么制度才最为合适，才能应对瞬息万变的经济形势，才能使企业的效益最大化？说句实话，以上问题并没有标准答案。因为现代企业制度本身处在不断探索之中，答案在企业中。

一、企业是对投资人负责还是对员工负责

现代企业的投资主体发生了重大变化，如社会融资的上市公司，其全体股东是公司的所有权人，由股东大会选举产生的公司董事会对企业行使经营管理权，这在企业组织法中已是很明确的问题。企业的经营目标，应是向全体股东负责，这已成为欧美企业的核心理念。对于企业的从业人员来说，企业实际上是由本企业的全体从业人员组成的。尽管资本在企业经营中起到重要作用，却不是唯一发挥作用的。因为在企业运转过程中，生产要素中资本的投入会形成一定的产出；但劳动、技术要素的投入所形成的产出的多少，与劳动和技术、智力和体力投入的质量有直接关系。因此，在现代企业管理的理论中，更强调"人"的管理对一个经营管理体系有成效的作用。从这个意义上讲，现代企业制度中所说的企业管理，最根本的问题是"人"的问题，企业要负的责任也是对本企业员工负责，其次是经营目标即对投资人股东负责。

对"人"的理解，直接决定着企业管理的方向和管理水平。对于企业而言，"员工是什么？"这个问题经常困扰着企业。

按照经济学和管理学的传统学说，普遍认为企业和员工之间的关系，就是雇佣与被雇佣、支配与被支配的关系。资本在市场上寻找能够让资本和技术相结合的劳动者，一方面资本要满足生产该产品所需的设备及包括土地、厂房等设施的基本条件，同时还要将所购买的技术产品化，技术的不断转化及不断生产的过程是需要劳动来完成的，所以资本需要雇佣制度去解决劳动者与资本、技术的结合问题，而要解决以上的生产要素组合，是需要企业经营管理者来完成的，所以企业的管理实际上是生产该产品所要付出的成本投入。如果纯粹从经

济学的角度来看待产品生产与企业的形成，道理上是说得通的。但问题在于，经营管理者，甚至实际生产者、销售者都是以"人"的要素出现的，没有"人"的直接参与，以上所说的企业生产和产品化几乎无从谈起。正因为如此，随着经济、社会、文化的发展，"人"在现代企业制度体系和企业管理的地位逐渐形成，"工人是企业的主人"、"员工是企业的宝贵资源"的观点和说法，成为企业学界和很多企业高层管理人员的共识。

从企业管理的角度看，不少企业仍把员工定义为企业创造利润的"工具"，想方设法利用员工来创造利润，导致劳动力收益即工资过低，反映了本该属于劳动所得的部分，实际上被作为资本的收益而为企业投资者所占有。这在短时间内可以促进企业效益提高，但从长远来看，企业内部分配机制的不合理，最终会挫伤员工的生产积极性，从而引发企业危机。在传统企业管理中，最为流行的是把员工当作企业管理"成本"，劳动力成本上升，企业利润下降，反之亦然。因此，企业千方百计地节约人力成本，而不是从生产技术提高方面来提高劳动生产率。在这种情况下，企业关注的是利润，而不是"人"本身，传统企业管理中"命令＋控制"的模式极为盛行，成为企业文化的一种范式，特别流行于早期日本、韩国企业管理中。对于企业员工而言，企业是投资人的，员工只是机器与设备的附属物，工资是由企业决定的。尽管在市场雇用劳动力，但作为劳动的一方并没有对进入企业之后工资待遇的提升有任何指望，因而没有劳动积极性和创造性。随着现代企业制度的建立，很多企业已经从长期的经营管理过程中认识到员工在企业中的作用与意义。更进一步说，进入企业的人，是企业经营效益最大化的重要"资源"，是企业发展最为现实及潜在的价值和动力。在任何性质的企业中，由于企业是由不同的人来共同做同一件事，企业的总体目标同每位员工所追求的目标是一致的。企业需要利润最大化，员工也希望在企业中得到合理的报酬，并在劳动过程中最大限度地实现个人的价值。企业员工不是单一的劳动者，如果将企业所有员工的生产积极性加在一起，对于企业的发展将发挥重大影响。通过不同的企业管理及管理实践，不断开发企业的人力资源，并从人力资源提升的高度实现人力资本升值，进而为企业、为社会创造更多的价值。

对于很多企业来说，已认识到企业管理"以人为本"的重要性，但究竟怎样做才能在企业的经营管理中体现出员工作为人力资源的价值和作用，是企业管理者最为关心的事。

在现代企业制度创建的过程中，几乎没有人否认企业所提倡的"以人为本"和提高"员工满意度"的做法，企业家非常清楚只有让大多数的员工满意才能让客户满意的道理。因此，企业在外部市场开发过程中，第一步就是在内部建立"以人为本"的管理制度。从某种意义上说，越是现代化程度高的企业，企业员工的来源与组成越不相同。对于技术或资本密集程度高的企业来说，其员工构成同劳动密集程度高的企业是完全不同的。生产型企业与贸易型公司，其用人标准及对员工素质的要求，显然也有相当大的差别。即便是在生产型企业中，由于工人的熟练程度不同，也有熟练工与非熟练工的区别。由于生产管理是极为细致的工作，不同的企业对于管理者的要求也是千差万别的。此外，从企业员工构成来说，企业中的员工来自四面八方，各人的想法、追求、能力、思维方式也各不相同，如果企业实行"以人为本"的现代企业管理模式，那就是让员工对企业产生最大满意度，显然这需要企业建立一整套现代企业管理制度才能实现其管理目标。需要进一步说明的是，现代企业制度的建立，并不是企业单纯地发掘本企业内部员工的个人潜力，为企业创造财富。如果仅限于企业经营与利润的增长，现代企业制度的建立似乎也没有那么迫切。从发达国家大企业成长的案例来看，现代企业制度的建立对于谋求企业的长远发展，才更为重要。

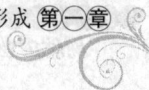

二、人力资源的说法

有一种企业管理理论是将企业员工作为"资源"或"人力资源"，并作为企业管理的核心内容，甚至将"人力资源管理"作为企业人事部门的名称。如果深入分析的话，借用西方发达国家"人力资源"的概念，似乎也并不妥当。从理论上说，将企业员工当作"资源"，比传统企业管理中的"工具说"、"成本说"等理论更人性化，但从根本上讲却依然不能摆脱传统的企业"控制"和"利用"的思维定式，"资源说"的含义依然存在管理者与员工之间雇佣与被雇佣、支配与被支配的矛盾，因此也不能引导企业管理实现真正的民主化，让员工的积极性、主动性和创造性得到充分发挥。换句话说，由于在企业家看来员工是"人力资源"，因此具有开发、利用的价值，就如同机器与设备一样也可以通过技术改造而提升其价值。这说明企业管理者与普通员工之间依然存在地位、利益不均的等级制。由于管理者和普通员工在企业中所承担的工作不同，其职责也不一样，在生产过程中不能缺少控制、指挥和下达指令，但这并不意味着传统对资本或权力的人身依附关系在现代企业中存在。现代企业是以市场经济公平交易、公平竞争为原则的，人与人之间是平等的，不存在资本与权力的人身依附关系。从这个角度来看，"人力资源"的提法显然不是以管理主体怎样去控制、利用管理客体为出发点的，而是指企业员工培训、素质提升、企业文化形成过程中对企业的认同等方面，所以将员工作为"人力资源"的本意是对人的培育，尤其是对新员工的培育。

随着社会的进步、民主的健全，企业需要的是更好的管理者和更先进的管理方法，这就要求企业一定要认识到员工不是企业的负累，也不是企业附属的"资源"式物品，公司和员工之间是平等的；公司应把员工看作独立的个体，而不是公司的"资产"和"资源"；把员工视为企业的合作伙伴，是企业利益、风险、责任的分担者；把员工看作是具有天分与才能的个人，理解和尊重员工的需求，帮助员工对自己合理定位，并赋予员工责任感，授予员工自主权，帮助员工认识到，自己的工作和更伟大的事业联系在一起。如沃尔玛、惠普等公司就是把员工平等地视为合伙人，在互惠互利、相互制衡的原则下，实现双赢。

完善的人力资源管理体系为企业科学用人提供了制度保障，理性的各层管理人员为科学管理创造了和谐的氛围。这样才能让每位员工充分体验到主人翁地位，才能感受到企业的尊重与认可。

三、公司职工股的意义与红利共享机制

公司职工股，是本公司职工在公司公开向社会发行股票时按发行价格所认购的股份。按照《股票发行和交易管理暂行条例》的规定，公司职工股的股本数额不得超过拟向社会公众发行股本总额的10%。公司职工股在本公司股票上市6个月后即可安排上市流通。而在许多上市公司中，职工有职工股却没有红利的现象是很普遍的。究竟怎样实现红利分配制度，需要上市公司从理论上和实践中探索股票红利分配共享制度。

一般来说，绝大多数企业初创时，利润是由企业主一人独享的，只有明确设立红利共享机制，有几个人、几十个人或更多的人共享企业利润，才是红利共享机制。年终奖金制，其实也是一种红利共享机制，只是它不明确、不直接、太含糊，激励效果不够直接。红利共享的含义如下：①产出的利润与相关人员紧密相连，是一种等比例递进的关系；②不同的职务

与责任分配享有相应的比例；③上不封顶，下不保底。产出越多，成本越低，所得红利越多；④以成本、产量、销量、资金占用、队伍培养、现场管理作基础考核，利润作重点考核形成的年度工作考评为依据；⑤逐年制订考核方案，不同的事业部制订不同的方案。红利共享机制必须建立在相对的基础上，该基础为相对独立的核算。财务能完全掌控物流、资金流、采购、销售，以投入、产出核算。红利共享机制的基本要求是经营结果必须向共享人员公开。所以在红利共享机制的环境里，共享红利的人员，对成本、产出、销售、品质及利润都会非常关注，企业的利润与共享者的利益紧密相连，做工作如同做自己的事一样，工作动力与工作责任感都会比较强。实施这样的机制，配以合理公证的分享方案很重要。分配的问题不在多少，只在于是否公正合理。如果能完善这一点，那么红利共享的企业就不再是一个老板着急，而是有了一帮老板，为企业的发展、目标的实现，尽心尽力共同努力，不计付出地工作，能真正做到上下同心，事业一定会成功。

　　红利共享机制是一种激励机制，是把相关责任人与工作结果紧密挂钩的分配机制，这在更大的程度上调动了责任人的工作积极性，促使企业与经营管理者目标趋同，共谋发展，共享红利。而股份制是资产明晰的概念，拥有者不一定是经营者，经营者也不一定是资产所有者。相对所有者来说，就要有与企业同生存、共发展的投资者的心态，以企业的最终获利为目的，实现企业资产增值，从而使投资者的资产增值。股东大会是企业最高权力的表现形式，董事会是企业常设的最高权力机构，董事会决定企业的发展方向、资产的处置、企业经营管理的人选（可以是董事会成员或一般股东，也可以是其他自然人）。企业的具体经营是企业经营班子的事，经营班子的责任就是如何实现董事会的经营方针和目标。针对经营班子的物化激励，就是红利共享机制。比方说一个事业部，在一定的生产条件下，当年必须创造1 000万元利润作为基础目标，当基础目标完成时，经营团队的成员，即可获得当年的年薪。如果超额完成500万元，红利共享机制就明显地发挥激励效应了。超利润部分的10% ~50%就是经营班子的奖金，也可以按递进计算，更具激励意义。所以，红利共享只是激励或奖励性的机制、政策；而股份制是产权概念，它更长久地将企业与持股者的利益结合在一起。两者是不同的政策、机制，但它们相辅相成，前者是逐年发挥作用，后者是恒久的。

● 拓展学习

产权式酒店

　　产权式酒店是一种新颖的房地产投资模式，简单地讲就是在合适的地方盖酒店，再把酒店分成无数个产权出售，产权人可以在该酒店居住旅游，也可以委托酒店管理公司出租酒店房间，产权人可以从中获得利润。产权式酒店在国外已盛行多年，在我国却还是一个新兴投资方式，市场有待成熟和规范。

　　继2001年以"快乐无穷大"为代表的第一轮产权式酒店开发热潮之后，2003年夏天，北京迎来产权式酒店开发的第二轮热潮。北京周边地区目前已有六七个产权式酒店项目，今年冒出的新项目超过了半数。据介绍，不仅北京如此，在全国范围内产权式酒店都呈井喷之势：云南丽江古城一个名为"茶马古镇"的产权式酒店项目即将在市场亮相；位于旅顺的龙河家园项目已经开始发售；在浙江千岛湖、山东青岛以及贵州等地还有五六个项目即将竣工，而上海的产权式酒店已达75家。

　　目前国内产权式酒店标准间一般标价为20万~40万元，如果按照国际市场分时度假产品的平均首付8 000美元计算，目前国内产权式酒店首付相当于6万多元人民币。就我国居民的平均收入水平而言，显然还是奢侈品，城市工薪阶层多数不具备购买能力。而且国内大多数产权式酒店规定，业主应在每年固定的时间使用一周左右的分时度假期，这与我国城市居民旅游度假的消费模式有很大差异。

目前我国公民出境旅游在范围上还受到一定限制，这也制约了产权式酒店的发展。在多数国家，国际化交换机会是分时度假产品的主要卖点之一，而在我国，公民自费出境旅游的目的地目前还只有二十几个国家和地区。另外，对于产权式酒店来说，虽然产权属于每个投资者，但这一投资项目的特性决定了它必须聘请或委托专业酒店管理公司来经营管理，导致产权所有人很难把握它的投资回报率，尤其是酒店经营利润的计算大多是按80%或100%的入住率乐观估计的。如果达不到这个入住率，就会出现经营亏损，根本就没有利润可言，投资者便有可能被"套牢"。

在法律上，产权式酒店应该由什么部门管理还是个问题。目前国家相关管理部门对产权式酒店的性质尚未做出明确界定，相关部门也没有出台针对产权式酒店的法律法规。当消费者与产权式酒店经营企业发生纠纷时，往往因为没有法律支持而陷入被动局面。无论是短线炒作，还是长线投资，作为一种新兴的投资方式，产权式酒店的投资风险提醒投资者三思而后行。

1976年，瑞士人亚历山大·耐提在法国阿尔卑斯山首创第一家产权式酒店。目前，在全国各地已形成一股建造产权式酒店的投资热潮。然而，靠翻炒海外地产概念维持运营的产权式酒店能否给投资者带来滚滚红利，还是个未知数。

问题与讨论

1. 请查阅网络中关于瑞士人亚历山大·耐提在法国阿尔卑斯山首创第一家产权式酒店的相关资料，并对外国产权式酒店商务模式的成功之处进行分析。

2. 运用经济学和企业管理学的基本原理对中国产权式酒店经营模式进行理论分析，你认为中国产权式酒店适用于什么经济学原理？

3. 从中国目前的国民收入来看，产权式酒店会成为新一轮房地产开发的热点吗？

分组讨论

1. 持股人必须承担股份额的相应责任，如果企业经营受挫，经济滑坡，企业亏损，各股东即按其承担的股份额的比例承担相应的责任和损失。如果该股东并不参与公司的经营活动，他还要承担企业亏损的责任吗？你认为这合理吗？

2. 股票与企业股权有什么区别？怎样进行界定？

3. 企业经营活动与企业管理是一回事吗？如果不是，你怎样看待企业管理在企业经营中的地位与作用，并举例说明。

思考题

1. 怎样有效发挥企业的组织管理作用和企业组织结构功能？

2. 人人都说向管理要效益，请你谈谈向管理要效益的主要方法，并评估我国企业管理是否能够产生效益？

3. 为什么说国有企业的经营和管理一般都较差？管理效率低下和企业效益不高是成正比的吗？你怎样看待中国国有企业的经营成效和管理效益？

作业题

1. 股份制企业是资产明晰的企业，是所有权和经营权分离的企业，投资人股权权益怎样得到体现？请举例说明。

2. 现代企业制度是指什么样的企业制度，是同传统社会手工业中的工场手工业相对应的制度吗？

3. 请举例说明能更好地形成团队合力的公司组织形式和企业制度是什么？

第二章
现代企业的组织结构及其变革

　　企业作为社会经济组织之一，必然会伴随社会进步而进行组织变革。如果从经济全球化角度分析，企业组织变革是随企业组织规模的扩大而遍布全球的，从某国大企业成为跨国企业，进而成为国际企业的历程，表明企业组织在组织结构上的改变是现代企业组织发展的重要表现形式。

第一节　现代企业经营

　　一般来说，企业组织及其结构调整与企业经营状况有直接关系。换句话说，企业经营与企业管理是有区别的。企业经营是指以企业为载体，企业经营者为了获得最大的物质利益，通过运用经济权力使用最少的物质创造出尽可能多的能够满足人们各种需要的产品的经济活动。

一、企业经营管理

　　从企业运营层面来说，企业经营和管理通常可以这样理解：企业运营包括经营和管理这两个主要环节，经营是指企业进行市场活动的行为，而管理是指企业理顺工作流程、发现问题的行为。经营在管理的外延之中。通常根据企业管理工作的性质，将营销、生产称作经营，除此之外的内容称为管理。

　　（1）企业的经营与管理是相互渗透的。企业经营中的科学决策过程是管理的渗透，而管理中的经营意识是情商的体现。把经营和管理严格区分开来是错误的，也是务虚的表现。

　　（2）经营是对外的，追求从企业外部获取资源和建立影响；管理是对内的，强调对内部资源的整合和建立秩序。经营追求的是效益，要开源，要赚钱；管理追求的是效率，要节流，要控制成本。经营是扩张性的，要积极进取，抓住机会，胆子要大；管理是收敛性的，要谨慎稳妥，要评估和控制风险。

　　（3）经营与管理相互依赖、密不可分、共生共存，在矛盾中寻求统一；忽视管理的经营是不能长久的，挣回来多少钱就浪费多少钱，最终会导致"竹篮打水一场空"。另外，忽视经营的管理是没有活力的、僵化的，为了管理而管理，为了控制而控制，只会把企业管死。企业发展必须有规则，有约束，但也必须有动力，有张力，否则就是一潭死水。

　　（4）管理是基础，管理必须为经营服务。企业要做大做强，必须首先关注经营，研究市场和客户，并为目标客户提供有针对性的产品和服务；然后管理必须跟上。只有管理跟上了，经营才可能继续前进，经营前进后，又会对管理水平提出更高的要求。所以，企业发展的规律就是经营—管理—经营—管理交替前进。如果撇开管理，光抓经营是行不通的，管理扯后腿，经营就前进不了。相反，撇开经营，光抓管理，就会原地踏步甚至倒退。

二、企业经营理念的确定

在现代企业经营中，究竟确定什么样的经营理念，是企业经营效益好坏的重要基础。

❶顾客价值

环境的变化改变了企业的经营哲学，企业从"以产品为中心"开始转变为"以顾客为中心"，把重心放在顾客价值和顾客满意度上，顾客成为企业的第一个推动要素。从短期来看，可通过高压式的推销手法赚到更多的钱。而为了尽快成交，许多销售人员常常会言过其实。这种战术往往会导致顾客失望、顾客流失率增加及高昂的新顾客开发成本。明智的人会带给顾客名实相符的品牌，会持续地追求新价值，并将其纳入顾客活动与顾客满意度之中，发掘出能迎合顾客偏好的渠道。顾客往往希望能以不同的方式来获得产品，举例来说，有人可能不希望通过汽车经销商来购买汽车，而是通过邮购的方式，就像订购戴尔电脑那样。从长期来看，顾客对个人消费的偏好选择最终将占上风，关键是看企业如何把握顾客的偏好，找到能使顾客满意的消费渠道。例如，从顾客的终生价值来获取利润的经营策略，改变了传统的以销售为唯一目的的思维定式。顾客的终生价值是指企业未来可从该顾客身上获得永久利益的价值，企业要考虑并确定在某一类别中与某位顾客做成更大的生意。所以，企业的目标在于为顾客带来长期的价值，并创造出能将关系维系得更持久的顾客。在现代企业中流行把销售和服务重心放在顾客占有率上，重新确定本企业的产品、服务、销售渠道及传播组合，在企业销售战略中培育和经营顾客市场。

❷培育和选择企业的核心能力

在现代企业中，"核心能力"是企业的第二个推动要素。应该承认，在新经济经营环境下，每种业务都有不同的情况，每一种情况都需要不同的技术。经营环境的变化已经极大地改变了企业的经营理念，现在的企业并不是规模越大越好，而是需要企业变得更好，变得与众不同，特色鲜明。其中最重要的在于细分自己的业务和市场，把他人能做得更好、更快或利润更低的活动让其他人去做，或者说把非核心的活动让给其他人去做。

企业要以全世界的最佳企业为标杆，根据竞争者的绩效来衡量自身的绩效，并在市场经营过程中，不断创造出本企业的新竞争优势。这种新竞争优势要通过本企业的不断积累而得以保持。目前，在快速变化的世界市场上，任何企业都想创造属于自己的竞争优势，但现实是任何竞争优势都无法长久和持续。因为竞争对手可能很快就复制先进企业的竞争优势，这反映出企业学习对手的能力远比任何时代都要强。而企业学习能力的提升，会降低本企业现有的竞争优势，因为在不断学习别人的时候，往往使自己失去原有的竞争能力。因此，现代企业的经营策略在于通过对市场的认知，不断改变顾客的需求和价值来创造为顾客寻找并创造新价值的机会。

❸企业合作网络的建立

在现代市场中，第三个推动要素是企业合作网络的建立。美国通用汽车、福特汽车、通用电气和标准石油等工业时代的企业巨人都开展了大规模的垂直整合。由于建立、维系企业本身业务以外的交易所需的成本很高，因此，各企业都设法在同一体系的价值链中寻求联结不同的要素，横跨内部供应链的成本往往要比向外寻求供应商低一些。现在，技术的变化已使"虚拟整合"取代"垂直整合"成为可能，虚拟的信息交换降低了在跨企业交易和协调活动中所需的时间和人员数量。换句话说，在新经济环境下，市场竞争将不是存在于企业之间而是存在于合作网络之中，能够建立起良好的合作网络的企业会从市场竞争中大大获益。

ⓛ 让你的顾客、员工和合伙人都感到满意

1. 以平衡各利益相关者的利益为核心

公司建立的目的是为了满足合作伙伴的利益，小比尔·马利欧特把万豪酒店的利益顺序依照下列方式排列："首先要让员工满意，接下来他们才会让我们的客人满意；满意的客人会经常回来光顾，而这又会让利益相关者的口袋很饱满。"全录的董事长兼 CEO 保罗·阿拉尔主张："假如你让你的顾客、员工和合伙人都感到满意的话，利益自然会滚滚而来。"

2. 慷慨酬谢企业的合作伙伴和顾客

许多朋友一度认为：只要我们赚到钱，管他们死活啊！然而，时至今日，我们都知道，如果合作伙伴和顾客得到的利益愈多，他们便会愈忠诚，最后会使得市场大饼变得更大。许多赚钱的企业对于合作伙伴和顾客都很大方。

3. 与较多的经销商往来，并把他们变成自己的合作伙伴

据统计，目前中国有几千家公司都在介入连锁业，但真正能做好的企业却少得可怜，那些失败企业的经销商一次次地归零，让人很痛心。今天企业要建立一个好的平台，让更多的伙伴不要从头再来了。

三、中国地方国有企业

以广州医药集团有限公司为例，介绍中国地方国有企业的经营管理。

广州医药集团有限公司（以下简称广药集团）是一家由广州市政府授权经营管理国有资产的国有独资公司，以中西成药制造和销售为主营，包括中西药品、医疗器械、生物医药、保健食品和卫生材料等与医药整体相关产品的研制开发和生产销售，兼营进出口贸易和房地产等产业，是广州市重点扶持发展的集科、工、贸于一体的大型企业集团，入选广东省50 强企业和全国 500 强企业。广药集团拥有"广州药业"（香港 H 股、上海 A 股上市）和"白云山"（深圳 A 股上市）两家上市公司及近 30 家成员企业。2009 年，广药集团完成工业总产值 84.14 亿元，同比增长 10.73%；销售收入 227.86 亿元，同比增长 11.73%；实现利润总额 6.39 亿元，同比增长 11.4%，保持了广药集团整体经济持续增长的良好态势。

广药集团生产的医药产品有 1 000 多种。其中有 45 个国家中药保护品种，20 个国家中药独家生产品种，多个产品荣获国家和省市优质产品。广药集团超亿元的重点产品主要有白云山和黄中药的板蓝根系列、复方丹参片、口炎清系列等。广药集团的产品以其独特的疗效、优良的质量、合理的价格深受广大医务工作者和病患者的欢迎，并远销海内外。2009年，广药集团外贸出口克服金融危机带来的影响，在全国出口同比下降近 20% 的大环境下，全年出口交货逆市上扬，同比增长 11.74%，其中何济公的皮康霜软膏实物量同比增长54%，罐装 701 跌打镇痛膏同比增长 20%。2009 年，外贸出口增长比较大的企业有何济公、化学药厂、奇星和陈李济等企业，其中化学药厂的出口增长达到 39%。

广药集团拥有较强的科研开发和自主创新能力。2009 年，广药集团及下属企业新药开发立项共 11 项，主要集中在化学药三类以及对重大品种的二次开发上。在研项目中，共有3 项获得生产批件；6 项完成了临床研究，正在申报生产批件；政府资助的项目中，有 13 项

完成结题验收，白云山股份公司提前完成广州市科技攻关专项"磷酸奥司他韦及胶囊中试产业化研究"的合同书任务；奇星公司承担的广东省关键领域重点突破项目、广州市重大科技攻关项目——"名优中成药华佗再造丸的现代化二次开发"通过结题验收，得到专家的好评。在专利申请及授权方面，申请国内发明专利32项，国际发明专利（PCT）3项，申请美国专利2项。特别是头孢嗪脒化学物获得美国发明专利授权。

广药集团中医药文化建设成绩显著。2006年11月30日，"神农草堂"中医药博物馆正式落成，这个半开放式的中医药博物馆融知识、趣味、科学、启迪于一体，集文化、观赏、休闲、养生于一身，涵盖中医药文化及中药材种植、加工及生产的全过程。陈李济博物馆浓缩了"陈李济"406年的历史，通过运用影音、动漫等现代多媒体手段，以讲故事的形式，将历史变成流动的画卷和电影。博物馆内陈列着大量的实物（如榨油槽、研船、切片铡刀等古老的制药工具）和栩栩如生的蜡塑人物造型，再现了很多已经失传的中药传统制作流程，其中最具特色的是"陈李济"首创的蜡壳包装工艺。

广药集团大力推进合资合作，进一步拓宽发展空间。2008年2月，广州医药有限公司与欧洲联合美华的合资合作项目正式启动，外方出资5.45亿元人民币与中方各持50%股份，从而打造了中国最大的医药流通中外合资公司。新的合资公司通过内部增长和外部扩张组合发展的战略，巩固和强化行业地位，不断塑造和提升核心竞争力，争取在五年内由地区性公司发展成为医药批发国内龙头企业，国内医药市场占有率超过10%，省内市场占有率达到20%以上，使医药公司成为全国性的大型医药商业公司。

2010年，广药集团以开展"工业规模百亿工程"活动为主线，全面规划2010年的经济工作任务，以工业规模向100亿元冲刺的业绩，迎接第十二个五年计划的到来。广药集团将以经济发展为要务，紧抓生产经营不放松；以提高自主创新为核心，推进科技创新上新的台阶；以产业升级改造为契机，促进产品结构调整；加强管理，降低风险，确保广药集团经济持续健康发展。

四、中国民营企业

以复星集团为例，介绍中国民营企业的经营管理。

复星集团创建于1992年，是中国最大的民营企业集团之一，目前拥有医药、房地产、钢铁及零售等四大主导产业，并涉足矿业和金融等战略投资。2005年，位列中国企业500强利润第40位、销售收入第83位；2005年纳税44.7亿元，连续三年蝉联中国民营企业纳税第一。

复星集团的业务发展和投资选择战略是顺应中国城市化及工业化的发展趋势而制定的。可以相信，未来五至十年，中国的城市化和工业化进程及全球制造业中心向中国转移将进一步推动医药、房地产、钢铁、零售行业的发展，从而给复星集团所经营的四大产业继续带来发展空间和获利机会。

复星医药专注现代生物医药健康产业，经过十余年的发展，在研发创新、市场营销、并购整合、人才建设等方面形成了核心竞争力，已成为以药品研发制造为核心，并在医药流通、诊断产品和医疗器械等领域拥有领先规模和市场地位的大型专业医药产业集团。

在中国，复星医药已经取得肝病药物、妇科药物、糖尿病药物、临床诊断产品、口腔治疗机等细分市场领先地位，在药品分销领域稳居第一，在药品零售市场国内领先；在国际市场的抗疟药物、特色原料药等领域发展迅速。

当前，复星医药正以中国医药市场的快速成长和欧美主流市场仿制药的快速增长为契机，加快实施"创新、品牌、成本、全球化"战略，稳健经营，快速发展。

面向未来，复星医药将继续以人类健康为己任，注重人才与团队建设，不断创新，持续优化与整合医药产业链资源，从外延式发展走向内生性发展，积极提升企业在全球医药产业的竞争力，力争早日实现成为全球主流市场上一流企业的战略目标。

第二节　现代企业组织结构

以美国福特汽车为例，介绍现代企业的组织结构。

美国福特汽车公司是世界上最大的汽车企业之一。1903年由亨利·福特创办于美国底特律市。据记载，福特汽车公司成立于6月16日，那天亨利·福特和11位合伙人在密歇根州递交了成立公司的申请报告。福特汽车成立后仅几个星期，便向加拿大的一位客户售出了一部A型汽车，从此福特公司开始了走向世界的伟大历程。10年之间，福特汽车已经销遍欧洲、南美和亚洲。

一、福特汽车公司简介

现在的福特汽车公司是世界上超级跨国公司，总部设在美国密歇根州迪尔伯恩市。1908年，福特汽车公司生产出世界上第一辆属于普通百姓的汽车——T型车，世界汽车工业革命就此开始。1913年，福特汽车公司又开发出了世界上第一条汽车生产流水线，这一创举使T型车的产量一举突破了1 500万辆，缔造了一个至今仍未被打破的世界纪录。福特为此被尊称为"为世界装上轮子"的人。1999年，《财富》杂志将他评为"二十世纪商业巨人"，以表彰他和福特汽车公司对人类工业发展所作出的杰出贡献。亨利·福特成功的秘诀只有一个：尽力了解人们的内心需求，用最好的材料，有最好的员工，为大众制造人人都买得起的好车。今天福特汽车公司仍然是世界一流的汽车企业，它一直坚守着亨利·福特开创的企业理念："消费者是我们工作的中心所在。我们在工作中必须时刻想着我们的消费者，提供比竞争对手更好的产品和服务。"正因为这样，2003年，福特汽车公司的328 000名雇员在世界各地200多个国家的福特汽车制造和销售企业中，共同创造了1 642亿美元的营业总收入。福特汽车公司在世界各地30多个国家拥有生产、组装或销售企业。福特卡车与轿车的销售网遍及6大洲、200多个国家，经销商超过10 500家。福特公司的企业和员工形成了国际网络，在世界各地从事生产、试验、研究、开发与办公的福特员工超过了37万人。福特汽车公司的经营范围包括电子、玻璃、塑料、汽车零部件、空间技术、卫星通信、国防工程、地基开发、设备租赁和汽车出租。它有三个战略经营单位，分别是汽车集团、多样化产品集团和金融服务集团（财务公司）。

福特汽车公司旗下拥有的汽车品牌有阿斯顿·马丁（Aston Martin）、福特（Ford）、美洲虎（Jaguar）、路虎（Land Rover）、林肯（Lincoln）、马自达（Mazda）、水星（Mercury）和沃尔沃（Volvo）。此外，还拥有世界最大的汽车信贷企业——福特信贷（Ford Credit）、全球最大的汽车租赁公司——赫兹（Hertz）以及客户服务品牌（Quality Care）。这些都是人们耳熟能详的品牌，同时，由于福特汽车公司多年的苦心经营，这些品牌本身都具有巨大的价值。

福特汽车公司是世界第一大卡车生产厂家，也是世界第二大汽车生产厂家。2000年，《财富》杂志按销售额评出的世界500强企业中，福特排名第四位。1999年福特公司的营业收入约为162 558百万美元。

二、福特汽车公司在中国的组织机构

福特汽车在中国的历史可追溯到1913年，当时第一批T型车销售到中国。1924年，孙中山致信亨利·福特，请他帮助建立中国的汽车工业。作为首家在新中国开拓业务的外国汽车公司，福特公司当时的董事长亨利·福特二世于1978年受到了邓小平的接见，表达了福特汽车公司与中国汽车工业合作的愿望。1978年11月，福特公司设立"中国事务办公室"，以探求在中国成立一家生产重型卡车合资企业的可能性。1979年，福特公司向中国出售了750辆F系列卡车，这是自1949年以来美国汽车第一次销售到中国。1993年6月，福特公司在中国开展零售业务，初期委派了首批5家经销商在中国销售福特汽车。目前，福特公司拥有10多个经销点，40多个特许授权的服务设施及3个全球零部件分销商，为各市场提供更好的服务。1996年，福特公司在北京成立了一个技术培训中心，提供服务与技术培训、质量认证、一条24小时技术和客户咨询热线、技术性翻译服务及训练材料，为福特公司全球的经销商提供支持及帮助。福特汽车（中国）有限公司成立于1995年10月25日。目前，福特公司拥有位于江西省南昌市的江铃汽车（股份）有限公司30%的股份。作为上市公司，江铃汽车（股份）有限公司于1997年底成功推出了全顺（Transit）商用汽车。2001年4月25日，福特公司和长安汽车集团初期共同投资9 800万美元成立了长安福特汽车有限公司，双方各拥有50%的股份，专业生产满足中国消费者需求的轿车。目前，它已经成功推出了福特嘉年华和蒙迪欧两款轿车。2003年10月，福特公司和长安汽车集团签署了增加新产品的推出和共同寻求汽车领域新商机的谅解备忘录。内容包括福特公司和中方伙伴共同出资10亿美元，将长安福特的年产能增加到15万辆，并建立第二个轿车厂和一个发动机厂。2004年2月，长安福特正式宣布第二个轿车厂选址南京。2003年7月，福特汽车（中国）有限公司将其运动型多功能车（SUV）的杰出代表"翼虎"（Maverick）正式推向中国市场。"翼虎"是福特品牌在中国市场正式推出的第一款SUV，加速了福特公司进军中国市场的步伐，成为福特公司加速完善中国产品线的重要举措。此外，福特公司还于1996年设立了福特信贷北京代表处，开发在中国的汽车金融业务。2003年，福特信贷、长安福特与中国建设银行和中国银行合作，在中国向福特品牌经销商和福特汽车的顾客提供批售和零售的汽车金融服务。2001年9月24日，福特汽车国际贸易（天津）有限公司成立，从事进口汽车贸易。2002年5月，福特公司在上海成立中国采购中心。福特公司一直奉行"企业公民"准则。2000年，福特公司向上海市10万名一年级的小学生赠送了交通安全小黄帽和一年的人身意外伤亡保险。自2000年以来，福特公司组织每年一度的"福特汽车环保奖"活动，以每年100万元人民币奖励为中国的环境保护作出突出贡献的环保英雄。目前，福特公司在中国发展得比较迅速。新车型有蒙迪欧—致胜及福克斯等。

三、福特汽车公司内部的组织结构

福特汽车公司是美国汽车行业的三大汽车公司之一，下面详细介绍一下其内部组织机构的设置及其各下属公司的业务。

① **汽车集团**

汽车集团是福特公司的主营业务单位，由北美汽车公司（NAAO）和国际汽车公司（IAO）两大部分组成。NAAO 在美国、加拿大和墨西哥有 50 多套组装和生产设施。IAO 在 22 个国家有经营单位，主要分布在三个地区——欧洲、拉丁美洲和亚太地区。此外，福特公司还和 9 个国家的汽车生产商有国际商业联系，福特汽车销售到 180 多个国家和地区的市场。

② **多样化产品集团**

福特公司不只生产小汽车和卡车，它还横跨多个生产领域。多样化产品集团的业务分布在 34 个国家和地区，在多个高技术领域中拥有 85 000 多名职工。如果把多样化产品集团作为一个单独的企业，它将进入美国最大工业企业排名前 30 名之内。它的经营业务包括与汽车有关的和与汽车无关的，具体如下：①气候控制事业部。它是世界最大的生产热交换产品的厂家之一。②塑料产品事业部。它满足福特公司 30% 的塑料需求和 50% 的维尼纶需求。③Rouge 钢铁公司。它排名美国钢铁企业前十名。④铸造事业部。它是全世界领先的汽车铸造和锻造厂家之一。⑤福特玻璃事业部。它是北美第二大玻璃生产厂，为福特公司几乎所有的北美汽车和卡车提供玻璃，而且还向其他汽车生产厂家提供玻璃。此外，这个事业部还是建筑业、特种玻璃、镜子工业和汽车售后服务的主要供应商。⑥电子事业部（ED）。它是汽车电子的主要革新者。电子事业部生产复杂的电子发动机和汽车电子控制系统、仪器与表盘、轻便驾驶系统和一套广泛的娱乐系统。⑦电工和燃料处理事业部。它为福特汽车生产汽车点火器、交流发电机、小马达、燃料输送装置和其他零部件。⑧福特新荷兰有限公司。它是世界最大的拖拉机与农用机械设备生产厂之一，是福特拖拉机公司与从 Sperry 公司兼并的一家农用机械设备生产厂——新荷兰公司合并而成的公司，福特新荷兰公司随后又兼并了万用设备有限公司。后者是北美一家最大的四轮拖拉机生产厂。⑨福特太空公司。它是在卫星和地面通信、防御系统和高速信息系统方面的全球领先者。公司向 160 多个国家提供通信设施的全球通信网设计，在为美国及其同盟国生产的战术空间防御及命令、控制、通信、智能系统中处于领先地位。⑩福特微电子公司。它位于科罗拉多温泉（Colorado Springs），为空间和汽车工业提供集成电路设计和测试服务。⑪福特汽车地基开发公司。从事福特汽车公司所拥有的土地及设施的开发、管理、收购和销售。⑫赫兹公司。它是世界一流的汽车租赁公司。

③ **金融服务集团**

1987 年 10 月，随着福特金融服务集团的成立，福特再度确定了其金融服务方面的经营方向。集团负责监督福特汽车信贷公司、国家第一金融公司和美国国际租赁公司的运营。

（1）福特汽车信贷公司。它和海外的金融机构一起向分销商和顾客提供金融支持。福特汽车信贷公司是世界上第二大金融公司。

（2）国家第一金融公司。它于 1985 年 12 月被福特公司收购，是美国第二大存贷组织。该公司的业务分布在 14 个州，有 370 多个零售分支，资产大约有 190 亿美元。

（3）美国国际租赁公司。福特公司于 1987 年 11 月将其收购，并将福特汽车信贷公司的租赁及金融服务业务转到美国国际租赁公司中。合并后的公司从事多种业务：为商用设备提供贷款、为杠杆租赁提供资金、市政金融服务、商用车队租赁、公交工具租赁、测试仪器租赁、公司融资和不动产融资。

四、福特汽车公司的品牌结构

凭着创始人亨利·福特"制造人人都买得起的汽车"的梦想和卓识远见，福特汽车公司历经一个多世纪的风雨沧桑，已经成长为全球最大的卡车制造商和第二大汽车公司。目前，它拥有世界著名的八大汽车品牌：福特、林肯、水星、马自达、捷豹、阿斯顿·马丁、沃尔沃和路虎。此外，还拥有全球最大的信贷企业——福特信贷，全球最大的汽车租赁公司赫兹，和客户服务品牌。

一贯把提升顾客价值作为福特汽车追求的最高宗旨，福特在质量和追求提升质量的解决之道上从不松懈。福特自始至终都在为用户提供可靠而且价格适宜的汽车。从第一辆大众 T 型车到 90 年代的畅销车 Taurus，福特始终处于全球最受欢迎的轿车和卡车品牌的行列。

福特汽车公司生产的汽车品牌很多，主要有：

（1）林肯。林肯是福特汽车公司拥有的第二个品牌，1907 年由亨利·利兰（Henry Leland）创立，1922 年福特汽车公司以 800 万美金收购了林肯品牌，并由此进入豪华车市场。由于林肯车杰出的性能、高雅的造型和无与伦比的舒适，它一直是美国车舒适和豪华的象征。林肯车也是第一个以美国总统的名字命名并为总统生产的汽车。自 1939 年美国的富兰克林·罗斯福总统以来，它一直被选为总统用车。林肯品牌的著名产品有 TownCar、Navigator、Aviator 和 LS。目前在中国使用较多的是林肯城市（TownCar）。

（2）水星。水星的独特之处在于它是福特汽车公司唯一自创的品牌。20 世纪 30 年代中期，福特汽车的管理层意识到在经济型的福特车和豪华的林肯车之间仍存在市场机会，于是在 1935 年开发出了水星品牌，进军中档车市场，1938 年 10 月正式推出水星产品。当时的水星配备了强劲的 95 马力、V-8 发动机，大受欢迎，一年之内就占领了美国 2.19% 的轿车市场份额。1941—1945 年由于"二战"的影响，水星的生产被迫中断。1945 年，福特汽车成立了林肯—水星分部，由本森·福特（亨利·福特二世的胞弟）掌管。1998 年，林肯水星的总部迁往加州的阿尔文（Irvine）。水星一直是创新和富于个性的美国车的代表。水星品牌的著名产品有 Cougar、Sable、Villager、Mountainer、Mystique、GrandMarquis、Puma 等。

（3）马自达。马自达成立于 1920 年，创立之初称为东洋软木工业株式会社。1931 年，开始生产轻便小型三轮货车。1963 年从生产 Familia 轿车开始转型。60 年代曾经是日本产量最大的汽车公司。生产的所有车辆都配以马自达的名称，1984 年公司也正式更名为马自达公司。1979 年福特购买了该公司 25% 的股份，1996 年继续将拥有的股份扩大到 33.4%，是马自达最大的股东。70 多年来，马自达生产的轿车、跑车和商用车畅销日本和欧美地区，并以设计新颖、质量优异著称。其代表车型有 Miata、323、626、Millenia、RX-8、Econovan、Premio、MX 系列等。

（4）捷豹。捷豹是威廉·里昂斯（William Lyons）在 1922 年由制造摩托车的边斗车起家。1931 年转型生产汽车。到 1945 年，已经生产了一系列高性能、造型优雅的汽车，这些便是最初的捷豹车。"二战"前最著名的捷豹是 SS100 两座跑车。1948 年推出 XK120，不仅具有革命性的造型设计，而且采用了 XK 型双凸轮发动机。以后这种发动机成了捷豹的标准装备，一直沿用到 1987 年。经过几十年的努力，捷豹在全球车迷心目中树立了典雅高贵、英国绅士般的形象。1990 年福特汽车收购了捷豹公司。捷豹的经典车型有 SS100、XK 型、XJ 型、E 型、S 型、X 型等。

（5）阿斯顿·马丁。阿斯顿·马丁由莱昂内尔·马丁（Lionel Martin）和罗伯特·巴姆福特（Robert Bamford）于 1914 年共同组建。其品牌一直是造型别致、精工细作、性能卓越的运动跑车的代名词，它在汽车市场上和车主的心中始终占有特殊的位置。在 90 多年的品牌经营过程中，公司几经易手，总产量只有 16 000 辆车，然而时至今日，仍有将近总量的 3/4 的阿斯顿·马丁在使用中。1994 年，阿斯顿·马丁成为福特汽车公司的全资子公司。福特除了为它提供财务保障外，还向它提供福特在世界各地的技术、制造和供应系统，以及支持新产品的设计和开发，令这颗豪华跑车中的明珠重新焕发出迷人的魅力。阿斯顿·马丁的多款汽车都曾是 007 系列影片中邦德的坐骑，为邦德的出奇制胜立下了赫赫战功。阿斯顿·马丁品牌的最著名车型有 DB5、DB6、DB7、Vantage、Vanquish 等。

（6）沃尔沃。沃尔沃轿车创立于 1927 年，总部设在瑞典哥德堡。自创立以来，沃尔沃始终非常注重质量、安全和对环境的影响，这三个因素也一直贯穿于公司设计、开发和制造的整个过程。尤其在安全方面，沃尔沃发明的安全底盘、三点式紧缩安全带和侧撞防护系列等，现在已经成为当今一流汽车产品的标准配置，沃尔沃也因此成为世人心目中最安全的汽车。1999 年，福特汽车正式收购了沃尔沃的轿车业务，在 2000 年更创纪录地实现了 422 100 辆的销量，2002 年令人期待已久的 XC90——沃尔沃第一辆真正意义上的 SUV 在底特律车展亮相，并被评为"2003 年度卡车"。沃尔沃品牌的代表车型有 S 系列——S40、S70、S80、S90，V 系列——V40、V70、V90、XC90 等。

（7）路虎。路虎是世界上最好的四轮驱动车制造商，为世界各地提供全方位不同用途的 Land Rover。其品牌的第一款车是在"二战"后的 1947 年，由 Spencer 和 Maurice Wilks 兄弟在英国的 Rover 车厂制造成功，并于 1948 年在荷兰的阿姆斯特丹首次发布。1970 年，经典的 Range Rover 车型首次亮相，很快便受到车迷的肯定，并进一步登上四轮驱动车之王的宝座，开辟了豪华越野车全新的市场空间，它卓越的越野能力和不乏舒适性的道路表现让人称道。2000 年，福特从宝马公司购得路虎品牌。路虎的经典车型有 Range Rover、Discovery、Defender、Freelander 等。

第三节　不同类型企业的组织结构差异

企业可以分为劳动密集型、资本密集型、技术密集型、贸易型、生产制造型、服务型等不同类型。这里为了较清晰地阐述不同类型企业组织结构与其生产产品之间的关系，特选择若干个代表性企业进行分析。

一、劳动密集型企业

山东魏桥创业集团有限公司位于鲁北平原南端的山东邹平，占地 1 000 公顷，现有总资产 380 亿元，银行信用等级 AAA，海关信用等级 AA，纳税信用等级 A，是一个集棉业、纺织、染整、服装、家纺、热电、铝业于一体的特大型综合企业，技术装备属国内一流，棉纺织生产规模和经济效益连续 9 年居全国同行业首位，是中国棉化纤纺织加工业最具竞争力企业和世界上最大的棉纺织企业。2006 年位列中国企业 500 强第 81 位，中国制造业企业 500 强第 34 位，中国进出口企业 500 强第 91 位和中国企业集团竞争力 500 强第 9 位。该企业在中国企业联合会、中国企业家协会联合发布的 2006 年中国企业 500 强排名中名列第 81 位，2007 年名列第 72 位，2009 年名列第 70 位。1999 年被评为全国精神文明建设先进单位，

1997—2006 年被评为全国纺织工业系统和全国供销合作社系统先进集体，1998—2006 年被评为全国自营出口先进生产企业和全国棉纺织行业经济效益排头兵企业。2006 年实现销售收入 503.2 亿元、利税 60.1 亿元、利润 33.6 亿元、自营出口额 15.7 亿美元。

从企业的组织结构上看，魏桥创业集团是以纺织业为主业的大型集团公司，但所属纺织、热电和铝电三家子公司产业关联度差，形成了"以棉纺织为基础，以热电为纽带，纺织产业和热电铝业互相支撑"的产业格局。魏桥纺织股份有限公司是魏桥创业集团控股的上市子公司，现有总资产 261.4 亿元人民币，2003 年 9 月在香港上市。公司技术实力雄厚，产品结构合理，主要生产两纱两布、高支高密弹力面料、牛仔布、化纤布等十大类 2 000 多个品种，2006 年总产量达到棉纱线 88.2 万吨、坯布 16.34 亿米、牛仔布 1.75 亿米。"魏桥"牌产品已覆盖美国、日本、韩国等 20 多个国家和地区。

二、资本密集型企业

荷兰国际集团是在 1991 年由荷兰国民人寿保险公司和荷兰邮政银行集团合并组成的综合性财政金融集团。据美国《财富》杂志统计，以资产净值计算，荷兰国际集团位居全球 500 家大企业中第 64 位。在提供综合性金融财经业务方面（银行与保险业务），居世界第三位。目前，该集团在世界 65 个国家和地区设有分支机构，雇员超过 10 万人。2000 年，该集团取得税后净利润 49 亿欧元，同比增长 24%。截至 2000 年底，集团资产总额达 5 030 亿欧元。其管理结构是在董事会下面设有四个管理运作核心：荷兰总部、国际金融财经业务部、企业和资本市场部及资产管理部。荷兰总部负责荷兰本国市场上的全部保险和银行业务。国际金融财经业务部负责所有荷兰本土以外的国际保险业、零售银行业和商业银行业的运作，其保险业务分为三大地区：欧洲和拉丁美洲、北美洲及亚澳地区。企业和资本市场部负责所有国际货币和资本市场的管理。其中包括国际银行网络以及金融产品、贸易、销售、投资银行、企业银行、风险管理及调研的各项业务。资产管理部承担企业投资者的资产和账目管理，提供个人国际银行服务，以及集团公司保险业务的资产管理。房地产业务和信托业务也由这个部门管理。该部门同时管理荷兰国际集团各个公司的投资基金。该企业品牌在世界品牌实验室（World Brand Lab）编制的 2006 年《世界品牌 500 强》排行榜中名列第 165 位。该企业在 2007 年《财富》全球 500 强企业排名中名列第 13 位。

三、技术密集型企业

（一）美国康菲石油

美国康菲石油（Conoco Phillips）是一家全球著名的国际一体化能源公司，主要从事石油、天然气的勘探、生产、加工和营销，以及化工和塑料产品的生产和销售。康菲石油是全美最大的能源公司之一。康菲石油以拥有深水勘探与生产技术、油藏管理和开发、三维地震技术、高等级石油焦炭改进技术和脱硫技术闻名于世。公司正在进行天然气精炼和发电两项新兴业务，发展前景非常好。

康菲石油的组织结构是通过企业合并完成的，由美国康纳和石油公司（Conoco）和菲利普斯石油公司（Phillips）于 2002 年 8 月 30 日合并而成。合并后的新公司承袭了原来两家公司在能源行业 200 多年的丰富经验和在石油领域的优越技术，使之成为当今世界的知名公司之一。目前，康菲石油中国有限公司（COPC）是康菲石油公司下属的全资子公司，现有

员工超过 500 名，与中外方合作从事石油和天然气的勘探与开采业务。在中国渤海湾，康菲石油中国有限公司与中国海洋石油总公司共同开发中国海上最大的蓬莱 19 – 3 油田。在南海，康菲石油中国有限公司在中国的第一个海上油田西江 24 – 3 于 1994 年投产。一年后第二个油田西江 30 – 2 投产。康菲石油中国有限公司在中国发展业务的同时，更重视环境和员工的安全保护，积极促进技术转让，并一直倾力支持中国的环境保护事业，参与中小学生环境保护教育和赞助希望工程等社会公益活动，如支持在八达岭长城西侧建立国际友谊林，支持旨在教育中小学生树立环保意识的"探索未来之路教育计划"等，充分体现了公司回馈社会的优良传统。

康菲石油的表现得到了中方的肯定，它还多次获得中国政府和公益团体的各种嘉奖。目前，康菲石油中国有限公司在北京、塘沽和蛇口等地设有办事处。康菲石油公司总部设在美国得克萨斯州休斯敦市，在全球 40 多个国家开展业务，公司员工约 56 600 名。

（二）东盛集团

在中国，以生物制药为主业的东盛集团有限公司是西安高新区内一家以高科技医药产业为主体的大型集团企业，也是国内医药行业内具有一定影响力的品牌企业。集团控、参股 4 家医药类上市公司，拥有 2 个国家级药品生产基地，2 个博士后流动工作站，与 30 多家医药企业实现了强强联合。目前，公司现有员工近万名，总资产逾 65 亿元。2003 年东盛集团技工贸总收入达 80 亿元人民币，2004 年达 100 亿元人民币，进入全国医药工业前 20 强。

东盛集团全心全意专注人类健康事业，经营目标锁定在医药工业、医药商业物流、医疗服务、保健品市场四大业务领域。近几年来，东盛集团通过一系列的资产重组，已与东盛科技股份有限公司、江苏启东盖天力制药股份有限公司、青海制药集团有限公司、湖北潜江制药股份有限公司、中国医药工业有限公司、云南医药集团有限公司、宝鉴堂国药有限公司、山西广誉远国药有限公司、云药科技股份有限公司、河北邢台英华医药有限责任公司、陕西汉中生物研究所等 30 多家医药企业实现了强强联合，取得了医药研发、生产和营销的强大优势。其中，东盛科技股份有限公司，已经作为唯一的一家医药类企业连续三年入围"中国最具成长性上市公司"百强榜；青海制药集团有限公司是我国唯一定点的"国家麻醉药生产基地"；湖北潜江制药股份有限公司是"国家眼科用药生产基地"；山西广誉远国药有限公司是我国有文字记载的现存最早的医药企业，迄今已有 400 多年的历史。

东盛集团拥有驰名全国的品牌资源，经过近几年的精心运作，已拥有"白加黑"、"盖天力"、"维奥欣"、"小白"、"四季三黄软胶囊"、瑞珠滴眼液、青海牌麻醉药、宝鉴堂国药、济生大输液、龟龄集、定坤丹等一大批国内知名药品品牌。其中，"白加黑"首创白天黑夜分开给药的独特方法，是国内感冒药市场的领导品牌；"维奥欣"被评为国家级重点新产品；瑞珠滴眼液是国内第一支不含防腐剂的眼药水；龟龄集和"远"字牌定坤丹是为数不多的国家中药保密处方。

在医药产业的发展战略方面，东盛集团将通过战略重组和内部资源优化，构建起以东盛科技为核心的非处方药产业平台，以潜江制药为核心的处方药产业平台，以广誉远为核心的经典国药产业平台，以云南白药为核心的现代中药产业平台，以及以河北东盛英华、新疆新特药为核心的现代医药物流产业平台。

国际化的专业管理团队，高效、完善的行销网络，专业的品牌管理队伍、娴熟的资本运作能力以及"开放、融智、合作、超越"的企业文化是保持东盛永无止境的创新动力的源泉。东盛的发展目标是以医药产业为核心，努力开拓，追求卓越，在 5 年内成为中国最大的医药企业之一，在 10 年内成为亚洲医药市场强有力的竞争者，在 15 年之内能够作为国内第一家民营医药企业跻身世界 500 强之列，最终通过全体东盛人的努力，将东盛建设成为一个深受员工爱戴、同行敬仰、社会尊敬的全球性大企业。

四、贸易型企业

（一）青岛阳都商贸有限公司

青岛阳都商贸有限公司成立于 2008 年，是海尔商用洗衣机的全国服务商，在与海尔集团的紧密合作中，建立了牢固的合作关系，主要从事海尔商用洗衣机的产品销售、策划和推广，同时承接大中院校、企事业单位、政府的自助式洗衣机房连锁配套实施工作。公司拥有一支高素质、经验丰富的营销队伍和策划推广团队，有严格的管理规定和规范的客户服务流程。公司主营代理海尔 XQB50 - 528PT 型波轮自助式洗衣机，依托海尔集团的世界名牌品质、庞大的市场销售和售后服务网络，彻底免除顾客的后顾之忧。"信者立行，合作双赢"是公司一直秉承的客户服务理念。

（二）海尔集团

海尔集团是世界第四大白色家电制造商。海尔在全球建立了 29 个制造基地，8 个综合研发中心，19 个海外贸易公司，全球员工总数超过 5 万人，已发展成为大规模的跨国企业集团。2008 年，海尔集团实现全球营业额 1 190 亿元。

海尔集团先后实施名牌战略、多元化战略和国际化战略。2005 年底，海尔进入第四个战略阶段——全球化品牌战略阶段。创业 24 年的拼搏努力，使海尔品牌在世界范围的美誉度大幅提升。2008 年，海尔品牌价值高达 803 亿元。自 2002 年以来，海尔品牌价值连续 7 年蝉联中国最有价值品牌榜首。海尔品牌旗下冰箱、空调、洗衣机、电视机、热水器、电脑、手机、家居集成等 19 个产品被评为中国名牌，其中海尔冰箱、洗衣机还被国家质检总局评为首批中国世界名牌。2008 年 3 月，海尔第二次入选英国《金融时报》评选的"中国十大世界级品牌"。2008 年 6 月，在《福布斯》"全球最具声望大企业 600 强"评选中，海尔排名第 13 位，是排名最靠前的中国企业。2008 年 7 月，在《亚洲华尔街日报》组织评选的"亚洲企业 200 强"中，海尔集团连续五年荣登"中国内地企业综合领导力"排行榜榜首。海尔已跻身世界级品牌行列，其影响力正随着全球市场的扩张而快速上升。

五、服务型企业

富通集团（Fortis）是一家活跃于世界保险、银行和投资领域，享誉全球的国际性金融服务集团，是欧洲最大的金融机构之一。在 2004 年世界《财富》500 强中，富通集团资产排名第 24 位。在 2004 年《福布斯》世界 500 强中，富通集团在销售、利润、资产及市值等指标的综合排名中，荣列全球金融服务商第 38 位。富通集团包括富通国际股份有限公司和富通银行。富通国际股份有限公司（Fortis Insurance International N. V.），直属富通集团，简称"富通国际"。在比利时、荷兰和卢森堡等国家的金融保险市场处于领先地位，在其他国家市场则开展重点业务。富通拥有"比利时国际保险公司"、"荷兰保险公司"以及在美国的保险业务。富通银行涉足商业银行业务、网上银行业务和个人银行及资产管理业务，在世界 65 个国家和地区开展业务，拥有 200 个左右具备法人资格的公司，向个人、企业和公共机构提供广泛的金融保险服务。富通基金管理公司是欧洲股市和债市最大的机构投资者。

1998 年富通与比利时通用银行合并后，以原通用银行为旗舰重组集团的银行和投资业务，将各方的基金业务合并，组成新的富通基金管理集团，负责全球范围内的投资管理业务。

富通基金管理集团总部设在布鲁塞尔，并设有欧洲、北美、远东三大区域分部。富通的基金根据业务职能性质分为三大业务管理部门、两大业务支持部门和一个集团战略发展管理中心。三个业务管理部门，即分销网络管理部门、机构客户管理部门、集团资产管理部门，主要根据客户群和服务方式的不同特点分别组建。而投资和运营两个业务支持部门的职能是为上述三个业务管理部门提供全方位的支持。集团战略发展管理中心则负责协助集团最高领导制定与实施集团总体战略以及协调集团环球业务。

2007 年 11 月 29 日，中国平安保险（集团）股份有限公司旗下的中国平安人寿保险股份有限公司出资 18.1 亿欧元，从二级市场直接购买富通集团 4.18% 的股权，成为后者最大的单一股东。

富通银行（原通用银行）在中国的经营业务已有 100 多年的历史。1902 年，富通银行的前身——比利时银行在上海设立了第一家分行，1935 年其香港分行（称作华比银行）也相继落成，直到如今它仍然是香港金融市场上的重要银行。华比（富通）银行在香港拥有 30 家分行，900 名员工。1997 年，新开辟的富通香港分行在资产管理、外汇兑换以及其他金融产品服务方面都十分活跃，使富通银行始终在香港金融市场保持其业务优势。

目前，富通银行在上海和广州设有分行，在北京设有代表处，在中国内地的金融业务非常活跃。2003 年 4 月 1 日富通集团旗下的比利时富通基金管理公司与海通证券股份有限公司共同发起设立海富通基金管理有限公司，管理着海富通精选证券投资基金、海富通收益增长证券投资基金和海富通货币市场证券投资基金等三只开放式基金。

富通银行是在中国内地第一批获准经营外汇业务的外资银行之一，2004 年 9 月获证监会 QFII 资格，2004 年 12 月在中国银行开设托管账户，目前托管券商是海通证券。此外富通银行是第一批首次公开发行股票询价对象。

第四节　日本大企业的组织变革与经营活动

对于日本企业集团与网络的形成，一般认为是与战前的财阀集团联系在一起的。但从战后日本民营企业集团化的发展及现代企业经营的角度来看，企业集团的形成与发展是以企业网络的建构为特点的。因此，研究企业集团与网络的构建是很有意义的。下面以日本东芝公司为例，具体分析企业集团内部的组织构成，探讨现代日本企业集团的组合与运行。

一、事业部制所形成的企业网络

20 世纪 50 年代，东芝公司经过发展，已经成为日本企业界的"经济巨人"，这可以从东芝公司的规模反映出来。

就日本企业内部的组织机构而言，东芝公司可以称得上是高度事业部制的大型民营企业的代表。经过 50 年代的高速发展，东芝公司已经成为拥有事业部、工厂、分店的大型企业机构。事业部的划分是以产品结构为依据的，有电波器材事业部、电信事业部、电子事业部、整机事业部、仪表事业部、医疗设备事业部、电子计算机事业部、住宅设备事业部、电视事业部、照明事业部、制冷加热事业部、家用电器事业部、电声事业部、交通事业部、电机商品事业部、电机事业部、涡轮机事业部、化学材料事业部、玻璃事业部、金属材料事业部，共20个。上述各事业部虽然同属于公司总部，但它们各有自己的活动空间，也就是彼此既独立经营又保持相当紧密的合作关系，以其各自在经济活动中获得共同利益为目标。

就东芝公司的生产组织而言，事业部下设相应的工厂，共31家，其中大型的工厂有小向工厂、日野工厂、掘川丁工厂、姬路工厂等。工厂承担生产该事业部产品的任务，但其也具有独立经营的权力，而不仅仅是事业部的生产单位。

作为跨国经营的大型国际化企业，东芝公司同企业外部的联系主要分国内和国际两部分。其在国内的机构主要由事务所、分公司、分店、营业所及其他关联企业组成。

（1）事务所。由于东芝公司的总部设在神奈川县川崎市，所以在东京都千代田区设有东京事务所，主要负责承办公司总部的业务往来。事务所下一般都设有分所，例如，东京事务所下设银座分所、三田分所、港分所、神田分所、骏河台分所5个分所。

（2）分公司。从日本国内企业分布来看，一般来说，大型企业都设有国内分公司。如东芝公司在国内即设有8家分公司，分别是关西分公司、中部分公司、九州分公司、中冈分公司、东北分公司、北陆分公司、四国分公司、北海道分公司。可以说，分公司实际上是东芝公司在地理空间的分布，与事务所的职能是不同的。

（3）分店。分店是企业在日本国内的销售组织。东芝公司在国内设有4处分店，分别是信越分店、静冈分店、南关分店和冲绳分店。

（4）营业所。东芝公司在国内的营业所共有29家，包括鹿岛营业所、姬路营业所、丰田营业所、滨松营业、北九州营业所、大分营业所、大牟田营业所等。

东芝公司的海外机构设置，主要有四种形式：一是办事处。如在阿根廷、巴西、墨西哥、澳大利亚、新西兰、哥伦比亚、南非及中国内地和香港等国家和地区均有东芝公司的办事处。二是销售公司。如在美国、加拿大、巴拿马、巴西、英国、泰国、新加坡、马来西亚、中国香港等国家和地区均有东芝公司的销售公司。三是信贷公司。东芝公司仅在荷兰设有东芝信贷公司，目的是为其在荷兰的发展提供投资的场所。四是海外制造业的联营公司。由于东芝公司海外投资大多在亚太地区的韩国、泰国、马来西亚、菲律宾及中国等资源丰富、劳动力价格低的国家，所以劳动力密集型企业较多，此外，在印度、斯里兰卡、伊朗、墨西哥、巴西等南亚和南美地区也是日本大企业投资的理想场所。

① 日本富士公司

日本"富士"也称斯巴鲁（SUBARU）。1917年富士飞机研究所在东京创建，1953年富士重工成立。"斯巴鲁"是金牛星座昴宿星团（也称为"六连星"）名字的日语发音，仰视夜空可看到该星团上的6颗星星。由于富士重工由6家公司合并而成，所以采用了"六连星"的图案作为商标，象征公司间的紧密团结、共同奋进精神。

富士胶片株式会社（以下简称富士胶片）自1934年创建以来，以坚定的步伐不断向前迈进，发展至今已成为世界上规模最大的综合性影像、信息、文件处理类产品及服务的制造和供应商之一。截至2006年3月，合并报表净销售额为236亿美元，注册资本3.77亿美元，员工75 845名，在2006年《福布斯》全球500强企业中名列第313位，《财富》全球500强企业中名列第258位。富士胶片从20世纪60年代后期开始积极向海外发展，构筑了强大的全球生产、销售和服务网络。目前的富士集团包括富士胶片株式会社、224家子公司和40家从事研发、制造、软件开发、市场和采购及相关经营活动的关联公司，分布于世界200多个国家和地区，海外销售额已接近合并报表净销售总额的50%。

富士胶片有三大事业领域：①包含传统和数码两大产品群（胶片、照相机、相纸、化学药品、冲扩设备等）的影像事业领域；②包含印刷系统、医疗系统、液晶材料、记录媒体等系列产品的信息事业领域；③由富士胶片的子公司富士施乐公司生产和销售的文件处理设备（复印机、打印机、多功能数码文印中心、耗材等）构成的文件事业领域。该企业品牌在世界品牌实验室（World Brand Lab）编制的 2006 年《世界品牌 500 强》排行榜中名列第 368 位。

如果仔细研究日本大企业发展的历史，可以说其组织结构的变革与企业经营战略调整都有直接的关系。

总之，就日本国内而言，大型民营企业组织的特点是将有关联的产品生产与销售内部化，由此形成该产品的垄断地位，而在同一产品的生产与销售方面，大公司则以事业部的组织形式使生产与销售网络化，在这样的组织结构下实现企业的集团化及网络化经营，从而实现利润最大化。

二、核心企业与外围企业的组合

从现代企业经营来看，企业的内部与外部的界限随着企业兼并、收购的日益频繁已显得不重要了，而重要的是谁来充当"核心企业"的角色。

在企业外部，由于竞争关系和市场的变化，促使许多生产同类产品或相关产品的企业重新组合，以增强企业的竞争力。尽管企业组合的原因很多，但共同点是"搭顺路车"。如果对东芝公司所属子公司进行分类，那么大体上可以分为向下型、同类水平型和独立型三种。

向下型，是指子公司主要是为"母公司"的主导性产品提供零部件或半成品。以东芝公司为例，其向下型子公司中最有代表性的是昭和电线电缆公司。昭和电线电缆公司是 1936 年设立的老企业，并入东京电气公司后，在原有设备的基础上投资 100 万日元，从而扩大生产规模和产品种类，目前已拥有川崎、相模原、三重、仙台等 4 家大工厂，主要生产各种规格的电线、电缆及其配件、电气零部件、电气配线等。这些主要产品显然是在东芝公司内部进行交易的，而以电机电子为主导的东芝公司来说，其对于电线电缆及电气产品配线的需求量，是相当大的。

同类水平型，是指在东芝公司的产品构成中，存在为成品进行加工的子公司。如在东芝造船业中，其机械加工的本身已经具有相当高的生产水平和加工技术，由此而形成较为独立的机械加工企业。

独立型，是指在集团化企业中，与"母公司"主导性产品结构关系不大或根本不相关的子公司。这反映了集团化企业的多元化发展战略。但从企业经济学的角度来看，显然存在市场交易成本的问题。如东芝钨系硬质合金公司，创立于 1950 年 2 月，原名是钨合金工业公司，1958 年并入东芝公司，目前已拥有川崎、横滨、大阪、名古屋、菲崎 5 家工厂。其主要产品有合金刀片、切削工具、耐磨工具、土木矿山用工具、摩擦材料等。

由于日本大企业生产已实现内部化，所以企业合并就成为企业集团现代化的重要途径之一。如果以企业集团化的实态来说明日本民营企业发展的机制，就有必要对其合并、附属、关联企业的组合形式进行分析。

三、企业集团化的实态

企业的规模经营，与交易费用的节省有密切关系。但在企业集团化过程中，究竟合并什么样的企业最为适宜，就成为企业决策的中心问题。

一般来说，企业合作行为是以市场的变动为依据的。按照日本企业的经验，企业合并不仅是企业经营活动中十分常见的现象，而且在长期的企业合并过程中形成了企业的行为机制。以东芝公司为例，其最早的合并可以追溯到1939年芝浦制作所与东京电气公司的合并，从而创建了东京芝浦电气株式会社。在"二战"期间，由于军需的激增，东芝公司的规模也通过企业合并而迅速扩大。1941年，东邦矿业株式会社（1933年创立）并入东芝公司。1942年，日本医疗电气株式会社（1930年创立）和芝浦松田工业株式会社（1936年创立）先后与东芝公司合并。1943年，东京耐火砖株式会社（1918年创立）、东京电气天线株式会社（1935年创立）等加入东芝家族。"二战"后，尽管日本企业受到反托拉斯法的限制，致使企业合并受到影响。但随着日本经济的高速发展，企业合并出现了前所未有的高潮。如东芝机车车辆株式会社（1945年创立）、电业社发动机制造所（1910年创立）及石川岛芝浦汽轮机株式会社（1936年创立）等纷纷加入东芝公司。直到1989年，东芝合并企业的活动仍相当频繁。企业合并的频繁及普遍化，从国家资源配置的角度来说，企业群体的日益扩大，有利于企业群体中的每一个成员，而资产、人力、技术资源是朝着企业优化组合的方向流动的，否则企业的合并关系将难以长期维系。

除了直接合并企业之外，附属企业成为日本企业集团网络组织形式之一。东芝公司的附属企业圈分为国内和国际两种。在国内，如东芝商事株式会社于1953年成为东芝公司的第一家附属公司（1979年，该公司又并入东芝）。至70年代，附属公司的组织形式成为大企业所热衷的集团化方式，发展迅猛。如1971年，成立了东芝硅酮株式会社。1972年，又分别成立了东芝房屋产业株式会社、东芝制冷机株式会社。1974年，东芝电材株式会社、东芝物流株式会社、东芝化学株式会社成为附属公司。根据1993年11月的统计，东芝公司在全世界共有附属公司800多家，其职员总数达25万人，约是东芝公司职员总数的3倍。大企业采取附属企业的组织形式，是为了借此展开多元化经营。东芝附属企业的经营范围包括尖端的微电子技术产品、原子能能源系统、空间技术产业设备、化工产品、新材料和组合元器件，以及房地产、金融业等，涉及行业领域相当广泛。东芝认为，附属企业可以发挥各自的协调优势，无论在制造、销售还是售后服务、信息获取方面，分布在世界各地的附属企业都将为集团的长远利益和长期发展尽心尽职。对于东芝公司来说，其关键任务是将具有不同职能的附属公司的能力巧妙地结合起来，而这种战略性结合的成功与否，同东芝公司的最高决策层的组织领导能力密切相关。

东芝公司外围的众多关系企业是企业集团的社会基础。据1993年的统计，东芝公司的关系企业已达到783家，其数量大体接近附属企业总数，这说明关系企业的组织形式在企业集团结构中占有举足轻重的地位。

东芝公司的关系企业种类相当多，经营范围也极为广泛，包括制造业、销售、物流、维修、零部件生产、原材料供应、研究与开发、金融信贷、建筑设计与施工等。截至1993年，东芝公司有99家关系企业。其中既有大企业，也有中小企业。由于这些企业与东芝公司有十分密切的关系，因此有90%以上的企业是以"东芝"作为本企业的名称，如东芝机械株式会社、东芝精机株式会社、东芝物流株式会社等。东芝公司的关系企业和附属企业在资产权益方面是不同的，而在企业的生产与市场方面有紧密的联系。

总之，日本集团化企业的发展已经达到相当高的水平，如东芝公司下属1 500多家企业。事实上在东芝大家族中，每一个企业是由若干个小企业组成的，这样就形成企业内部既相互联系又各自独立经营的企业群体。

●拓展学习一

美国商用计算机公司的组织结构与经营策略

美国商用计算机公司由于其质量上乘而设计新颖的产品、富有想象力的销售办法和下属公司对客户的优质服务，发展水平已经处于该经营领域的前列，每年销售额超过10亿美元，利润率高，公司股票价格节节上升。该公司受到投资者的青睐，因为投资者可获得的股票增长率高，利润丰厚。

多年来，该公司是按照职能进行组织的，由几位副总裁分管财务、销售、生产、人事、采购、工程以及研究和开发。随着公司的发展，公司已经把其产品系列从商用计算机扩展到电动打字机、照相复印机、电影摄影机和放映机、机床用计算机控制设备以及电动会计机。随着时间的推移，人们发现：公司的组织结构使总裁办公室以下的人员机构无法对公司的利润负责，无法适应在国外许多国家进行的业务扩展，并且似乎加固了阻碍销售、生产和工程各职能部门之间有效协调的"壁垒"。此外，有许多决策似乎除了总裁办公室以外，其他任何低于这一级的部门和人员均不能作出。

对此，总裁将公司分成15个在美国和海外的各自独立经营的分公司，每个公司均对利润负有全部的责任。然而在实施公司重组后，总裁感到对分公司不能进行充分的控制。分公司在采购和人事职能方面出现了大量的重复，各分公司经理无视总公司的方针和策略，各自经营自己的业务，这使总裁意识到公司正在瓦解成一些独立部门。

最终总裁认识到其在分权方面已经走得太远了。于是，他收回了分公司经理的某些职权，并要求他们在作以下重要决策时应征得公司最高管理部门的批准，包括：①超过1万美元的资本支出；②新产品的推行；③指定价格和销售的政策和策略；④扩大工厂规模；⑤人事政策的变更。

当分公司经理们的某些自主权被收回时，他们的不愉快是可以理解的。他们公开抱怨总公司的方针摇摆不定，一会儿分权，一会儿集权。

●拓展学习二

国际企业的世界网络

在跨国公司中，美国百威啤酒是具有100多年生产历史的大型企业。百威啤酒一直以其纯正的口感、过硬的质量赢得了全世界消费者的青睐，成为世界最畅销的啤酒，长久以来被誉为"啤酒之王"。百威啤酒是从1876年开始投放市场的。安豪泽·布施公司采用世界独一无二的榉木酢工艺，从选料、糖化、发酵、过滤，直到罐装的每一个工序都严谨控制，生产出来的百威牌啤酒具有格外清澈、清爽、清醇之品质。

百威啤酒的成分有5种：质量好的大麦、米、酵母、水和啤酒花。它分为lager和ale两种，其不同之处在于lager从下面发酵，而ale从上面发酵。一般来说，lager比ale的味道更为清爽。百威啤酒的名字最初是由公司的老板Adolphus Busch根据德语的语音起的，意思是不仅在德国，在美国也有味道鲜美的啤酒。

阿道普斯·布施最大的贡献在于其独特的销售理念。过去在美国，酿啤酒和买啤酒都只是在某个小镇上进行的小规模商业活动，布施首先把自己的经营范围扩大到了全国。而且他还在各地建立了连锁冰啤屋，以此向经销商证明卖啤酒不仅仅是一种地方行为，它可以兼容每个地区的不同口味，并且受到各地顾客的欢迎。

美国安海斯—布希公司的业务包括全球最大的酿酒公司、全美第二大的游乐场业务、国际性的酿酒和啤酒市场推广及其他不同业务。公司的主要业务为酿酒，自 1957 年起，一直是世界最大的酿酒商。安海斯—布希公司 2001 年的啤酒销售总量达 1 460 万千升，目前在世界上拥有 9% 的市场占有率；在美国，拥有近 50% 的市场份额，比其最大的竞争对手还要高一倍。在美国设有 12 家规模庞大的啤酒厂，在海外设有 2 家合资啤酒厂，其拥有的百威品牌是世界销量第一的啤酒品牌，销售遍布全球 80 多个国家和地区。

多年以来，百威啤酒的制造商安海斯—布希公司一直奉行"环境、健康与安全"的核心理念（即 EHS 理念）和始终如一的品质理念，这些理念理所当然地融入百威啤酒中。

在 2002 年《财富》全球 500 强企业中，安海斯—布希公司名列第 397 位；2002 年全球 500 强竞争力的评比中，安海斯—布希公司以 154.55 的竞争力综合指数名列第 319 位；而在 2002 年世界知名品牌价值排行榜上，百威以 113.49 亿的资产名列第 24 位，又一次成为世界第一啤酒品牌。

1995 年，百威的亚洲工厂在中国武汉兴建。中国市场的百威啤酒全部由百威（武汉）国际啤酒有限公司酿造，采用了与美国安海斯—布希公司一致的原料标准和酿造工艺，确保百威啤酒达到全球统一的口味和质量。无论是在美国还是在中国，百威啤酒引以为豪的是只采用质量最佳的纯天然原料，严谨控制工艺，通过自然发酵，低温储藏而成。百威啤酒用料筛选严，要求高，整个工艺流程不使用任何人造成分、添加剂或防腐剂。百威啤酒将酿造视为传统工艺和现代技术的有机结合，这种对质量的严格要求和精益求精使百威啤酒具有良好的口碑。

百威啤酒已经成为中国知名度最高、销售量最大的洋品牌啤酒，销售网络遍及全国各大城市，占据了中国高档啤酒市场相当大的份额，尤其是在高档酒楼、涉外宾馆、高级舞厅、迪厅等几乎是清一色的百威。

拓展学习二

德国大企业：安联集团

总部设于德国慕尼黑的德国安联保险集团是欧洲最大的保险集团，同时也是世界领先的综合性保险和资产管理集团之一。凭借收益的大幅增长、遍及世界的业务网络，以及多元化的管理结构，安联集团已为新世纪的发展做好了充分准备。安联集团于 1890 年始创于德国柏林。创业伊始，安联集团就注重开设新险种。安联集团早在 1900 年就率先开办工程险业务，如今在该领域它处于世界领先地位。通过收购国内保险公司，建立和完善销售网络，安联集团很快跃升为德国保险界的先导。1922 年安联寿险公司成立，进一步巩固了它的领先地位。今天，安联寿险公司已成为欧洲最大的寿险公司。1954 年，安联集团总部迁至慕尼黑，随后公司业务迅速恢复。从 50 年代起，安联集团先后在法、意等国开设分公司，在德国境外拓展集团规模。在 80 年代和 90 年代，许多德国以外的著名保险公司纷纷加盟安联集团，其中包括意大利的 RAS、英国的 Cornhill、美国的 Fireman's Fund 和瑞士保险集团 ELVIA。

1998 年初，安联集团又成功收购了世界第六大综合保险公司——法国 AGF 保险集团。1998 年，安联集团的保费总收入达 904 亿马克，净收益 36 亿马克，集团管理的资产市值达

6 710 亿马克, 股票增幅达 33.5%, 并被标准普尔公司评为 AAA 级企业。作为世界最大的投资者之一, 安联集团拥有西门子、巴斯夫、大众汽车等世界著名工业集团的股份, 同时也投资于德意志银行、德累斯顿银行等著名金融机构。另外, 安联集团还是全球 300 多家分支机构的主要股东。通过广泛的国际客户服务网络, 安联集团成为许多在中国有大量投资的国际著名工业集团的亲密伙伴。作为主要承保人, 安联集团为世界 500 强公司中的近百家公司提供保险服务, 其中包括 IBM 和可口可乐公司。

作为国际主要的工业险承保人之一, 安联集团在世界各地拥有一批高素质的工程师。这些专家不仅为客户提供专业咨询, 还可根据客户的不同需求为他们设计特殊保险保障。设在慕尼黑近郊的安联技术中心为世界保险企业唯一的专业研究机构, 专门从事工业事故的研究预防和机动车安全性的改良。

在亚太地区, 安联集团拥有强大的业务网络, 在很多国家和地区都设有分支机构, 地区总部设于新加坡。为了加强在亚太地区的市场地位, 安联集团的举措不断。1998 年底, 安联集团收购了澳大利亚第七大保险公司 MMI 的全部股份, 使其成为安联集团的全资子公司。

在中国内地, 安联集团于 1998 年底获得监管部门的最终批准, 成立安联大众人寿保险有限公司, 合资公司于 1999 年 1 月 25 日在上海正式营业; 在中国香港, 安联集团持股 89% 的安宜信用保险香港有限公司于 1999 年 4 月正式开业; 同年 5 月, 安联集团收购韩国第一人寿保险公司后成为韩国最大的外国保险公司; 同年 6 月, 安联集团在中国台湾收购了两家保险公司, 从而进入台湾保险市场; 同年 7 月, 安联集团在越南获得经营非寿险业务的许可证, 成为当地首家外商全资保险公司。安联集团在亚太区的业务发展已进入第二阶段。在此过程中, 安联集团将注重加强其亚太区市场地位, 增加包括资产管理在内的市场份额。安联集团已建立起遍及亚太地区的业务网络, 为今后的进一步发展奠定了坚实的基础。

早在 1917 年, 安联集团就在中国上海建立了第一个办事处。70 年代末, 中国保险业刚开始恢复之际, 安联集团董事会代表团就于 1979 年访问了中国人民保险公司 (简称人保) 总部, 建立了同中国保险界的联系。此次访问后不久, 安联集团同人保正式签订了关于再保险和保险技术传输的合作协议。经中国人民银行批准, 安联集团于 1993 年 12 月在北京开设了第一家代表处; 1994 年在上海和广州成立了代表处。在安联集团上海代表处, 有来自总部设于欧洲的安联风险咨询和顾问公司的技术专家提供的有关技术和风险管理的咨询。1998 年底, 安联大众人寿保险有限公司获准营业, 安联集团拥有该合资公司 51% 的股份。安联集团是首家在上海经营寿险业务的欧洲保险公司。长期以来, 安联集团以其雄厚的资金和技术力量在再保险领域与中国保险界保持着密切合作, 有力地保障了一批国家重点项目的建设, 其中包括著名的二滩和小浪底水利枢纽工程、上海大众汽车、广州地铁以及香港新机场等项目。作为世界领先的保险集团, 无论何时何地, 安联将利用其超强的财务实力和保险专有技术为客户的成功与发展提供强有力的保障。

问题与讨论

1. 从以上资料中可以看出, 大企业在战略转型、新产品投入开发及生产、海外发展等许多重大转折点都要对组织进行调整, 你认为原因是什么? 究竟怎样调整才能更适合公司发展需要, 你有什么看法和建议?

2. 假设你是美国商用计算机公司总裁的顾问, 请你给总裁提一些意见和建议。

3. 集权和分权的利弊主要有哪些? 应如何把握集权和分权的程度?

分组讨论

1. 如果你是公司总经理，你将如何对公司的组织结构进行部署？以总经理身份设计跨国公司、技术型企业、服务性企业的组织架构图。

2. 组织变革的信号是什么？查阅网络资料并根据公司企业经营中的组织效率问题写出报告。

3. 组织结构与人事安排是企业能否有效运转的关键所在，现代社会的公司组织结构及人事安排有什么特点？

思考题

1. 公司中的关键性岗位是什么？重要的人事安排怎样选拔干部？

2. 欧美企业与日本企业在用人制度上有什么不同？

3. 在公司工作需要注意哪些细节？如果你去面试，你见到人事部经理会作何反应？请熟悉公司组织结构及人事工作流程后模拟公司人事部撰写招聘面试方案。

作业题

1. 简述事业部组织形式的含义及其在现代大公司中的作用。

2. 简述公司中层管理人员的职责与作用。

3. 简述公司总经理的职责及工作任务。

第三章
现代企业的战略管理

日本大企业统一全公司的步调只有一种方法，就是实行战略管理。对于东芝公司来说，其形象的说法是"一切来源于时代"。这种经营理念的形成，实际上就是把企业经营管理置于国际市场变动和未来企业发展上。尤其是像东芝公司这样的大型国际企业，统一所属1 500多家企业的方法只有实行战略管理。

第一节　日本企业的战略管理

所谓"战略管理"，说到底是指企业长期发展目标的设定。在日本大企业中，企业长期发展目标的设定，是企业最高领导人时刻考虑的大问题。就企业发展目标而论，一般来说，总是略高于政府发展规划的目标，这已成为日本企业的共识。此外，企业发展目标对于本企业各部门及全体员工也起到规范性作用。因此，日本企业战略目标的制定，实际上具有硬性管理的性质，在企业内部起到"法"的效力。

对于拥有173 000名职员的东芝公司来说，如何使企业全体员工协调一致，使之团结起来创造更大的价值，乃是东芝公司最高领导层时刻考虑的大问题。

一、战略管理的意义

进入20世纪90年代，欧美企业更注重企业与社会的联系，并以之作为企业的经营战略。在这种国际经营背景下，日本企业尤其是大企业则需要有全新的经营理念来作为企业跨世纪的战略目标，而作为民营大企业的东芝公司究竟采取什么经营战略，是个引人注目的问题。

任何企业都是处在市场竞争环境之中，而企业的经营理念的创意，也集中体现了企业的竞争关系。从东芝的立场考虑，东芝公司作为日本民营企业中的老企业，在战前即以生产军需民用品成长为日本大型企业，而在战后又得以迅速发展，成为现代跨国企业。在这样的经营业绩下，东芝战略经营的定位，可鲜明地概括为"为了地球和人类的明天"。其内涵是将未来社会需求及发展趋势集中于环境保护和人的个性发展两方面，从而确定公司的发展目标是研究开发地球的新能源，以及使个人工作、学习、生活更为便捷的电子信息系统，而电子信息系统的进步，则完全以新的能源为基础。在这样的总体思路之下，公司战略研究部门则进一步提出"E&E"发展战略，其中第一个"E"，是德文energie的缩写，可见东芝将作为人类生活基础的能源放在发展的首位；第二个"E"，是希腊语elektro（意即电子学）的缩写，努力发展电子工业，显然是现在及未来日趋高度发展的信息社会的产业及人类活动创造更大价值的途径。按东芝人的说法，基本经营理念和"E&E"战略的确定，一方面，"东芝所有的企业活动都是围绕这一基本理念展开的"。在日本人的眼中，公司的经营理念"是真正的国际性企业的发展所必不可少的准则"。另一方面，国际性大企业经营理念的定位确切与否，实际上还与企业外部竞争有直接的关系。而"E&E"战略显然使东芝公司在 90 年代日本企业经营理念的竞争中，处于优势地位。

如果具体分析东芝公司经营理念的内容设计，可以说在"E&E"战略目标的架构中实际上还包括成长（growth）战略、集团（group）经营战略和全球化（management）经营战略三种战略，东芝人称之为"3G"战略。

成长战略是"3G"战略实施的基础。为了实现"E&E"战略目标，成长战略的着力点是对东芝公司旧有的生产、销售体制进行重新整备，这就是通常所说的结构调整。在确立成长战略的新体制下，东芝公司确立了信息和通信系统、信息设备和家用电器系统、电力和产业设备系统、电子元器件和新材料系统四大生产系统，同时发展与之紧密相关的研究开发部门，作为公司整体跨世纪成长战略的五大产业支柱。

五大产业支柱分别由其具有优势地位的产品作为增强国际竞争力的实力基础。从总体上讲，产品的形式以系列化、系统化、尖端化为特点，具体分为主要产品和系列产品两大类。其中主要产品的结构是由系列化的产品群来表现其优势的。20 世纪 80 年代以来，由于电子工业的迅猛发展，东芝公司的主要产品结构也随之发生变化。东芝人一致认为，随着用户需求的变化，产品的多样性要大大加强。这种企业共识，结果必然是使主要产品和系列产品革新的速度更快，而产品的种类则更多。

信息和通信系统的主要产品有主计算机、UNIX 计算机、工业用计算机、工作站、局部区域网络、道路和机场系统、污水处理系统、工业振动系统、计算机综合管理系统、无线电广播系统、无线电通信系统、综合通信系统、有线电视/闭路电视系统、移动通信设备、航天通信设备、雷达系统、销售点终端设备控制器、信件分类机、自动售票系统和设备、自动出纳机、纸币整理机、集成电路板系统、医疗系统等。

信息设备和家用电器系统的主要产品有便携式个人计算机、笔型输入计算机、日本语文字处理机、硬磁盘驱动器、光盘驱动器、CD 只读存储器的驱动器、普通纸复印机、彩色电视接收机、宽屏幕彩色电视接收机、高清晰度电视系统、广播卫星/通信卫星频道选择器、盒式磁带录像机、电荷耦合器件彩色电视摄像机、电冰箱、微波炉、洗衣机、烘干机、真空吸尘器、电风扇、单元空调和商用空调系统等。

电力和产业设备系统的主要产品有沸水反应堆发电设备、核燃料回收设备、水力/火力/地热发电设备、变压器、气体绝缘开关装置、燃料电池、超导磁体、机车车辆电气设备、电动机车、电梯、自动扶梯、开关装置、工业电动机及其驱动系统、变频器、不中断电源系统、芯片安装和磁力悬浮设备等。

电子元器件和新材料系统的主要产品有二极管、硅整流器、小信号晶体管、功率晶体管、光学器件、化合物半导体、电荷耦合器件、音像金属氧化物半导体集成电路、微型元件、应用规格集成电路、动态随机存取存储器、静态随机存取存储器、带掩膜的只读存储器、快速电可擦可编程只读存储器、印刷电路板、液晶显示器、微波管、X 射线管、彩色显像管、显示管、无定型磁性部件、精细陶瓷、取代氟利昂的新型洗涤剂、锂离子二次电池和镍金属氧化物可充电电池等。

在这四大系统的主要产品和系列产品中，其相关性成为产品组合与产品结构的原则。

二、成长战略的实施

成长战略究竟怎样实施，是企业战略经营能否成功的关键。在东芝公司，其上述战略的具体实施，是通过被称为"I"规划和"W"规划的活动实现的，东芝人称之为"I作战"和"W作战"。

所谓"I"规划，是信息（information）、集成化（integration）和智能（intelligence）三个核心概念的头一个字母。"I"规划的目的是推动信息处理和通信设备最大限度地适应各种用户的需求。该项规划起始于1984年，此后即成为东芝电子产品生产经营活动的主要内容。至90年代，这种在80年代培育起来的生产能力，遂之转化为成长战略中的核心部分。

"I"规划在信息和通信系统中所发挥的作用，主要表现在信息处理和控制系统的小型化、自动化控制的灵活性应用方面。由计算机、检测仪表和电子产品三个营业部门组成的新联合体（CIE），使应用计算机具有更为广阔的市场和发展前景，而检测仪表和电子产品，则成为工业和自动化控制系统的心脏。1993年，东芝公司又引进了I2001系统，从而提供了从咨询服务到优化硬件/软件组合问题的解决方法。

"W"规划是东芝公司自1983年开始实行的半导体研究开发活动。"W"代表国际化，这一方面意味着东芝公司在电子多兆位容量时代和迅速发展的应用规格集成电路（ASICs）方面将发挥持续的主导作用；另一方面，还表明在半导体研究和生产中居于国际领先地位的东芝公司也十分注意发展同其他公司的协作，从而促进更大范围的竞争与合作。由于"W"规划的实施，东芝公司在半导体领域特别是在金属氧化物半导体存储器（MOS）、金属氧化物半导体逻辑集成电路、双极集成电路、分立半导体元件四个方面取得均衡发展，推出一系列新产品。此外，东芝公司与日本IBM公司合作，于1989年开始生产大型彩色薄膜晶体管液晶显示器，从而使东芝公司在这一尖端技术领域始终处于主导地位。

"3G"战略即"集团经营"战略，这是日本民营企业要成为"经济巨人"所必不可少的经营方式。具体到东芝公司，战后从濒临破产的困境走出来，逐步成为国际性大型企业，其中重要的战略性因素与采取集团经营战略有直接的关系。

在日本，大企业的竞争对手不完全是国外同类企业，而在大多数情况下是来自本国的同行企业。在现代工业社会培育企业的国际竞争能力，首要的任务是抢在竞争对手之前拿出新产品，否则就会丧失市场竞争力。但对于任何一个现代化企业来说，无论其规模有多大，都不可能脱离其他企业的配合而单独开发新产品，因为在原材料的供给和零部件的调配过程中，新产品开发企业必须与许多相关企业建立业务关系，同时把开发新产品的信息提供给相关企业。而从事特殊的原材料和零部件生产的其他企业，也在一定程度上对大企业有依赖性，这种相互依赖、共同成长的关系，成为日本企业集团化的重要因素。

三、日本企业的全球化战略

全球化战略，不仅是东芝公司20世纪90年代的企业经营战略目标，而且是日本企业共同的经营战略，只不过东芝公司的全球化战略是80年代以来率先采取海外经营战略的延续。正因为如此，东芝公司海外经营战略与全球化战略的关系，值得注意。

日本企业全球化战略实施的社会基础，显然在于日本国民强烈的危机意识。由于日本国土狭小、资源贫乏的自然地理环境，致使日本经济长期处于对资源国及世界市场的依赖状态，这对于经济力、技术力达到相当高度的日本企业来说，是个亟须解决的难题。无论是战前的海外军事扩张还是战后石油危机、日元升值对日本经济产生的巨大冲击所带来的企业海外经营，扩大海外投资，采取当地生产、当地研究开发、当地销售战略，无疑成为当代日本企业的唯一选择。

东芝公司90年代的"全球化战略"的具体实施，是以北美、欧洲和亚洲作为企业海外扩张的三大空间领域，并以此架构海外发展的三级组织机构。大体与在日本国内一样，至1993年东芝集团在全世界已拥有22个海外事务所、86个海外法人。其中在北美地区有28个海外据点，如东芝美国情报组装社、东芝美国MRI社等。在欧洲及中近东地区，东芝公司有43个海外据点，并在欧洲主要国家如英、法、德、意等设立10个事务所。在亚洲特别是在东亚地区，东芝公司共设有26个海外据点，9个总括事务所。这些海外据点，大体分为制造销售公司、制造公司、销售公司、地域性总括事务所、海外事务所及其他海外机构六大类。其中特别应该注意的是海外制造公司。东芝海外制造公司生产的产品范围相当广泛，包括家用电器、个人计算机、单色复印机、半导体产品、医疗器械和发电机等，这些产品也是由东芝公司的海外机构在当地销售的。按1993年的统计，东芝公司海外机构的总数是105处，其类别和分布比例大体如下：海外制造销售公司共有31处，占海外据点总数的29.5％；销售公司共有42处，占总数的40％；地域性总括事务所2处，其中欧洲总括事务所下辖10个事务所；亚洲总括事务所下辖9个事务所，共占海外机构总数的20％。其他海外机构有11处，占10.5％。根据以上所述，可知东芝公司海外机构中以制造和销售为主要经营业务的公司就达到70％左右，而其他的海外机构虽然不是纯粹的生产销售单位，但其业务活动的主体应与制造、销售经营活动有直接的关系。按照东芝公司的规定，其海外机构，无论是法人代表还是其他成员，都责无旁贷地担负起在当地推广母公司的全球化经营战略，并对当地子公司、生产厂家、销售公司及其他机构开展工作进行支持和协调的任务。可以说，东芝公司海外经营活动在很大程度上依然受到企业"播种"经营模式的影响，派往海外工作的每一个人都将成为东芝公司撒下的一粒种子，经过数年的经营，这粒种子将在异国他乡扎根生长，并为公司的未来发展获取更大的空间。

日本企业在海外的生存与发展并不是件容易的事。除了所在国的经济因素外，来自政治、社会和文化方面的差异性，也给日本企业的海外经营带来许多麻烦和困扰。尤其是对亚洲国家来说，由于历史原因，一时很难摆脱对日本人的不信任感。而对于像东芝公司这样保持技术领先地位的大企业来说，由于电子技术的飞速发展，电子产品的巨大潜力取决于处于尖端技术前沿的科研机构进行不断地发掘，但研究开发电子技术新产品需要庞大的开发和生产投资的，而在新产品的市场前景不确定的情况下开发新产品能否获得成功，这对现代工业社会的每一个成员都是严峻的挑战。

东芝公司解决上述难题的战略，是在推进全球化战略的过程中，以"3C"战略联盟的组织形式来获得全球化发展的可靠性和可行性。

所谓"3C"战略联盟，即在竞争（competition）与合作（cooperation）中同其他国际性大公司形成互惠（complementary）的战略联盟。这简明地表达了东芝公司关于国际合作的基本态度。当然，由于东芝公司的"3C"战略联盟仅限于国际大公司，虽然风险较小，但反映出东芝公司国际化经营中的"试试看"的态度。尽管如此，东芝公司的海外战略联盟的业绩仍十分显著。据1993年11月的统计，东芝公司在四大生产系统中所建立的国际性联盟主要表现在：

（1）电子元器件和新材料系统。

①1987 年，与美国摩托罗拉公司合资，生产动态随机存取存储器及半导体产品。

②1989 年，与美国克敏斯发动机公司合资，销售精细陶瓷等发动机零部件。

③1989 年，与美国 MIPS 技术公司签订了开发 MIPS 的 RISC 微处理机的技术许可协议。

④1989 年，与日本 IBM 公司合资，生产大型液晶显示器。

⑤1992 年，与德国西门子公司共同开发 256 兆位动态随机存取存储器。

⑥1992 年，与美国 IBM 公司共同开发运用 NAND 快速存储器的固体文件存储器。

⑦1992 年，与日本旭成化工业株式会社合资，开发、生产和销售锂离子电池。

⑧1992 年，与美国国家半导体公司共同开发超高速互补金属氧化物半导体逻辑电路。

⑨1992 年，与韩国三星电子公司进行快速存储器技术合作。

⑩1993 年，与美国国家半导体公司共同开发快速存储器。

⑪1993 年，与韩国三星电子公司共同开发液晶显示器的驱动器集成电路。

（2）信息和通信系统。

①1985 年，与意大利奥里维塔日本子公司在日本销售计算机和银行用计算机系统（东芝是奥里维塔公司日本子公司的股东）。

②1985 年，与美国 Sun Microsystems 公司签订在日本增值转售技术工作站协议。

③1988 年，与德国西门子公司在医疗设备领域签订贸易协议。

④1989 年，与美国 Sun Microsystems 公司获得生产和销售便携式 SPARC 工程工作站的许可。

⑤1990 年，与美国通用原子能公司合资，开发和生产磁共振显像（MRI）装置用磁铁。

⑥1992 年，与瑞典埃里克逊无线电公司合资，生产移动电子通信设备。

⑦1993 年，与美国 Sun Soft 公司共同开发与复合传媒技术相关的工作站。

（3）电力和产业设备系统。

①1981 年，与美国通用电气公司签订沸水反应堆（BWR）核电站技术合作协议。

②1985 年，与美国联合技术公司合资，开发和销售燃料电池。

③1991 年，与法国 GEC 埃尔松公司合资，生产和销售真空断路器部件。

④1992 年，与美国通用电气公司签订共同生产高级燃气轮机发电设备的协议。

（4）信息设备和家用电器系统。

①1969 年，与英国 Thorn EMI 公司合资，在日本生产和销售音乐和录像磁带及唱片。

②1986 年，与法国罗内—波伦公司合资，在法国生产和销售复印机调色剂。

③1989 年，与美国通用电气公司在美国设立了照明业务的合资公司，共同开发、制造和销售照明设备。

④1989 年，与法国汤姆逊家用电器公司合资，在新加坡生产盒式录像机。

⑤1991 年，与美国通用电气公司合资在日本销售家用电器。

⑥1991 年，与美国时代华纳公司在图像传媒和信息领域进行技术合作。

⑦1992 年，与美国苹果电脑公司在复合传媒领域进行技术合作。

⑧1993 年，与美国 Microsoft 公司共同开发移动和便携式计算机部件。

⑨1993 年，与德国 BTS 广播电视公司共同开发新型统一数字式高清晰度电视记录格式，并推出世界首创的数字式高清晰度电视录像机。

通过以上所述，可大体反映出日本大企业国际联盟的主导方向是以电子元器件、新材料、信息设备、通信设备、产业设备依次排列的，而新技术则成为国际大企业开展合作的主要内容。由于国际企业的技术力各有不同，如果按区域进行比较，日本东芝公司与美国大公司展开合作的项目有18项，占项目总数（31项）的58.06%。与欧洲国家合作项目有9项，占项目总数的29.03%，就国别而论，其中，德国合作项目3项，占9.68%；法国3项，占9.68%；英国、意大利、瑞典各为1项，分别占总数的3.23%。而在亚洲地区，东芝公司有2项是同本国的国际性企业合作，另1项是同韩国合作，此3项共占9.68%。因此，仅以东芝公司为例，可以大体说明日本企业的国际合作开发研究的合作伙伴主要在北美和欧洲地区。

四、东芝公司的投资战略及其实施

现代电子的划时代跃进，使电子技术产品越来越贴近社会、家庭和个人生活。因此，现代电子技术产品生产应具有广阔的应用前景和市场。

在日本自由经济体制下，严格地讲，只要合法，谁都可以创办公司去生产或销售能赢利的商品。这样的经营背景就决定了日本企业的市场竞争是极为激烈的。一种新产品问世，同行业企业就会一哄而上，谁都想使这种新产品能尽快地商品化。从这个意义上讲，日本企业在产品研究开发、生产、销售的各个领域都存在与同行业及潜在竞争者的竞争关系。

日本企业竞争日趋激烈的根本原因，应该说与日本企业历来都十分重视市场占有率有直接的关系。从这个意义上说，日本企业所重视的是企业的长期发展，而不太看中短期收益。在日本厂商看来，市场占有率的拓展，对企业的长期发展更为有利，所以只要有利于市场占有率的提高，日本厂商哪怕是投入巨额资本也在所不惜。可以说，追求市场占有率，已是日本企业的显著特点，并且已成为日本所独有的"企业精神"。而这种专注于空间拓展的意识，是与日本狭小的自然地理环境所形成的传统社会心理有密切的关系。不过，将日本传统社会心态运用到企业经营上来，市场占有率的观念及其实施战略就显得极为重要。因为在世界市场瞬息万变的"空中秋千"时代，作为企业，只有保住已有的市场，同时不间断地推出新产品进而开辟新市场，才有可能使企业不从"空中秋千"上掉下去。

东芝公司最明智的抉择，是抢先一步进入美国市场，从而有效地带动日本企业拓展海外事业。世界市场占有率的提高，为东芝公司"全球性经营战略"的实施奠定了基础。

自20世纪50年代以来，由于日本电子技术的迅猛发展，家用电器很快得到普及，日本的家电市场也趋于饱和。这对于包括东芝公司在内的家用电器厂家来说，其巨大的生产能力必须同理想的销售市场相统一，才能维持公司的正常运行。

60年代的头一年，东芝公司率先向海外拓展。1960年7月，东芝公司同三井物产合作，在斯里兰卡设立了生产和销售电灯泡的子公司，从此揭开了日本企业向海外扩张的序幕。1962年5月，东芝公司又同日立制作所等5家电子企业合作，大举向我国台湾省投资，建立了广播电视公司；同年11月，在台湾省设立专门生产和销售电子机械设备的子公司。1965年4月，东芝公司首先进军美国，成立了美国东芝公司，生产和销售家用电器和电子机器设备。此后，东芝公司的海外事业进展十分顺利，先后在南朝鲜（今韩国）、香港、泰国、新加坡、马来西亚、菲律宾、印度、伊朗等国家和地区设立了生产和销售的子公司。截至1969年10月在泰国设立子公司，东芝公司于60年代即在海外设立了19个海外子公司。至70年代，东芝公司自身的经济实力大为增强，海外投资的规模也逐步扩大。除向上述国家和地区增加投资外，又进军欧洲和南美地区，先后在荷兰、比利时、瑞士、哥斯达黎加、巴拿马、巴西、奥地利等国家设立了 27 家子公司。

东芝公司向海外拓展的原动力，主要来源于日本企业的市场占有率观念。日本人认为，市场占有是否成功，取决于企业是不是已建立完善的市场销售网络，此外，还有企业研究开发、生产及销售产品的市场竞争力。因此，在家用电器及电子技术产品生产规模日益扩大的经济景气时代，东芝公司就是依靠在全世界范围内编织销售网络的策略，以扩大其产品的销售市场，其结果无疑是取得较高的市场份额。仅据 70 年代的统计，东芝公司在销售网络观念的驱使下，先后建立了 1 万多家系列贩卖店，而长期以东芝公司为竞争对手的日立公司则设立了 8 500 多家销售店。

促使东芝公司发展海外事业的另一个原因，则是日本企业所固守的"依赖出口"观念。日本经济界普遍认为，对于只有国民活力而自然资源严重贫乏的日本来说，如果想在生存竞争中取胜，就必须依靠国民资源来不断地革新技术，从而建立依赖出口的经济体制，这是唯一的生存道路。在这样的观念支配下，日本厂商的行为模式无疑趋向于开拓海外市场。其海外拓展的具体路向究竟如何确定，则取决于日本社会所能提供的条件。通常来说，日本厂商必须具备以下条件：一是无论在什么情况下，日本企业都必须把海外市场纳入企业经营活动的视野之下；二是必须不断地提高产品的质量，以增强产品的国际竞争力；三是必须瞄准适宜日本技术产品的市场，这个市场不仅产业经济发达，国民收入高，具备一定的购买力，同时还要有相当高的文化水平。而符合日本产品的海外市场，最为适宜的显然是经济高度发达的美国市场。

如前所述，东芝公司在战前即与美国一流的大企业——通用电气公司保持亲密的合作关系。但到 60 年代日本企业在推行海外经营战略的过程中，东芝公司在美国的销售渠道却是通过美国最大的零售商——西亚兹·罗伯克公司的"美国人购物所"完成的。东芝公司借助西亚兹在美国已形成的庞大销售网络推销家用电器，带动其他日本企业纷纷在美国寻求代理商。据当时的统计，60 年代同意在美国销售日本彩色电视机和其他家用电器的美国零售公司就有 80 多家。

东芝公司认为西亚兹是最为理想的合作伙伴，因西亚兹在美国彩电的销售方面是首屈一指的。西亚兹仅在美国国内就拥有 900 多家零售店和 1 500 多家函售店。据美国人的统计，从 1963 年至 1977 年，西亚兹从日本进口的彩色电视机达 650 万台以上，总价值相当于 7 亿美元。而在此期间，日本生产的彩色电视机的 60% 是通过西亚兹的庞大销售网络卖给美国人的。

西亚兹以相当低的进价同东芝及三洋等公司签订合同，东芝公司的彩色电视机在美国销售时则贴上西亚兹的商标，并且以很低廉的价格抛向市场。到 1964 年，东芝公司同松下、夏普、三菱、日立、三洋等电子企业联手，开始在美国市场大量销售台式和手提式彩色电视机。这些企业联合销售的最大成果，则是由各方通过计算、协商，最终确定彩色电视机出口美国的"控制价格"，也就是日产彩电的最低出口价格。根据这一价格，在日产彩色电视机对美贸易的总体结构中，尽管厂家不同、规格不一、型号及性能各异，但家用电器出口厂家都可以巧妙地利用各家商定的"控制价格"，将其家用电器产品合法地流入美国市场。

美国市场的大门，终于被日本民营电子企业生产的优质彩色电视机打开了。而在日产家用电器出口量激增的刺激下，日本电子企业在彩色电视机、录像机、立体声音响、电冰箱、吸尘器等种类繁多的家用电器生产方面，也以惊人的速度迅猛发展。1955 年，日本的家用电器生产额仅有 416 亿日元，到 1979 年就达到 39 650 亿日元，发展成为日本的支柱产业。

从 1960 年日本开始向海外出售彩色电视机起，到 1965 年，日本的彩色电视机产量已达 197 000 台，1975 年的产量则达到 802.1 万台，占世界市场销售量的 30%，已大大超过美国年产 538.9 万台的生产规模，成为居世界首位的彩色电视机生产大国。

日本彩色电视机大量出口美国，可以说是巧妙地利用石油危机的机遇。在石油危机的冲击下，美国彩色电视机的生产成本上涨，最终导致了彩色电视机生产的萎缩，美国电视机生产厂家误以为是进入"家庭电器不景气"时期而压缩生产规模，并希望扩大进口而恢复美国经济。在这样的情况下，日本电子厂商则趁机涌入美国市场，在彩色电视机出口达到高峰的 70 年代中期，日本彩色电视机对美国出口占第一位，1976 年日本彩色电视机出口总量是 525 万台，其中对美国出口量是 296 万台，占出口总量的 56%。同 1975 年相比，彩色电视机出口量增长了 153%，日本彩色电视机在美国市场占有率已达到 40%。

在集成电路的海外销售方面，东芝公司也取得显著业绩，尤其是在超大规模集成电路生产技术上，东芝公司又一次以其独特的技术拥有广阔的市场。所谓"超大规模集成电路"，是指在一块芯片上有 10 万个以上的电子元件，与 70 年代的大规模集成电路相比，集成度至少要高出 10 倍。

在普通的动态随机存取存储器中，每一位分别是由一个晶体管和一个电容器组成，如果是 64 千位（准确地说是 65 336 位），包括附加电路，大约有 15 万个晶体管和电容器。64 千位的超大规模集成电路的世界市场形成于 1981 年。该年度日本产的 64 千位集成电路的销量在世界销售总量（1 300 万）中占 900 万个，拥有近 70% 的世界市场。1982 年，世界总销售量为 9 100 万个，日产 64 千位集成电路则占 6 100 万个，维持 67% 的较高市场占有率。在这一轮的竞争中，日本厂商排名前三位的是日立、日本电气和富士通，其后是三菱电机和冲电气，而东芝公司当时因仍以静态随机存取存储器作为公司的主干产品，所以在 64 千位超大规模存储器的销售中仅名列第六位。尽管如此，以这 6 家日本电子企业为代表的日产 64K 芯片已充斥美国市场，而且质量好、价格低廉。据说在 1981 年的上半年 64K 芯片在美国市场售价为每块 25~30 美元时，富士通即以每块 15 美元甩出。到 1981 年底，导致 64K 芯片在美国市场的售价仅为 8 美元。日本厂商在对美贸易中采取的低价销售策略，使一向生产成本很高的美国电子厂商受到极大的威胁。就连美国硅谷的最权威研究机构英特尔半导体公司也面临倒闭的灾难。到 1982 年底，英特尔公司的长期债务金额已达到危险点，现金已经枯竭。到 1983 年初，英特尔公司不得不向国际商业机器公司提出请求援助，以出让英特尔公司 12% 的股票即总价值 2.5 亿美元的代价，得到 18% 的选择买卖权。

日本电子企业又一轮的冲刺是开发 256K 芯片，这意味着日本电子产品中更加小型化、效能更大、价格更便宜的超级半导体装置问世，从而在计算机、电子机器设备、通信设备及产业生产装置上有更新的突破。

1983 年初，东芝公司率先开始向美国客商提供 256K 芯片，这使世界电子厂商感到震惊。256K 芯片同 64K 芯片相比，其容量增加了 4 倍（准确地说是 262 144 位），这就是说在一块芯片上约容纳 65 万个电子元件，连接线的宽度也从 64 千位的 3 微米缩小到 1 微米，但芯片的体积却不增加。这就意味着东芝公司的微细加工技术已达到相当高的水平。东芝公司的成功，据说是在 256K 芯片中开发了一种崭新的设计工艺。由于 256K 芯片要求高密度集成，如果在一块芯片上出现一两个次品管，这块芯片就报废了。东芝公司在芯片的四面装有几个备用管，通过检查发现次品管，就用新型激光烧掉换上备用管。东芝公司用这种方法提高 256K 芯片的产量，从而大大降低了生产成本。

总的来说，日本集成电路产品占领世界市场的成功秘诀，就在于不断地降低生产成本。由于制造技术的提高，每增加 4 倍的容量，成本就降低 3/4。在最初的集成电路时代，每一块的生产成本约 1 日元，至 64K 芯片时代，每一块的生产成本已降至 1 钱即 1% 日元左右，而到 256K 芯片时代，每一块的生产成本仅是 1 钱的 1/4 即 0.25 钱。但从世界市场的需求来看，仅就 1988 年的预测，全球对超大规模集成电路的总需求量是 25 亿至 30 亿个。所以在集成电路的开发与销售中，日本电子产品已具有相当广阔的市场前景。

对于拥有 256K 芯片独有技术的东芝公司来讲，赢利的方法只有一个，就是不顾一切地扩大 256K 芯片的生产规模，只有这样才能取得最高的市场占有率和最佳效益。在公司的经营策略上，主要是着手扩大生产规模。1983 年夏天，东芝公司公布了 256K 芯片生产能力倍增计划，计划到 1984 年 6 月，要使超大规模集成电路芯片的月产量达到 1 000 万块。为了实现这个计划，东芝公司投入 1.23 亿美元，在岩手县建了一座现代化的新工厂。

据 1983 年的统计，世界半导体的总产值约为 90 亿美元，在这一产品的全球市场中，美国厂商的市场占有率已减少到 53%，而日本公司的市场占有率已增加到 41%。不过，在美国厂商的市场占有率统计中，却包括完全销售日本集成电路芯片的得克萨斯仪器公司的销售额，而其他美国销售公司也大多销售日本的电子产品。所以，在美国的市场占有率统计中，实际上有相当部分是属于日本厂商的市场占有率。这种潜在危机，正如美国著名的经济杂志《福布斯》所指出的："80 年代的某一时期，美国将把半导体的优势让给日本，从而宣告美国产业领导地位的结束。"

根据美国数据查询公司的统计资料，可以大致了解日美主要电子厂商的集成电路销售额情况。

表 3-1 日美主要电子厂商的集成电路销售额情况　　　　单位：百万美元

	1982 年	1983 年
得克萨斯仪器公司（美国）	1 155	1 535
日本电气公司（日本）	791	1 093
摩托罗拉公司（美国）	791	1 060
日立制作所（日本）	607	912
国民半导体公司（美国）	620	790
英特尔公司（美国）	625	775
富士通公司（日本）	427	618
东芝公司（日本）	428	613
高级微型仪表公司（美国）	329	505
SIGNETICS 公司（美国）	340	435

由表 3-1 可知，在 1982 年、1983 年，世界上集成电路销售额排名前 10 位的大公司，美国占 6 家，日本占 4 家。美国电子厂商的集成电路销售额，1982 年为 386 亿美元，1983 年为 510 亿美元；而日本电子厂商的集成电路销售额，1982 年为 225.3 亿美元，1983 年为 323.6 亿美元。如前所述，尽管这项统计是分别以美国和日本集成电路的销售总额计算的，但美国的销售公司出售的集成电路并不全是美国厂家的产品，其中绝大部分是日本的集成电路芯片。美国销售公司之所以乐于销售日本芯片，是因为日本产品物美价廉。

由于日本产品的国际竞争力越来越强，尤其是在 1973 年石油危机之后，日本产品就对美国产业的领导地位构成威胁，表现在美国对日贸易赤字的急剧增加。1975 年，美国对日贸易赤字是 17 亿美元，1976 年上升到 54 亿美元，1977 年上升到 81 亿美元，1978 年上升到 116 亿美元。

美国对日贸易赤字的逐年上升，终于导致了日美半导体贸易摩擦。在这场海外贸易战中，包括东芝公司在内的日本电子厂商究竟采取怎样的海外销售经营战略以战胜美国厂商，这是令人感兴趣的研究课题。

第二节　日本经济的提升与公司战略转型

日本电子企业海外战略的成功验证了一个流传很广的故事。一个日本人和一个美国人在森林中散步，突然碰到一头狮子，日本人赶紧弯腰系好鞋带，美国人看到日本人的举动很吃惊，说："你难道能跑得过狮子吗？"日本人答道："这又有什么关系呢？我只要跑得过你就行了。"在日美电子产品的贸易竞争中，关键是看谁跑得快，因为身后有一头紧追不舍的狮子。而对于日本企业来说，如何确定海外发展战略是至关重要的事情。

一、确定适合日本企业发展的海外战略

日本电子产品特别是集成电路的微电子技术产品潮水般地涌入美国市场，使一向在半导体技术领域居于优势的美国电子厂家受到巨大的冲击和挑战。

在这场不可避免的日美半导体贸易摩擦中，唯一可以使美国人聊以自慰的是，半导体贸易摩擦同过去纺织品、钢铁、汽车和彩色电视机贸易摩擦的不同之处，在于美国在半导体、飞机、原子能和电子计算机等领域，还保持一定的竞争优势，并没有被日本电子企业完全挤垮。

不过，20 世纪 70 年代日本电子企业扩大集成电路出口规模的强大攻势，已经使美国半导体行业预感到危机即将来临，特别是日本生产的大规模集成电路微电子的基础——16K 存储器，在国际市场上的竞争力越来越强，致使美国半导体厂家笼罩在濒临破产的阴影之中。

美国对付半导体贸易摩擦的对策，是在 1977 年 3 月成立了美国半导体工业协会，这显然是美国半导体行业认为有必要联合对付日本产品的竞争所采取的行动，而这个协会成立的基本目的，是废除在国际贸易中常见的关税和非关税贸易壁垒，以利于加强美国向世界市场扩大出口的能力。对于头号敌手日本，美国半导体工业协会提出了 5 点严厉批评：①日本政府实行关税、非关税贸易壁垒的保护主义政策；②日本企业以双重价格向海外倾销；③日本企业的技术开发是在国家指导下实行超大规模集成电路计划；④日本政府向企业实行贷款经营，低利息资金调配；⑤政府和民间采用电信电话国货政策，阻碍了美国产品进入日本市场。

日本对美国半导体工业协会的批评迅速作出反应。一方面是以强硬的态度对美国半导体工业协会的批评逐条进行反驳；另一方面则是通过日本政府的外交活动以减少因半导体贸易摩擦所产生的对抗情绪。其中最为典型的事件是日本铃木首相访问美国，经日美双方商议，最后达成缓解日美半导体贸易摩擦的协议。其主要内容包括：①从 1982 年 4 月起，日美双方把半导体进口关税的税率都下降到 4.2%，以达到双方关税税率的平等。而在此之前的日

本进口关税的税率是 10.1%，美国进口关税的税率是 5.6%，这对日本来说，不能不认为是一次大让步。②对电信电话的资材进行调配，双方采取竞争投标的方式，以及公布共同开发新产品品种等形式，逐步实行自由化。上述协议的内容又一次使日本巧妙地回避了半导体贸易摩擦所带来的麻烦。

日本企业应对日美半导体贸易摩擦的策略，则是产生并推动了"当地生产战略"的实施。

所谓"当地生产战略"，是指企业到其销售市场的国家办厂，以减少进出口贸易所带来的贸易摩擦。"当地生产战略"的目的：一是回避贸易壁垒；二是保护日本企业已经拥有的市场占有率；三是以此作为日本企业未来全球化发展的第一步。对日本企业来说，其实行"当地生产战略"的理由，主要有：①日本同欧美半导体贸易摩擦的日益激烈，仅靠过去采取日本制成品出口方式已不可能，因为这势必会引起欧美等发达国家的坚决抵制。如果出现这样的情况，日本就会处于十分被动的局面，不利于日本企业海外事业的长期发展。为了确保日本企业海外销售利益不致丧失，日本企业必须采用在海外投资办厂的战略，这样就可以在一定程度上减轻欧美国家对日本半导体产品的抵触情绪，而作为外国资本的投入，一般情况下其接受国会持欢迎的态度。②对日本大企业而言，如果将资本投向发展中国家，其成功的概率会更大。由于 70 年代以来发展中国家大都开始进行产业政策的结构性调整，这对于拥有现代先进技术和现代管理经验，同时又拥有相当雄厚资金的日本大企业来说，发展中国家丰富的自然资源、廉价的劳动力，以及各种引进外资的优惠政策，更有利于日本大企业实施当地生产战略。③由于日元升值的外部因素，使日本企业觉得在外国办厂很划算。

当然，即便是没有上述诸多因素，仅仅从扩大生产规模方面来看，日本大企业向海外进行扩展也是必然的趋势。从这个意义上说，由于日美半导体贸易摩擦而从美国吹来的"北风"，恰好给日本企业的全球化发展提供了极好的机会。日本人最感到庆幸的是，在 80 年代，没有国界的日本世界性跨国企业的形成，正是以"当地生产战略"的实施为契机，从而使日本企业发生历史性的转变。

在日本企业海外发展的历史性机遇面前，东芝公司率先冲向欧美国家，开始大规模的海外投资。仅 80 年代的头两年，东芝公司就先后在瑞典、英国、荷兰、联邦德国、美国、智利、阿根廷及亚洲地区的泰国、新加坡、中国香港等国家和地区设立了 10 家子公司，到 1982 年底为止，东芝公司在海外共设立了 52 家子公司，海外投资总额为 733 亿日元，在日本各大企业中名列第 15 位。1982 年海外子公司的生产额为 4.25 亿美元，在日本各大公司中名列第 9 位。由于东芝公司对录像设备的海外生产历来十分重视，所以于 1984 年开始在英国建立录像设备生产的工厂，总投资额为 40 亿日元。同时在美国田纳西州的莱巴农市专门生产彩色电视机和微波炉的"东芝公司—美国工厂"中，又新设立了录像设备装配厂，这座新工厂于 1986 年 10 月正式投产，每月可生产录像机 5 000 台，投入市场。据专家分析，东芝公司在美国办厂生产录像设备，其生产规模仅次于日本的日立制作所，是第二大专业工厂。1986 年，松下电子在美国温哥华的录像设备厂正式开工，从而形成日本电子厂家在美国的二处重要的生产基地。

除此之外，在 1984 年至 1986 年期间，东芝公司还连续向美国发展了三个庞大的投资项目。这三个大项目都是经过东芝公司的周密调查论证后，以其特有的优势进入美国的。所以对东芝公司这三个大项目进行分析，对于认识日本企业的全球性发展战略的整体思路会有所帮助。

第一个项目是与美国的威斯汀豪斯电气公司以对半合资的方式兴办彩色显像管制造公司。根据东芝公司的调查，彩色显像管的世界市场需求量很大，仅美国市场的年需求量就达到 1 050 万只，是当时世界上最大的需求市场。另外，美国也是电子计算机和办公室自动化设备所使用彩色荧光屏的最大市场。随着办公室自动化程度的提高，预计美国市场每年对彩色显像管的需求量将以 30% 的速度递增。因此，如果东芝公司率先在美国建立彩色显像管生产厂，会是一项很有发展前景的事业。

就彩色显像管生产技术而言，东芝公司可以说是日本彩色显像管生产的大厂家之一，在世界彩色显像管市场中，东芝公司的产品比重占 15%。当时美国的威斯汀豪斯电气公司也打算在彩色显像管生产领域有所发展，并开始在日本电子厂家中寻求合作伙伴，这正好与东芝公司欲图大力发展海外事业的战略不谋而合，结果一谈即成，并顺利地在 1985 年 1 月宣告"东芝—威斯汀豪斯电气公司"正式成立。

东芝公司之所以与美国威斯汀豪斯公司采取合作办厂的方式，有两点考虑：一是可以利用威斯汀豪斯公司原用的厂房和一部分设备，这样可以缩短建设厂房所需的时间，不仅可以加快使产品早点上市，而且可以节省投资；二是东芝公司拥有的从产品设计到制造的一整套技术，可以同威斯汀豪斯公司所拥有的现代化经营管理经验相结合，从而为办好企业、早出产品及企业的长期发展提供了保证。于是，东芝公司投入了 200 亿日元，对美国威斯汀豪斯公司设在纽约州豪斯霍兹的工厂厂房进行改造，并且引进了生产彩色显像管的最新设备，于 1987 年 2 月开始生产 14 英寸彩色荧光屏和 15 英寸、20 英寸彩色电视机用显像管。按当时的设计规模，这间工厂可年产彩色显像管 100 万只，到 1989 年，其年产量则可扩大到 160 万只。

东芝公司在美国发展的第二个项目是医疗器械和通信机器设备。日本的医疗器械厂家，早在"二战"之前就已拥有 X 线摄影技术。60 年代，欧美医疗器械厂家进行了技术革新运动，使欧美在医疗器械的研制、生产能力等方面居于领先地位。60 年代初期，欧美医疗器械厂家首次在日本推出 CT 扫描机，日本电子厂家才发现在这个新的领域内已远远落后于欧美国家，于是奋起直追，开始积极开发对抗产品和其他相关产品。而在同欧美医疗器械技术进行抗争的日本大企业中，东芝公司是排头兵。

经过短短的 10 年时间，东芝公司在医疗器械技术领域已处于世界领先地位。东芝公司生产的 X 像 CT 扫描机（即电子计算机断层摄影诊断设备）的机械性能等主要技术指标，都远远超过研制厂家——英国的索恩电业公司和世界著名的美国医疗器械厂家——美国通用电气公司的同类产品。不仅如此，东芝公司还以其优秀的技术和过人的胆识，将 X 像 CT 技术重返美国，雄心勃勃地在加利福尼亚州的阿瓦印市建立了"东芝—美国公司"所属的新工厂，从 1986 年开始生产 X 像 CT 扫描机，以及 X 像诊断等多种医疗器械设备。对这项大型的当地生产、当地销售计划，东芝公司的总投资额约为 80 亿日元。

在美国建立医疗器械设备的生产工厂，东芝公司是日本企业的第一家，这不仅表明东芝公司的医疗器械生产技术水平已达到甚至超过世界头号强手——美国，同时也说明东芝公司的国际竞争意识和竞争能力也比过去更为强大，这对于美国大公司的国际领先地位不能不说是一次动摇。

由于东芝公司最先进入美国市场，所以在医疗器械的生产与销售中，自然也取得相当高的市场占有率。在 1976 年到 1980 年期间，日本产（实际上主要是东芝公司的产品）的 CT 扫描设备的销售额每年以 47% 的比例递增，而欧美国家的医疗器械设备及相关的电子产品虽然也保持20%的年增长率，但不久就急速下降到年销售额增长率仅为5%的水平。与此同时，以东芝公司为代表的日本大电子企业的医疗器械年销售增长率却以65%的势头上升。由于欧美医疗器械产品受到东芝公司等日本大企业的排挤，以致欧美厂家的市场占有率明显下降，从1976年的65%下降到1980年的16%。

欧美医疗器械生产厂家的衰落，主要原因是开发技术能力已远远不及日本。如断层摄影装置，在20世纪六七十年代，欧美的技术水平要领先6年，但到了80年代，日本企业已有能力超越欧美，并且具有使新技术实用化的能力。

表3-2　欧美、日本电脑断层摄影装置开发竞争情况

名称	欧美产品进入日本的年份	日本同类产品开发的年份	日本厂家	欧美领先年数
断层摄影装置	1964	1970	东芝、日立	6
真空管	1964	1970	东芝	6
乳房造影装置	1974	1982	东芝	8
血管造影用X线功能装置	1977	1982	东芝	5
心血管造影X线双向摄影装置	1981	1982	东芝	1
液品摄像仪	1982	1982	东芝、日立	0
核磁性共鸣断层摄影装置	1984	1983	东芝、日立	-1

截至1984年的统计，已表明东芝公司和日立公司于80年代前期在医疗器械产品的研制开发技术领域已达到欧美国家的同等水平，而且有的尖端产品已出现先于欧美厂家上市的现象。在这种情况下，如果东芝公司以在美国设厂为先导，将取得世界市场的霸主地位。到80年代后期，欧美制造的断层摄影装置的销路开始呆滞，利润率大幅度下降。据说，曾经在日本市场上首次推出这种医疗器械设备的一家世界著名企业，4年间的利润率竟下降了80%以上，而在这场大竞赛中，日本的东芝公司一马当先，占据了日本和海外市场。

第三个项目是在美国建立复印机用墨粉工厂。东芝公司事先对美国市场进行了详细的调查，认为美国是复印机需求量很大的市场，每年的复印机销售量在100万台以上，而且每年的市场销售额递增率约为8%，若东芝公司把总产量的40%向美国出口，则约占美国市场复印机销售总量的15%。复印机销售的市场行情表明复印机用墨粉的美国市场需求量亦相当可观。如果东芝公司能够在美国投资办厂，建立复印机用墨粉的生产体系，则对东芝公司在美国的发展极为有利。1986年，东芝公司决定在美国的南达科他州投资建立墨粉工厂，其具体的做法是购买美国化学医药器皿和药品的厂家——3M公司的米切尔墨粉厂，并于同年10月正式投产。

除了美国这个大市场外，欧洲也是东芝公司海外事业三级结构的另一个主要发展区域，仅1986年，东芝公司就同法国劳努浦兰公司合办了复印机制造和销售公司；同年9月，又于法国汤姆逊公司集团合办了高频灶制造公司。截至1992年的统计，东芝公司分布在世界各地的附属公司有800多家，职员总人数已达25万人，约是东芝公司职员总数的3倍。

二、日本电子企业"当地生产战略"特点

日本企业在美国及其他地方所实行的"当地生产"、"当地研发"、"当地销售"战略，对于发展中国家来说，具有很高的借鉴价值。

（1）东芝公司的海外发展，60年代主要集中在亚洲，特别是东南亚诸国及中国香港和台湾地区。而进入70年代以后，则以世界最大的市场——美国为主要目标，寻求美国大企业为合作伙伴；其次是欧洲发达国家。经过80年代的海外事业的大发展，东芝公司终于形成90年代"全球化"的"海外事业三级结构"，即北美、欧洲和亚洲的跨国经营格局。早期在亚洲的子公司，其经营重心已开始向北美和欧洲转移。

（2）最初在海外设立的子公司大多是合资经营，而且东芝公司的出资比例较低，这显然与当时的经济实力和投资经营要谨慎的观念有关。70年代以后，一方面是公司的经济实力已大大加强，另一方面是海外销售和当地生产战略的顺利实施，致使东芝公司在海外设立的子公司数量大幅度增加。而在投资经营形式方面，则由投资初期的合资经营转向独资办厂，即便是沿用合资方式，东芝公司的出资比例也很高。

（3）"当地生产战略"，实际上包括当地经营、当地采购、当地销售等多方面的内容。这就使日本的大企业更容易了解和领会美洲、欧洲、亚洲及世界各地用户的需求，从而确定当地研制、开发、生产、销售战略，使企业尽快地实现国际化。

（4）"当地生产战略"的开展使东芝公司的研究开发朝国际化的方向发展。例如，设在美国新泽西州的东芝尖端电视技术中心正在开发包括高清晰度电视在内的新电视技术，而坐落在英国剑桥的东芝剑桥研究中心，则从事尖端的半导体物理学的基础研究。可以说，以东芝公司为代表的日本大企业不仅自身已成为世界性的跨国经济组织，而在其成长过程中，其世界性的经营网络体系也逐渐形成。

（5）由于技术开发日趋国际化，这在一定程度上促进了日本企业的技术竞争能力。从世界六大企业取得美国专利的数量，大体上可以反映出日本企业技术力的总体高度（见表3-3）。

表3-3 世界六大企业取得美国专利的数量

年份	通用电气（美国）	IBM（美国）	飞利浦（欧洲）	西门子（欧洲）	日立（日本）	东芝（日本）
1960	773	296	234	96	2	3
1965	1 063	537	321	161	14	14
1970	1 000	631	290	231	102	80
1975	839	519	411	451	386	90
1980	770	386	332	369	409	257
1982	741	439	386	477	544	301
年增长率（%）	-0.2	1.8	2.3	7.6	29.0	23.3

表3-3是根据美国学者詹姆士·C.阿伯格伦和乔治·斯托克的统计数据编制的。根据

表中的数字，说明日本最富有代表性的大企业——日立和东芝公司，其取得美国专利的数量，80年代同60年代相比，已取得长足的进步，其年增长率远比美国和欧洲大企业大得多。更引人注目的是，在以日立和东芝为代表的日本大企业中，曾同日本大企业有密切合作关系的美国通用电气公司，其在美国获得专利的数量，80年代却出现了负增长。这说明日本大企业在经历了70年代的海外发展之后，其技术力尤其是以开发研制为核心的创造力，已开始进入世界大企业的前列。如果以此作为评价世界大企业的综合实力的标准，那么，这意味着日本大企业已取得技术领先的地位，从根本上改变了日本企业模仿欧美发达国家先进技术产品的国际格局。

（6）进入美国市场的日本大企业，由于感到当地的生产成本很低，而日本国内的内需又日益扩大，国内市场始终保持很高的购买力，所以采取把在美国生产的电子产品返销日本的做法，这对于日本电子厂家获得高额利润是十分有利的。而在70年代以后，这种做法越来越普遍，成为日本企业共有的经营方式。据说最早采用这一做法的是东芝公司。在70年代，东芝公司是第一家把在美国生产的大屏幕彩色电视机向日本销售的厂家。当时，东芝公司在美国田纳西州的一个工厂集中生产33英寸以上的大屏幕彩色电视机，因日元升值的缘故，1美元的汇率已从240日元降到120日元，这就使东芝公司在美国生产彩色电视机的成本大幅度下降，即便是加上返销日本的运输等销售费用，生产成本也比在日本低得多。于是，东芝公司就以日元升值为契机，一方面千方百计地提高产品的档次和产量，积极向豪华型、高级组合型方向发展，以提高大屏幕彩色电视机的魅力；另一方面则通过美国电子产品销售公司的渠道，把为日本国民所需求的高档大屏幕彩色电视机返销日本。由于东芝公司抢先一步经营返销大屏幕高档彩色电视机，就使日本大企业的当地生产战略扩大了活动空间。这样，在美国办厂的松下和日立等日本大企业自然也不甘落后，迅速调整生产和销售战略，一方面力争在产品设计方面赶超东芝；另一方面则在美国当地生产的大屏幕彩色电视机返销日本的同时，积极扩展向其他国家和地区销售，以便尽可能多地占领大屏幕彩色电视机的世界市场份额。这样，日本大企业在大屏幕彩色电视机的销售方面，实际上已同东芝公司展开了激烈的竞争。如此一来，在80年代后期美国彩色电视机出口特别是返销日本的大屏幕彩色电视机，实际上大多是以东芝公司为首的日本电子厂家的产品，而美国在统计对日贸易额的30亿美元中，显然是把日本厂家的出口销售额一并计算在内的。

从日本产业发展的角度来看，80年代成为日本电子技术的成熟期。无论是在彩电、录像机、激光收录机等民用电子技术，还是在国际信息通信网、原子能、机械等产业部门，日本企业已具有绝对压倒多数的优势。在这种情况下，即便是日元继续升值到1美元等于100日元或更少，美国或欧洲生产的彩色电视机也很难在日本上市，这不仅成为民用电子产品的日美贸易摩擦日益激化的重要原因，也成为世界性大企业进行重新组合重建世界工业生产基地所必须认真思考的课题。

三、多元化合作与全球拓展战略

在当代国际社会中，任何一个企业都不可能独自发展。除了技术的互补、模仿及革新之外，在资金调配、原材料和零部件采购供给、产品销售及企业与当地社会文化等方面的联系，也是极为广泛的，而且这已成为企业能否得到大发展的关键性因素。

对于拥有多样化技术的现代化大型电气厂家东芝公司来说，不仅要在同行业中进行广泛的技术合作，而且还必须寻求跨行业、跨国的更大范围的合作。按东芝公司的说法，这种多元化合作的战略，即"多方面合作战略"。

东芝公司已经明确认识到多元化合作战略的时代意义。早在佐波正一会长出任东芝公司总经理时，就制定了多元化合作的方针。他认为，在现代大工业时代，一个企业不可能开发所有的技术来应付市场需求的多样化和个性化，因而需要与其他企业合作，各自拿出擅长的技术，建立技术上的互补关系，即便是销售网的有效利用问题，也要放在一个大的范围内加以考虑，多方面、大范围地发展同国外有实力的企业间的补充性水平合作。他主张东芝公司应与传统的电子厂家有所不同，应该不断地拓展经营的范围，"这是时代发展的趋势，是扩大遍及全球的事业所不可缺少的战略"。

实际上，不仅像东芝公司这样的大企业的负责人意识到广泛合作的意义，而且日本政界也在谋求日本企业的国际化发展的道路。早在1973年石油危机之后，曾毕业于美国哈佛大学的并木义信筹划的日本通产省发展计划，就详细地描绘出日本的"知识密集型产业构造"的特征，他极力主张日本产业应该朝国际化方向发展，而且为了实现这个目标，日本通产省应该有更多的权限，以便调整分配预算先后顺序，制订投资计划，决定对某些尖端技术产业的研究开发给予援助等。其基本的思路是，在产业结构调整过程中，以发展尖端技术产业作为日本企业群的主导产业，从而增强日本企业整体的国际竞争力。在这样的大背景下，1964年参与电视机大战的东芝、日立、三菱电机、三洋、夏普、松下6家日本大企业又一次采取联合行动，参加"超级"电脑的研究开发。

经历了70年代半导体技术的飞跃，日本的电子计算机技术已在半导体制造技术领域赶上美国，知识密集型产业群的设想已不难实现。于是，日本政府于1982年和1983年连续发表了两项耗资巨大的国家计划，即"研制超级电脑计划"和"研制第五代计算机计划"。这两项研究开发计划的成功，无疑确立了日本计算机产业在世界上的霸主地位。

日本谋求控制"超级"电脑产业的目的，是为了保持日本在未来尖端技术领域的领先地位。这里所说的"超级"电脑，是指这种电脑的工作速度比一般的电脑快得多。"超级"电脑本来是为了进行复杂冗长的科学技术的计算而设计的，后来广泛运用于国防、密码的编制和破译、宇宙开发、先进武器的设计，特别是宇宙兵器的研制和开发。此外，在天气预报、化学反应、核裂变、核聚变的模拟试验中，"超级"电脑也是必不可少的技术。正因为如此，"超级"电脑的研制和开发备受日本政府的重视。日本大企业研究人员的报告指出，在实施上述两项国家计划时，日本通产省向参与"超级"电脑研究开发计划的东芝、日立、富士通、冲电气、日本电气、三菱电机6家企业发放1.3亿美元的政府补贴，作为这些企业研制超级电脑的事业资金。另外，承担这项国家计划的企业也要对此研究开发项目进行大的投资，并提供人才和研究设备。对于这项具有未来战略意义的研究开发计划，无论是日本政府还是企业首脑，都十分明确地认识到"超级"电脑的价值。不管是谁先研制成功，作为6家企业的联合行动，终将使日本的"超级"电脑技术称雄于世。

在微型计算机的合作中，更加体现出日本电子企业多元化合作的重要性。与"超级"电脑开发不同的是，不仅日本企业能够参与本国企业的开发活动，而且还有欧美的实力企业参与日本企业的研究开发活动。这种迹象表明日本企业的国际性的互补关系已经形成。

日本产的微型计算机在80年代初期已经对美国市场产生强烈的冲击。为了在微型计算机领域进行更为广泛的技术合作，1983年6月美国著名的大型软件厂家——微型软件公司、美国视频游戏机和微型计算机厂家——光谱视频公司，以及包括东芝公司在内的日本电子厂家日立、松下、三菱电机、三洋、索尼等14家公司，在美国的《华尔街日报》、《纽约时报》等几家大报及企业界杂志上全面刊登广告，宣布美日电子企业共同使用一种新规格的 MSX 软件，并表示以上这些企业共同生产 MSX 新规格的微型计算机。日本的电子厂家也必须使用一种基于 ZILOGZ80 型号的微型信息处理机。进行这场大规模广告宣传的目的，无非是告诉用户：今后这 14 家公司所生产的计算机，将只使用一种软件。这就是说，微型软件的基础，就如同唱片不选择演奏者一样，软件是按照统一的规格编定的程序，任何一个厂家生产的计算机都可以使用。

如果把东芝公司在内的日本电子企业同美国同行业的共同开发、生产 MSX 作为日本企业的国内国外合作的典型，那么，这说明东芝公司与外国企业和国内企业的合作，已不是数十年前仅与美国通用电气公司一家进行合作，而是具有多元化合作的意味，既与微型软件公司建立技术合作关系，同时也与光谱视频公司共同开发同类新产品，至于参与同类新产品开发和生产的日本厂家竟多达数十家。这种多元化合作的情况，在十几年前是绝无仅有的。

多元化合作是当年日本企业开展国际技术合作最为普遍的形式之一。举例来说，美国通用电气公司不仅在战前就与东芝公司建立了良好的合作关系，而且在战后东芝公司最艰难的时期，对东芝公司的复苏、崛起，乃至大发展，都起着非常重要的作用。但是，美国通用电气公司同日本电气公司的关系非常密切，而同日本电气公司一样始终同东芝公司存在竞争关系的富士通公司，则与东芝公司的伙伴——西德西门子公司的关系也非常深厚。可以说，在具有竞争关系的日本企业中，绝非仅是日本电气和富士通，事实上日立、三菱电机、松下公司等都与东芝存在竞争关系。但问题是，对于东芝公司来说，存在竞争关系是一回事，而在某项技术领域进行技术合作又是一回事。在广泛进行合作的经营战略上，东芝公司与美国通用电气公司和西德西门子公司进行技术合作，并且与东芝公司的竞争对手也采取联合行动。日本企业之间的这种错综复杂的技术合作关系，应该说是成熟企业的正常行为，因为这种特点在美国企业中也可以看到。例如，美国通用电气公司长期以来与西屋公司是决一雌雄的竞争对手，而东芝公司却与这一对敌手都建立了技术合作关系。东芝公司该如何与存在竞争关系的外国企业建立多元化合作关系呢？这显然是令人感兴趣的问题。

一般来说，日本企业与其他企业的合作，无论是国内企业还是国外企业，合作都不是全面性的，而是就某一项技术进行合作。与外国实力企业合作的技术项目，往往是该企业处于领先地位的高精尖技术项目，这一点，对于合作双方来说都具有相当一致的技术优势。随着企业优势技术的成长，其合作的范围也随之扩展。目前，任何新技术的开发，如果仅仅限于企业内部的开发，因投入的时间、人力和费用太多，企业就得冒相当大的风险。因此，企业要开发某种新技术产品，最好的方法是在全球范围内寻找合适的合作企业，建立合作开发关系，这样既可以发挥各自的技术优势，双方的技术人员在合作中可以取长补短，取得互补互助的效益，也可以由双方共同承担风险。

第三节　现代企业价值链发展战略

"价值链"概念是 Michael E. Porter 于 1985 年在其著作《竞争优势》中提出的。企业的经营活动可分为基本活动和支持活动，企业从原材料采购开始到制成品再到实现销售，这一系列的经营活动就构成了一条完整的价值链。后来，Peter Hine 进一步发展演绎了价值链，将那些与生产行为直接相关或有影响的企业也包括进去，使不同企业间的"协同"成为新型价值链的一个重要特征。随着信息技术的发展，Jefferey F. Rayport 和 John J. Sviokla 于1995 年又提出了虚拟价值链概念，以及构建全球一体化基础上的虚拟企业。这样，价值链理论就从一种管理分析工具发展成为企业战略。

一、价值链理论意义

价值链理论认为，在企业的经营活动中，并不是每个经营环节都创造价值或者具有比较优势。企业所创造的价值和比较优势，实际上来自企业价值链上某些特定环节的价值活动，这些真正创造价值的、具有比较优势的经营活动，才是最有价值的战略环节。企业的竞争优势或者说核心竞争力，实质上就是企业在价值链某一特定的战略环节上所具有的优势，这些战略环节是企业核心竞争力的源泉。只要控制住这些关键的战略环节，就控制了整个价值链。企业要发展或者保持自己的竞争优势，并不需要在所有环节上都保持优势，关键是发展或者保持那些既能创造价值又能产生比较优势的战略环节的优势。目前，相当一部分跨国公司采用价值链理论来管理其全球价值链。最常见的做法是，公司实施业务"归核"战略，把经营活动中产生核心能力的战略环节严格控制在企业内部，而将一些非战略性环节外包出去，充分利用国际市场降低成本，提高竞争力和赢利水平。例如，耐克公司尽管在全球开展业务，但是公司总部仅仅掌握产品设计与研发、营销这两项活动，其他如产品生产、物流等全部采用外包。这种战略不仅不影响其正常的运营活动，反而使耐克能够轻装上阵，集中企业全部资源在产品研发和市场营销上，进一步巩固了其全球第一运动品牌的地位。

（1）发展核心竞争优势。随着全球经济一体化的出现，国际市场竞争不断加剧。伴随着跨国公司的进入，竞争越来越具有"国内市场国际化"的明显特征。与拥有强大竞争力的跨国公司相比，中国本土企业面临着重建竞争优势、发展企业核心能力的艰巨任务。根据价值链理论，企业在建立竞争优势时，与竞争对手相比，根本没有必要，也不可能建立全面的竞争优势。企业只需结合自身的实际情况，集中企业资源重点发展具有一定优势的战略环节，使其成为企业的核心竞争力，并放弃一些劣势环节，就能获得竞争优势。

（2）实现企业价值链的横向整合，提高运营效率，避免"规模陷阱"。企业发展到一定规模后，随着产品线的延长和人员的增加，会出现效率低下、运营成本增加的现象。具体表现在企业收入增长，但利润并没有同步增长，也就是说企业在做大做强的同时，实际赢利能力却没有提高，甚至还会出现下降。这就是"规模陷阱"，也是"大企业病"的重要症状。出现这个问题的主要原因在于企业的成长只是一种规模的量变过程，企业的竞争力并没有质的提高，以及企业的规模是不可能无限增长的（边际收入为零时是企业的最大规模）。

（3）价值链理论能够使企业在准确分析自身优劣势的基础上，通过虚拟经营、业务外包等手段，主动削减甚至完全去除一些非战略环节，集中优势建立和巩固企业核心能力，从而有效避免企业发展中的"规模瓶颈"以及管理效率低下的"大企业病"。更重要的是，通过价值链发展战略联盟等手段，能够使企业实现对产业价值链的"横向一体化"整合，间接实现多元化、寻求新增长点的目的，有效规避多元化陷阱。

（4）以价值链为顾客提升价值，避免价格战陷阱，实现竞争突围。随着市场竞争日益加剧和技术发展，产品同质化倾向越来越明显，仅仅依靠好的产品已不足以实现企业差别化竞争优势。此外，目前互联网流行的价格比较网站和一些团购网站使顾客拥有更多的产品选择或价格选择机会，买方力量不断增强，这种环境变化对于任何企业都是巨大的挑战。价值链战略能够有效降低外部环境变化带来的冲击。首先，它能够最大限度地降低企业运营成本，产生成本优势，使企业处于主动地位。其次，价值链上不同企业间的"协同"能够在同等价格上为顾客提供更高的、更长期的价值，赢得顾客忠诚，从而在很大程度上规避了行业价格战，实现了竞争突围。例如，NVIDA 公司在推出新一代电脑显卡时，总是联合世界著名的游戏开发商、内存生产商等，同步推出新产品，包括基于新一代显卡的画面更华丽真实的游戏、更高速度的显存等，与联盟企业一起推动整个产业的升级换代，从而赢得顾客。

（5）充分利用全球经济一体化机遇。全球经济一体化是企业发展的一次千载难逢的历史机遇。全球经济一体化使企业可以通过虚拟经营、战略联盟等手段在低成本地区寻找合作伙伴、加工产品，这在很大程度上避免了本地化投资、高成本运营带来的风险。在某种程度上，"全球经济一体化"与企业"价值链发展战略"是共生共存的。没有全球经济一体化，价值链发展战略就不可能充分地发挥自己的优势，而跨国公司的价值链发展战略又进一步推动了全球经济一体化的深入发展。因此，无论是对于一个国家，还是一个企业，能否利用全球经济一体化的历史机遇，建造自己的产业（或企业）价值链，或者成功成为全球产业价值链的重要一环，直接关系着国家或企业的未来前途，否则就面临着被边缘化的危险。中国之所以能够成为"世界工厂"，正是因为充分利用了全球经济一体化的历史机遇，充分发挥了自身的低成本优势，成为境外公司建立的产业价值链上的生产环节，才成就了目前的制造业大国地位。

二、基于价值链的企业发展战略的实现途径

实施价值链战略必须进行价值链分析，找出企业的战略环节。在此基础上，对企业的各项运营环节进行"流程再造"，塑造企业核心竞争力。企业进行流程再造的一个重要方面是通过横向一体化实现的，而实现横向一体化的战略手段包括虚拟经营、战略联盟等。

在企业的价值活动中，并不是每一个环节都会使企业价值增值而具有竞争优势。企业作为一个整体，只有某些特定的活动或活动之间的联系才是创造企业价值的关键环节。它可能来源于采购、设计、生产、人力资源管理、营销、服务等活动过程，也可能来自于价值链活动中某两个或几个活动之间的联系，或者某个活动的细分活动。对于战略环节的确定，需要估算每一项活动创造的价值及成本增量，求得每一环节的附加价值，进而确定企业价值链上的战略环节。

价值链分析的基本步骤如下：第一，分析企业内部价值链，划分企业的主要价值活动。在划分过程中，关键在于确定影响各项价值活动的成本动因。成本动因主要分为两大类，一类是结构性成本动因，包括产品规模，产品的技术、范围、多样性等。另一类是执行性成本动因，包括员工责任感、质量管理、生产能力利用程度、产品设计合理程度等。通过这种可以量化的成本分析，找出自己具有优势的价值活动。第二，分析外部产业价值链。企业要获得竞争优势，不能局限于内部价值链分析，还需要把企业置于整个产业价值链中，从战略高度分析、考虑是否可以利用产业链的上游或下游来帮助企业进一步降低成本，或者调整企业在整个产业价值链中所处的位置。第三，分析竞争对手价值链。在充分识别竞争对手价值链和价值活动的基础上，通过对其价值链的调查、测算和模拟，确定本企业与竞争对手相比在各价值环节中的优势和劣势。通过以上对价值链的综合分析，就可以找出企业的战略环节。

三、企业业务流程再造

确定企业的战略环节后，就需要实施业务流程再造（BPR）。所谓业务流程再造，就是

在结合价值链分析、明确战略环节的基础上，集中企业资源培育具有发展潜力的核心业务和具有竞争优势的战略环节，同时把自己不具有竞争优势或非核心的价值增值环节分离出去，外包给社会上具有比较优势的企业。在此原则指导下，企业要对建立在传统的分工理论基础上的组织结构、业务流程进行根本性的再思考和彻底性的再设计，根据对客户的服务流程来设计企业的组织结构，在更好更快满足顾客需求的同时，使企业在成本、质量、服务和速度等方面获得显著绩效。

企业进行业务流程再造，就必须通过分解和重构价值链，实现价值链从纵向一体化向横向一体化的转变，由位于价值链上的各个企业分工协作并组成战略联盟来共同完成价值创造过程，这是流程再造的重要任务。纵向一体化是企业通过兼并、收购等多种手段，从所有权上控制整条价值链或价值链的多个环节，包括从原材料、零配件、产成品到销售的整个过程，从而降低价值链各环节的不确定性，提高企业的竞争能力。但是，随着全球经济一体化的出现，市场需求越来越呈现出多样性、不确定性，纵向一体化的负面效应不断增大。主要表现在：首先，企业经营风险增大，企业的资金负担重，使企业不得不在产业链的各个业务领域与众多对手进行竞争；其次，企业经营范围的扩展，使企业难以集中资源优势、技术优势在相对擅长的领域建立自己的核心竞争力，并且使管理过程变得更为复杂；最后，纵向一体化使企业逐步丧失了至关重要的快速反应能力。

企业实施价值链发展战略，就必须从纵向一体化向横向一体化转变。因为横向一体化是实施价值链战略的关键环节，其本质就是企业充分利用外部资源以快速响应市场需求的经营模式。对企业来说，只需要控制企业的核心战略环节，即产品研发和市场，至于生产，只需要把握关键零部件的制造，甚至可以全部委托其他企业加工。除此之外，价值链从纵向一体化向横向一体化转变的原因还包括：①市场需求高度的不确定性和多样性要求企业能够抢占先机，快速响应顾客多样化的需求，用最短的时间进入市场。要做到这一点，对于陌生的新领域，只能通过企业间的横向联合，才能够快速渗透，把握稍纵即逝的市场机遇。②新技术已经成为企业除成本优势以外最大的竞争优势来源，研发和掌控核心技术是培育企业核心竞争力的关键因素。但是，单靠一个企业的资源和能力要获得新产品开发要求的所有技术，无论是资金还是时间都不允许。在这种情况下，散兵游勇、单打独斗的局面必然被打破，企业与企业之间横向的强强联合必将成为增强企业研发实力、缩短新产品开发周期的有效途径。这种联合甚至超越了竞争界限。例如，国际市场新一代的 DVD 蓝光标准就是由互为对手的 Philips、Pioneer 等几家公司联合研发的。③随着全球制造和国际化经营趋势越来越明显，资本、技术等生产要素跨国界流动，国际化分工协作领域不断扩大。通过横向一体化，企业间可以达到资金、技术、市场等各方面的优势互补，在全球范围内挑选最佳合作伙伴，在最大程度上优化企业资源的配置，为企业的发展提供更大的施展空间，从而大大提升企业核心竞争力。

从纵向一体化转变到横向一体化后，企业运营将产生以下几大优势：

（1）生产更具专业性。企业能集中有限的资源专注于核心业务，围绕核心能力从事开放式专业化经营。

（2）市场更加广泛。在全球经济一体化的大环境下，企业可与各国公司开展广泛交流与合作，从而突破本国市场的局限，开拓国际市场。

（3）管理更具价值。横向一体化使企业管理的边界从企业内部的各职能部门扩展到企业与供应商、分销商之间的管理与沟通。企业关系成为一种共生共存、互惠互利的协作关系，从而使企业管理更具附加价值。

（4）组织更具柔韧性。企业将剥离低收益的附属业务，其至精简管理机构，以建立更适应价值链管理的、能够快速响应的扁平化组织结构，代替宝塔式的多层管理结构，充分发挥人的创造性，整个组织将变得更具柔韧性。

拓展学习

跨国公司发展战略

随着全球经济一体化的发展，跨国公司如何利用价值链管理理论，形成并增强自身的核心竞争力？研究跨国公司的价值链战略管理，对于中国企业具有重要的意义。

美国 IBM 公司作为全球 IT 领域的知名企业，在公司战略转型中，大都采用价值链战略管理。20 世纪 80 年代末，IBM 推出 PS/2 电脑，遭受市场重创。新总裁郭士纳上台后，对 IBM 实施转型，定位于高端服务和高端计算技术，推出 NC 网络电脑。为了增强这方面的核心能力，1995 年 IBM 以 35 亿美元收购莲花软件（LOTUS），使其网络软件与 IBM 电脑集成，大大增加了产品附加价值。90 年代末，IBM 再次战略转型，公司定位于"提供硬件、网络和软件服务的整体解决方案供应商"。为了发挥 IBM 硬件优势，针对 IBM 公司不擅长管理咨询服务的现实情况，2002 年 IBM 斥资 35 亿美元收购普华永道旗下咨询子公司 PWCC Consulting。至此，IBM 公司拥有一流的硬件、一流的软件，同时又具有专业的管理咨询服务能力，最终形成了一条完整的客户服务价值链，为客户提供整体解决方案的能力大大增强，完成了从一家 IT 硬件制造商向 IT 服务商的初步转型。IBM 在打造自己的价值链过程中，针对自己不具有竞争优势的环节，进行不断的优化组合。例如，2002 年 IBM 剥离硬盘制造业务，将硬盘业务出卖给日立公司。2004 年，IBM 剥离 PC 业务，将 PC 业务出售给中国联想，其真正原因在于，IBM 公司基于自己的整体价值链分析，认为："PC 业务越来越具有家电行业特征，它创造的利润将依赖于规模经济和价格优势，不符合 IBM 公司的整体战略和定位。"从以上分析中可以看出，IBM 一系列的动作都是围绕价值链管理、打造企业核心能力、去掉不具有竞争优势的环节来实施的。

英特尔公司的"数字家庭计划"也是实现产业价值链的成功做法。2005 年 6 月 25 日，由英特尔发起的"数字家庭工作组"正式成立，共同推进国民生活信息化。除英特尔外，该工作组成员还包括 IBM、联想、微软等 17 家业界领先的电子、计算机和移动设备公司。该工作组旨在建立一个基于开放的工业标准的互操作性平台，并将确立技术设计规则，供企业用来开发数字家庭有关的产品，使消费者可以通过家中的有线或无线网络共享各种设备的数字内容。这是一个典型的基于产品研发与应用的企业联盟。在产品制造方面，英特尔公司联手中国硬件制造商海信、方正科技、TCL、清华同方，从事产品生产和制造。在网络内容方面，英特尔联手内容提供商搜狐、东方宽频、联众世界三家公司。英特尔"数字家庭计划"的完整产业链逐渐成型，这是一个范围广泛，涉及多种形式、多种合作方式的联盟体。在这个过程中，英特尔、微软等公司占据了价值链的核心环节，而中国企业占据了生产、提供内容等环节，共同开发中国家庭网络化大市场。英特尔基于自己的芯片技术，建立了一条全新的价值链，这条"数字家庭"价值链将在未来几年成为英特尔最大的利润源泉。

经济学家指出，未来的竞争将由目前的企业与企业之间的竞争转向基于价值链的企业集群之间的竞争。因此，实施价值链发展战略，确立企业在行业价值链中的地位是每个企业面临的课题，是直接关系到企业生死存亡的关键。在此，英特尔的"数字家庭计划"为中国本土企业做出了表率。

问题与讨论

1. 如果你是英特尔公司的总裁，你会怎样制定公司的跨国经营战略？如何实施？

2. 查阅相关资料，对美国制造业跨国公司的海外战略进行课堂讨论，请对你所关注的大型制造企业的战略构想写出发言提纲，并在课堂演讲。

3. 你从日本东芝公司战略管理中学到了什么？日本企业有哪些战略及实施方案是中国企业未来要碰到的？如何借鉴其经验？

分组讨论

1. 为什么跨国公司特别重视公司的发展战略？请从管理学的角度，对企业战略管理的价值与意义进行解说。

2. 分析一个发达国家跨国公司战略目标、战略任务、战略规划、战略实施、战略实施成效的具体做法，并进行战略意图及预期分析。

3. 大企业与中小企业的战略管理有什么不同？你认为中小企业需要进行战略管理吗？如何制订中小企业战略规划？你有什么好的建议？

思考题

1. 价值链管理的主要内容及适用性是什么？中国企业怎样实现价值链管理模式？要成为跨国公司或国际公司，主要的战略性做法有哪些？

2. 中国企业"走出去"战略的第一步是瞄准海外市场，通过本章学习，你认为已经"走出去"的中国企业下一步应该怎样走？请模拟某一大公司制订企业海外发展战略计划。

3. 日本企业成功地实施了海外发展战略，请你结合日本经济变化，对日本企业的海外发展前景进行预测分析，并以某日本跨国公司为例，具体描述其海外发展战略的实施状况及未来前景。

作业题

1. 查阅网络资料，描述英特尔公司的"数字家庭计划"的主要内容，并撰写该计划的理念及其在公司战略转型上的意义。

2. 简述当地生产与当地销售的差异。

3. 简述国际公司的海外研究开发战略的意义与作用。

第四章
现代企业的研发制度与运作机制

现代企业制度中研究与开发成为企业生存与发展的基础。对于将技术资源进行整合的大公司，研究其技术研究与开发的历史进程，会为其他企业提供借鉴。

第一节　企业研发体制

"二战"后，日本的许多企业，无论在经济上还是技术上都要依赖于美国企业的扶持。日本人很清楚，如果企业不具备技术竞争力，日本就将成为美国的市场。

一、企业研发机构的设置

以"技术立国"的日本，其经济增长是以企业的技术力为基础的。包括东芝公司在内的民营大企业凭借其技术研发能力，生产出一系列的技术产品，从而支撑着日本国家经济的增长。这在日本经济高速增长时期，已经成为日本企业的基本特征。尤其是电子技术领域，经过战后的几次大飞跃，已经迅速地改变了世界的面貌。电子技术的每一次突破，对任何国家尤其是企业来说，都会经历更为深刻的革命，而走在前面的日本大企业，其"危机感"、"挑战意识"比其他国家更为强烈。

日本企业面对新技术挑战，企业决策者必须不断地向工程技术人员提出开发新技术的目标，并且要有能够准确地实施技术目标的决策。否则，一旦技术发展目标制定错误，不仅大笔的研究开发经费付之东流，更重要的是会丧失企业生存与发展的机会，失去参与国际竞争的能力。

已经具有各种专有技术的东芝公司，目前所考虑的核心问题是如何在电子和能源的新领域中取得并保持领导地位。东芝公司同其他日本大企业一样，在战后相当长的时期内，在技术上依附于美国的大公司，这从1957年东芝公司付给美国的注册专利费60万英镑（约合168万美元）到1965年增加到200万英镑（约合560万美元）就可以看出，东芝公司对美国技术的依赖程度。当时的东芝公司总裁石坂泰三对日本过于依赖美国表示强烈不满，60年代初他提出了"创造重于模仿"的口号，表达了当时日本大企业对缺乏技术竞争力的不满情绪，同时也暗示着日本企业从此将开始赶超美国技术的漫长历程。敢于向美国技术进行挑战的第一家公司就是同美国关系最深的东芝公司，其具体的挑战项目是晶体管和集成电路技术的开发与研制。

1961年，在石坂泰三的主持下，东芝公司毅然投资550万英镑（合1 540万美元）建立了日本民营企业的第一个大型研究所，即"中央实验研究所"，当时成为全日本最优秀的企业研究和开发机构，从此奠定了日本企业技术研发的基础。这间令全世界震惊的日本企业研究所占地 4 万多平方米，有 1 000 多位科学家，可以称得上是当时日本民营企业中规模最大的科研机构，完全可以同美国著名的贝尔电气、兰德华电子和通用电气公司的研究机构相媲美。

东芝公司为获得技术研发优势，加大了对研究开发的投资，很快即获得效益。60 年代，东芝实验研究所的研究人员就成功地研制出世界上最大的真空管、50 千瓦的世界上最大的灯泡及世界上最大的电机和变压器，而在家用电器方面，也生产出世界上第一台 14 英寸彩色电视机。以上研究成果对日本企业是极大的激励，而在技术上开始崛起的东芝公司，同美国通用电气公司自 1909 年开始并保持亲密的合约关系的结束，意味着日本企业从此将走上逐渐脱离依赖美国技术的道路。而东芝公司的这一举动，在政治、经济上也表明日本摆脱美国的控制已成为一种趋势。应该承认，东芝公司在日本企业界具有很大的影响力，特别是 60 年代初建立庞大的科学研究机构的创举，使整个日本企业界出现一股势不可当的建研究所热潮，而日本民营企业开始蓄积技术研究开发力量，表明日本企业技术研究与开发已成为企业的自觉行为。

日本民营企业纷纷建立自己的研究机构，促使日本国内的科学研究结构发生重大变化。政府和大学研究机构中的许多优秀研究人员陆续向企业流动，由此而形成企业高科技人才的群体组合。在 60 年代的研究人员大流动中，东芝公司网罗的人才最多。直到现在，在日本的企业中，仍以东芝公司拥有的资深研究人员最多，所以东芝的综合研究的实力也最强。政府研究机构的研究人员外流，主要是因为民营企业通过引进外国技术，在许多新技术领域的研究中，其研究水平已经走到政府、大学研究机构的前面。特别是在市场竞争日趋激烈的情况下，民营企业研究机构的动作更快，研究人员开发的新产品很容易同公司的经营目的合拍，从而很快向生产转化，投入生产，这比设备陈旧、开发新产品难以实用化的政府研究机构显得更具有活力。

东芝认为，"企业发展的动力是技术"。这不仅意味着没有技术的企业是不可能得到发展的，而且说明当企业一旦发展到像东芝这样大的规模，与仅仅依赖特定个人的技术力的风险事业有根本的不同，公司整体的技术力需要同组织得力、训练有方的技术人员的数量和质量构成一定的比例。而对于公司经营者来说，最有效地分配技术人员与准确地把握研究经费的使用，则成为大企业最重要的任务。

二、企业的科研体制与研发方向

按照东芝公司的经验，要想使研究人员发挥最大的工作能力，科研体制是关键因素。

（1）研究所组织机构设置，是合理配备研究力量的基础。按照东芝的经验，企业研究机构是为实现公司经营的总目标设置的。1961 年东芝设置了"中央实验研究所"，当时公司经营的总目标，是想改变东芝在集成电路开发中的落后状态。而随着公司在电子、电机及材料等领域的突破性进展，东芝的经营总目标遂即扩展到信息、通信、能源等新技术和新经济领域，这就需要对中央实验研究所的组织机构进行相应的调整。1969 年，"中央实验研究所"改为"东芝综合性研究开发中心"，下设材料研究所、电子元件研究所、电子设备研究所、电机研究所及负责调查规划、技术管理、专利权的小组，以及管理部、机械计算中心站、图书馆、工程部等。70 年代，由于石油危机的打击，东芝公司遂即调整公司经营总目标，把能源设备放在优先发展的地位。在很短的时间内，东芝成功研制出 PODIA 核能发电站的中心控制系统及为安全使用核电站、改进其可靠性的"高温声波传感器"，同时还研制出利用太阳能取暖和制冷的实验式住宅。进入90年代，为实现跨世纪的经营战略目标，东芝的研究机构扩建为日本规模最大的高新技术研究开发机构，其总目标是大力支持技术革新，并使东芝始终保持在新技术开拓中的领先地位。为了达到这个总目标，东芝的研究开发活动在微电子技术、信息处理和电信、现代视频系统、医疗电子技术、宇宙开发、未来能源、新材料和环境保护等技术领域展开。而与公司经营总目标相适应的科研机构也从60年代末的综合性研究开发中心扩展为拥有17个专门研究所的庞大阵容。

（2）在"中央实验研究所"中的研究人员有相当一部分是从政府研究机构流入的，由于长期从事基础理论的"纯学术"研究，难以适应企业研究所注重新技术开发实用性、产品化的需要，造成当时东芝公司在集成电路开发应用上进展缓慢。东芝公司研究机构存在的问题，也反映了日本企业研究所的通病。从日本企业研究机构发展情况来看，日本的企业研究开发活动实际上可分为两个阶段：第一阶段是指80年代以前替代进口产品的阶段。日本企业对技术的研究实际上仅停留在应用研究和开发新产品研究上，其原因是由于当时日本现代化远远落后于欧美等发达国家，所以不得不集中所有的研究力量消化吸收外国先进技术，并以取得新产品的优势地位而对技术进行模仿与改造。第二阶段是在80年代以后，随着日本科技的发展，日本企业已经没有必要再接连不断地引进欧美技术，它以其独有技术在众多领域居于世界先进水平。在这样的情况下，如果日本的研究机构不迅速转入基础性研究，显然对今后的科技发展不利。但对于民营企业来说，基础性研究毕竟是出成果概率很小的研究活动，这种研究仅具有"纯学术"研究的意义和价值，要作为事业是完全不可取的。

处理企业研究开发机构中应用开发研究与基础性研究的关系，东芝有独特的做法，即"目标基础研究"。

所谓"目标基础研究"，简单来说，是指公司决策人经过论证，觉得某一产品将来有发展前景，于是组织有关研究人员对这种未来产品的物理、化学现象做基础性的研究。由于这种未来产品很有可能代表社会需求的主流，而东芝公司也希望在新产品、新技术上保持领先的地位，所以这种"目标基础研究"的项目，也极为明确地列入研究所的科学技术研究计划中，并作为正式研究课题，进行公开性研究。

与"目标基础研究"不同的是，研究人员也自发地进行"非公开性研究"。所谓"非公开性研究"，是指东芝研究所的研究人员和技术人员根据自己的业务专长和研究兴趣，自由进行的研究课题。由于有"公开性研究"和"非公开性研究"两种不同的研究课题，这就构成了研究所内科研课题的两个层次，一旦"非公开性研究"有眉目时，就纳入研究所的正式研究课题，并可进入实用性研究阶段，即交给有关事业部的技术部门看，如果事业部认为这项研究成果有意义并且有市场，研究所就将此研究成果移交给事业部，由事业部的研究人员和技术人员实现产品化。东芝研究所运作的全过程，可以说在日本企业研究机构中具有代表性意义，其他企业的做法，与此也大同小异。

如此说来，东芝公司的整个研究开发过程，实际上可分为三个层次，并由此形成企业研究机构的基本结构。20世纪80年代，研究所与事业部之间的研究层次和分工已经出现明显的界限。至90年代，研究开发的三层结构成为东芝公司发展战略的重要组成部分。具体来说，公司所属的研究开发中心的新材料、组合元件研究所，通信与信息系统研究所，能源与机械研究所进行的选题，虽然不列入研究所的正式计划内，但规定研究经费的约10%可以用于本人感兴趣的"非公开性"研究。而在60年代，这类项目就已达到每年约200项，正如东芝人所说，这种研究工作就像播种，从而培育出东芝的技术。

① 东芝公司日文打字机研发

"非公开性研究"的独特做法，是因为东芝公司是一家经营范围相当广泛的综合性电气厂家，所以在研究开发体制上具有广泛性的特点。而"非公开性研究"从播种到受到公司的重视，则可以日文打字机的研发案例来加以说明。东芝研究所研制日文打字机可追溯到1968年。当时研究所的年轻技术人员认为研制日文打字是很有意思的事，于是就作为"非公开性研究"课题由青年研究人员自由地进行研究。公司很重视研究人员的这些自由的想法。经过10年的努力，东芝公司于1978年9月宣布日本第一台价值630万日元的JW-10日文打字机研制成功，1979年2月投放市场，大受欢迎，很快成为畅销商品。

在日本企业中，重视保护和培育研究人员的研究热情，支持研究人员的自由想法，是企业研究机构的最大特点。

（3）研究力量的配置，也是保证早出成果、快出成果的重要环节。自1985年开始，由东芝的副社长清水荣夫主持研究所工作。他于1950年东京大学工学毕业后，长期从事变压器的设计工作，担任过重电事业方面的总工程师和技术管理部长。他认为技术力的配置模式，是将训练有素的研究人员按数量成比例配置，才能使各自的业务专长变成综合的技术力量。按照清水荣夫"组织有方"的原则，研究所10.5%的研究人员用在"目标基础研究"上，他认为作为东芝长期性发展战略的基础性研究，要同某一领域的商品化相结合。而投入10%人力的研究意识，从此出现了"目标基础研究"具有能动性的做法，这是东芝研究所独有的长处。至于新毕业的大学生，清水荣夫录用的比例是电力专业占50%，机械专业占25%，其余的25%则从物理、化学、原子能、材料等电气和机械以外的专业录用。这样，就从长远考虑研究人员在"目标基础研究"和应用开发研究之间的比例关系，有利于东芝公司长期保持研究和开发的综合实力。

（4）"目标基础研究"和自由的"非公开性研究"相结合，是承担超大规模集成电路的研究课题，这是要用5年或10年所进行的基础性研究，也可以说是"目标基础研究"的主体部分。企业研究机构与相关事业部的合作关系，一是通过附属于8个事业部技术研究所的合作课题；二是利用"非公开性研究"成果转化为产品时与事业部的密切合作。至于各事业部下属的技术研究所，主要从事3~5年与生产有关的研究项目的开发研究，事业部所属研究所构成东芝研究机构的第二个层面。由于事业部研究所的研究人员承担研究成果产品化的任务，所以事业部研究所同东芝各技术部门所属的制造工厂关系最为密切。公司的研究成果通过东芝所属的各制造工厂进行加工制造，成为新产品，投放市场。与日本其他企业研究所不同的是，东芝还拥有"生产技术研究中心"的科研机构。"生产技术研究中心"担负着进一步提高整个公司的生产技术水平的重任。显而易见，这个研究机构也是为东芝未来发展设立的，研究的课题包括基础技术和应用技术两部分。

（5）研究经费的分配，东芝公司采取了战略性的独特方式。以1985年为例，东芝公司把销售额的6.5%即1650亿日元投入企业研究开发。这种年度研究经费的分配比例大体如下：85%作为各事业部的预算研究开发费用，15%是公司总部的研究经费。各事业部把各自的研究经费用于自己设立的项目上，然后将项目和经费投放到综合研究所进行研究。这种由事业部委托研究所进行的项目，大部分是短期性的产品开发课题。可见，应用与开发研究仍然是企业研究机构的主流。

公司总部分配的研究经费，其中8%分配给各研究所作为自主研究经费，剩下的7%专设为特别开发研究费，通过"特殊研究课题补助金"的形式，安排给有关事业部。东芝采取这种做法，主要是考虑对于像控制计算机及核聚变研究那样开发时间长、风险大的研究项目，在各事业部每年都必须按年度总结其研究业绩的情况下，事业部很难单独承担如此巨额的研究开发费用。但对整个公司的长期发展来说，这些关系公司未来前途的重大项目是非上不可的，否则就会在此关键领域落后。为确保公司在未来技术领域的领先地位，东芝采取总公司另设补助金的形式，把这种重大项目同事业部的年度业绩评价分开，这就既有利于公司的未来发展，又有利于协调各事业部之间的关系。

面对21世纪的挑战，东芝的研究和开发能力成为研究的技术基础。正如佐藤文夫所说，"东芝拥有第一流的人才，他们所进行的至关重要的研究与开发工作，促进了技术革新，扩大了生产能力"。东芝公司对研究开发高度重视，1988年投入研究开发的经费为2 300亿日元，占当年净销售额的6.3%；1990年投入2 990亿日元，占6.4%；1991年投入3 180亿日元，占6.7%；1992年投入3 120亿日元，占6.7%；至1993年，据3月31日会计年度统计，公司净销售额已达46 270亿日元，净收入为206亿日元，其中投入研究与开发方面的经费仍在6%以上。按佐藤文夫的话说就是："东芝深知，不断创新的技术是公司发展和成功的关键。"东芝成功的经验，对每个企业来说，都有借鉴价值。

三、产品化与独创性原则

外国人评价日本企业技术，总是说日本人是把别人的东西拿来变成自己的，甚至批评日本只会"模仿"来源于教育制度，因为日本学校教育的倾向，"与其说是培养开拓者，不如说是培养模仿者"。诸如此类的批评，最多的时候是在日本企业在新技术领域取得一定成功之后，这似乎对日本企业的技术进步影响不大。不过，来自其他国家的非议，也不是没有一点儿道理。在日本经济起飞的战后，引进外国的先进技术并加以模仿，从而使之成为自己的技术，这一艰难过程，日本人至今记忆犹新。

对于新技术的后进企业，引进与模仿是必须经历的阶段。不过，日本人把欧美的先进技术加以引进、模仿，并在模仿的过程中把先进技术融为一体，再加以彻底地改造，这是日本式的总体研究方法。从这个意义上讲，问题并不在于日本人是否引进和模仿外国的先进技术，而在于日本人为什么会做那样的模仿，并把外国的先进技术最终改造为彻头彻尾的日本技术。这才是对企业研发有普遍价值的课题。

就日本而言，在战后的一段时期内，政府和企业相继建立了一整套促使技术引进的机制，主要包括政治稳定、政府指导、企业家的活动、企业竞争、资金保证、较高的教育水平和国民素质、战前的工业基础等，从而保证了欧美先进技术引进后，能够迅速地与企业经营机制和已有的技术接轨，并为技术的改造和革新提供良性循环的运作环境。这一点，对所有的企业来说，都有借鉴意义。

对于引进外国技术，日本人有自己的原则，符合这些原则才可以引进。日本企业引进技术的原则，归纳起来有以下三点：一是要经济，即引进外国技术的首要条件是看能否以最小的代价取得最大的经济效益。二是引进的技术是否会产生连锁效益。这就是说，任何一个企业或部门所引进的新技术，不仅要能为本企业本部门所利用，并且还能通过技术连锁反应带动和促进相关技术领域的开发和进步。三是引进的技术是否具有推广的可能性。一种技术无论有多高多新，如果不能为日本企业所消化、吸收并进行推广，就不可能被引进。由此可见，日本企业引进技术的原则，除了防止盲目引进外国技术现象发生以避免浪费和失误外，更重要的是对于本国企业具有技术充分利用和技术提升作用。实际上，这些原则已经贯穿在日本政府有关引进外国技术的诸多规定中。不同的是，这些规定还相应地规范了技术引进的操作流程和形式。1950 年，日本政府规定，对于外资和技术，只有政府批准才能引进，而批准引进时，政府根据该项技术国产化的程度，由通产省控制进口限额和高额关税，借以限制进口的数量。同时还规定即便是政府同意引进的高新技术产品，也必须由引进这一技术的企业在一定限期内使引进技术国产化。由于日本政府在引进技术方面的保守态度，促使了日本企业自身技术的增长，同时也营造了日本企业模仿外国先进技术的氛围。

⓵ 日本企业引进外国技术的实例

20 世纪 50 年代初期，佐久间水电站的电机引进成为日本战后技术引进与模仿的经典案例。"二战"后，日本政府为了解决日本基础工业所需电力问题，批准投资建设佐久间水电站，当时需要许多台具有先进技术水平的发电机组，但日本政府只批准引进一台，并由生产电机为主的东芝、日立、三菱电机、富士电机等民营企业对这台电机进行分解、模仿、绘图制造，从而使这些电机厂家掌握外国先进发电机组设计与制造技术。由于日本政府较早地确立了发展本国民营企业技术力的战略，这就使日本企业不得不经历引进和模仿阶段，因为只有这样才能迅速地跟上欧美发达国家的技术发展水平，并为下一步赶超欧美技术打下基础。经过一段时间的模仿，日本引进设备的比例大幅度下降。据 60 年代初的统计，日本进口设备占引进设备总额的比例，已由 1954 年的 1/3 下降到 1960 年的 1/9。这标志着日本产品"国产化"的程度已大大提高。

值得注意的是，尽管日本企业拼命地模仿外国先进技术，却不模仿外国技术经济的发展模式。这也是日本企业最终确立日本式技术的成功经验之一。

总的来说，日本政府特别是通产省对引进外国技术的指导是相当成功的，经济专家的报告也指出，日本政府为民营企业的技术进步起着"幕后导演"的作用。但像东芝这样具有高度技术力的大型综合企业，不仅在引进欧美先进技术方面总是走在前面，而且在电子新技术研究和开发中，也以美国为赶超对象，所以在国际大企业中表现得最为活跃。进入 60 年代中期，东芝公司即以其独有的新技术，在许多新领域中一举超越美国。如东芝公司独有的文字图像读取装置技术，就是在模型识别技术领域具有代表性的世界领先技术。

⓵ 东芝公司的文字图像读取装置技术开发

1966 年，当通产省工业研究院将研制辨识被污染及模糊不清的文字的文字读取装置列入研究计划时，东芝公司即以民营企业的代表身份参加了这项具有划时代意义的研究项目。当时东芝公司投入了 8 名研究人员，在文字图像读取装置技术开发中取得许多重大成果。文字图像读取装置技术被有效地应用到邮政号码读取装置、银行的余额查询、存入咨询等声音识别应答即语音服务系统等许多方面。

在电子计算机的研制方面，东芝公司也有许多独家技术。如在动态随机存取存储的研究领域中，由于东芝拥有一种运算速度虽慢，但耗电少的金属氧化薄膜半导体 CMOS 技术，因此在使用 CMOS 的静态存取存储器时不需要激励外围电路，使用极为方便，在日本的市场占有率始终位于榜首。而在超大规模集成电路研究开发中，东芝与日本其他大公司并驾齐驱，但在 1 000 千位的研制方面，东芝则在全世界独占鳌头。在其他研究领域，东芝也以其独特的技术和产品，始终保持国际领先的地位。20 世纪 70 年代，东芝的新产品包括 5 000 万伏安热电站锅炉、汽轮机和发电机控制计算机、乙烯工厂的最佳控制系统、大阪地下铁路自动控制系统、汽车马达充电硫化钾电池、生产低噪声线集成电路所需的完美晶体 PCT 制造技术、气象卫星辐射冷却装置和高灵敏度红外线探测设备、21 信道共天线电视系统、矩阵 24 声道立体声装置、彩色电子复印机等。东芝在 70 年代所取得的新技术成果，表明日本民营企业已经从模仿外国技术阶段转向创造阶段。东芝正以它独特的技术魅力创造未来社会的未来产品，同时也在创造未来的东芝。正如东芝人所说，没有独创性的企业是没有生存竞争能力的。而当新产品问世后，下一步则是发挥市场经营的独创性。只有当技术研发、产品计划、市场经营这三个环节都发挥独创性，企业才能得到稳定的发展。

如何使企业的独创性发挥出来呢？日本企业的做法是：首先，必须使企业员工都具有企业家精神，才能使企业不断拓展有独创性的新业务。即使对科研项目不精通的人，只要擅长经营和管理，没有好项目也可以找到好项目。而缺乏好的经营者，再好的项目也不一定能开发成功。其次，经营者，尤其是具有企业经营管理丰富实践经验的经营者，应从校外人员中选择。高校中不缺乏科技人员，但缺乏具有企业经营和管理实践的经营者。对企业经营者来说，确定企业技术的发展方向，则决定着企业的未来命运。但既是内行又具备经营者素质的经营者是很少的，所以在大部分的企业中外行主政的并不少见，这是令企业最为担心的事情。

第二节　企业研发状况

如果从欧美国家大企业成功经验分析，可以说同日本企业的做法多少有些类似。在企业的研究机构和研究项目中，其主体是能够迅速成为产品的研究开发。如果说对于基础研究的重视是从后工业时代欧美大企业开始的，那么这同日本企业在 20 世纪 90 年代后开始转向基础研究的情况大体相同。

一、埃克森美孚的经验

美国埃克森美孚（Exxon Mobil, NYSE：XOM）是全世界最大的石油企业，其总部设于得克萨斯州。该公司前身为埃克森和美孚，这两家公司在 1999 年 11 月 30 日合并重组。该公司也是艾克森、美孚及埃索全球分公司的母公司。此外，埃克森美孚与壳牌、BP（英国石油）、Total 为全球四大原油公司。该企业在《财富》公布的 2007 年全球 500 强公司中名列第二位。

Exxon 公司为保持其炼油和化工技术在世界上的领先地位，平均每年在科研开发方面投入数亿美元，大力支持勘探与开采、炼制与合成燃料、基础化工产品与中间体和高分子聚合物等方面的研究，并特别注意基础研究、应用研究、技术转让与生产支撑以及工程技术研究项目的实施。其研究开发机构的主要构成是：生产服务公司（EPR）设在休斯敦，主要负责公司油气勘探和开采业务的研究工作；Exxon 化工公司（ECC）下设基础化工中间体技术开发部、高分子聚合物（含百润敏）技术研究开发部及 Exxon 化学工程部；研究与工程公司（ER&E）下设中央基础研究部（CR）、石油炼制研究部与 Exxon 工程部，其主要业务是开发新工艺、新产品和新技术，以满足各子公司在石油炼制、合成燃料、运输和销售方面的需求。

Exxon 化工公司为世界第三大石化公司，主要负责 Exxon 公司的化工业务。按产品综合系列，它可分为三大主要部门：初级石油化工产品、聚合物与 Paramins 添加剂、化学中间体。1996 年主要经营业务（包括销售与转让）除烯烃、芳烃、添加剂仅次于 Dow 化学公司、阿莫科公司、Lubrizol 公司外，其他业务项目均排名第一（聚丙烯排第七）。其主要技术成就有：80 年代开发了直管式蒸汽裂解炉和 EXXPRO（PMS）丁基橡胶技术；1983 年开始烯烃聚合的茂金属催化剂的开发与研究；1992 年开发的茂金属催化剂生产聚乙烯工艺及气相聚乙烯工艺的超冷凝技术为世界所瞩目；1996 年开发了茂金属催化剂线性低密度聚乙烯与等规聚丙烯技术，并正在不断开拓茂金属催化剂的新应用领域。其在世界上有竞争优势的专有技术包括：高压聚乙烯技术 20 万吨/年大型管式反应器工艺，产品有 LDPE、EVA、EMA、离子交换聚合物、Exact 塑性体。线性低密度聚乙烯/高密度聚乙烯技术，采用茂金属催化剂 EXXPOL 工艺和气相流化床超冷凝技术，产品为 Exceed 线性低密度聚乙烯；如同时使用茂金属催化剂，可使反应器的生产能力提高 50%～60%，原设计生产能力为 27 万吨的 LLDPE 可扩大到 50 万吨。聚丙烯采用茂金属催化剂或其他催化剂，产品有低灰分聚丙烯和 Achieve 等规聚丙烯。丁基橡胶产品，采用低温阳离子聚合工艺。卤代丁基产品 EXXPRO（PMS），质量稳定。VISTALON 乙丙橡胶，采用操作弹性大的管式反应器工艺，用于汽车与电气行业，并用作流动性改进剂、黏合剂产品、百润敏添加剂、基础化工产品。工艺范围包括：裂解、原料组合、工艺优化及沸石催化工艺；特殊性能液体，用于喷雾剂、杀虫剂、工业用清洁剂、纺织和金属加工用油等；乙烯基中间体，采用齐聚/羰基化工艺，用于 PVC 的各类增塑剂等。

Mobil 公司的技术特长如下：一是分子筛催化剂，居世界领先地位。1994 年世界合成沸石约 150 种，Mobil 公司的 ZSM 系列约占 60 种。Mobil 公司于 1973 年成功开发出 ZSM－5 分子筛，可使催化裂化汽油产率增加 35%，辛烷值也有所提高；1994 年又开发出 MCM－22 双通道分子筛，这是一种具有两种不同孔径的晶体结构的高硅分子筛。二是可提供下列工艺技术：催化裂化、中压加氢裂化、烯烃转化成汽油和馏分油工艺（MOG、MOGD）、裂解汽油加氢脱硫工艺、催化脱蜡工艺（MDDW）、定向聚丙烯 OPP 薄膜、乙烯己烯共聚 LLDPE、烯烃异构化工艺、烯烃齐聚—歧化技术（MOI）、二甲苯异构化技术、高活性甲苯歧化工艺、聚对甲基苯乙烯技术、甲醇转化成汽油工艺（MMO）等。

① Exxon 公司在中国的业务

Exxon 公司专门成立了 Exxon 中国公司，负责在中国的业务。到 1995 年年末，Exxon 公司在中国内地注册了 9 个以 Esso 为标志的加油站，在香港地区注册了 18 个 Esso 加油站，在中国销售各种燃料油、特种油品和润滑油。1995 年 Exxon 公司与中国石化锦州石油化工公司合资组建了锦埃克森润滑油复合添加剂有限公司，其生产规模为 5 000 吨/年复合添加剂和 5 000 吨/年黏度调节剂，1996 年 10 月开始经营。Mobil 在香港设立青衣油库，主要是与中国内地进行贸易，在天津建立了莫比尔石油天津有限公司，生产润滑油和润滑脂。主要技术是高辛烷值汽油生产工艺，该工艺的优点是自动冷却、多段搅拌反应器、低能耗，烷基化油辛烷值 96RON/94MON，产物收率高，选择性好。

埃克森美孚在中国香港拥有全港最庞大的加油站网络（包括集团旗下埃索、美孚及东方油站），并持有青山发电有限公司 60% 权益（余下 40% 由中电控股有限公司持有），青山发电负责生产电力，供用户使用。该企业在《巴伦周刊》公布的 2006 年全球 100 家大公司受尊重度排行榜中名列第七位。

⓵ 壳牌在中国的历史

壳牌在中国发展业务已达 100 多年。19 世纪 90 年代初，壳牌运输贸易有限公司的创始人马科·森默和森姆·森默兄弟，便已开始把煤油输入中国，并在香港、上海、广州和厦门建立油库。1894 年，森默兄弟已用散装油轮运送煤油到上海。同年，荷兰皇家石油公司开始进 "Crown" 牌煤油到中国（当时内地称 "Crown" 品牌为僧帽牌；在香港则称宝盖牌）。壳牌运输贸易有限公司与荷兰皇家石油公司原是竞争对手。1903 年，两家公司合作经营远东的业务，在伦敦成立亚细亚火油公司，分别于 1906 年及 1908 年在香港及上海成立办事处。1913 年，两个办事处分别成为亚细亚火油（华南）有限公司和亚细亚火油（华北）有限公司的总办事处。1907 年，荷兰皇家与壳牌运输合并业务，成立荷兰皇家/壳牌集团。但当时公司在中国的业务仍通过亚细亚火油公司的名义经营。第二次世界大战前，壳牌在中国设立了超过 50 家附属公司，在约 20 个省份经营 1 000 个经销处。"二战" 期间，所有设备给日军占据，并被严重破坏，一切经营活动停顿。战后，壳牌的重建工作迅速进行。当中华人民共和国于 1949 年成立时，壳牌已雇用员工超过 1 000 人，其中包括 35 名外籍员工和 4 名华籍经理。1950 年后，壳牌继续在中国发展，并成为当时唯一一家留在中国经营的西方石油公司。壳牌在上海的总办事处获准保留，直至 1966 年，该办事处才宣告结束。与此同时，壳牌在香港的石油和化工产品的业务一直保持领先地位。1970 年和 1971 年壳牌获邀参加广州交易会。1980 年，壳牌在北京建立办事处，积极开展化工产品贸易。1983 年，壳牌先后与埃克森石油公司及菲利普斯石油公司合作，开始在南中国海进行石油勘探工作。随着中国对外开放政策的实施，壳牌先后于 1985 年及 1987 年在深圳经济特区设立了两个合资油库。此后，壳牌在中国更加积极投资。目前，已在多个省市开展广泛的业务。壳牌在中国内地的宗旨是提供长期可持续的清洁能源方案，并帮助中国减轻目前严重的环境污染问题。中国政府正在努力改善环境状况和提高燃煤工业的效率，并为满足未来的能源需求，利用各种形式的清洁能源促进能源构成多样化。壳牌在这些领域的重点是天然气和可再生能源、煤炭利用新方法，并在能源效率和技术方案方面提供咨询服务。在燃料、润滑油、沥青和化工业务方面，壳牌均提供最先进的技术和环保措施，致力于可持续发展。壳牌的五大核心业务在中国都有发展，它们分别是勘探和生产、天然气和电力、油品、化工、可再生能源。

壳牌在中国的发展非常迅速，到 2006 年年底，壳牌在中国的总投资约 40 亿美元，是在中国投资的最大的国际能源公司之一。壳牌在中国的业务目标是帮助中国解决能源领域里需要优先解决的重大问题，包括能源安全与供给、环境保护和能源效率，并在国内外与中国企业和客户建立良好的、互惠互利的合作伙伴关系。这意味着壳牌将支持中国政府为加强煤炭及其相关行业环保表现和能源效率所做出的努力，并以可持续的方式为快速增长的经济提供清洁能源。壳牌在中国成立了 30 多家全资或合资公司，员工总人数近 7 000 人，其中 97% 以上是中国籍员工。壳牌与中国的三大能源公司——中石油、中石化和中海油，建立了合作关系。

二、中国企业研究开发机制

我国体制改革是从科研体系内部进行的，其理论依据是，这些科研机构严重脱离经济建设，科技成果不能很好地转化为生产力，因此必须通过改革增强其为经济建设的压力、动力和活力。所采取的措施为 "一堵一推"，"堵" 即削减直至取消事业费，迫使科研机构依靠转让技术成果，获得生存和发展所需的经费；"推"即把科研机构推入企业，变为企业的开发机构，直接为经济建设服务。

实践的效果如何？就"堵"来说，虽然在一定程度上调动了科研机构面向经济建设的积极性，但绝大部分科研机构并不是或主要不是依靠转让技术或承接企业委托开发项目取得收入，而是靠过去多年积累的老本，进行中试或作坊式生产来维持生存和发展。然而，并不是所有的科研机构都是那么幸运地掌握和拥有适合市场需要的技术成果，可以进行中试或生产。不少科研机构，因缺乏适销对路的"中试产品"和生产"中试产品"所必需的启动资金而难以为继，甚至出现了"空壳化"：骨干科技人员流失，科研仪器老化，科研水平下降，甚至科研工作停滞。在这种情况下，政府并没有因为削减事业费而减少负担，而是不得不变化方式把事业费返还给科研机构，以维持科研机构的生存。

1987 年国务院《关于进一步推进科技体制改革的若干规定》指出，以技术开发为主的科研机构应逐步进入企业，不少地方政府也采取种种措施进行了"试点"。但问题是，我国的科研机构大多数是计划体制下创立的，长期以来主要是完成政府的任务，与企业缺乏直接的联系和沟通，其成果或科研优势对企业的适应性较差。

我国科技体制改革已经历了 10 年的探索，取得了举世瞩目的成就，确立了技术商品观念，重视和保护知识产权，倡导尊重知识、尊重人才的社会风尚，等等。但是，科研体制还存在着一些问题和不足，从客观上说，是因为改革本身具有探索性，出现问题或不足在所难免。我国科技体制改革是在理论准备不足的情况下展开的，主要是基于对科技与经济脱节的体制弊端的认识，自然而然地把改革的目标设定在科技与生产上，因此有的措施是围绕着促进科技与经济结合设计的。它忽视了科技自身作为一个有机系统的自我完善、自我发展的问题，也忽视了科技系统与社会系统的其他方面的相互协调、相互作用问题。

三、中国科技产业发展的主要问题

企业科技发展和研发水平的提高，离不开政府、大学科研机构的支持。企业创办研究机构，与政府和大学基础性科研为主的任务有所不同，它偏重于产品化应用研究。企业与政府、大学科研的相互结合，则产生科技生产力，在中国，称之为"产学研"科研体制。

从企业最终实现产品化的角度来看，在政府、大学科研机构中的基础性研究是为企业最终实现产品化服务的，但中国目前的科研体制却很难适应企业研发的需要。其主要问题如下：

（1）大产业要求与小生产观念。高校科研的特点是分散化、规模小，在教研室、实验室运作，只有专业化与大生产相同。因此，高校科研及其成果，作为一种新的潜在生产力，本应用现代大生产方式转化为现实生产力，却受到一家一户的传统小生产方式的束缚。现代大生产方式的目标是实现科技成果的商品化、产业化，而高校科技成果因受传统小生产方式的束缚，只停留在产品和实验阶段。商品化、产业化与传统小生产方式的矛盾，在很大程度上制约了科技产业的发展进程。这就是一些科技成果走不出"礼品、展品、奖品、职称评定"的恶性循环的根本原因。

（2）企业运行机制与事业运行机制。在高校科技产业发展初期，有的专家借鉴科技系统的成功经验，提出了"一校两制的思路"，但在实践中难以操作，这就需要重新认识和研究高校事业运行机制与科技产业赖以生存、发展的企业运行机制的区别和矛盾。事业运行机制主要是政府行为，依靠行政导向和市场导向的结合；而企业则完全依靠市场导向。从管理方面看，高校运行机制是自上而下的纵向系统，其特点是层次性、职能重叠性强；而企业运行机制则需要自主性、独立性，以增强对市场需求瞬息万变的适应性和竞争力。其矛盾主要表现在决策上，在高校事业运行机制下，事无大小，均得经过层层审批和不同职能部门的多头管理。

（3）人才价值体现与实际机会。高校科技人员价值观与高校对发展科技产业的认识和体制上的矛盾体现在以下几个方面：其一，高校科技人员与社会上其他部门研究人员在价值观上的一个明显区别是，虽然追求个人经济利益和社会地位，但更注重追求自身价值得到社会承认。但科技产业往往在校内被人们看成不务正业，或是看成纯创收和谋求个人利益的手段。其二，软环境与硬环境的矛盾。旧体制造成的渠道不畅，管理方式陈旧，利益分配关系错位，人际关系复杂等软环境严重束缚了科技人员的积极性和创造性。其三，校内与校外环境的反差和矛盾。其根本原因是校内事业体制与校外正在向市场经济体制过渡的两种体制的碰撞。要从根本上解决上述矛盾和问题，必须对高校拓展以科技产业为主要内容直接为社会服务的职能进行再认识；高度重视和尊重广大教师、科技人员的价值观，并为他们创造更宽松的环境，使他们心情舒畅地搞科研、办企业。

（4）依靠社会与依靠自我。发展科技产业必须解决在依靠力量上的认识和相应的体制。首先是产业化目标与资源依靠能力的矛盾。以资金源为例，按照国际经验，科技成果产业化从小试、中试到商品化所需资金比例为1：10：100。一项投入产出比为1：3左右的上亿元规模的高科技产品产业化项目需调集、运用的资金为2 000万～3 000万元，而这大致与国内一所重点高校的年经费相当。仅靠高校自身力量显然是不够的，唯一出路是依靠社会力量。就高校而言，一些科技企业宁可搞自我封闭的小系统，也不愿跳出框框，跨出行业搞经营，最终导致失去了机遇，让出了市场。

（5）传统开发方式与市场实际需求。高校科技产业发展中一个新的课题是，选择何种科技开发模式。传统的开发方式是根据自身科技能力选择项目进行开发，然后将成果推向市场。其模式为科技开发—产业化—市场。而以市场为导向的科技开发路线是先根据市场需要确定科技开发项目，然后进行产业化。如果没有市场，即使有好的科技开发项目，也不会产生效益；如果有了市场，再加上好的技术，就能产生效益，实现科技成果产业化目标。因此，选择和采用以市场为导向的科技开发路线作为市场开发的模式，就不能利用和死守自己熟悉的、成熟的技术及其成果，而必须不断开发新的成果嫁接领域和市场。

（6）培育经营者与寻找目标。首先，经营者与项目选择相比，经营者是主要的。有好的经营者，能使好的项目较快实现产业化。即使对科研项目不是很精通，只要擅长管理，没有好项目，也可以找到好项目。而缺乏好的经营者，再好的项目也不一定能开发成功。其次，经营者，尤其是具有企业经营管理丰富经验的经营者，应从校外人员中选择。对经营者不能求全责备，既是内行又具备经营者素质的固然最佳，但一些并非内行的经营者往往能成功地在本行熟视无睹或忽略的领域中，干出本行专家都不容易干成的事业。

（7）政策优势与机制优势。在高校科技产业发展初期，政策优惠在高校形成了一定优势。但随着时间的推移，外部环境发生了巨大变化，上述优势的转换和重建成为发展中出现的新问题。高校科技产业发展的机制转换和重建必须解决好以下三个问题：一是明确产权关系；二是实现两权分离（将科技企业的所有权和经营权有效分离）；三是实行各种形式的股份制。

第三节　企业研发的新动向

在中国，由于企业研发活动起步晚，以致大部分的企业没有独有的技术，在企业进入市场后，其生产的产品在产业链中只能处于生产环节，其利润则流向上游的设计与研发环节，而在顶端的大多是国外企业。

一、中外合作企业的研发架构

早在 20 世纪 80 年代，西方发达国家跨国公司就开始在全球网罗研究人才，因为企业的研发整体实力以其拥有的技术研发人才为标志。以上海汽车集团研发中心的研发机构为例，大体上可以说明跨国企业研发架构对于新技术的形成极为有利。

据媒体报道，上海汽车集团（以下简称"上汽"）重组南京汽车集团后，上汽的主攻目标是创建自主品牌，而品牌的形成必须全速扩充自身的研发能力。从这一基本理念出发，上汽迅速建立了上海、南京、韩国、英国四大研发中心，形成"大研发体系"的格局。在此格局下，研发机构主要有上汽上海研发中心、南京研发中心、上汽英国研发中心、上汽韩国双龙研发中心、泛亚技术中心、配套零部件研发中心和大学产学研合作项目，这表明上汽已大张旗鼓地开始进行自主品牌的研发活动。与此同时，上汽又同荣威和名爵合作搭建技术研发统一平台，未来两大自主品牌的新车型，将在上汽的统一规划下不断推出新品。

上汽技术中心是上汽研发体系的核心，其研发范围相当全面。在此研发机构中，集汽车造型开发、整车集成和子系统设计开发为一体。为了满足自主品牌车型开发需要，上汽研发中心不断提升规模。在上海，随着 2007 年底上汽技术中心一期工程新址落成，一期工程新址投资超过 7 亿元，占地面积 25 万平方米，1 000 多名研发人员进入新址投入研发工作，已初步具备整车开发和动力总成开发能力。在英国的海外技术中心，上汽拥有外籍汽车技术开发人员达 300 多人，其中多是具有丰富经验的；韩国双龙的研发中心有 800 多名工程人员；而刚刚整合的南汽名爵开发人员有 200 多人。以上这四个研发中心的科研人员总数达到 2 000 多人。

① 研发能力的体现：W2 概念车

W2 最炫的设计体现在其大胆创新、充满未来科技感的内饰。3D 全覆盖的全透明 IP 仪表板上，中控面板采用 iphone 的 LED 触摸屏互动方式，镁合金构造的高强度模具使得中控台和后椅充满质感，并大大减轻了内饰重量。即将量产的车型将着重体现动感、科技，并将应用无钥匙点火系统、分区恒温自动空调、GPS 卫星导航、手自一体变速器、六位一体的主动安全系统、多气囊等该级别轿车最先进的科技配备。独具英国品味的设计手法和设计方案，使得 W2 不仅具有沉稳扎实的欧洲车风格，同时也很好地结合了中国用户的消费特征和审美取向，整体富于动感而不乏柔和，是中国消费者比较喜欢的造型方向。同时，设计规范也兼顾了中国的法规与标准及海外市场的法规与标准，特别是欧洲的法规，如碰撞方面的技术要求。W2 的设计目标是 EUROCAP 5 星和 C - NCAP 5 星，排放的设计要求设定是欧 4，同时兼顾升级成欧 5 的技术储备。同一款车来自不同设计风格最终又销往不同的市场，其中必定需要很多平衡之处。林德瑞对记者透露，上汽英国技术中心研发团队成员虽然大多来自欧美其他汽车制造商，但都已习惯于不断创新和变化；受成本控制影响，三地联动开发，将以中国方面为主导，在配置、造型以及安全性法规认证方面，预留出今后面向海外其他市场的修改和提升余地。

上汽隆重推介中国首款自主研发且将量产的概念车 W2，此款概念车众多未来科技的应用及先驱设计感的体现，成为 2007 年上海车展最受瞩目的明星，也是本届车展最接近消费者的一款概念车。荣威概念车 W2 正是上汽全球自主研发体系高效运作的集中体现，W2 是中、英、韩三方技术精英共同设计的结晶，也是上汽技术中心中国本部与英国技术中心联动的成果。无论在外形还是内饰方面，其全新且国际化的设计理念和风格无疑将对该级别车型产生深远影响。W2 概念车基于全新平台开发而成，为一款三厢中级轿车，是上汽完全依靠自有力量，由驻英国雷明顿上汽英国技术中心及驻上海的上汽技术中心中国本部组织研发而成，充分代表了上汽可持续的研发能力以及致力于未来发展的高科技技术实力。在该平台上将诞生一款全新量产的中级轿车，是上汽自主的 5 款车型平台中的一款。这款针对下一代中级轿车而设计的全新概念车型所展现出的设计理念，代表了上汽荣威对未来中级轿车内涵的创新理解。W2 作为一款体现未来中级轿车新标准的全新概念车，设计十分前卫。从外观设计来看，带有明显的欧洲特别是英国轿车的设计理念。反光镜的设计灵感来自高尔夫 3 号 Spoon 杆头。高腰线、窄玻璃，让人感觉动感十足，舷窗线采用上扬式处理手法，车身侧面显得非常动感，同时也非常沉稳扎实。据上海汽车相关人士透露，该车型的量产车整车撞击性能将按照欧洲 NCAP 五星级碰撞要求进行设计。前脸设计采用了"鸥翼"造型，饱满且富有张力，引擎盖设计较高，内部人士称，这也是为了满足欧洲最新的行人碰撞安全要求。

ⓘ 里卡多（Ricardo）2010

上汽股份正式成立上海汽车英国控股公司和上海汽车英国工程公司，以 1 英镑的象征性价格收购了"里卡多 2010"，并正式更名为上海汽车英国技术中心有限公司，一度成为中外媒体关注的焦点。"里卡多 2010"成立于 2005 年 5 月，该公司是上汽集团在英国开设的海外研发中心，即"上海汽车海外（欧洲）研发中心"，隶属于上汽工程院，由上汽委托世界著名汽车技术咨询公司里卡多公司对其进行管理。

二、大研发体系的分工与合作

在中国自主品牌汽车研发活动中，上海汽车集团与外国研究机构的合作，是以建立上海汽车研发中心开始起步的。

① 上海研发中心

上海汽车技术中心为上海汽车集团股份有限公司全资分支机构，是国家五部委认定的国家级企业技术中心，其总部具备整车开发能力和动力总成开发能力。其中整车开发包括设计、内饰、外饰、车身、电子电器、空调、底盘和整车集成，动力总成则主要包括发动机和变速箱等。作为上海汽车自主品牌车型的主要研发基地，该中心目前承担荣威 750 等产品在内的 30 款自主品牌的车型、5 大项目平台和多款全新高性能发动机及部分变速箱的开发工作。现已建成国内较为完善的研发管理流程体系与平台管理体系，其中包括工程支持体系、财务体系、人力资源体系和质量保证体系等。

上海汽车技术中心现有技术研发员工近 2 000 人，预计到 2012 年上海研发中心本部员工将达到 3 000 人。技术中心围绕"自主创新"和"国际化运作"两个主题，聚集来自中、英、意、韩等多国技术研究人才，建立一支富于创新精神并善于合作的国际化优秀工程师团队。上汽技术研究中心第一期工程落成，表明上汽研发能力已经从核心零部件研发扩展到整车开发及测试体系研发领域。

❷南京研发中心即上汽集团商用车技术中心

南京汽车集团有限公司汽车工程研究院（简称南汽研究院）的前身为南京汽车集团有限公司技术中心，1997 年被江苏省政府认定为省级企业技术中心。2006 年 6 月 1 日南汽研究院成立后，进一步明确了它是集团公司自主创新体系、自主品牌研发的核心平台；是集团公司负责共性技术、关键技术和前瞻性基础技术的研究机构；是集团公司技术管理体系的重要组成部分。其研发体系的基本构成如下：南汽研究院设两个管理部门，即综合事务部和科技事务部；5 个业务中心，即产品研发中心、动力总成研发中心、汽车电子工程中心、产品检测中心、产品工程中心；设有博士后流动工作站、产学研一体化工作站、江苏大学南汽研究生创新基地等。现有人员 400 人，拥有硕士以上学历人员 40 余人，近百名高级专家。固定资产近 2 亿元，拥有从日本、德国、奥地利等国引进的国内一流的发动机性能及排放检测设备，包括在建的国内一流的整车排放室、产品造型设计室及从英国罗孚公司购置的研发设备等。

❸上汽英国研发中心

英国技术中心是上海汽车提升研发实力的重要举措，其继承于 MG 罗孚的世界顶级研发能量，将在上海汽车的创新重塑中再现辉煌。目前，英国技术中心共有工程师 200 名，其中150 名是欧洲籍工程师，另外 50 名是中国工程师。在 150 名欧洲籍工程师中，有 80% 是原MG 罗孚的开发人员，另外 20% 来自国际一流的零配件供应商。有 20 年汽车设计工作经验、曾首席领衔 Mini、Rover75、Lotus EliseS2、Lotus M250 等名车设计的林德瑞（David Lindley）认为，这个研发团队平均行业经验在 20 年以上，是一个非常有实力有经验的团队。例如：原罗孚的工程师们大多数都经历过与本田的合作，在那里增强了对生产中质量稳定性控制的理解；通过与宝马的合作，在设计工艺、技术方法等方面融汇了更多先进的思想；再加上罗孚自身近百年的历史积累，尤其是在汽车动力性与操控性方面的固有优势，可以说这些工程师都是欧洲第一流的。

英国技术中心与上海汽车工程院中国本部在产品开发上有着紧密的合作以及合理的分工。荣威 750 的诞生凝聚着英国技术中心的创新智慧，其工程队伍和上海汽车工程院的团队一起开发荣威 750 和系列发动机，加速了荣威 750 和系列发动机的建设和二次开发。英国技术中心还协助上海汽车进行后续新产品如汽车和动力总成的概念开发，协同上海汽车的中国团队和韩国团队一起对后续产品进行创新开发。英国技术中心几乎不同程度地参与了上海汽车所有新产品的战略规划和开发工作，既有已经发布的荣威 750 系列车型的发动机，也有没有发布的后续系列产品的开发工作。同时，英国技术中心还是国际汽车技术的窗口，是上海汽车与国际技术接轨的桥梁，也是人才培训的基地，每年为上海汽车培训员工 50 多人次。

传承经典的精髓，切实演绎"世界为我所用"的志愿，英国技术中心在过去的两年中为上海汽车的发展，特别是新产品的开发和开发能力的培养都作出了巨大贡献，而在未来上海汽车全球自主研发体系中将发挥更为突出的作用。

上汽研发的理念是：以全新起点打造世界级开发实力的上海汽车，在"中国主导、全球联动"的版图中，形成以上海汽车技术中心为"中枢"，下辖技术中心中国本部、英国研发中心及韩国双龙研发中心的整体工程开发体系。英国研发中心作为上海汽车技术中心的一员，全力融入上海汽车研发体系，在亲如一家的合作氛围中，以成熟的运作体系及强大的研发实力，为整个研发体系提供强劲支持。

⑥ 上汽英国研发中心的"ONE FAMILY"理念

ONE 组织机构的定义是：一个单一的、强大的、有全球能力的组织机构，目前每个部门都有一位总监和一位副总监，中国和英国有相似的组织机构。

ONE 技术团队的定义是：建立一个单一的技术团队，根据各地人才资源、地域优势、职责分工的差异进行协同合作，最大限度地激发化学反应，实现最优资源配置。

ONE 工作方式的定义是：建立一个中英两国都适合的工作方式，发挥全球协同研发体系的内部协同效应，在强大的产品数据管理系统保障下，实现中英两地研发机构的实时互动。

ONE 决策流程的定义是：建立一个单一的、有效的决策流程，技术中心中国本部主导产品开发、市场定位、生产计划、投资预算以及工程开发时间表；英国技术中心在研发方面占较大比重。

ONE 交付模式的定义是：建立一个单一的工程交付模式，中英总监对规划达成一致意见后，区域本地总监将承担交付责任，负责管理当地技术工作的落实。

④ 上汽韩国双龙研发中心

2005 年 1 月，中国上汽集团宣布，公司已经正式入主双龙汽车。上汽集团已向韩国双龙汽车公司债权团支付了 5 900 亿韩元，完成交割手续，获得双龙汽车 48.92% 的股份，合计 59 094 188 股，正式成为韩国双龙汽车的第一大股东。上汽双龙汽车研发中心为研发出更加安全、娱乐、环保的车辆，在规划设计、测试的所有环节都一直秉承"Best & Only One"的理念。双龙研发中心致力于 IECS（intelligent electronic control suspension）和 ESP（electronic stability program）的研发等，已经应用到新主席、新雷斯特、路帝等车辆上的尖端系统。目前正在进行未来汽车发展的新燃料开发、混合动力车开发、尖端发动机及控制装置、信息通信等新技术的研发工作。双龙研发中心现有 800 多名工程技术人员，主要负责上汽 SUV、混合动力车的开发，此外还承担双龙汽车原有车型的提升研究。

⑤ 泛亚技术中心

上汽泛亚汽车技术中心有限公司（以下简称泛亚）是通用汽车公司和上海汽车集团合资组建的汽车工程设计企业，双方各占 50% 的股份，注册资本 5 000 万美元。该公司于 1997 年 6 月 12 日正式成立，位于上海，以发展和推动中国汽车技术与设计能力为己任。1999 年 6 月，DNV 授予泛亚 ISO9001 证书。作为本地区一家完全独立于其母公司的企业实体，泛亚不仅为通用汽车和上海汽车集团服务，也为中国和亚太地区的其他汽车企业提供一流的汽车工程技术服务。与其他独立运作的企业一样，泛亚对客户授权的所有业务均严格保密。泛亚为客户提供全方位的汽车设计、工程和测试服务，如五轴模型制作、三维制模、技术规范发布、碰撞模拟分析、模拟路面测试，以及发动机测试等。泛亚汽车的产品开发流程高度电子化，除采用业内先进软件进行计算机辅助造型（CAS）、计算机辅助工程（CAE）以及计算机辅助设计（CAD）以外，最新的 iMAN 系统，使得泛亚能与通用汽车全球公司在同一平台上实现同步开发。泛亚的排放中心是由中国环保总局指定的 11 家排放测试中心之一，也是其中唯一一地处南方的排放测试中心，还是中国第一家能进行全套轻型汽油车欧三排放试验的试验室。

泛亚在新厂址上，安装了先进的欧三排放测试设备，并建造了模仿各种颠簸路面的短途试车道。设计部宽敞明亮的油泥模型大厅里，可以同时切削 3 台油泥模型。此外，虚拟现实工作室、样车试制车间、底盘运动及动力学参数测量设备以及噪声振动试验室等先进的工程设计设施已在建设中，泛亚的工程与设计能力将得到持续提升。同时，为了快速提高工程开发能力，造就一支更为强大的产品工程团队，使泛亚在今后的发展中更具市场竞争力，泛亚汽车技术中心和上海通用汽车有限公司在双方均保持独立法人经营体制的前提下，就支持系统如行政服务等部门进行重组和调整，形成了一个共享的支持业务体系。泛亚将为员工提供一个以市场为导向、积极有效的学习环境，并对员工取得的成果予以奖励，激励他们不断地学习和创新。通过"派出去、请进来"的人员培养方式，泛亚的研发水平得到不断提高。由于大部分中方技术人员曾在通用汽车公司澳大利亚、德国和美国的设计与工程中心接受过专业培训，而来自海外的工程技术专家不仅为泛亚带来了全新的设计理念和技术，还有系统化运作方式。美国通用汽车的先进技术和专业管理能力对上汽泛亚产生较大影响。

三、研发经费投入与研究人员构成

2005 年以来，上汽集团在研发方面投入较大，不包括建设与收购费用，仅研发经费投入每年近 10 亿元。2007 年底随着各研发中心建设与收购项目的完成，企业研发经费投入增长近 20 亿元。前期建设改造、收购等投资等均超过 80 亿元。截至 2007 年，上汽研发中心工程技术人员比例，如下表所示。

上海汽车研发中心工程技术人员比例

	上海	南京	英国	韩国双龙	泛亚
工程师人数	110	37	200	120	105
比例（%）	11.0	9.3	16.7	12.0	12.9

由上表可以看出，上汽研发中心以英国、泛亚研发中心的工程师比例最高，其次为韩国双龙、上海，南京最低。从团队规模看，除南京研发中心外，其余基本在千人规模。另外，工程师人数与员工总人数相比，工程师所占比例明显偏低。从国内研究机构看，工程师占员工总人数的比例为 10% 左右。

🌐 拓展学习

大学产学研体制究竟如何建立

19 世纪初，德国柏林大学就提出教学与科研相统一的原则，使世界高等教育的面貌为之一新。尤其在德国和美国，大学的科研工作不仅推动了大学本身的发展，提高了人才培养质量，而且对于提高国家整体科技水平有极为重要的作用。此外，大学科学技术力量对其本国乃至世界的经济发展，也发挥强大的助推器作用。在提倡政府、大学和企业科研机构相结合的体制下，产学研成为世界各国普遍采取的合作模式。改革开放后，我国的科技成就令世人瞩目，影响也颇为深远，但在科技与企业生产的结合方面，对于自主研发新产品和科技创新尤其是在核心技术、关键技术、通用技术等方面却始终收效甚微。究竟是什么原因限制或束缚了科学研究和技术研发走向企业呢？这值得深思。

问题与讨论

1. 结合我国大学科学基础研究的事例，谈谈你对大学科研活动与国家经济社会发展关系的认识。

2. 欧美等发达国家为什么将企业的核心业务放到研发上？研发为什么对企业效益及生存与发展关系重大？

3. 现代制造业企业转型的真正含义是什么？为什么说要通过技术研发的途径才能真正实现现代企业转型？企业研发活动与知识经济是什么关系？

分组讨论

1. 你认为欧美发达国家企业研发的经验对中国企业有借鉴意义吗？

2. 在制造业中，生产型企业要开展研发活动吗？由于中国企业大多是劳动密集型企业，其人员大多是从农村招聘的，对这些企业而言，究竟怎样开展技术研发活动呢？

3. 大学科研要面向世界、面向未来、面向生产第一线的说法究竟是什么含义？你怎样理解？

思考题

1. 企业科研机构是现代企业的发展方向，企业的职能开始发生转变，这对于大学学习会产生什么影响？

2. 运用经济学基本原理分析企业研发型人才结构需求与大学人才培养的关系。

3. 运用企业管理学和社会学基本原理分析知识型人才聚集与企业效益的关系。

作业题

1. 简述人才向企业流动的社会经济意义。

2. 解释企业产品化研究的含义。

3. 举例说明为什么企业研发会成为企业的主要业务。

第五章
现代企业的人力资源管理

在工业化的进程中，由于大工厂形成的集约化生产能够产生更大的收益，这就需要工厂投资人通过市场招聘的方式集中大量的劳动力，从而成为大机器生产的一部分。在集体形态的工业生产中，生产实践已经向人们证明管理在工业生产和经济发展中的重要作用。因此在讨论现代企业人力资源管理问题时，有必要对管理在现代企业中的作用问题进行讨论。

第一节　企业中对人的管理

通常来说，企业管理是将不同的人组织起来做同一件事，而不同的人有不同的生活背景，也就有不同的想法，即便是生活、家庭、教育背景大致相似，但员工的个体差异大，这就意味着每个人的思维方式、个性和行为方式是不同的。人的差异性的集中表现即是文化差异，这取决于各不相同的文化背景和文化环境。当然，一旦不同文化背景的人来到同一家企业成为该企业的员工，就需要企业按其标准对其员工进行管理。这大概是工厂制度产生后世界各国企业都经历过的事。

一、早期工厂制度的延续与影响

在早期工厂制度下，投资者和工人之间形成了相互对立的关系。工厂管理的特点是采用半军事化的管理方式，劳资纠纷突出。其原因则是当投资人建立工厂后，就必须招收一定量的劳动力来为其生产产品。由于严重缺乏熟练工人，所以工厂从市场上招收的人员有无地的农民、退伍军人及各种城市无业游民，同时还大量使用童工。对这些既无经验和劳动技能，又没有受过工厂化集体劳作训练的人，要使他们适应高速运行的大机器生产，工厂主就必须对其进行培训，特别是要使之学会机器操作和遵守工厂的劳动纪律。为保证生产顺利进行，工厂主还要派各类监工按规定的要求像机器一样监督和管理工人劳作。工头通过罚款、解雇甚至是残酷的鞭打来强制工人服从。起初，工人视机器为仇敌，他们认为是由于机械化而使其受到非人的待遇，因而工人的第一个反抗是破坏机器。在那时，破坏机器是无秩序罢工中最常见的事件。在工业化早期，英国于1769年制定了法律来保护工厂制度，但是严厉的法律制度并不能完全杜绝骚乱的发生。随着机器的推广，骚乱越来越严重，镇压也就越来越严厉，甚至派出军队，给工业的发展和生产力造成了重大的破坏。

二、工厂制度时期的管理

随着工业生产的发展，工厂制度逐渐建立。对于生产工业产品的经济组织来说，究竟如何进行管理才能产生效益，同时能够有效地解决劳资纠纷问题，成为工厂管理的新课题。从工厂方面说，当时面临三个问题：一是产品怎样才能生产得更多并且能卖出去，工厂的生产如何同市场销售结合起来，成为工厂主必须考虑的问题；二是如何保证产品的质量和降低成本问题；三是究竟如何管理工人的问题。如果从管理角度看，工厂制度的进步，已经将工厂化管理同工业组织进步相互联系起来。工厂的管理者，大都是来自工人队伍本身，而不可能从社会上招聘。因为在短时间内从一个农业国变成一个工业国，社会无法提供大量符合要求的管理人员。而从优秀的工人中提拔管理人员，则成为工厂有效的管理手段之一。当时没有如何进行企业管理的知识体系，在培训管理人员时传授的主要是生产技术、原料的来源和特性，生产操作的程序，贸易实践及公司的法律责任等，而各个企业生产的产品不同，这些管理者所获得的管理知识，也大多限于本企业的工作实践经验，使其只能在本行业中工作。工业革命后的工业化发展进程中，对于工厂的管理，已成为当时乃至今天都难以跟上经济发展要求的一大难题。

三、社会分工与工人的分化

社会经济的日益发展，对技术的要求也越来越高，同时对工人技能的要求也相应提高。从工业革命后期的情况看，由于进入工厂的工人，基本上是破产的农民和手工业者，大部分从没受过教育，很难在短期内掌握较复杂的技术，以致工厂中熟练工人与非熟练工人的差异很大。而在资本原始积累的历史时期，一方面是新工厂、新产品的大量出现，另一方面是传统农村社会逐渐解体，产生了大批的失业者，大量的破产或剩余农业人口源源不断地涌向工业化集中程度高的城市。在工厂生产过程中，熟练技工的严重匮乏，已造成有些工厂因失去某个关键技工而停产的情况，同时对于没有基本技能的人来说，失业已成为严重的社会问题。一方面是极度缺乏所需要的人才，另一方面却是大量失业的人口，因此技术的学习与培训成为最大的社会问题，对于处于极度贫困的失业者来说，他最迫切的需要是解决工作问题。而对于有一定技术的人来说，工厂制度为他提供了很多可供选择的工作机会，因此有自己自由选择工作的机会。对于一般求职者，只要愿意在工厂中学习技术，他们一般不会失业。当然，对于一无所有的无产者来说，只有进入工厂才能够生存。随着工人技能的提高和收入的积攒，这些早期进入工厂的工人就成为技术骨干，他们在企业中的任务即是再去培训新来的人，并且用他们自己的行为去不断地改变新来的员工。在这种情况下，个人的行为习惯在工厂制度下得到很大的改变，尽管遭受到个人因改变自己以往行为习惯的心理抵制，但随着工厂制度的强化，工人最终也逐渐适应了工厂化的生活方式，而真正难以适应的人则离开了工厂和城市。

现在的问题是，在资本原始积累时期工厂制度对于工人的改变，培养了一大批产业生产大军，这些熟悉工厂和具有一定生产技能的人对于相关产业的适应性也很强，随着工厂生产的专业化和社会分工的发展，这批工人也就逐渐分散到不同的工厂，有的成为工厂的管理者，从基层逐渐提拔起来的管理者即是现代企业职业经理人的前身。其管理行为和职责完成，也就从资本所产生的利润中进行分配。但从工人的情况看，由于工人的收入水平也是随着资本的扩张和增长而变化的，当工人工资收入过低或工厂因种种原因而减少工人的收入时，劳资矛盾就会逐渐加剧。这一点，无论是在早期工业化时期还是在现代工业社会中都是如此。因为工人始终是通过自己的劳动而获得报酬的基本原理并没有实质性的改变，除非在现代企业中工人也购买企业的股票而成为股东，企业的资本属性才会得到改变。当然，暂且不说大资本与工人持有的职工股比例，在某种程度上已成为企业命运共同体，对于工人是否真正成为企业的主人并主宰自己的命运，或者说直接参与企业经营活动，仍是需要具体分析的。

按照社会学的原理，工人也同资本一样是有变化的。正如前面所说的那样，从长时段看，随着工厂制度的建立，工人在工厂中的地位也随着工厂的变迁而发生演变，工人地位的上升与下降，与该企业的发展有直接的关系。从社会进步的大趋势看，工人的社会地位是逐渐上升的，但并不意味着工人都能在企业中较好地实现个人价值。社会的进步与现代企业制度的建立也有直接关系，其基本分界点的确立则要看工人在社会及本企业中的实际地位究竟是如何上升的。事实上，人的社会地位和其本人所处的社会经济组织中的地位变化，也成为个人需求变化的原因之一。工人个人需求和预期高的现象，已经成为今天欧美国家大企业所面临的新课题。

第二节　现代企业的雇佣制度

企业家都明白的是：企业的用工制度如何，是决定企业经营状况是否稳定的大问题。在所有生产要素中，企业管理中最为复杂的是对企业中劳动者的管理。对于企业员工管理制度，西方发达国家流行的市场化雇佣制度成为现代企业的基本原则，这一点同东方的雇佣制度有很大不同。在日本，终身雇佣制、年功序列制和按企业组织工会，是日本式企业雇佣制度的三个主要特征，也被称为日本式企业管理的"三大法宝"。因此，从东西方企业管理制度比较的角度来看企业员工与企业关系，对于了解现代企业制度是有所帮助的。

一、日本企业的雇佣制度

所谓"雇佣"制度，即是企业通过劳动力市场招聘企业员工的制度。通过市场的招聘，对于双方来说都是公平合理的。因为市场机制在劳动力市场的作用是双方都可以自己决定和选择对方，没有强制性，因此在用工上形成合同关系。

日本企业大多实行终身雇佣制度，其根本原因在于日本特别重视维护企业经营的稳定，特别是对于大企业来说，只有经营稳定才有可能避免因内部问题而倒闭。而对于企业来说，终身雇佣能够保证企业技术的延续，减少企业培训成本；对于工人而言，由于有长期稳定的工作，员工与企业也容易形成命运共同体，有利于提高从业人员的士气，增强企业的凝聚力，减少劳资矛盾。西方发达国家常见的工人罢工现象，在日本则是很少见的。

所谓"终身雇佣制"是指一个年轻人从学校毕业被某家企业录用为正式从业人员以后，他与企业之间形成的不是基于短期的雇佣合同关系，而是长期的稳定的契约关系。只要企业方面没有发生重大的经营危机，或者在个人方面没有发生不能容忍的错误，这个人将被企业雇佣到他退休为止。实际上日本式的企业用工制度的基本含义是：①日本企业并非对所有的从业人员都实行终身雇佣，终身雇佣的对象仅是"正式从业人员"，即从高中、大学等应届毕业生中招募并长期录用的从业人员，这些人成为企业的固定的核心成员。至于被录用的有一定期限的临时工、合同工、钟点工或季节工等，均属于非正式从业人员，显然不在终身雇佣的范围之内；②"终身雇佣"意味着只雇佣到退休之年，一般企业人员退休年龄为55～60岁；③比较严格实行终身雇佣制的多为大企业，中小企业人员在中途调动工作的情况并不少见；④一旦被大企业录用，员工一般不愿中途调动工作，因为到另一家大企业还必须从进入该企业的那一天重新计算工龄。

对于日本大企业来说，终身雇佣制表明日本企业比欧美企业更加重视维持公司劳动人事制度的稳定，而不像欧美企业以人事流动来调节企业内部关系和企业效益。当然，即便是没有严格实行终身雇佣制的日本中小企业，一般也不轻易解雇职工，并尽量照顾员工的生计。可以说重视维持雇佣的稳定性应是日本企业的普遍倾向，之所以如此，可能与日本企业雇佣从业人员的人数受整个经济波动的影响较小有关。

⒈日本企业在经济危机中的雇佣量变动

1973年发生石油危机时，世界经济遭受到严重的打击，其中尤以日本为甚，因为日本对从中东进口石油的依赖程度远比其他西方国家高得多。石油危机后，日本企业的生产量下降了19.8%，美国的生产量仅下降了13.1%，但同一时期美国企业的雇佣量下降幅度则为10.7%，远比日本企业雇佣量下降幅度7%要大。这意味着相对于生产量下降一个单位，美国的雇佣量下降了0.82%，而日本的雇佣量仅下降0.35%。

按常理来说，当经济不景气时，企业支付给职工的工资、津贴的数量占企业全部开支的比例，也应随其经济变动的幅度相应变化。如果按照西方国家企业的变动比例，可以说明日本企业与欧美企业有很大的不同，也从一个侧面反映了日本企业对维持雇佣稳定的重视程度。学术界的研究表明，日本企业在经济不景气时其工人工资的比率总是大幅度上升，这是因为日本企业减少了设备投资等费用，却极少靠解雇员工的办法来渡过难关。美国企业的做法却相反，在经济不景气时不仅不减少设备投资等费用，反而利用经济不景气时期对产业结构进行调整，在这个过程中只有通过大量裁员来减少人工开支。

更进一步说，当企业遇到经营困难或由于技术革新、产业结构变化而出现企业人员过剩时，日本企业的基本做法是：减少加班、削减奖金和管理人员的报酬、减少或中止招收新员工、对富余人员在企业内部进行调整或派往子公司、让富余人员临时休假、帮助富余人员找工作，如调到与本企业有关系的企业去等，同时鼓励从业人员自己找新工作，如找到的新工作工资低于原来水平则由原企业给予补贴，此外在超过一定年龄的职工中动员"自愿退职"，如果愿意退休的人数不够，就再降低动员退休对象的年龄线，万不得已的情况下则采取指名退职的办法等。

战后日本的企业之所以采取终身雇佣制或重视维持雇佣稳定的经营方式，主要是为了吸引和培养人才，特别是为了通过企业内教育和训练来培养符合企业需要的人才。由于重视长期、稳定的雇佣，日本的企业在企业内教育、人事调动、职务分工等方面也相应采取了一系列独特的做法。"终身雇佣"制度也可能导致出现僵化，为了防止这种情况，日本企业采取的措施是：①通过人员调换、外派、加班等方式灵活地使用正式从业人员；②对非正式从业人员采取弹性雇佣制；③工资和奖金富于弹性，以发挥激励作用。

二、日本企业的工资制度

所谓"年功序列制"即是在工资与晋级两方面同终身雇佣制度相配套。在工资方面，根据从业人员在本企业连续工作年数来逐步提高工资；在晋级方面，从业人员的职位提升很大程度上取决于工龄。当然，除去工龄因素外，从业人员的业绩、学历、能力、职务、职位等也是影响工资和级别评定的重要因素。虽然工龄以外因素的重要性逐渐提高，但工龄仍是最基本的因素。这是因为年功序列制的基本作用是从生活上保障从业人员的终身雇佣，因此付给从业人员的工资也主要依据工龄而增加。

研究结果表明，在年功序列制下，尽管工资随着工作年限而增加，从业人员对企业的实际贡献却并非随着工作年限增长而增大，而是到一定的年龄段才呈现增大趋势，到了某个顶点之后，反而会随着工作年限增长而有些下降。这导致从业人员在年轻时所领取的薪金低于其对企业的实际贡献，过了一定的年龄，其领取的薪金又高于其对企业的实际贡献。年功序列制造成的从业人员与企业间的"不平衡的交易关系"，迫使年轻从业人员在一定的年龄段对企业进行着"隐形投资"，而要获取这种投资的回报，唯一的办法就是长期留在同一企业内工作，使自己熬到"老职工"的辈分。其结果，这种"隐形投资"必然成为离职的障碍，成为从业人员对企业的"抵押"，因为如果中途退职就会失去这份"隐形投资"。正因为年功序列制具有这种促使从业人员长期地为同一家企业工作的作用，在工资方面也并非完全按照工作年数而没有差别。日本的企业每年都要对职工进行考评，根据其能力和贡献，而对工资作适当的调整。不过，日本企业内部的工资差距较小，出现一种"平等化"的趋势。

对一个从业人员来说，连续工作的年数固然是决定其能否得到晋升的一个重要因素，但是，却并非是任何人过了一定的连续工作年数，就都可以得到晋升。最终决定能否晋升的关键因素是对该职工的能力和贡献的评价如何，而日本的企业对掌握这种评价是非常严格的，其严格程度甚至超过了美国的企业。这样，具有相同学历、工龄的人们尽管在就职后的最初阶段，几乎是"同步地"获得晋升，但随着就职时间的继续推移，其职位及工资、奖金的差距就会依各人能力和贡献的不同而逐渐扩大。特别是白领从业人员到了40岁左右，往往会围绕获取部长、课长之类的职位而接受严格的选拔，这种选拔不是依据一时的考察，而是依据他们就职以来接受长期培养、开展长期竞争之后所得到的评价。这意味着年功序列制是与对从业人员的长期培养、考察紧密联系的，企业内的人事关系充满着激烈的内部竞争，特别是大企业的经营者即总经理、副总经理、专务董事、常务董事、董事等职位，也大都是从普通的从业人员顺着年功序列的"阶梯"、在激烈的内部竞争中被选拔出来的。

日本企业从业人员的晋升过程往往与工作岗位的轮换相结合。一般来说，从业人员的成长方式有两种：一是长期钻研某种专门技术，从事某项特定工作，从而成长为该技术门类或领域的专家，这样，该从业人员的能力不是按该企业的特殊要求被"专门化"，而是按通用的知识、技能领域被"专门化"，他凭借这种通用的专长和本领，走到哪家企业都能得到重用；二是通过在一家企业长期工作和岗位轮换，谙熟本企业各方面的情况与特点，掌握了特别适合于本企业特殊要求的经验和能力，从而成长为对本企业特别适用的人才。然而，一旦脱离该企业，他的经验和能力往往用不上，因而伴随着很多不利。而在大部分日本企业中，从业人员的成长道路大都是后者，因此日本企业人才流动远较欧美企业差，成为从业人员脱离该企业的最大障碍。

在实际操作中，实行年功序列的日本企业也越来越注意在"能力"与"人事关系"之间保持协调。比如在提拔年轻有为的干部时，一方面让有能力的年轻人掌握实质性的权限，另一方面又尽量在工资待遇等方面仍维持"年功序列"，同时尽量避免在同一车间出现年纪很大的人处在年轻人领导之下的尴尬局面，或者对难以提升职务的老职工授予某种非职务的资格或头衔。由此可见，日本的年功序列制逐渐向"实力主义的年功序列制"转变，尽管如此，同欧美国家的企业相比，日本企业仍然更注意在企业组织中保持重视长幼序列的社会秩序。

三、日本企业内的组织

在大多数日本企业，除经营者之外，从业人员都参加属于该企业的同一个工会即"企业工会"，很少有像日本航空公司那样拥有多个工会的企业。如果同英国按行业组织的工会制度、美国的跨企业工会制度相比，日本的按企业组织工会的制度显得比较独特。日本企业的这种工会制度与其实行终身雇佣制也很有关系。因为在终身雇佣制之下，同一企业的从业人员长期工作在一起，虽然从事的专业、工种或许不同，却都是朝夕相处的伙伴，参加同一个工会组织的活动也就成为十分自然的事。

在日本，企业工会扮演着企业工人与企业经营者交涉的角色。现代企业中已不像传统企业制度的"劳资交涉"即工人与投资方之间的交涉。在现代企业中，由于所有权与经营权分离，工人与资本关系至少在形式上被置换成为劳动者与经营者之间的关系，因而日本企业的"劳资"关系被称为"劳使"关系。

当然，在日本也有按行业组织的工会联合或其他"上层"劳动者团体，但是这些"上层组织"在个别企业的"劳使"关系中不起什么作用，真正的"劳使交涉"的当事者仍是企业工会。而在美国，在企业内"劳使交涉"中的"劳"方，往往是由跨企业工会等"上层组织"出面交涉的。由于日本"企业工会"是企业所属的工会，它就不能不更多地考虑本企业的利益和前途，因此，在实行企业内工会制度的日本，比在实行跨企业工会制度的美国，"劳"与"使"之间更容易形成相互协调与合作的关系。同时，与美国的跨企业工会相比，日本的企业内工会在"劳使交涉"中的地位相对较弱。

与欧美国家的企业相比，日本企业内部的工资差别较小，特别是"白领"与"蓝领"之间的工资差别较小。其理由之一在于不管是从事什么工作的从业人员，不管是"白领"还是"蓝领"，大家都参加同一个工会，如果彼此间工资差别太大，就更容易产生矛盾。此外，在实行终身雇佣制和"企业内工会"制度的日本企业，做过工会干部的从业人员被提升为经营者的可能性比较大。根据"日经连"在1978年的调查，日本企业的经营者中约有74%的人当过工会执行委员，这说明日本企业与欧美企业在雇佣制度方面有很大的不同。

四、日本式经营模式

日本企业除终身雇佣、年功序列和企业工会三大"日本式经营"特征外，日本企业经营方式中关于人力资源管理，还有以下特点：一是在企业层次上，日本式经营的根本意义在于，它促使企业成为一种富有凝聚力的经济组织，成为一种"人的资本"的集合体。这种集合体并不是一个个"人的资本"的简单相加形成的"合力"，而是有机地结合起来的经营资源整体。对于形成这种合力或凝聚力的主要因素，按日本人的说法，主要是在以终身雇佣为特征的雇佣制度之下，突出"从业人员主权"，使企业从业人员的利益与企业的利益相一致，以此提高从业人员的士气。而在企业职工的福利制度和设施方面，企业更突出其超越经济组织的社会属性，千方百计将从业人员大部分精力和时间投入到企业并感受到在企业工作的喜悦、从属于企业组织的集团意识及与企业同甘共苦的一体化感，从而使终身雇佣对于职工来说不仅具有贯穿跨入社会后的人生各阶段的"纵向"价值，而且具有覆盖工作、生活各方面的"横向"价值。由于雇佣得到保证，从业人员对于不断进行技术革新或引进新技术表现得比较热情。企业方面也重视对从业人员的教育，鼓励他们不断革新、边干边学，同时通过从业人员在同一企业内经历各种岗位的工作，培养从业人员具有特别为本企业所需要的经验和才能，成为特别对本企业有用的"专用"人才。企业作为这样的人才的集合，增强了组织整体的学习能力。从社会层次上说，日本式经营集中地体现了日本传统社会文化中的集团主义意识，换句话说，集团主义正是日本式经营的本质与精髓。如果没有这样一种传统的社会文化背景，如果没有集团主义广泛深入地渗透到普通人的意识之中，如果战后日本社会没有形成那种"以企业为中心"的社会环境，那么，即使在形式上实施终身雇佣制等，也未必能产生日本企业那样的凝聚力；即使个别企业拼命向从业人员灌输本企业特有的、告诫人们要忠于本企业的"教义"（它们常常被概括为十分精练的"社训"），也未必能真正落实到广大从业人员的行动中去。

由于日本企业对从业人员利益的重视高于对股东利益的重视，在企业经营方式上比较重视发扬集团主义精神，重视长期形成的企业内部人际关系网络，重视发挥从业人员在技术革新及经营管理方面的作用，因此有的学者称日本的企业制度是"以人为本"的管理方式，而美国的企业制度是"以资为本"的组织结构。在人本主义的企业制度下，提供给企业"人"即从业人员更多的照顾，而在欧美"以资为本"的企业制度下，提供资本的股东将得到最大的利益。这种看法虽然在表面上看有一定道理，但应看到日本现代企业制度重视人的因素是有局限性的，因为它在很大程度上强使"人"的个性和创造力服从于企业整体利益，因而压抑了人的个性和创造力的发挥，这同人的个性自由发展的理念是相互矛盾的。从这个意义上说，日本企业是否真正实行了"人本主义"，还是有疑问的。

总之，"日本式经营"的现代企业制度的形成，显然同日本经济增长有密切关系，当日本经济发生动荡时，日本企业的经营管理也随之进行调整，尤其反映在对人与企业的关系处理上，这是需要具体分析的。

第三节　现代企业的人才培训与利用政策

根据日本学者的研究，日本大企业之所以能取得成功，其重要原因在于企业成功地依靠了经营者和技术人员的经营才能与技术能力。即便是在结构调整的时期，日本大企业也能够顺利地进行工种调换、岗位调动以及再培训，而不会发生大规模的劳资纠纷。因此可以说，日本大企业的人才培训与利用制度，是值得研究的问题之一。

一、日本企业的人才利用政策

日本大企业采取的主要做法，归纳起来，主要有七个方面：①开发新领域；②设立子公司；③雇员外派；④白领职员比率上升；⑤正式从业人员中女性比例下降；⑥高龄从业人员退休与提前退职；⑦计时工及派遣工的利用。下面，即对以上几个方面的内容进行论述。

（1）所谓"开发新领域"，即是对本行业以外的领域进行开发。这可以说是当今世界发达国家所采取的多角化战略的重要内容之一，如美国，早在1970年已达到65%，英国为60%，西德是56%，而日本在1973年仅为47%，所以到20世纪80年代，日本企业对于以多角化战略来发展本事业的倾向就十分强烈。其中与西方国家不同的是，日本利用子公司打入新领域的做法最为成功。而在开拓新领域的过程中，其成功之处主要在于进行大规模的从业人员的岗位调换与新岗位的再培训与再教育。其具体做法是，将被关闭的工厂中的人员，集中到具有先进生产设备的新工厂，其中主要的技术工人被吸收到电子设备、信息通信及服务业等新事业中，其比例大体上为调换岗位人员的30%；而45%的人则通过自然退休、不再录用新人员予以削减；剩下的纯富余人员，则通过劳资双方的交涉来决定是否转移到下属公司或关联公司，这即是日本企业的"外派"，其外派人员是靠雇佣调整补助金来接受就业再教育的。

（2）日本的企业界以关联企业的下包企业作为显著特点，而在企业人员培训与利用方面，日本企业则有效地利用下包企业的"中间组织"吸收富余人员。这种公司"分立化"的实现，成为日本企业雇佣调整制度的主要内容。其具体内容是：①在极具发展前途，而且有高度民主风险的领域设立子公司；②利用地域性劳动力价格的有利条件，将子公司设到地域社会；③将原本属于公司的内部事务如清扫、搬运、售后服务等业务外部化；④设立以公司成员为服务对象的子公司，如信贷业务、旅游业、保险代理业等；⑤将企业附带的业务分离出去，如娱乐设施、教育训练机构、人才派遣部门等。

（3）对于雇员外派的总公司来说，子公司及关联企业即是外派人员的主要就业机构。据日本80年代后期《雇佣管理调查》的统计，日本大公司的外派人员有57万多人，其比例占子公司总人数的7%～15%，而有的企业则高达40%以上。由于子公司的劳动条件一般都低于总公司，所以总公司采取提供工资补贴的方式给予补助，随着外派人员的增加，补贴费用成本相应提高，所以许多大企业就采取"调转"的方法，而年龄在55岁以上的外派人员，一般都转为"调转"。

（4）由于日本公司分立化的发展，促使总公司的业务主要集中在计划、营业、技术等中心技能上，加上公司生产的自动化及新领域的开拓，特别是高技术部门与服务业的发展，使日本大企业的白领职员比例上升，有不少公司都高达六至八成。

（5）从整体上看，在日本企业中，女性在企业中就职的比例本来就不高，随着微机等办公自动化的普及，公司中女性从业人员的比例有明显的上升，但随着产业结构的调整，女性职员的比例出现下降的趋势。

（6）尽管日本长期实行"终身雇佣制"，并且在《高年龄者雇用安定法》中明确规定60岁退休的制度，但在实际上，特别是随着雇佣调整而提前退休的现象是极为普遍的，而到55岁就退职而领取退职金的人是相当多的。一般来说，一到50岁，就不会再被公司的高层领导所留用，这一类人一般会被外派到子公司工作。而在技术性强的企业，大学毕业的职员一般可以工作到退休年龄，其中30%的人带着管理职务工作到退休；担任管理职务后，有20%的人可以专家的身份工作到60岁，30%作为关联公司的领导人，只有20%的人要接受提前退职的安排。

（7）利用计时工和派遣工，也是日本利用人才战略的重要组成部分。根据日本总务厅统计局《劳动力调查》，至80年代末，日本的计时工为468万人，其中男性为22万人，女性为446万人。此外，随着服务业的发展，利用打工学生作为劳动力的情况也很普遍。据统计，日本1 000万高中、大学生中约有300万人作为派遣工在工作。

至于日本大企业中对岗位调整人员的培训与再教育问题，日本企业的做法大都建立在对变化的适应能力和技能的提高两个方面。

二、企业岗位培训的基本内容

一般来说，机械化、自动化的发展，对变化的适应能力的增强，显然是企业提高效益的重要途径。而在现代的企业生产中,"应付变化"则是企业培训员工的重要内容。

高度重视生产现场的变化,是日本企业区别于其他发达国家企业的重要标志。日本企业注重生产现场的变化,主要体现在以下五个方面:①产品的变化;②产品结构的变化;③产量的变化;④生产形式的变化;⑤劳动者构成的变化。在应付上述变化时,最为重要的是提高管理者与生产者的智能与熟练程度,此外即是规范化的程度与使用范围。而提高员工的技能,则是企业长期实践的核心内容,其具体方法就是岗位培训。

日本企业岗位培训的对象主要是刚进入企业的员工、岗位转换及进入新事业领域的职员。其基本原则是要员工从简单的工作开始,逐渐向较复杂的工作发展,并按一定的晋升之路晋升。其中除业务性的培训外,还包括行为准则、企业文化方面的内容。而在纯技术方面,通常则要求受训的员工熟练掌握所做工作的知识性技能,并且多方面地理解机器与生产的结构,进而熟知所要从事生产的产品的特殊性及全部的生产程序。

与上述岗位培训相区别的是短期岗位培训。所谓"短期岗位培训",其内容大多是根据各企业提高员工的智能的原则而设定的。如在制造业中,对于技术工人的岗位培训,采取对机械分解修理的办法,培训人员不仅详细地观察修理人员的动作,而且还要自己动手修理,同时将分解修理过程中所发现的问题记录下来,共同讨论改进的办法。

另一种形式,是通过课堂教学来进行。如机械原理、电工学、气压与油压原理等课程,是由公司的教育培训部门请有经验的职工或学校的教师授课,这对于有一定实际工作经验的职员来说,间隔一两年安排三五天至一两周的短期离岗学习,有助于总结整理经验。

与岗位培训具有同等意义的是公司内部开展的各种运动。如在日本东芝公司,就以开展"提高工效运动"来提高效益。该运动的总体目标是在全公司内消除浪费、降低成本、提高劳动生产率、保持均衡生产、实现联动化,以建立有节奏的生产体系。其具体的做法是:①以改变操作效率来提高工效,主要内容是解决生产现场作业的浪费问题,如工作速度标准化、减少程序时间等;②改进材料的利用率问题,即着重解决提高材料通过工序率、提高材料利用率等问题。通过开展各种各样的运动,不仅使公司的劳动效率大大提高,而更重要的是把现代企业管理的科学方法灌输到生产的每一道工序中,无论是技术人员、管理人员还是操作人员,都被纳入科学化、合理化的生产运动轨道中,从而形成公司从整体到细微操作的标准化生产体系。

进入20世纪90年代后,包括日本在内的发达国家开始流行"过程创新"的现代企业管理方法,其中关于新型企业人才队伍的培训与利用问题,则是是否能成功地培养出新型人才的关键。在日本的大企业中,目前已形成的共识,即是企业过程创新必须与人才的培养结合起来。而在人才与技术创新的关系中,人才是技术创新的前提条件,所以人才的培训是优先考虑的问题。而其中的关键性要素,则在于营造培育新型人才的环境。主要的做法是:①具有可推动过程创新的领导班子;②加强研究开发的能力,以形成工艺流程、成本控制、质量保证体系、信息沟通路线与决策体系为研究开发服务;③重视学习的效应,由公司最高领导人担任学习组织的领导者,并提出革新的方向,同时组织学习各种必要的知识;④敢于转换企业经营范例,以创新的角度来看待过去成功的工作方法和管理模式,把企业的过程创新看成是企业范例转换和企业文化再创新的过程。

当然,由于企业的性质和经营范围的不同,其职员的岗位培训的对象与内容也有所差异,特别是跨国经营的大企业,自然因国别文化的差异而形成各具特点的培训方式和方法。但无论具有怎样的差异性,其基本原则应该说是大同小异的。而从目前外国公司的现状来讲，可以说是否拥有一支具有现代企业经营的新型人才队伍，仍是企业能否立于不败之地的关键。

三、日本企业人才培训与利用的经验

日本企业人才培训与利用战略的成功经验，对于我国处于转型期中的企业振兴，有一定的借鉴意义。严格地说，我国企业的现状与发达国家现代企业的标准还有相当大的差距，而且在经济实力、研究开发能力、国际竞争力等方面，仍待进一步发展。在这样的经营背景下，中国企业人员特别是高层经营管理人员的培训与再教育，就成为亟待解决的大问题。

就现阶段的条件而论，一是中国企业人员的培训与再教育和国际存在着相当大的层面差异，高级经营人员、管理人员、操作人员的培训应区别对待、统筹安排；二是在企业的结构性调整过程中，对岗位转换、在岗人员、未来新型人才的培训，要制订内容与功能各不相同的培训计划，分期分批对企业员工进行培训与再教育。

第四节　日本企业的工资与福利

如果想说明日本企业内部高层管理人员与普通员工究竟怎么样维系命运共同体的健康关系，就有必要对企业员工的工资收入进行考察。

一、日本大企业的薪酬管理

一般来说，包括东芝在内的日本企业，高层管理人员与普通员工的工资收入差距并不大，所以日本问题的研究者普遍认为日本社会中的阶层差别是相当小的。企业内劳资纠纷较少的原因之一，大概与企业员工的工资收入差别不大、难以形成阶层分化有直接的关系。

在通常的情况下，民间大企业的工资制度具有普遍的意义。所以在这里有必要对日本企业惯行的工资制度进行考察，因为这有助于对大企业作个案分析。

像许多研究者所指出的那样，日本企业的工资制度采用年功序列制，所谓"年功序列制"，实际上是指随着工作年限的增加，企业员工在企业内职务的变动而增加工资的一种基本制度。其具体做法是，将企业员工按学历确定最低一级工资起，随着工作年限的增加，逐渐提高工资，直到退休为止。而企业员工在退休时，也可以按其在企业的工作年限及职务领取退休金。对于这种工资制度，不管是日本人还是日本问题研究专家，一般都认为日本企业的年功序列制是符合企业员工生命周期的一种工资保障制度。当然，这种工资制度在日本企业中是有所差别的，尽管如此，员工对于这种工资制度迄今很少有异议。

但问题是，企业中担任高层管理工作的经理同企业普通员工的工资收入究竟有多大的差别，这是令人关注的问题之一。

根据日本经济联合会 1982 年《劳动问题研究会报告》的统计资料显示，日本已出现私人企业经理与新职员（大学毕业生）工资收入差别日益缩小的趋势（见表 5 - 1）。

表 5 - 1 日本私人企业经理与新职员年收入对比表

年份	纳税前后	经理年收入（日元）	新职员年收入（日元）	经理与新职员年收入比
1927	纳税前	165 000	1 500	110.0
	纳税后	151 000	1 500	100.0
1963	纳税前	6 082 000	257 900	23.6
	纳税后	3 013 500	252 500	11.9
1973	纳税前	15 676 700	825 500	19.0
	纳税后	7 181 400	797 400	9.0
1980	纳税前	23 593 000	1 623 000	14.5
	纳税后	11 543 000	1 546 000	7.5

这说明：①经理与新职员年工资收入的差距比不断地向缩小的方向推移；②由于国家采取对高额收入者征收高额税收的政策，使经理的年工资收入变得更少；③尽管如此，日本企业新职员工资收入仍较西方发达国家为低。根据世界经济合作与发展组织（OECD）的调查，妻子为家庭主妇并有两个孩子的日本制造业工人，1983 年的年工资收入仅及美国同等条件工人的 2/3，但可支配收入却是日本企业为高，因为在同一水平线上，日本的税率偏低。

年功序列工资制是按工作年限增加工资，对企业员工来说，每年 4 月都是企业增加工资的月份，只要企业经营状况不致极端恶化，工资的逐年增加是有希望的。但问题在于，除按月支领工资外，企业每年还向员工发放 2 ~ 3 次奖金。因此，在企业员工的实际收入中，奖金实际上成为个人收入的组成部分。一般情况下，日本企业奖金的发放时间是每年的夏季、冬季和年终，如果加上 4 月份所增加的工资，可以说企业员工每年有 4 次增加收入的机会。至于发放奖金的额度，一般来说每年的奖金总额是月工资的 5 倍以上。当然，如果企业经营状况好的话，奖金的额度还会调高，反之亦然。

职员到了退休年龄，企业还发放退休金，这也是年功序列工资制的内容之一。退休金的总额，男大学生的自愿退休金分别是：工作 10 年的为 4.6 个月的工资总额；20 年的为 15.5 个月的工资总额；30 年的可发放 31.3 个月的工资总额。

具体到东芝公司的工资待遇，可以说同日本其他企业一样，始终实行年功序列工资制。按东芝公司的规定，每年加薪一次，并发放 2 次奖金，不过，奖金的总额要远远高于薪金。在这里，如果仅仅以包括基本工资在内的工资总额来反映东芝公司职员的工资收入水平的话，那么，也可以得出东芝公司工资收入较其他企业略高的结论。以 1972 年 3 月的统计资料为例，东芝公司职员的平均月工资为 78 100 日元，其中男职员的月薪为 83 600 日元，女职员为 50 600 日元，男女职员月收入相差 3 300 日元，女职员的月收入仅为男职员的 60.53%。

如果在这里同以上日本企业收入对比表所列出的数据相比，可知日本企业新职员的月薪收入在纳税前约为 68 790 日元，纳税后约为 66 450 日元。由此说明东芝公司男职员同期平均月工资比日本企业新职员的平均工资高。不过，东芝公司所高出的部分，显然还包括年功序列工资制按年度增加的工资部分。按该年度的统计，东芝公司男职员为 52 858 人，女职员为 17 597 人，共为 70 455 人。平均年龄为 30.9 岁，其中男职员平均年龄为 32.1 岁，女职员平均年龄为 24.9 岁。职员的平均工龄为 10.1 年，其中男职员为 11 年，女职员为 5.9 年。按此统计，可以推知女职员进入公司的平均年龄为 19 岁，男职员为 21 岁。而当时东芝公司平均月工资则较其他日本企业的平均月工资高 17 150 日元，这部分即是工龄所增加的部分，或者说即是年功序列工资制所增加的工资。

当然，由于日本企业奖金制度决定了企业员工的奖金总额要高于薪金，所以仅从工资收入来判定日本企业职员的生活水准是不恰当的。只有具体地考察企业职员的可支配收入部分，才能对日本企业员工的实际生活状况以及日本社会的消费能力作出客观的评价。

此外，日本企业的年功序列工资制并不仅仅是依据企业员工的工作年限来提高工资。企业员工的晋级也是员工是否提升工资的重要因素。在通常情况下，企业员工是以大学毕业生为其来源，同年度进入公司的大学毕业生具有同等的工资待遇，同时也具有平等的地位和公平竞争的机会。但由于各人的工作能力不同，随着职务的变动升迁，同期加入公司的人可能因职务的变动产生工资收入的差异。这既是年功序列工资制的优点，同时也使私营企业因较多地受到年功序列工资制的制约，致使大部分的企业员工很难提拔到高层管理者的地位，这又不得不说是年功序列工资制的一大缺点。

不过，如果将视野稍微扩大些的话，那么，可以认定日本企业之所以实行年功序列工资制，除了与日本社会的文化传统有关之外，应该说还同日本企业惯行的"雇佣劳动制度"的"法"的规定是密切相关的。在日本的劳动法中，由于规定了劳动者法定的退休年限，所以在企业中一般是认为从大学毕业进入公司工作，直到 60 岁才退休。在这样的法规下，企业的用工制度就不得不在"终身雇佣劳动制度"的框架下运作。具体地说，由于企业员工的工作年限是固定的，这就决定了企业不能完全根据其经营状况自行决定用工的数量及劳动日的多少，法定的"终身雇佣劳动制度"成为年功序列工资制实施的法律基础。随着日本企业经营独立性的加强，尽管"终身雇佣劳动制度"其"法"的基础地位没有根本性的变化，但现实生活中各公司的具体做法却发生了相当大的改变，退休年限逐渐提前，即由法定的 60 岁提前到 58 岁或 55 岁。这样一来，尽管日本企业年功序列工资制的制度本身没有变化，其实际的工资收入总额则发生了变化，这对于日本企业员工的生活尤其是消费水平是有相当大的影响的。

① 日本企业的人事管理信息系统

就人事制度而言，应该说实行年功序列工资制的根本目的在于建立有效的激励机制，以提高企业的效益。按照这样的认识，与年功序列工资制相对应的是企业员工的人事晋升制度。在日本，企业的人事晋升主要是职务的提升。因此，日本企业人事管理信息系统，大概可以说明年功序列工资制与人事管理的关系。日本企业人事管理信息系统包括：①成绩评价：评定，奖励。②能力评价：评定，增加工资。③详细评价：个人人事资料，培训。④自我评价：储存，工作调动。⑤才能评价：任命职务。⑥晋级考试：晋级评价，晋级。

二、人事考核制度

日本企业中对员工的考核，主要是采取成绩评价、能力评价、自我评价三种方法，其中"能力评价"无疑是企业人事管理部门最为关心的内容之一。就企业而言，其企业中员工的工作能力的评价，应该说是企业员工职务提升的基本依据。此外，企业对员工要考虑其长期的工作能力，企业董事长、总经理对各公司管理人员和普通员工的人事评价，不是短期内的任职能力，而是要进行长期的综合评价，其中还包括社交能力、协调能力、工作业绩及长远的工作潜能。所以，一般来说，日本企业极为重视企业员工人事档案的长期保存，因为这已成为日本企业领导层识别、选拔、晋升和人事调配的重要依据。

总之，日本企业员工的工资收入已开始出现平均化的趋势。关于此，大部分的日本问题研究者根据日本的基尼系数（反映国民收入差距的指标）为0.27，大大低于美国的0.41，认为日本可以称得上是当今世界上收入差距最小的国家。因此可以说，由于收入和机会的广泛性，使得90%以上的日本人认为自己是属于中产阶层的，这应是日本社会的基本特征之一。

三、社会保障制度

社会保障（Social Security）是指国家和社会通过立法对国民收入进行分配和再分配，对社会成员特别是生活有特殊困难的人们的基本生活权利给予保障的社会安全制度。社会保障的本质是维护社会公平进而促进社会稳定发展。一般来说，社会保障由社会保险、社会救济、社会福利、优抚安置等组成。其中社会保险是社会保障的核心内容。

从理论上讲，国家作为统治者的工具，其本身具有政治、外交、司法、国防军事、财政税收等权力，同时国家作为行使权力的政府还将提供社会公共物品为公众消费和享用。公共物品是从国家税收、非税收收益中的开支而来，政府为社会和经济组织服务，获得纳税人的回报，收取的税收又用于国家的财政预算，当然必须经过全体纳税人的认可。这种现代社会的组织原则，则在一定程度上保证了全社会所有人享受国家或政府的社会保障，这是人的基本权利和尊严，这一点对企业也不例外。即便是在古代社会，对于社会层面上的社会救济、救助及宗教、家族其他民间组织开展的各种慈善与救助活动，实际上即是社会作为国家整体结构中的一个层面在发挥社会组织的功能。应该承认，无论在中国还是在西方社会，社会组织和社会保障的发展，原本就是伴随着人类的社会生活而展开的，并且从未中断，尽管随着历史变迁，社会组织及社会保障形式发生了变化，但其本质从未改变。

❶ 西方发达国家的社会保障制度

欧洲工业革命时期，英国圈地运动将大量的农民逐出家园，流入城市，危及城市正常生活和社会稳定。1601年，英国政府颁布《伊丽莎白济贫法》，以缓解贫困者的生存危机。19世纪末，随着垄断资本主义的发展，失业人数增加，贫富差距扩大，各种社会矛盾激化。出现了许多与社会福利相关的社会服务运动。为使每个社会成员都能够依法得到基本的生活资料，欧洲首先诞生了社会保障制度。德国首相俾斯麦于1883—1889年先后制定并颁布《疾病保险法》等，标志着现代社会保障制度的诞生。1935年，美国罗斯福政府颁布《社会保障法》，实行老年保险和失业保险。政府加强了对社保制度的干预，社会保障逐渐走上法制化和社会化的发展途径，大批从事社保工作的社会工作者应运而生。1945年，在"二战"后的英国首次大选中获胜的工党全面实施《贝弗里奇报告》中提出的建设福利国家的主张，全面实行社会保障。1948年，英国宣布已建成"福利国家"，欧美其他发达国家也纷纷仿效。

在日本，企业员工的社会保障与福利制度，与所在企业性质有直接的关系。大企业与中小企业的社会保障制度可能有所不同。严格地说，传统政治经济学的理论认为工资关系实际上反映的是劳资关系，或者说是资本关系下的劳动关系。但在现代企业经营情况下，企业的资产结构已发生相当大的变化，已由传统的资本家出资办企业向社会筹资演变，这样，企业的工资制度也应随企业性质的转变而发生变化。除上面所说的货币工资外，企业福利的好坏，实际上成为企业员工实际生活水准高低的标志之一，这也是现代日本企业提高员工生活水平的补充形式。

但无论怎样讲，由于日本政府的社会保障体系建设远远落后于经济发展规模的扩大，企业员工的社会福利往往需要企业来加以补充。在这样的情况下，企业所能提供的员工福利，大体上是由公司提供住房、提供房屋贷款、组织互助会，以及年功序列工资制所提供的退休金等组成的。其具体的综合福利项目如下（见表5-2）：

表5-2　日本企业综合福利示例表

提高生活水平	财产的形成：奖励私人住房、财产储蓄、公司内存款、持股会
充实工作，生活的价值	个人参加制度：经营审议会、小组活动、建议箱、目标管理 能力开发：分级教育、国外进修、集中培训 业余生活：休养所、体育馆、运动会、文体小组、集体旅游
保障生活安定	雇佣保险：终身雇佣、延长退休年龄、推荐重新就业 安全卫生：良好的工作环境、安全操作、定期体检 生活保障：住宅、婚丧费、子女补助费、各种保险、退休金、设立企业食堂

除以上各种企业福利外，企业内还建有各种福利设施。以东芝公司下属的姬路工厂为例，它是日本企业中以企业福利闻名的优秀企业。姬路工厂坐落在兵库县姬路市，规模不大，总厂占地面积为19.5万平方米，建筑面积9.2万平方米，但该厂福利设施占地面积就有16万平方米，约是工厂占地总面积的82.05%；福利设施建筑面积是6.1万平方米，约是工厂建筑总面积的66.3%。由于东芝公司在生产过程中十分注重员工的福利设施建设，工厂的生产效益也相当可观。

由此可见，企业员工福利是薪酬体系的重要组成部分，或者说是企业或社会组织以福利的形式提供给员工的报酬。因此可以说，企业福利是企业及社会组织为员工提供的除工资与奖金之外的一切物质待遇，是劳动的间接回报。福利一般应包括健康保险、带薪假期或退休金等形式。这些奖励作为企业成员福利的一部分，奖给员工个人或者员工小组。福利必须被视为全部报酬的一部分，而总报酬是人力资源战略决策的重要方面之一。从管理层的角度看，福利可对以下若干战略目标作出贡献：协助吸引员工；协助留住员工；提高企业在员工和其他企业心目中的形象；提高员工对职务的满意度。与员工的收入不同，福利一般不需纳税。由于这一原因，相对于等量的现金支付，福利在某种意义上来说，对员工就具有更大的价值。现代企业为员工提供不同形式的福利，如补充性工资福利、保险福利、退休福利、员工服务福利等，其趋势是企业福利在整个报酬体系中的比重越来越大。由国家所规定的法定福利，即政府通过立法要求企业必须提供的，如社会养老保险、社会失业保险、社会医疗保险、工伤保险、生育保险等。企业福利，即用人单位为了吸引人才或稳定员工而自行为员工采取的福利措施，比如工作餐、工作服、团体保险等。企业福利根据享受的范围不同，可以分为全员性福利和特殊群体福利两种：前者是指全体员工可以享受的福利，如工作餐、节日礼物、健康体检、带薪年假等；而后者往往是对企业作出特殊贡献的技术专家、管理专家等企业核心人员而言的，包括住房、汽车等项目。

四、企业分配的机制

现代企业分配机制是指对收益的所有权和占有权进行划分，以保证其合理归属与运用。广义的企业分配机制是指确定构成企业各生产要素价格的方法，所以企业分配机制体现着各种按生产要素分配的方式的结合：所有者按其拥有的股权来享受分红；经营者按其经营成果才能获取报酬；劳动者按其劳动数量和质量来领取薪水。狭义的企业分配机制是指企业内部的分配方式，企业内部主要以按劳分配为主，因为资本所有者享有企业剩余索取权和最终控制权，资本的报酬不是由企业的分配方式决定的，而是由最终的经营成果决定的。

建立现代企业分配机制主要解决的问题有三个：一是确立并严格遵循收益分配原则；二是按规定程序进行收益分配；三是选择合适的分配政策及激励机制。应该说，企业分配制度具有决定薪酬和福利待遇高低、人事管理与考核机制、高层人才管理、企业业绩评估等方面的内容，错综复杂。因此，由企业分配机制进行制度设计和制度安排，对于企业的成长具有不可估量的作用。

❶ 分配方式的多元化原则

根据各企业的实际情况、工作特点、企业效益、管理基础状况等，灵活选择岗位技能工资、效益工资、计件工资、计时工资、结构工资等形式，实现参与分配要素的多元化，既要按劳分配，又要按资分配，逐步加大资本分配比例。在坚持按劳分配的同时，注重按资分配与按劳分配相结合、短期报酬与长期报酬相结合，改变按劳分配单一化、简单化的格局。其具体形式如鼓励企业职工持股，以促使职工与企业结成利益共同体，将职工的个人利益与企业的整体利益、长远利益紧密联系在一起，实现劳动联合与资本联合的有机结合。职工持股要根据不同的岗位配备数量不等的股份，或者设置诸如风险股、贡献股、奖励股等多种职工股形式，形成职工参与企业利润分配的机制和股权动态变化的机制，实行按基本劳动分配、按资本分配、按贡献分配相结合，适度加大按股分红比例和股权奖励比例，适度减少现金分配比重，防止职工人人平均持股带来新的"大锅饭"现象。特别是对企业经营管理者和技术骨干更应该尽量采取资本化的分配方式，利用期股、股票期权等长期报酬方式，促使其为企业的良性发展做出长期努力，避免企业经营者各种短期行为的发生及人才的流失。除此之外，还要允许和鼓励技术、专利、管理等生产要素参与分配，推进企业科技进步和技术创新，增强企业的市场竞争能力。而对于企业经营者收入，由于现行分配机制存在激励不够、约束不强等问题，应尽快实行年薪制、期股制、期权制等。

❷ 收入的差异化原则

打破平均主义，合理拉开收入差距。应根据不同的岗位、工作责任、工作业绩、技术含量等，合理拉开职工的收入差距，特别是拉大经营骨干、管理骨干、技术骨干与一般职工之间的收入差距，敢于从各方面对有突出贡献的人才实行大力倾斜的分配政策，从而调动广大职工的积极性、创造性、主动性，为企业的发展尽职尽责、尽心尽力。但也要注意坚持既兼顾效益优先又兼顾分配公平的原则，避免职工之间的收入太过悬殊，使一些职工心理上产生不平衡，难以安心工作。

❸ 收入的动态化原则

企业职工的收入要与企业的效益挂钩，效益好则收入高，效益差则收入低，将职工的个人收入与企业的整体效益联系起来，这应是现代企业制定分配制度的基本原则。对于不同岗位及不同工种均实行全员收入与绩效相结合的工资待遇制度，在健全工作绩效动态量化考评机制的基础上，实行按员工的工作业绩确定其收入的制度。注重如底薪制的固定工资制和活性工资制的结合，在保证员工基本生活所需工资的基础上，逐步提高活性工资的比重，加大企业的活性工资与经济效益动态挂钩考核的力度，加大按企业效益和个人贡献大小确定的活性收入比例，逐步使之占到员工总收入的 60% 左右，同时也应避免出现员工收入活性化比重过大或全部活性化的现象。

❹收入的市场化的原则

如果企业员工的工资水平普遍脱离劳动力市场的实际价格，市场将失灵，企业则不能根据劳动力市场的价格及时调整企业工资水平。为保证企业在劳动力市场上的竞争力，企业人事部门应根据劳动力市场的价格变动，定期对本地区及周边地区的企业特别是同行业的工资水平进行调研，为调整企业工资的基数提供依据，以便使本企业员工的收入略高于其他企业，至少保证不低于市场价格。这样才能具有吸引力，从而能引进企业所需要的人才。此外，分配机制还应与企业经济成分的变化相适应，对分公司、全资子公司、控股子公司以及其他形式的经济成分制定相应的分配政策。

综上所述，分配机制的改革要多元化、差异化、动态化、市场化，要根据各企业的不同情况，适时调整，从而与现代企业制度相适应。同时，要注意提高分配的透明性、公平性，充分发挥其激励作用，增强职工对企业的凝聚力、向心力，才能最大限度地发挥企业员工的积极性。

拓展学习

幸福管理学的基本观点

幸福管理学是以德鲁克为代表的管理学思想和西方心理学及中国传统管理哲学思想相融合的产物。幸福管理学的基本观点包括：

（1）管理者所做的全部工作，不过是培养和维护员工的责任心。当员工具有足够的责任心时，管理成本几乎是零。

（2）管理者所做的全部工作，不过是帮助员工树立自我管理的意识，增进自我管理的能力。只有当人们在进行自我管理时，责任心和绩效才是最高的。可是，如何才能培养员工的责任心呢？如何才能帮助员工进行自我管理呢？唯一的途径就是：管理者要成为责任心和自我管理的示范。你对员工尽责，员工就会对你尽责；你对企业尽责，员工就会对企业尽责；你对客户和社会尽责，员工就会对客户和社会尽责。

（3）一切优秀的管理者都是从自我管理开始的。幸福管理学，究其本质来说，就是一门自我管理学。一个人只有管理好自己，才可能获得真正的幸福。当你能够管理好自己的时候，你就有足够的自信、智慧和能力来管理他人和改变外部世界。这就是古人所说的"修身—齐家—治国—平天下"的道路。一切从"修身"，即"自我管理"开始。"修身"从"正心、诚意"开始。自我管理的前提是自我认知和了解。当你真正懂得了解和洞察自我的时候，你就会真正懂得了解和洞察他人乃至一切外部世界，你和他人及外部世界的关系就会变得越来越和谐。

（4）一切管理力量皆源于心。管理是心的本来功能。心既是管理的主体，也是管理的客体。

（5）幸福是终极的管理宗旨。管理的终极使命就是创造幸福——首先是自己的幸福，进而是他人的幸福和整个世界的幸福。你的幸福和世界的一切相关。世界的一切皆和你的幸福相关。

（6）爱是最朴素最根本的管理智慧。仁者无敌，仁者爱人。当爱的能量和智慧不足的时候，权谋与控制的游戏就会闪亮登场。

（7）管理以人为本，人以生命为本，生命以心灵为本，心灵以幸福为本，幸福以和谐为本，和谐以责任为本，责任以付出为本，付出以仁爱为本，仁爱以天道为本。

📖 问题与讨论

1. 查阅网络资料，寻找关于幸福管理学的基本资料，然后对幸福管理学提出的基本理论进行归纳，并提出你对此问题的看法。

2. 写出幸福管理学的理论来源及此基本理论的立论基础。

3. 你赞同幸福管理学的基本观点吗？如果赞同，或基本赞同，或不赞同，请说出你的理由。要求写出发言提纲，并在课堂或分组讨论上发言。

💬 案例讨论

TCL 总裁李东生曾有言：20 年前不看西方的管理学著作，那是无知；20 年后的今天，如果只看西方的管理学著作，那是另一种无知。那么，今天我们该看什么样的管理学著作呢？

如何根治"管理综合征"？有人说今天的企业，不管是以通用为代表的世界 500 强企业，还是以 TCL 为代表的中国大型企业，还是一些普通的私企，都不同程度地患上了"管理综合征"。其基本表现为：一是绩效缺失。今天新的管理工具、技术、方法、制度越来越多，但企业管理面对的问题也越来越多，成本越来越高，绩效却越来越低。二是信任两难：一方面是老板抱怨下属和员工不够忠诚，另一方面是下属和员工抱怨老板不够信任，授权不够，这是传统管理模式下从理论到实践不可调和的两难困境。三是稳定性差。一方面是老板和企业抱怨找不到和留不住优秀人才；另一方面是越来越多的职场精英患上"职业多动征"，即频繁地跳槽换工作，这表明所谓"多劳多得"激励模式并不能带来团队稳定性；四是幸福感低。绝大多数职场精英在职场和工作中找不到幸福感，包括价值感、成就感、归属感、安全感等，虽然他们的工资、职位随着企业的发展壮大而上升，但"职场痛苦指数"也随之升高，职业倦怠现象日益严重，人们的职业寿命普遍在缩短。"管理综合征"的核心是：职场对抗太多，职场压抑太重，职场痛苦指数太高，职场幸福感太低。为什么会出现上述"管理综合征"呢？根本的原因是传统的管理理论及实践模式存在以下六大弊端：一是重制度轻文化；二是重物（机器、设备、技术）轻人；三是重利（利益、利润、权利）轻义（道义、义务、责任）；四是重有形（物质、物理空间）轻无形（精神、心灵、信息空间）；五是重竞争轻和谐（社会资本、关系资本）；六是心灵管理缺位、幸福感缺失。其背后是人们普遍的幸福观、生命观、财富观、世界观、人生观、价值观的严重错位和混乱。

👥 分组讨论

1. 你认为在企业管理中出现的"管理综合征"还有哪些表现？如果说这是中外企业管理的通病的话，那么，该怎样做才能防止出现上述"管理综合征"呢？

2. 查阅网络资料，说说目前我国企业管理中存在的突出问题是什么。

3. 你对深圳富士康公司出现的员工跳楼事件有什么看法？请从企业管理学的角度分析企业对此事件的处理方式有什么问题。

思考题

1. 企业管理人员与普通员工往往容易形成对立关系，如因生产次品率过高而扣发奖金引发员工对管理人员不满，如果你是该企业的总经理，该如何处理？

2. 企业出现工人罢工现象，该如何处理？

3. 我国企业欠薪情况严重，尤其是建筑企业的农民工长期领不到工资，究竟是什么原因造成企业欠薪呢？请举例说明。

作业题

1. 说说现代企业管理的"以人为本"管理模式的基本内容与现实意义。

2. 模拟企业生产部门主管，对员工上班期间不请假外出、上班迟到、早退等劳动纪律问题作出处理。

3. 员工生产积极性管理应该怎样做？在现代企业管理实践中的确采取了多种措施激发员工的积极性，但效果不佳，其主要原因是什么？

第六章

现代企业的生产管理

无论是传统企业还是现代企业，也不管是生产性企业还是贸易型、服务型企业，从生产的本义来说，它是维系企业生存与发展的基础，没有生产活动，就没有企业。这一点是很清楚的。正因为如此，企业的生产管理可以说是伴随着企业的存在与发展的最基础性的企业行为。

企业生产的运行及企业生产管理的整个系统是极其复杂的。为能够给尚未直接从事生产的管理者提供对生产管理框架的认识，有必要先从现代企业管理最为常见的理论与经验入手，以提供较为清晰的轮廓。

第一节　现代企业的全面质量管理

一般来说，企业对于生产的控制，主要是企业生产组织活动，除前面所说的各种生产要素的投入与产出的管理外，现代企业对于生产现场究竟如何管理，应是当前企业界和管理学界讨论最多的问题。因此有必要对现代企业生产管理中最为成功的经验进行分析。

一、全面质量管理的基本认识

全面质量管理是指在社会的推动下，企业中所有部门、所有组织、所有人员都以产品质量为核心，把专业技术、管理技术、数理统计技术集合在一起，建立起一套科学、严密、高效的质量保证体系，控制生产过程中影响质量的因素，以优质的工作、最经济的办法提供满足用户需要的产品的全部活动。

①生产管理的任务

通过生产组织工作，按照企业目标的要求，设置技术上可行、经济上合算、物质技术条件和环境条件允许的生产系统；通过生产计划工作，制订生产系统优化运行的方案；通过生产控制工作，及时有效地调节企业生产过程内外的各种关系，使生产系统的运行符合既定生产计划的要求，实现预期生产的品种、质量、产量、出产期限和生产成本的目标。生产管理的目的就在于做到投入少、产出多，取得最佳经济效益。而采用生产管理软件，如国内知名的八百客的生产管理软件，则是为了能提高企业生产管理的效率，有效管理生产过程的信息，从而提高企业的整体竞争力。

此外，在具体的生产管理中，生产规划的制订与实施，如选择厂址、建造厂房、安装机器设备；在生产计划管理中，如编制生产计划、生产技术准备计划和生产作业计划等；在生产过程管理中，如生产线和流水线管理、劳动定额和劳动组织管理、设置生产管理系统等。

在生产控制管理中，则有控制生产进度、产品库存、产品质量、生产成本等。在产品包装与出厂管理中，如在运输、储存、搬运，在产品设计管理过程中，还涉及产品工业设计与艺术设计等各个方面。

二、美国西南航空公司的全面质量管理

众所周知，所谓企业全面质量管理的最大特点是企业控制产品和服务质量的各个环节、各个阶段，因此在生产的全过程中将是公司内部全员参与的质量管理，而同企业相关联的业务，也纳入企业质量管理中，不留任何漏洞和死角。如果企业达到这样的管理水平的话，那么，企业创造的效益将会极大地提高。

美国西南航空公司是建立高绩效组织进行全面质量管理的成功典范。该公司成立于1971 年，最初只在得克萨斯州提供短距离运输服务。尽管美国航空业麻烦不断，西南航空公司在其历史上还是取得了 1973—2002 年连续 30 年赢利的骄人成绩，创造了美国航空业的连续赢利纪录。这样的业绩来自公司低成本的运营模式，也直接得益于西南航空公司员工的高效率工作和在飞行途中给乘客创造轻松愉快环境的服务方式。事实上，西南航空公司的总裁兼首席执行官赫伯·克勒赫从公司成立起就坚持宣传"快乐和家庭化"的服务理念和战略，并通过员工的力量将这种理念的价值充分体现和发挥出来，成功降低成本的同时还使顾客满意。

根据不同部门的要求，西南航空公司对新员工的技术培训时间从两个星期到六个星期不等。西南航空公司承担所有的培训费用，并保证其完成培训后能够被雇用。西南航空公司要求所有员工（包括飞行员）每年都要参加"关心顾客"课程的学习。西南航空公司的"人民大学"为员工和管理人员开设很多专门的课程。这些课程包括团队建设、绩效评价、心理压力控制、安全、职业发展。这所"大学"还开设"新员工庆典"课程，这是一门课时只有一天的课程，目的是让员工了解公司的历史、文化及进行工作场所实践。另外，还为非财务人员开设课程使其了解财务术语，为其他人员开设多种领导发展课程。

西南航空公司在航空公司业内创造了第一个"利益共享计划"。通过公司的业务通讯、周报和每季度发行的新闻录像带向员工提供公司财务和营业情况的信息。员工通过多种委员会参与决策，这些委员会对各种问题作出决策，这些问题涉及的范围很广，包括重新制订福利计划和选择新制服等。

西南航空公司建立起一种独特的政策开放体系，这一体系渗透到公司的各个部门。管理层走近员工，参与一线员工的工作，倾听员工的心声，告诉员工关于如何改进工作的建议和思想。西南航空公司与其他服务性公司不同的是，它并不认为顾客永远是对的。赫伯·克勒赫说："实际上，顾客也并不总是对的，他们也经常犯错。我们经常遇到毒瘾者、醉汉或可耻的家伙。这时我们不说顾客永远是对的。我们说：你永远也不要再乘坐西南航空公司的航班了，因为你竟然那样对待我们的员工。"西南航空公司的管理层了解一线员工的工作，支持和尊敬一线员工的工作，甚至宁愿"得罪"无理的顾客。这使西南航空始终保持行业内最低的离职率。在西南航空公司，管理层的工作首先是确保所有的员工都能得到很好的关照、尊重和爱。其次是处理看起来进展不顺利的事情，并推动它的进展，帮助它变得好一点，或者快一点。最后是维护西南航空公司的战略。

西南航空公司的综合策略已经得到了回报。到 2006 年，西南航空拥有的飞机已由最初的 4 架发展到 450 余架，成为美国最大的航空公司之一，每年将超过 8 300 万的旅客运送到

美国境内 63 个城市。西南航空这一品牌也已经成为美国乘客心目中"黄金航班"的象征。短航线、低价格、准点、航班服务简单朴实、员工高效及归属感等系列体系使美国西南航空的低价竞争战略得以实现，形成其他企业无法模仿的核心竞争力。1993—1996 年，该公司连续 4 年夺得了美国运输部的"三重冠"，即航班最准时、行李处理得最好、顾客最满意。1997—2000 年，连续 4 年被著名的《财富》杂志评为全球最受赞赏的公司之一，并在 2001 年《财富》杂志列出的 100 家美国最受员工欢迎的公司中名列第四。

⑪全面质量管理的内涵

企业对产品进行质量管理，已是很长时期的传统，没有质量就没有市场已成为企业的共识。但在现代企业中所实施的全面质量管理，从基本理论上说是以全员、全程质量管理为中心，以通过让顾客满意和本企业所有者、经营者、员工、供货方、合作伙伴及社会、政府等与企业关联方及所有受益者都有较高的满意度，从而使组织可以获得长期成功的一种管理理论、方法与途径。由此看来，西方发达国家长期倡导和所追求的企业全面质量管理的本意，在于强调为了取得真正的经济效益，管理必须从了解并识别顾客的质量要求开始，并在生产该产品的过程中完全实现顾客对产品感到满意的目标。而全面质量管理系统，实际上就是为了实现这一终极目标而对人、机器、信息的协调、指导活动。全面提高产品质量的具体内容主要是：改善产品设计、加速生产流程、鼓舞员工的士气、增强质量意识、改进产品售后服务、提高市场接受程度、降低经营质量成本、减少经营亏损、降低现场维修成本、减少责任事故等。

三、全面质量管理的理论应用

现代企业制度建立过程中的最大困扰，在于无论是企业界还是企业管理学界都不是很清楚"质量"一词的真正含义是什么，往往以为同"最好"的含义相同。其实"质量"对于企业来说，就是指"最适合于一定顾客的要求"。而适合顾客要求可能表现在很多方面，如产品的功能强大、规格品种多、产品实际用途广泛，或者产品的价格适合顾客的消费预期，这都能从一定程度上满足消费者的要求。反过来说，如果产品不能适合顾客的要求，显然是达不到全面质量管理要求的。当然，影响产品质量的因素，可能是技术方面的，即机器设备、材料和工艺达不到顾客所想要的标准，但更多的是人的因素，在造成产品质量低下而达不到顾客要求方面，应该说人的因素是主要的。

应该说明的是，由于全面质量管理以顾客的适合与否作为最终的标准，因此全面质量管理的基本原理适用于任何企业和行业，无论是制造业、商业还是服务业，其向社会和市场提供的产品都有生产、销售的过程，只是生产的产品品种、规模、规格、生产方法和生产技术不同罢了。从这个意义上说，任何行业或企业都要建立全面质量管理体系，这是开展质量管理工作的一种最有效的方法与手段，同时也是减少质量管理成本、优化全面质量管理活动的一种手段。因此，在公司推进全面质量管理改革的过程中，公司总经理应当成为全公司质量管理工作的"总设计师"，同其他主要职能部门共同促进公司在效率、现代化、质量控制等方面发挥管理效应。全面质量管理工作的一个重要特征是从根源处控制质量。例如，通过由操作者自己衡量成绩来促进和树立他对产品质量的责任感和关心，就是全面质量管理工作的积极成果。

如前所述，全面质量管理适用于任何行业和企业。对于在市场中运作的组织机构，如美

国纽约市公园全面质量管理，就成为管理学界的经典案例之一。

纽约市公园及娱乐部的主要任务是负责城市公共活动场所（包括公园、沙滩、操场、娱乐设施、广场等）的清洁和安全工作，并增进居民在健康和休闲方面的兴趣。市民将娱乐资源看作是重要的基础设施，因此公众对该部门的重要性是认同的。但是对采用何种方式实现其使命，即该城市应投入多少资源去实施其计划却很难达成共识。该部门面临着管理巨大的系统和正在减少的资源。和美国的其他城市相比，纽约市的计划是庞大的。该部门将绝大部分资源投入现有设施维护和运作，尽管为设施维护和运作投入的预算从1994年到1995年削减了4.8%。

为了应对预算削减，并维持庞大复杂的公园系统，该部门的策略包括：与预算和管理办公室展开强硬的幕后斗争，以恢复一些已削减的预算；发展公司伙伴关系以取得更多的资源等。除了这些策略，该组织采纳了全面质量管理技术，以求"花更少的钱干更多的事"。

在任何环境下产生真正的组织变化是困难的，工人们会对一系列的管理时尚产生怀疑。因此，该部门的策略是将全面质量管理逐步介绍到组织中，即顾问团训练高层管理者让他们接受全面质量管理的核心理念，将全面质量管理观念逐步灌输给组织成员。这种训练提供了全面质量管理的概念，选择质量改进项目和目标团队的方法、管理质量团队和建立全面质量管理组织的策略。虽然存在问题，但这些举措使全面质量管理在实施的最初阶段获得了相当的成功。有关分析显示了该部门实施全面质量管理所获得的财政和运作收益：启动费用是22.3万美元，平均每个项目2.3万美元，总共节省了71.15万美元，平均每个项目一年节约7.1万美元。这个数字还不包括间接和长期收益，只是每个项目每年直接节约的费用。

四、全面质量管理系统的建立

"全面质量管理"（TQM）这个名称，最先是在20世纪60年代初由美国著名专家菲根堡姆提出的，它是在传统的质量管理基础上，随着科学技术的发展和经营管理上的需要发展起来的。现已成为一门系统性很强的学科。

近年来，TQM正日益受到各国领导人和广大企业家的重视。从中央到地方、从政府到企业，各行各业都针对经济全球化迅速发展和"入世"所带来的机遇与挑战，对质量工作给予高度重视。

① 全面质量管理的相关概念

在介绍全面质量管理之前，我们首先明确一下有关质量的定义。国家标准对质量下的定义为：质量是产品或服务满足明确或隐含需要能力的特征和特性的总和。目前更流行、更通俗的定义是从用户的角度去定义的：质量是用户对一个产品（包括相关的服务）满足程度的度量。质量是产品或服务的生命。质量受企业生产经营管理活动中多种因素的影响，是企业各项工作的综合反映。要保证和提高产品质量，必须对影响质量的各种因素进行全面而系统的管理。全面质量管理，就是企业组织全体职工和有关部门参加，综合运用现代科学和管理技术成果，控制影响产品质量的全过程和各因素，经济地研制生产和提供用户满意的产品的系统管理活动。

质量的主体包括：①产品和/或服务的质量；②工作的质量；③设计质量和制造质量。后两者往往容易被人们遗忘，但这是"大质量"管理思想和管理方法所必不可少的。

质量控制理论的发展可以概括为五个阶段：①20世纪30年代以前为质量检验阶段，仅能对产品的质量实行事后把关。但质量并不是检验出来的，所以，质量检验并不能提高产品质量，只能剔除次品和废品。② 1924 年提出休哈特理论，质量控制从检验阶段发展到统计过程控制阶段，利用休哈特工序质量控制图进行质量控制。休哈特认为，产品质量不是检验出来的，而是生产制造出来的，质量控制的重点应放在制造阶段，从而将质量控制从事后把关阶段提前到制造阶段。③ 1961 年菲根堡姆提出全面质量管理理论（TQM），将质量控制扩展到产品寿命循环的全过程，强调全体员工都参与质量控制。④ 20 世纪 70 年代，田口玄一博士提出田口质量理论，它包括离线质量工程学（主要利用三次设计技术）和在线质量工程学（在线工况检测和反馈控制）。田口博士认为，产品质量首先是设计出来的，其次才是制造出来的。因此，质量控制的重点应放在设计阶段，从而将质量控制从制造阶段进一步提前到设计阶段。⑤ 20 世纪 80 年代，利用计算机进行质量管理（CAQ），出现了在 CIMS 环境下的质量信息系统（QIS）。借助于先进的信息技术，质量控制与管理又上了一个新台阶，因为信息技术可以实现以往所无法实现的很多质量控制与管理功能。

全面质量管理是企业管理现代化、科学化的一项重要内容。它于 20 世纪 60 年代产生于美国，后来在西欧与日本逐渐得到推广与发展。它应用数理统计方法进行质量控制，使质量管理实现定量化，变产品质量的事后检验为生产过程中的质量控制。全面质量管理类似于日本式的全面质量控制（TQC）。首先，质量的含义是全面的，不仅包括产品质量和服务质量，而且包括工作质量，用工作质量保证产品或服务质量；其次，TQC 是全过程的质量管理，不仅要管理生产制造过程，而且要管理采购、设计直至储存、销售、售后服务的全过程。

目前企业界已形成这样的看法，即好的质量是设计、制造出来的，不是检验出来的；全面质量管理的实施要求公司全员参与，完全以客观、准确的统计数据为依据；普遍建立"视顾客为上帝"，以顾客需求为核心的质量观；在实现方法上，要一切按全面质量管理规定办事。由于全面质量管理是公司全员参与的结果，这样一来，制度才有可能得到真正执行。

总之，质量对于现代社会经济发展有着重要作用。当今世界科学技术发展日新月异，市场竞争日益激烈。归根到底，竞争的核心是科学技术和质量。毋庸置疑，科学技术是第一生产力，而质量则是社会物质财富的重要内容，是社会进步和生产力发展的标志，所以质量不仅是经济、技术问题，同时它还关系到一个国家在国际社会的声誉。目前，我国企业的成本管理、资金管理和质量管理均是企业管理的薄弱环节。企业应提高自身素质，在市场经济的大潮中生存与发展，离不开有效的全面质量管理体系的建设。

❶ 世界级质量的 12 个特征

美国管理学家汤姆·彼得斯（Tom Peters）在其名著《乱中取胜：管理变革手册》（*Thriving on Chaos: Handbook for a Management Revolution*）中根据美国 IBM、泰能、米利肯等大公司的质量革命成果，总结出世界级质量的 12 个基本特征：①管理者着迷于质量。质量是从感情上的依恋开始的，没有"如果"、"那么"或"但是"可言。②有一套思想体系或思想方法作为指导。③质量是可以衡量的。④高质量要受到奖励。⑤每个员工都应在技术上受到培训，以便评估质量，正如日本人所说：质量，始于培训，终于培训。⑥利用包含跨职能部门或跨系统的团队，必须从思想认识上把我们的管理哲学从敌对转移到合作上来。⑦小的就是美的。⑧提供不断的刺激，创造无止境的"霍桑效应"；质量革命是一场关注琐碎细节的战争。⑨建立一个致力于质量改进的平行组织结构——"影子质量组织"。⑩人人都发挥作用，尤其是供应商，但销售商与客户也同样必须是质量改进过程的一部分。⑪质量上升会导致成本下降,改进质量是降低成本的关键所在。⑫质量改进永无止境,每件产品或服务每天都是相对地变好或变坏,但绝不会停滞不前。

第二节　现代企业的目标管理

美国管理大师彼得·德鲁克(Peter Drucker)于 1954 年在其名著《管理实践》中最先提出了"目标管理"的概念,其后他又提出"目标管理和自我控制"的主张。德鲁克认为,并不是有了工作才有目标,而是相反,有了目标才能确定每个人的工作。所以"企业的使命和任务,必须转化为目标",如果一个领域没有目标,这个领域的工作必然被忽视。因此管理者应该通过目标对下级进行管理,当组织最高层管理者确定了组织目标后,必须对其进行有效分解,转变成各个部门以及各个人的分目标,管理者根据分目标的完成情况对下级进行考核、评价和奖惩。

一、目标管理的应用

目标管理最为广泛的应用是在企业管理领域。企业目标可分为战略性目标、策略性目标以及方案、任务等。一般来说,经营战略目标和高级策略目标由高级管理者制定;中级目标由中层管理者制定;初级目标由基层管理者制定;方案和任务由职工制定,并同每一个成员的应有成果相联系。自上而下的目标分解和自下而上的目标期望相结合,使经营计划的贯彻执行建立在职工的主动性、积极性的基础上,把企业职工吸引到企业经营活动中来。

目标管理方法提出来后,美国通用电气公司最先采用,并取得了明显效果。其后,在美国、西欧、日本等许多发达国家和地区得到迅速推广,被公认为是一种加强计划管理的先进科学管理方法。20 世纪 80 年代初开始在我国企业中推广,目前采取的干部任期目标制、企业层层承包等,都是目标管理方法的具体运用。

目标管理的具体形式多种多样,但其基本内容是一样的。所谓目标管理,是一种程序或过程,它使组织中的上级和下级一起协商,根据组织的使命确定一定时期内组织的总目标,由此决定上、下级的责任和分目标,并把这些目标作为组织经营、评估和奖励每个单位和个人贡献的标准。

目标管理在指导思想上是以 Y 理论为基础的,即认为在目标明确的条件下,人们能够对自己负责。在具体方法上是泰罗科学管理的进一步发展。它与传统管理方式相比有鲜明的特点,可概括为:

(1)重视人的因素。目标管理是一种参与的、民主的、自我控制的管理制度,也是一种把个人需求与组织目标结合起来的管理制度。在这一制度下,上级与下级的关系是平等、尊重、依赖、支持的,下级在承诺目标和被授权之后是自觉、自主和自治的。

(2)建立目标锁链与目标体系。目标管理通过专门设计的过程,将组织的整体目标逐级分解,转换为各单位、各员工的分目标。从组织目标到经营单位目标,再到部门目标,最后到个人目标。在目标分解过程中,权、责、利三者已经明确,而且相互对称。这些目标方向一致、环环相扣、相互配合,形成协调统一的目标体系。只有每个人员完成了自己的分目标,整个企业的总目标才有完成的希望。

(3)重视成果目标管理。以制定目标为起点,以目标完成情况的考核为终结。工作成果是评定目标完成质量的标准，也是人事考核和奖评的依据，成为评价管理工作绩效的唯一标志。至于完成目标的具体过程、途径和方法，上级并不过多干预。所以，在目标管理制度下，监督的成分很少，控制目标实现的能力却很强。

二、日本大企业的目标管理

从日本产业经济进入大工业时期的那天起，企业活动的取向已不是传统的以同行业的企业经营方向为目标，而是以本企业的技术积累为基础，在企业家群体的经营理念指导下，不断地为企业的生存发展设置"下一个目标"，从而使日本企业成为现代企业。今天，日本企业在经济高速增长时期目标管理的成功之处，对我国企业仍是有借鉴意义的。

❶晶体管起飞的经验

如果回顾一下日本电子产业发展的历史，"从晶体管起飞"应该说是日本电子企业共同经历的道路。但对于在半导体晶体管领域占绝对优势的东芝公司来说，这实际上也是东芝公司向电子工业领域进军的第一个目标。

谁都知道晶体管最初是由美国人发明的。早在第二次世界大战期间，由于雷达的可靠性问题，美国政府开始组织三四十家研究机构进行有关锗、硅等半导体材料的大型综合性研究工作。1948年，出乎意料的是，当时的民间企业美国电话电报公司（AT&T）所属的贝尔研究室的科学家肖克莱、巴丁和布拉坦向全世界宣布他们发明了晶体管，这个被称为"20世纪科学技术最伟大的事件"，从此改变了下半个世纪的世界面貌。

据说在肖克莱等人于1948年7月在美国《时代》杂志对晶体管的发明作公开报道之前，精明的日本人似乎已经认识到这一新技术的重大价值。因为他们知道在战前美国已经获取了德国从事半导体研究的情报，而且在第二次世界大战期间，日本军方已经开始积极地探索能代替真空管的电子器件，特别是日本科学家在从被击落的美国飞机上发现了锗、硅材料制成的矿石检波器后，就对由这些神奇的半导体材料制成的无线电设备产生了浓厚的研究兴趣。

直接推动日本半导体研究的是日本电气试验所基础部部长（兼任东北大学教授）的渡边宁。据说他在1948年7月之前拜访占领日本的联合国军总司令部（GHQ）下属的民间通讯局（CCS）官员时，趁这位美国官员离开房间的工夫，偷看了有关贝尔研究室的晶体管发明报告。这种传闻是不是事实似乎并不重要，最要紧的是日本的电子专家渡边宁等人很快于1948年10月组成了以电气试验所所长驹形作次为核心的关于半导体晶体管的"轮读会"，与此同时，日本的许多研究所、大学和企业的研究机构也纷纷卷入晶体管研究的热潮中。日本半导体事业的先驱者渡边宁在推动半导研究中发挥了不可低估的作用。到1951年10月，日本电气通信研究所拿出了日本第一只点接触式国产晶体管。1952年3月，民间企业"神户工业"（后并入富士通）也完成了半导体晶体管的试制工作。

在日本电子学界热衷于半导体晶体管研究的时候，东芝公司的一部分研究人员也自发地投入到晶体管研究中。不过，当时的东芝人"武士"气仍很浓厚，尤其是公司最高领导层，仍然存在着重整机、轻元件的"贵族"式倾向。在研究人员高度热情的推动下，终于促使公司首脑开始重视半导体新技术的发展动向。

东芝迈出的第一步，是尽快地通过与美国通用电气公司的老关系，设法从美国引进晶体管技术。1952年在神户工业试制晶体管成功不久，东芝即与美国RCA公司签订了引进晶体管技术的合同。不过，当时从美国引进的晶体管，大多是制作比较容易、高频特性较差的合金型晶体管。这些晶体管用于收音机的生产，使当时的晶体管收音机的音质较差。尽管如此，由于朝鲜战争的契机，晶体管收音机的体积小、重量轻、价格低廉、使用普通电池、便于携带、经久耐用等许多优点，成为这种收音机有广阔销路的原因。

另一个使日本晶体管收音机销路扩大的重要事件，则是索尼公司成功地改变了美国一直用锑生产晶体管的技术，大胆使用磷掺杂，从而一举扭转了晶体管产品合格率只有5%的局面，并且使日本的生长型晶体管技术水平超过美国。索尼公司的成功，给了靠引进美国晶体管技术进行生产的东芝公司很大的震动，东芝公司随即转入对晶体管的生产，大大提高了晶体管的生产能力。由于当时日本电子厂家的工人工资水平远较美国低，而且晶体管的研制和生产水平又超过美国，日本产的晶体管很快对美国构成威胁。据美国电子工业协会的统计，1957年日本产晶体管的数量只及美国的1/5，但到了1959年就已经达到同美国相等的程度。由于日本产的晶体管有70%是用于晶体管收音机的生产，所以日本的电子专家也认为日本电子工业的发展，实际上是以晶体管用于收音机的生产而开始起飞的。

❷ 集成电路的开发

电子技术的第二轮大战是集成电路的开发。早在1952年，英国国立雷达研究所的科学家达玛就提出把各种电子元件组成的电路缩小到一块半导体芯片中的设想。由于当时技术条件的限制，这个目标尚无实现的可能。1955年，美国国防部为了开发空间技术，迫切需要电子设备小型化、轻量化，美国空军为此提供大量的研究经费，加紧进行超小型电路研究。3年后，美国不少研究机构试制出各种各样的超小型电路，如RCA公司的"微型模块"、西屋公司的"分子电路"等。不过，那些仅仅是缩小的印刷电路，并不是真正的集成电路。1959年2月，美国的TI公司的基尔比（Kilby）发明了把各种电子元器件制作到一块半导体芯片中的"固体电路"，具有划时代意义的集成电路诞生了。但由于干扰较大，这种"固体电路"离实际生产应用还有相当大的距离。同年9月，美国仙童公司的诺依斯（Noyce）利用平面外延技术，终于研制成功可以实际应用的硅平面集成电路。

从锗晶体管的问世到硅集成电路的转化，前后仅用了10年的时间，就实现了电子产品小型化、轻量化的跃进目标，并从此开始了硅技术的新时代。无论是锗技术还是硅技术，在电子革命的最初两轮大战中，日本电子工业界都是步美国后尘的，但是同其他电子技术落后的国家相比，日本已遥遥领先了。在美国公布发明集成电路的第二年，日本又以其独自的技术，试制成功最初的"国产"化集成电路，并于1961年1月发表了研制成功的报告。

给予日本电子企业发展集成电路生产最大契机的，则是当时世界最大的计算器生产厂家——美国IBM公司采用集成电路技术制成的第三代电子计算器360系列，这对日本人是很大的刺激。集成电路民用化的广泛用途，激发了日本电子厂家纷纷以集成电路化的台式计算器转向个人用计算器为跳板，开始了电子工业的新跃进。

1962年，英国人用电子真空技术成功地试制出台式电子计算器，从此为电子工业打开了计算器生产之门。1964年，日本的夏普和索尼公司率先用晶体管技术研制出第一台台式计算器，尽管这台计算器由数千个晶体管元件所组成，而且重量达20多千克，但比起英国的真空管台式计算器故障较多来说，仍具有更大的商业价值。于是，日本的电子企业蜂拥而上，开始转向电子计算器的生产。1968年，日本的夏普公司同美国洛克菲勒公司签订了高达3 000万美元的LSI（大规模集成电路）的订货合同，并于次年3月在日本市场推出"电子算盘"的小型台式计算器，一时成为日本市场的抢手电子产品。

夏普的成功，促使日本的电子厂家纷纷向美国集成电路厂家大量订购 LSI，而美国电子厂家也认为 LSI 有利可图，也开始大量生产 LSI 产品向日本出口，日本的电子厂商为抵制美产 LSI 占领日本市场，也纷纷转向 LSI 的研制和"国产"化生产。在这个过程中，东芝公司所研制的 CMOS，即是当时日本电子厂家中特别适用于台式计算器的集成电路。尽管东芝等大厂家争相以自己的独特产品同美国的 LSI 相抗争，但终究抵挡不住美国半导体生产的强大优势。在 20 世纪 60 年代后半期，美国集成电路仍充斥日本市场，并一度拥有日本市场 90% 的占有率。不过，到 1971 年以后，美国进口的 LSI 销售形势急转直下，原因是其质量太差，使返修的计算器一时堆积如山，许多用户干脆退货。而日本产的集成电路却备受青睐，因为日本生产的 LSI 质量上乘，返销率极低，在这场空前绝后的集成电路大战中，日本电子厂家终于夺回了市场，而美国却因过量生产而败北，进而失去同日本电子产品竞争的能力。

集成电路大战给东芝的经验，似乎并不在于同美国人的竞争，而是在于卡西欧同日立公司合作研制的"个人计算器"。在同美国争夺集成电路市场的大战中，东芝同其他日本电子厂商一样，处于向美国应战的地位，只是在某种产品的研制上具有独创性而已。但独具慧眼的卡西欧和日立公司不同，它们已预测到用于办公室的台式计算器终究是有限的，而个人用计算器却具有无限的发展前景。在日本电子厂家热衷于集成电路生产的同时，卡西欧率先推出个人用计算器的新产品，一上市就成为最畅销的电子产品，发售 10 个月，就突破 100 万台大关。卡西欧的成功经验，成为日本电子厂家转变经营观念的导火线，超前研究开发的经营价值，从此受到日本企业界的高度重视。

在从晶体管的锗技术向硅技术转化的过程中，东芝公司的表现是趋向于保守的。在集成电路问世之后，东芝仍然像晶体管引进一样，通过熟门熟路再次从美国 RCA 公司引进了集成电路技术，以至于东芝在集成电路方面又迟迟没有进展。据经济专家的分析，东芝公司之所以在集成电路方面落后，主要是由于东芝公司的高层决策者当时并没有认识到锗技术向硅技术转化的重大意义。在晶体管引进中，东芝走在日本电子企业的最前面，以致在硅技术出现时仍迷恋锗技术，因为东芝在晶体管技术方面越来越顺利，特别是在汽车收音机用晶体管方面，几乎占了美国市场的 50%，晶体管销售形势的顺利，使得东芝公司首脑不太注意硅技术的战略意义和发展前景，在从晶体管向集成电路转化的决策上举棋不定，公司的研究人员不得不花费许多时间和精力向决策者进行宣传和说服工作，因此延误了向集成电路发动总攻击的时间。

在集成电路产业突飞猛进的大潮中，尽管东芝公司没有走在最前面，但整个日本电子产业始终保持高速增长的态势。20 世纪 70 年代，由于受到石油危机的打击，致使日本的产业从 1972 年至 1982 年的 10 年间工业年平均增长率仅有 3.5%，但集成电路工业的年平均增长率高达 31%，从而一跃成为日本经济低速增长中少有的高速增长部门。正如日本经济专家所说，集成电路对电子工业的意义，就如钢铁工业对机械工业的意义一样，成为支撑产业发展的基础材料。集成电路工业的高速增长，势必导致日本产业结构和社会经济步入一个更高的发展阶段。

对于东芝公司来说，经过锗技术向硅技术的转化过程，公司首脑的经营观念也必将随之发生重大的转变，否则就很难适应现代电子技术飞速发展的需要。

❸ 微电子革命

集成电路大战的延伸，很快酿成研究开发微处理机的第三轮电子大战，从而掀起世界性

的"微电子革命"。据说微处理机的最初设想，是由日本一家不起眼的小公司——毕吉康公司提出的。这家公司的主要产品是电子计算器。为了同美国共同研究开发计算器用集成电路，1969年6月毕吉康公司派技术人员到美国的英特尔（Intel）公司，在日方的要求和启发下，英特尔公司的霍夫博士提出了一种通用性极强的LSI的设想，这种新型的LSI即被称为"微处理机"。总的设想是，以这种微处理机为核心，配上存储器即记忆装置，就可以构成用途广泛的微计算机，而这种微计算机也可以同工具、机器、仪器、仪表相结合，使微处理机达到程序化、数字化、自动化和智能化的应用高度。霍夫博士的这一天才设想，将使微处理计算机技术同产业及社会生活的各个方面连接起来，对各行业的重大革新都必将产生深远的影响。

霍夫的设想，两年后就变成了现实。1971年，美国英特尔公司成功研制了世界第一台微处理机4004，接着又推出第二种型号的微处理机8008。英特尔公司的微处理机又一次把集成电路的半导体技术推向应用极为广泛的阶段。微处理机的研制成功，使富有半导体经验的日本电子厂家感到新的挑战已经来临，于是争相转向微处理机国产化的研制和生产上来。因为谁都清楚，谁抢先拿出本土产的微处理机，谁就能在这无比巨大的市场中占领先机。

在这场微处理机的激烈角逐中，东芝公司业绩最佳。在集成电路开发中，东芝已经吃够了滞后的苦头，所以在第三轮大战中，东芝以其超前的经营意识，于1973年率先成功研制日产的微处理机，并在第二年就大批量进行生产，抢先占领了微处理机的市场。以东芝为标志的日本电子企业在追赶美国电子技术时，表现了与前两轮竞赛截然不同的竞技状态。从微处理机的研制成功到向生产的转化，前后仅用了两年多的时间，就在技术水平上达到美国的高度，这足以让全世界震惊。而美国人从此再也不敢轻视日本这位"小弟弟"，因为以东芝为代表的日本电子企业，其技术力和技术主动性已达到仅次于美国的高度，而一贯靠引进美国半导体技术的东芝公司也一反常态，以其富有竞争力的技术使日本电子厂商跃居同美国电子厂商做竞争对手的地位。

日本企业在集成电路方面所取得的成功，使日本人认为实现20世纪70年代赶超美国电子技术的目标已是指日可待的事。在70年代，日本5家半导体企业共发表专利1 200多项，美国五大半导体电子厂家发表专利1 500余项。从这一统计数据显示，1977—1979年，日本厂家的专利数实际上已大大超过美国。这就意味着美国在电子技术领域的霸主地位已开始动摇，而技术力已大大增强的日本企业只要再做一次跳跃，就完全有可能超越美国而成为"世界第一"。而历史赐予日本人的赶超机遇，即是80年代超大规模集成电路计划的成功。

超大规模集成电路计算机的研制，对全世界每一个电子企业来说都是一次严峻的挑战。东芝公司在超大规模集成电路研究开发中独占鳌头，扮演着"带头羊"的角色。1982年，东芝公司一举投资220亿日元，在川崎市幸区的综合研究所内建设了超大规模集成电路研究开发大楼，1984年3月竣工，4月份即开始投入使用，从此拉开了超大规模集成电路大会战的序幕。

东芝的开发对象，已经是集成度提高3倍的1兆位集成电路，以及比1兆位高出4倍的4兆位的超大规模集成电路。而这一开发，首先是要求超微加工技术有飞跃的发展。举例来说，为了实现4兆位级的存储器，就必须具备精密程度为0.8微米的超微细加工技术。而这种技术实现的前提条件，就是必须使清洁室的洁净度标准从现有的256千位级的灰尘粒径限度0.3微米进一步提高到0.1~0.2微米。东芝公司在80年代建造的超大规模集成电路研究开发楼，具有洁净度达到"一级"标准的超洁净室，在1立方英尺的空间内，粒径为0.1

微米的灰尘在一粒以下为代表，装置了电子束扫描装置等最新式的超微细加工技术设备。此外，超大规模集成电路的晶片是配线的基础，过程用硅作为材料，无法达到优良的性能。因此，在研制过程中，不得不进一步开发镓、砷等新型化合物半导体。可以说，东芝展开对超大规模集成电路的研制，从根本上推进了镓砷半导体、三维元件等下一代半导体的研究开发进程。

由于东芝公司具有优良的技术力，超大规模集成电路的开发速度也突飞猛进。1985年11月，东芝大分工厂已领先于全世界第一家批量生产出1 000千位的动态随机存储器（DRAM），至1986年4月，确立了月产100万个DRAM的生产体制，从而把超大规模集成电路的应用推向崭新的阶段。对于东芝公司来说，超大规模集成电路的成功开发，直接促使东芝公司在产品竞争中瞄准办公室自动化的目标前进。

❹ 以办公室自动化为目标

在70年代，东芝公司卓有成效的业绩，是迅速发展了办公室自动化产业。在东芝人看来，办公室自动化机器产业具有很大的发展前景。确立这一目标的理由，据说主要是考虑到从1960—1970年的10年间，企业工人的劳动生产率提高了70%，而办公室系统的工人的劳动生产率仅增长4%。因此，可以预测未来的办公室、商店等服务行业，以及家庭、学校等依靠计算机等自动化设备的需求将有大的发展。据东芝公司海外宣传的负责人说，办公室自动化机器产业，实际上是指办公机器到电脑、通信器材等包罗万象的信息产业的一部分。

在今天看来，东芝人于70年代所预言的信息产业和未来信息社会的新架构，并不是没有根据的。在70年代，东芝公司的办公室自动化机器产业已获得相当大的成功。据公司负责人说，当时已是年收益达1 000亿美元的产业。进入80年代，东芝的办公室自动化产业得到更大的发展，成为世界上首屈一指的最大产业。如果稍稍描述一下东芝办公自动化产业的业绩，可以说在80年代已相当引人注目。当时销往美国和欧洲市场的新型办公室自动化成套机器设备已有几十个种类，其中最富有魅力的是一种叫做TOSF－LF的自动化办公机器，这是世界上最早使用光学原理保存文字和图像记录的自动化系统。使用这台机器，只需将文件按页做光复写，就可以转换成电子脉冲储存到直径为5英寸的小光碟中，这种小光碟装置，每张可以容纳相当于1万张8×11英寸大小的文件信息量。TOSF－LF的问世，大大节省了办公室的空间，不再需要相当大的办公室去储存文件，TOSF－LF的小光碟，一个办公室的抽屉就能放得下。此外，TOSF－LF系统的优点还在于快捷。过去需要一个月时间处理的信件、电报、记录、报告等文件的分档工作，使用这种机器只需要两三分钟即可处理完毕，而一旦存入光碟，原来的文件即可销毁。日后需要查阅储存的文件，检索储存信息也十分方便。无论是印刷还是图像显示，都是以秒为单位来计算的。这种TOSF－LF系统的光碟，可以在任何地方保存，这远比保存文件安全得多。

对于全世界的消费者来说，最重要的一点是，要购买TOSF－LF系统的办公机器，除了向日本东芝公司购买外，别无他途。在日本信息处理和信息设备系统领域，东芝公司始终走在前面。比如，在日本的计算机软件工程技术领域，东芝公司长期保持领先地位。自20世纪70年代以来，东芝吸取集成电路开发的教训，确立起应用计算机软件工程技术的目标，并为之进行了相当大的投资。可以说，东芝的计算机软件工程技术的应用前景是极为广阔的。从最小的热水器到航天航空技术，几乎所有的产品，都通过计算机软件工程技术进行制作，生产出价格低廉、设计合理、工艺先进的新型产品。90年代，复合传媒通信将越来越多地应用于个人信息处理，信息设备的个人化已成为世界性信息社会发展的潮流。在这一领域中，东芝公司一系列的民用尖端电子产品贯穿在信息处理、图像传媒的高新科学技术领域。最早在国际市场上推出便携式复合传媒个人计算机 T6600，以及 T3400CT 超袖珍个人计算机和笔型输入便携式信息工具——XTENDPN10。其中便携式复合传媒个人计算机一上市便受到消费者的青睐，始终保持最畅销产品的地位，并多次获奖。毫不夸张地说，东芝公司凭着自身专有的技术力量，在包括超袖珍高容量硬磁盘驱动器和高速 CD-ROM 驱动器等设备的微型化、多功能化的研究开发以及高清晰度电视接收机和世界首创 3/4 英寸数字式高清晰度录像机等各种电子产品的开发领域处于领先的地位。

目前，东芝公司在信息系统、通信系统、自动化系统、医疗机械系统及信息个人化等许多领域富有杰出的成果。尤其数字式录像机研究开发的重点是在宽频通信网络的交互业务，更为引人注目。据专家预测，东芝的这一研究成果，必将会给电子通信事业带来划时代的转变。

东芝公司取得的成就，与东芝具有明确的企业发展志向有密切的关系。由于国际市场竞争的激烈化，电子技术的发展日新月异，这就迫使积聚了强大技术力的企业不断地设置"下一个目标"，并且保持极高的研究开发热情，向未知的高目标挑战。只有这样，企业才能保持整体素质的健全和稳定，从而实现企业的发展目标。

三、目标设置的启示

目标设置是目标管理最重要的阶段，这一阶段可以细分为四个步骤：

❶高层管理预定目标，这是一个暂时的、可以改变的目标预案

既可以上级提出，再同下级讨论；也可以由下级提出，再经上级批准。无论哪种方式，必须共同商量决定；此外，领导必须根据企业的使命和长远战略，估计客观环境带来的机会和挑战，对本企业的优劣有清醒的认识，对组织应该和能够完成的目标心中有数。

❷重新审议组织结构和职责分工

目标管理要求每一个分目标都有确定的责任主体。因此预定目标之后，需要重新审查现有组织结构，根据新的目标分解要求进行调整，明确目标责任者和协调关系。

❸确立下级的目标

首先下级明确组织的规划和目标，然后商定下级的分目标。在讨论中，上级要尊重下级，平等待人，耐心倾听下级意见，帮助下级发展一致性和支持性目标。分目标要具体量化，便于考核；分清轻重缓急，以免顾此失彼；既要有挑战性，又要有实现可能。每个员工和部门的分目标要和其他的分目标协调一致，支持本单位和组织目标的实现。

❹上级和下级就实现各项目标所需的条件以及实现目标后的奖惩事宜达成协议

分目标制定后，要授予下级相应的资源配置的权力，实现权、责、利的统一。由下级写成书面协议，编制目标记录卡片，整个组织汇总所有资料后，绘制出目标图。

目标管理在全世界产生很大影响，但实施中也出现许多问题。因此必须客观分析其优、劣势，才能扬长避短，收到实效。

（1）目标管理对组织内易于度量和分解的目标会带来良好的绩效。对于那些在技术上具有可分性的工作，由于责任、任务明确，目标管理常常会起到立竿见影的效果，而对于技术不可分的团队工作则难以实施目标管理。

（2）目标管理有助于改进组织结构的职责分工。由于组织目标的成果和责任划归一个

职位或部门，容易发现授权不足与职责不清等缺陷。

（3）目标管理调动了职工的主动性、积极性、创造性。由于强调自我控制、自我调节，将个人利益和组织利益紧密联系起来，因而提高了士气。

（4）目标管理促进了意见交流和相互了解，改善了人际关系。

在实际操作中，目标管理也存在许多明显的缺点，主要表现在：①目标难以制定。组织内的许多目标难以定量化、具体化；许多团队工作在技术上不可分解；组织环境的可变因素越来越多、变化越来越快，组织的内部活动日益复杂，使组织活动的不确定性越来越大。这些都使得组织的许多活动制定量化目标变得很困难。②目标管理的哲学假设不一定都存在。Y理论对于人类的动机作了过分乐观的假设，实际中的人是有"机会主义本性"的，尤其在监督不力的情况下。因此许多情况下，目标管理所要求的承诺、自觉、自治气氛难以形成。③目标商定可能增加管理成本。目标商定要上下沟通、统一思想是很费时间的；每个单位、个人都关注自身目标的完成，很可能忽略了相互协作和组织目标的实现，滋长本位主义、临时观点和急功近利倾向。④有时奖惩不一定都能和目标成果相配合，也很难保证公正性，从而削弱了目标管理的效果。

鉴于上述分析，在实际中推行目标管理时，除了掌握具体的方法以外，还要特别注意把握工作的性质，分析其分解和量化的可能；提高员工的职业道德水平，培养合作精神，建立健全各项规章制度，注意改进领导作风和工作方法，使目标管理的推行建立在一定的思想基础和科学管理基础上；要逐步推行，长期坚持，不断完善，从而使目标管理发挥预期的作用。

第三节　价值工程的管理模式

价值工程最早是美国为了适应军事工业的需要创立和发展起来的，目的在于确保军事装备的技术性能（功能），并最大限度地节省采购费用（成本），降低军费开支。"二战"后，价值工程理论成为企业改善经营、提高效益的主要理论工具。

一、价值工程的理论创建

价值工程发展历史上的第一件事情是美国通用电气（GE）公司的"石棉事件"。"二战"期间，美国原材料供应十分紧张，GE急需石棉板，但该产品的货源不稳定、价格昂贵。时任美国通用电气公司工程师的L. D. 迈尔斯（Miles）开始针对这一问题研究材料代用问题，通过对公司使用石棉板的功能分析，发现其用途是铺设在给产品喷漆的车间地板上，以避免涂料沾污地板引起火灾，后来，Miles在市场上找到一种防火纸，这种纸同样可以起到以上作用，并且成本低、容易买到，取得很好的经济效益，这是最早的价值工程应用案例。通过这个改善，Miles将其推广到企业其他的地方，对产品的功能、费用与价值进行深入的系统研究，提出了功能分析、功能定义、功能评价以及如何区分必要和不必要功能并消除后者的方法，最后形成了以最小成本提供必要功能并获得较大价值的科学方法。1947年Miles《价值分析》的研究成果发表，首先提出了购买的不是产品本身而是产品功能的概念，实现了同功能的不同材料之间的代用，进而发展成在保证产品功能前提下降低成本的技术经济分析方法。《价值分析》的面世，标志着价值工程理论的诞生。

🅛案例 对产品的价值分析

国营黎明机械公司航空牌1.5-1型洗衣机是军工厂的民用产品，销路一直很好。1981年销售了4万台，1982年20万台。该产品销售量虽大，但成本高、利润少。为提高利润，该公司组织价值工程领导小组对洗衣机价值工程进行分析。其分析步骤与做法大体是：

（1）寻找价值分析目标。把洗衣机全部零部件按成本大小分类排队，对产品的成本构成进行分析，算出各类零件所占成本的百分比，寻找分析目标运用ABC分析法。ABC分析法又叫分类管理法或叫重点管理法。这种方法的基本原理是处理任何事情都要分清主次、轻重，区别关键的少数和次要的多数，根据不同的情况进行分类管理。7元以上的零件占总成本的74.6%，零件数占零件总数10%，作为A区；约30%的零件占总成本的18.5%，作为B区；其余60%的零件仅占总成本的6.9%，作为C区。这样可把重点放在A、B两区，特别是A区零件可以作为价值分析的目标。

（2）功能分析。对洗衣机的全部零件进行功能定义、功能整理、绘制功能系统图。经过整理，按功能体系排队，洗衣机分为四个功能系统：①控制分系统；②动力及传动分系统；③容器装置；④外观及保护分系统。依次绘出功能系统图，进一步明确了各零部件的基本功能和实现该功能的手段；明确了哪些功能是多余的，哪些功能是不足的。

（3）功能评价。对选为分析对象A区的10个零件进行评价。组织设计师、工艺师、老工人和车间干部根据各零件的基本功能、辅助功能和外观功能，利用强制确定法给各零件评分，计算出零件的功能系数。

（4）发动群众提革新建议。该厂一方面组织专门的力量对电动机、盖圈（成本—功能曲线区域外右下侧的坐标点）等进行功能费用分析，另一方面把洗衣机的零件成本和功能分析的资料发至车间，动员群众人人出主意、想办法，提出降低成本、改进功能的建议。

建议内容包括零部件、原材料供、产、销的全过程，如哪些材料可以更替或改换供应点、哪些零件可以改变设计结构、哪些工序可以改变加工方法等。

（5）制定实施方案。电动机是外购件，为42.6元1台，占洗衣机总成本的17%。价值系数为0.84，处于功能成本曲线外右下侧，对成本影响较大。公司组织了专门的分析小组对国内8个电动机厂的16台样机进行全面测试，通过技术经济的综合比较，从中选择了三种性能最好、价格最低的电动机作为订货对象。仅此一项就使洗衣机单台成本下降5.08元。盖圈采用不锈网1Cr18Ni9Ti，使单台价格达26.85元，价值系数0.63，成本偏高。经过分析，盖圈的功能是连接内外筒及防腐、密封，它在洗衣机中只起辅助作用。经过对多种材料方案的比较和试验表明：选用0Cr13不锈钢代替1Cr18Ni9Ti材料后，单台成本又降低17.43元。在对洗衣机动力系统的功能分析中，发现挡水板的功能是防止电动机进水，但装在风扇轮和电动机之间不利于电动机冷却。经过分析，稍稍加大风扇便可以起到挡水防潮的作用，从而取消挡水板，每台成本降低1.34元。内筒成本为25.05元，价值系数0.99。经过价值工程分析，洗衣机成本大幅下降，利润上升。

二、价值工程的发展

1954年，美国海军应用了这一方法，并改称为价值工程。由于它是节约资源、提高效用、降低成本的有效方法，因而引起了世界各国的普遍重视，20世纪50年代日本和联邦德国学习和引进了这一方法。1965年前后，日本开始广泛应用。中国于1979年引进，现已在机械、电气、化工、纺织、建材、冶金、物资等多种行业中应用。以后，价值工程在工程设计和施工、产品研究开发、工业生产、企业管理等方面取得了长足的发展，产生了巨大的经济效益和社会效益。世界各国先后引进和应用推广，开展培训、教学和研究。

价值工程（value engineering，VE）也称为价值分析（value analysis，VA），是指以产品或作业的功能分析为核心，以提高产品或作业的价值为目的，力求以最低寿命周期成本实现产品或作业使用所要求的必要功能的一项有组织的创造性活动，有些人也称其为"功能成本分析"。价值工程涉及价值、功能和寿命周期成本三个基本要素。价值工程是一门工程技术理论，其基本思想是以最少的费用换取所需要的功能。这门学科以提高工业企业的经济效益为主要目标，以促进老产品的改进和新产品的开发为核心内容。当然，价值工程中所说的"价值"与哲学、政治经济学、经济学等学科关于价值的概念有所不同。价值工程中的"价值"就是一种"评价事物有益程度的尺度"。价值高说明该事物的有益程度高、效益大、好处多；价值低则说明有益程度低、效益差、好处少。例如，人们在购买商品时，总是希望"物美而价廉"，即花费最少的代价换取最多、最好的商品。价值工程把"价值"定义为"对象所具有的功能与获得该功能的全部费用之比"，即 $V = F/C$。式中，V 为"价值"，F 为"功能"，C 为"成本"。由此可见，价值工程认为功能对于不同的对象有着不同的含义：对于物品来说，功能就是它的用途或效用；对于作业或方法来说，功能就是它所起的作用或要达到的目的；对于人来说，功能就是他应该完成的任务；对于企业来说，功能就是它应为社会提供的产品和效用。总之，功能是对象满足某种需求的一种属性。认真分析一下价值工程所阐述的"功能"内涵，实际上等同于使用价值的内涵，也就是说，功能是使用价值的具体表现形式。任何功能无论是针对机器还是针对工程，最终都是针对人类主体的一定需求目的，最终都是为人类主体的生存与发展服务，因而最终将体现为相应的使用价值。因此，价值工程所谓的"功能"实际上就是使用价值的产出量，价值工程所谓的"成本"实际上就是价值资源即劳动价值或使用价值的投入量。

目前的价值工程理论缺陷在于：价值工程所谓的"价值"实际上就是产出的价值量与投入的价值量的比值，这就是人们常说的"价值效益"。不难发现，与价值率（单位时间内系统的产出价值量与投入价值量之比）的概念相比，价值工程所谓的"价值"可以被看作是一种不考虑时间因素的价值率。价值工程把"功能与耗费的比值"确定为判断工程价值的客观标准。这种判断标准实际上就是工程类事物的发展特性判断的标准，只是还没有把时间因素考虑进去。随着社会生产力的不断发展，时间间接赋予的价值内涵（虽然时间本身并没有直接的价值）越来越巨大，它对事物的发展特性的影响就越来越巨大。理论证明，决定事物生存与发展的根本前途的决定性因素是该事物的价值率，决定人对于事物的根本态度的决定性因素也是该事物的价值率，而不是"功能与耗费的比值"，因此，计算和比较不同工程类事物的价值特性的参量应该是价值率，而不是"功能与耗费的比值"。价值工程所谓"功能"的内涵仅限于物理意义而没有涉及人的精神意义，仅限于社会的经济方面，而没有涉及政治和文化方面。价值工程所谓"成本"的内涵也仅限于物理意义而没有涉及人的精神意义，也仅限于社会的经济方面，而没有涉及政治和文化方面。

总而言之，价值工程作为一门现代管理技术，具有很强的实用性和可操作性，但在更高层次上则研究不足、理论深度不够、思维空间狭窄，同时，面对各种不同的复杂事物，教学模式单一，不利于更好、更有力地发挥它在促进社会生产力中的作用。事实上，许多非工程类社会系统同样希望以最少的代价来取得最大的功能效应，同样可以进行价值分析。以最少的代价获取最优的功能不仅是价值工程的基本思想，也是许多学科的基本思想。美国价值工程师协会（SAVE）在1996年6月9日的芝加哥年会上，更名为美国国际价值工程师协会（SAVE International），提出的口号是"the Value Society"（价值的协会）。新会名和新口号旨在面向世界、面向所有学科的价值领域，与所有以提高价值为目的的组织或个人团结协作，这标志着价值工程开始全面走向世界、全面走向其他学科领域。

拓展学习一

全面质量管理领域新思想——顾客完全满意

顾客有两种界定标准，一种是"具有消费能力或消费潜力的人"，另一种是"任何接受我们的产品或服务的人"。顾客可以分为内部顾客和外部顾客。内部顾客是指企业内部从业人员：基层员工、主管、经理乃至股东。外部顾客分为显著型和潜在型两种：显著型顾客具有消费能力，对某商品有购买需求，了解商品信息和购买渠道，能立即为企业带来收入；潜在型顾客预算不足或没有购买该商品的需求，缺乏信息和购买渠道，可能随环境、条件、需要变化成为显著型顾客。顾客最关注的是卓越的产品质量、优质的服务、货真价实，以及按时交货。顾客眼中的价值是从产品或劳务中得到的收益减去商业成本所得的利益。收益主要包括：所获效用、实用性、购物享受等；成本主要包括：金钱支出，为获得满足所花时间、精力，获取信息和实物时所经历的种种不便等。而顾客所获得产品的功能主要体现在产品效用、利益，以及隐含的个性化需求上。而"顾客完全满意"就是倡导一种"以顾客为中心"的文化。企业把顾客放在经营的中心位置，让顾客需求引导企业决策。在那些建立"顾客完全满意"管理模式的企业当中，企业需要了解顾客及其业务，了解他们使用产品的目的、时间、方式、周期；企业需要"用顾客的眼睛看世界"。通过对比不同的竞争优势采取相应的策略，以此来分析企业建立"顾客完全满意"文化的长期优越性：①商品策略。本企业的产品和服务与竞争对手基本相同，靠高生产率低成本竞争。②技术导向。在技术上超过竞争者，建立技术上的暂时性垄断地位。③质量导向。重视产品质量，促进消费者购买。④服务导向。通过提供服务，给产品增加额外的价值。⑤顾客导向。把消费者的意见带进企业内部，企业根据消费者需求制定策略、设计产品。其中"顾客导向"的竞争策略，要求企业全面提高质量意识，提供优质服务。企业获得的将是一种长期的效果——永远留住顾客。

问题与讨论

1. 传统的质量管理的主要内容是什么？为什么现代企业制度中大力提倡全面质量管理的理论？

2. 全面质量管理与ISO9000是什么关系？请查阅有关资料，以此为题撰写读书报告。

3. 日本著名质量管理专家石川馨博士指出，全面质量管理是企业经营的一种思想革命，是新的经营哲学。你认为这种评价正确吗？你怎么看？

拓展学习二

产业链理论与方法

产业链是一个包含价值链、企业链、供需链和空间链四个维度的概念。这四个维度在相互对接的均衡过程中形成了产业链。这种"对接机制"是产业链形成的内模式，作为一种客观规律，它像一只"无形之手"调控着产业链的形成。

产业链是产业经济学中的一个概念，是各个产业部门之间基于一定的技术经济关联，并依据特定的逻辑关系和时空布局关系客观形成的链条式关联关系形态。产业链主要是基于各个地区客观存在的区域差异，着眼发挥区域比较优势，借助区域市场协调地区间专业化分工和多维度需求的矛盾，以产业合作作为实现形式和内容的区域合作载体。

产业链的本质是用于描述一个具有某种内在联系的企业群结构，它是一个相对宏观的概念，存在两维属性：结构属性和价值属性。产业链中大量存在着上下游关系和相互价值的交换，上游环节向下游环节输送产品或服务，下游环节向上游环节反馈信息。

1. 产业链的完整性与经济区划紧密相关

产业链是相关产业活动的集合，其构成单元是若干具有相关关系的经济活动集合，即产业环或者具体的产业部门；而产业环（产业部门）又是若干从事相同经济活动的企业群体。从事相似或相同经济活动的企业为实现自身利益最大化，必然努力探寻自身经济活动的优区位。在这种"循优推移"的过程中，一方面，产业环（产业部门）的微观构成单位——企业，为了获取经济效益，逐步聚集到适合其发育成长的优区位，即原先分布于各区域的同类企业在优区位实现"企业扎堆"（clusters）；另一方面，各个产业环（产业部门）为了获取地域产业分工效益，由于具有不同经济特点和追求各自的优区位而在空间上趋于分散。这样，产业链系统内企业和部门循优推移的空间经济结果是，产业链的各环节分别布局或配置到适合其经济活动特征的特定地点（specific locations）。正因如此，当经济区划尺度较大时，比如说是大经济地带、大经济区、省域或者流域经济区时，或者说大到几乎囊括产业链的所有环节的地域空间时，产业链表现出明显的完整性；当经济区划尺度较小时，比如说仅是市域、县域或者说是产业集中发展区时，其地域范围一般难以包括产业链的各环节，这对于某一经济区域而言可能形成特色产业，但是产业链却表现出明显的断续性。

2. 产业链的层次性与区域类型密切相关

产业链是产业环逐级累加的有机统一体，某一链环的累加是对上一环节追加劳动力投入、资金投入、技术投入以获取附加价值的过程，链环越是下移，其资金密集性、技术密集性越是明显；链环越是上行，其资源加工性、劳动密集性越是明显。由此，欠发达区域与发达区域的类型划分，往往是依据其在劳动地域分工格局中的专业化分工角色。一般而言，欠发达地区更多地从事资源开采、劳动密集的经济活动，其技术含量、资金含量相对较低，其附加价值率也相对较低；发达地区更多地从事深加工、精加工和精细加工经济活动，其技术含量、资金含量相对较高，其附加价值率也相对较高。因此，区域类型与产业链的层次之间产生了内在的关联关系，欠发达区域一般拥有产业链的上游链环，其下游链环则一般布局在发达区域。

3. 产业链空间分布具有明显指向性

优区位指向引导产业环或者集中或者分散地布局在不同的经济区位，表现为产业环具有明显的空间指向性。这种空间指向性主要表现在如下方面：第一，资源禀赋指向性，产业环基于对优区位的追求，势必在某种程度上依赖区域的资源禀赋，而后者的空间非集中性引起追逐资源禀赋的产业环的空间分散性。第二，劳动地域分工指向性，劳动地域分工使得各区域具有了自身的专业化生产方向，产业链对专业化分工效益的追求便造成了产业环的空间分散性。第三，区域传统经济活动指向性，区域传统经济活动通常是区域特定资源禀赋和区域经济特色的体现，经济活动的路径依赖性和惯性对区域在产业链中的分工有深刻的影响。

问题与讨论

1. 2010 年黑龙江大豆企业遭遇了 2008 年以来的又一次严重的停工潮，黑龙江省内约有 70 多家大豆加工企业，绝大多数已经停产，并已全部停止收购大豆。中国大豆产业链断裂的根本原因是什么？查阅相关资料，对我国大豆产业链关系进行理论描述。

2. 根据 2010 年 5 月 20 日谷歌在旧金山市举行的年度开发者大会上正式推出的网络电视计划称，谷歌将分别与英特尔、索尼、罗技、DishNetwork 等公司建立战略合作关系共同推出互联网电视平台。谷歌 CEO 艾瑞克·施密特（Eric Schmidt）在大会上详细介绍了谷歌电视计划。施密特称 20 年前人们就试图将电视与网络相连接。这一设想需要运行较快的处理器以及开放源代码软件作支持。施密特表示："将一个具有 50 年历史的技术与新技术相结合比单纯提出一个新技术构想还要困难。"当然，业内人士马上还意识到另一个问题：这一举措表明谷歌在试图将网络连入家庭电视的同时，宣告进军价值 700 亿美元的电视广告市场。请问谷歌公司战略联盟的形成运用了什么理论？为什么说谷歌公司的产业链分工基本形成？结合产业链形成过程，对西方发达国家企业联盟的战略意义进行说明。

3. 据有关研究表明，AMD、邦吉、嘉吉、路易达夫及益海嘉里等跨国大粮商，不仅在全世界的大豆贸易中占有绝大多数的市场份额，而且通过建立从种植农场、贸易公司、港口、船队、加工厂甚至期货公司等覆盖"全产业链"的商业与工业体系，从而有效地保证了企业利润的来源。相比之下，中国企业经营单一，根本没有形成产业链，很难与跨国公司竞争。从产业链理论的角度，在读书报告中重点分析中外企业在全球产业链中的地位、中外企业未来走向等问题。要求从企业、产业、行业战略发展高度思考问题。

分组讨论

1. 美国西南航空公司是全面质量管理和高效团队建设的典范，由此保证了服务质量并有效控制了成本。作为一名员工，你认为西南航空公司哪一点做得最成功？请说明原因。

2. 如果你是美国西南航空公司总裁，你对本公司全面质量管理有什么变革方案？你将怎样实施你的全面质量管理方案的变革计划？

3. 对于中国钢铁企业管理，你认为需要进行组织变革吗？如果需要，为什么？

思考题

1. 为什么说现代企业以市场为中心？企业的生产行为与产品贸易有什么关系？

2. 生产企业的成本与利润的关系是什么？

3. 生产现场管理的重点是什么？不同的产品生产过程管理有什么异同？以两种产品及企业为例进行说明。

作业题

1. 简述价值工程在现代企业管理中的意义与作用。

2. 现代企业目标管理的具体含义是什么？

3. 简述现代企业流水线生产管理的难点及解决方案。

第七章

第七章
现代企业的市场营销与管理

对于现代企业来说，市场决定企业的生存与发展，这是每个企业都明白的道理。而企业与市场关系，已绝不是过去仅仅埋头生产的状况了。现代企业所面对的市场经济体制下的市场销售，不是把产品拿到有形的市场上进行交易那么简单。发展中国家的特殊情况是长期以来对于市场经济的整体运作是陌生的，尤其对于国外市场更是难以了解。由于经济全球化促使大部分的发展中国家开始进入世界经济体系中并参与运作，现代企业将会碰到许多新问题。正因为如此，需要了解发达国家企业在世界市场及本国市场中，究竟是怎样进行市场活动的，这需要根据市场经济的基本原理来进行分析。

第一节　现代企业的市场营销

必须说明的是，在市场经济条件下，企业进入市场是有准入的基本条件的。对于企业来说，其产品推向市场的那一天，就标志着企业与国际、国内市场已经联系在一起，并且同整个社会需要联系在一起。顾客与企业开始形成新的市场关系，顾客对于企业产品的认同，直接关系到企业的生存状况。

一、市场经济条件下的企业与市场关系

应该承认，企业进入市场就意味着开始按照市场的游戏规则"出牌"了。而企业进入市场的目的是企业想从市场上获得更多的可经营的资源，除自然资源外，重要的还有能够使企业运转的生产要素资源，而企业进入市场，则需要更为广泛的社会资源。企业与市场的结合，同时也是以法人资格进入社会的开始。企业通过市场的交易实现资源配置，同时从市场中获得对企业的回报。至于市场回报率的高低，则与企业的市场经营活动及市场营销管理的成效有直接的关系。

在任何国家，市场管理都是国家运用法律、政策和经济措施对市场交易活动进行规范的政府行为，至于法律、政策、市场管制的措施等，尽管不同的国家有不同的做法，但国家权力机关为了维持市场的经济秩序和社会稳定，以行政力量对市场进行的干预则是基本相同的。从这个意义上讲，随着商品流通和商业的空前发展，形成以市场经济体制为核心的市场化的政治、经济、社会运转的制度，合法进入市场的政府、企业和其他机构、家庭和个人都以市场机制作为获取各自利益的方式，违反市场机制的行为则被认为是对所有市场经济的主体利益的损害。随着经济全球化步伐的加快，越来越多的经济主体进入世界市场，而市场经济的机制仍然发挥巨大的效用，所有进入国际市场交易的人都必须通过自我判断去决定进入

市场的程度，在市场中通过买卖交易的方式取得必要的资源。正因为市场的机制仍然在发挥作用，所以进入市场的国家和企业也是自愿的，同时在市场中的交易活动也是公平的，否则世界市场将无法正常运转。

对于任何国家的企业来说，通过市场获得的资源总是有限的。企业在市场上主要是出售自己的产品，而产品的生产与销售过程，无论是在国内市场还是国际市场，都有企业自身的因素或其他因素存在，例如国家政府对企业的资助与补贴，国家的产业、企业、贸易政策是否维护一部分企业的利益而损害另一部分的利益，在对外贸易中国家是否实行贸易保护主义政策等，都有可能造成市场秩序的混乱。而在企业生产领域，长期以来对于资本的保护是常见的，但很少见到对于劳动的保护，这对于企业生产的持续性，显然是不利的。

总之，从经济学的角度来说，资源永远是稀缺的，而任何企业都不可能占有所有的资源，对资源占有的有限性，决定了企业必须通过自己的产品在市场上获得最大的收益。正因为资源是有限的，所以企业对资源的占有欲望表现得更加强烈。在这种情况下，作为国家权力的政府也加入企业争夺国际资源的行列。在经济全球化情况下，发达国家在资源争夺方面有更强的政治、经济、军事实力，而发展中国家所拥有的资源，随着经济全球化则逐渐成为大国争夺的对象。当然，在很多情况下，对资源的争夺是通过市场实现的，只不过发达国家以其巨大的经济实力控制市场罢了。特别是跨国公司、国际公司在全球的扩张活动中，通过各种经济援助、跨国投资等全球性活动，完成了资源占有的过程，这就为下一步本国企业的持续生产奠定了资源基础。而失去资源的发展中国家，仍以早期在国际市场上出售本国资源性初级产品为主，实际上是出让资源的一种方式。随着贸易活动的日益频繁，最终导致资源的枯竭，这将使发展中国家丧失经济可持续发展的动力和基础来源。从这个意义上考察国际市场和国内市场中的企业行为，大体上可以明白世界经济的未来走向，也可进一步明确企业与未来国际社会的关系。

二、资源保护政策与跨国企业动向

企业发展的最大难题在于资源匮乏，企业不仅需要营销其产品，更重要的是从市场经营活动中获取更多的资源，否则企业将无法生存。

如果仍以资源极度贫乏的日本为例，日本企业的危机意识可能比世界上任何一个国家的企业都要强烈。因此，以日本的稀有金属为例，分析日本政府及企业的资源保障政策与未来市场的关系，将为国人提供有益的经验。

❶ 海外扩张与资源占有

日本本国的稀有金属资源并不多，却是稀有金属的消费大国，其消费的稀有金属几乎全部依赖进口，一旦供给不足将对相关产业造成重大冲击。汽车和电子等行业是日本经济的重要支柱，而一些稀有金属是液晶电视、手机、汽车等产品中不可缺少的组成部分。随着全球电子产业以及汽车行业的蓬勃发展，稀有金属消费量激增。日本政府出台了一系列政策确保稀有金属的稳定供应，日本企业也在全球范围内积极抢购稀有金属资源。

❷ 建立储备制度

为稳定对稀有资源的需求、保障企业生产，日本经济产业省很早就对重要稀有金属实施储备制度。1983年起，日本建立稀有金属的国家储备，最早列入储备的包括镍、钒、铬、锰、钨、钼、钴7种。2006年，日本提出国家能源资源战略规划，储备品种在原先7种稀有金属的基础上，又增加了铂、铟及稀土3种稀有金属。日本企业界也在特殊金属储备协会的牵头下对稀有金属进行储藏。该协会成员包括新日本制铁、住友金属、日立金属、神户制钢所等日本大型制造企业。日本经济产业省强调，向制造商稳定地提供稀有金属对加强产业竞争力十分重要。由于新兴市场国家消费需求扩大以及经济和政治形势的变化，可能会造成稀有金属价格的暴涨暴跌，因此政府和产业界有必要加强协作。由于担心稀有金属的供应国局势动荡及国际市场价格大幅波动，日本近年来有意识地在加大储备数量。稀有金属储备需要巨额资金，为此日本政府建立了储备专项资金。除此之外，日本经济产业省在2009年7月出台了稀有金属保障战略，规定除确保国外资源的供应外，同时也有必要加强废弃制品的回收再利用以及替代材料的开发。

❸ 积极到海外占矿

2007年，日本政府决定将加强资源外交以确保稀有金属的开发利用。日本认为，由于全球对稀有金属的需求日益扩大，其价格也必然随需求增长而呈上升趋势。为确保稳定供给，日本必须与资源丰富的非洲、南美和中亚国家及地区加强联系。日本各大商社为确保稀有金属的稳定供应，也在全球范围内加大开发力度。汽车零部件和燃料电池所需的铂金80%产于南非，南非的铬和钒的产量也占全球的40%，这些稀有金属是生产特殊钢材和合金时不可或缺的原料。如日本伊藤忠商社就在南非投资200亿~300亿日元开发铂金。另外，全球锂资源基础储量为1 100万吨，其中玻利维亚的储量高达540万吨，接近全球总量的一半。而锂是汽车锂电池的重要原材料，目前日本汽车企业正在积极开发新能源汽车，锂矿的供给对日本汽车产业来说意义重大。日本政府计划向拥有丰富稀有金属资源的玻利维亚等南美国家提供数亿美元的贷款，以换得充足的稀有金属供应。如玻利维亚的乌尤尼盐湖中蕴藏着丰富的锂资源。近年来，日本住友集团、三菱集团等财团为了掌握锂资源，与欧美等国家的大企业在玻利维亚展开激烈争夺。此外，住友金属矿山公司早前还向所罗门群岛镍矿开发投资2 000亿日元，预计2013年高纯度镍产量将提高到3万吨。

日本的《资源综合保障战略》是目前日本实施海外矿产资源的开发行为的主导战略，该战略是日本经济产业省2006年5月出台的《新国家能源战略》中指出的8项子战略之一。在该战略中，日本提出要在法律上制定一份确保资源安全稳定供应的指南，由政府及相关部门按照该指南的要求来共同保障和推进资源综合保障战略的实施。日本政府为鼓励本国企业到海外大规模投资矿产资源，日本企业在境外开矿从本国中央银行和进出口银行贷款时，金属矿业事业团将出面做担保人，且仅收取0.4%的担保费。

日本实施的资源综合保障战略已收到成效。目前，日本矿业企业在海外的石油自主开发率已由从前的8%上升到15%。日本认为目前国际矿产资源的争夺日趋激烈化，日本的海外资源的开发目标是到2030年将石油自主开发率提高到40%。对于60%需要依赖进口的石油，日本也提出要尽量将进口渠道多元化，从中东地区逐渐向世界其他产油国扩散，尤其重视与俄罗斯的资源外交，分散石油进口的国家和地区，以加强日本的能源安全。

仅从以上日本资源综合保障战略主要内容的介绍，可以清楚地看出国际企业对于海外资源开发利用已成为企业海外经营的重要内容。而日本政府大力鼓励和支援私营企业去海外进行矿产资源的开发，政府在幕后做私营企业的强大后盾，可见在长期的海外矿产资源开发中，日本一直是积极的参与者，但从来没有引起过国际社会特别的关注，而对于海外资源市场的激烈争夺，日本模式往往会取得较大的收获。这一点，值得我国企业参考借鉴。

第二节　企业走向世界市场

在当代国际化生产中，任何一个企业都不可能独自发展，这除了技术的互补，以及模仿、革新外，在资金调配、原材料和零部件采购供给、产品销售上的联系及企业与当地社会文化诸方面的联系，也是极为广泛的，而且这已成为企业是否能得到长足发展的关键性因素。

一、发展中国家的国际营销

对于发展中国家来说，由于历史原因，其在相当长的历史时期中实行封闭政策，社会经济结构仅仅是按本国原有的社会经济模式运转，市场经济程度低，同国际市场的联系大都仅限于贸易，经济合作关系尚未形成。随着对外开放程度的提高，发展中国家参与国际竞争已成为普遍现象。

在西方发达国家、世界其他发展中国家及新兴市场经济国家中开展国际贸易活动，如果从国际营销的角度看，发展中国家目前亟待解决的基础性问题如下：

（1）教育。教育面临的挑战是教会消费者如何使用工业产品，需要改变消费者的传统生活方式。如美国吉利公司就面临教会更多的发展中国家的人如何剃须，在印度尼西亚、墨西哥及中国有大量的广告片，而宝洁公司则教人怎样刷牙和怎样了解牙膏。可以说，如果说西方发达国家的产品进入发展中国家，其产品与消费者的国际沟通就显得十分重要，在很长一段时期中需要对市场进行培育，教会消费者正确地使用工业制品。一旦有一定的消费群体，其产品的异国销售则拥有了新市场。如汽车的销售，外国品牌进入发展中国家，首先是需要有更多的人学会开车，并将汽车作为日常工作和生活的必需品，一旦人离不开汽车，汽车的消费市场就可想而知了。至于发展中国家的产品进入发达国家，也存在打开市场的问题。目前中国制造的产品在全世界销售，尤其是进入美国市场的初期，以农产品、纺织品、服装和日用品为主体的中国商品，现在已成为美国人的生活中不可缺少的一部分，而价廉物美的中国商品的消费习惯的养成，与美国广大消费者对中国商品的认同有很大关系。

（2）定价。工业产品在发展中国家的定价是使消费者能买得起，需要有与产品相配套的营销策略。对于发展中国家的产品销往发达国家和地区，也存在如何保有自己的定价权问题。事实上，发展中国家的工业产品大多缺乏自由技术产权，向发达国家输送产品，表面上看是对外贸易，实际上很大程度是来料加工，从产品设计到最后的运输，在整个产业链中，发展中国家大多是处于生产制造的环节上，产品设计、原材料采购、物流与销售的其他环节则由外商控制，大部分的产品利润最终成为外商的收益，而发展中国家的生产加工费用只占很少一部分。这样的结果使得发展中国家承担劳动力、土地的低价格和环境污染治理的费用。总体上说，由于国际营销中发展中国家已失去了产品的定价权，因此创建自己的品牌，就要从培育市场做起。如果企业的目标是建立自己的品牌的话，那么，企业就已不是处在追求产品的数量而获得加工费的阶段了。

（3）社区使用的策略。在海外销售的产品中，由于国情、民情、社情有相当大的差异，各国社会经济结构不同，消费能力和消费水平也不一样。在发展中国家，私人买不起的产品，可以采用"社区使用"的营销策略。其核心是增加产品或服务的使用，消费者不必拥有，只要有使用权。如印度私人固定电话有 2 000 万部，但每台每年平均支出仅 229 美元，付费电话平均每台每年却为 6 870 美元，结果是各大公司把经营重点放到扩充付费电话网上。这实际上就是利用社区使用策略的成功案例。

（4）市场基本状况。在进入海外市场之前，除应对该国家的政治、法律、社会、文化及投资政策进行详细考察外，还需要对其国家的市场基本状况进行分析。表 7 – 1 是关于东欧地区市场分析的基本数据，从中可以大体反映出市场消费与需求的程度。

表 7 – 1　东欧市场分析基本数据示例表

国家	人口（万）	GNP（亿美元）	人均 GNP（美元）	出口（亿美元）	进口（亿美元）
阿尔巴尼亚	328	27	820	0.80	1.47
波黑	266	8	300	不详	不详
保加利亚	900	101	1 220	43.03	32.71
克罗地亚	478	263	5 600	46.33	75.80
捷克	1 030	520	5 050	145.75	162.84
匈牙利	1 030	457	4 505	191.00	152.24
马其顿	205	48	2 400	12.44	14.20
波兰	3 840	1 353	3 500	257.51	423.07
罗马尼亚	2 280	348	1 544	83.85	101.31
斯洛伐克	527	207	1 763	120.63	130.03

而在亚洲，不同的国家和地区的人口、国内生产总值、人均产值及进出口情况的有关部门数据，也应成为分析该国家和地区消费水平和消费能力的基础数据，当然也可以同世界其他国家和地区进行比较，以选择进入的路径（见表 7 – 2）。

表 7 – 2　2000 年亚洲部分国家与地区市场分析

国家与地区	人口（万）	GNP（亿美元）	人均 GNP（美元）	出口（亿美元）	进口（亿美元）
澳大利亚	1 850	41 100	22 000	529.66	613.47
中国内地	123 010	91 770	746	1 487.55	1 320.07
中国香港	650	17 360	26 701	1 735.46	1 927.64
印度	95 520	43 720	458	305.37	344.56
印度尼西亚	19 990	21 500	1 076	432.85	394.56
日本	12 620	419 950	33 277	4 430.00	3 358.71
韩国	4 600	47 600	10 361	1 253.65	1 351.53
中国台湾	2 150	28 330	13 000	1 118.37	1 036.52

企业在国际营销中对于所要进入的国家和地区市场前景的了解，要看经济构成与市场基

本结构及其变动情况。例如外国企业对中国市场的分析，由于中国幅员辽阔、人口众多，居民储蓄量巨大，有很强的市场消费能力。仅就人口而言，中国人在饮食方面的消费，将成为永久性的市场。如果从前期市场培育开始，在中国从事食品业，应是最有发展前景的。如日本中部地区食品公司就瞄准了中国销售市场，并逐步扩大在中国市场的销售规模。由于日本国内食品需求市场低迷，日本各食品公司只有积极开拓海外市场规模，才能促进公司的发展。日本第二大面包制造商"敷岛面包"研发的"超熟"系列面包就是在这样的背景下进入中国上海的。据媒体报道，敷岛面包出资20%在上海市建立的合资工厂将于2011年3月投产运营，主要生产由敷岛面包公司提供技术支持研发出的"超熟"系列面包和小甜点。此外，日本味滋康集团扩大"味滋康"牌产品在中国市场的销售规模，该公司已在北京推出了味滋康牌火锅调味料；公司计划除加大调味料相关食品的开发力度外，还以2009年夏季在上海设立的事务所为依托，将营业范围从上海市向周边地区扩展。

如果从全球范围看，世界各国的跨国公司到海外投资已成为20世纪70年代以来的普遍现象。跨国投资并成为国际公司的成功与否，应与公司对所在国的认知有相当大的关系。关于此，国际营销实施中的国际市场调研就成为跨国公司进入海外市场的第一步。

二、日本卡通的海外发展

1917年，日本生产出第一部黑白动画片。当时，动画家在创作时，仅仅是对法国、美国等动画胶片进行分析，用笔画、剪纸等手法进行临摹，然后再拍下来。这一时期，以个人创作为主，影响不大。1945年战败前，只创作了《桃太郎海洋神兵》、《椰子果实》等动画片。战败后，无能力创作动画片。1958年，东映动画公司首次制作了取材于中国民间故事的《白蛇传》、《西游记》等彩色动画片，并出现了宫崎骏等专业天才的漫画家。到了1963年，随着电视的普及，手冢治虫的《铁臂阿童木》风靡日本，它的出现，给动画产品造成了强烈的冲击。

《铁臂阿童木》是部划时代的作品，它从形式上改变了传统的漫画和动画片，在其基础上形成了一种新的漫画品种——卡通（连环漫画），并形成了一套卡通片的商业运作模式。这个商业运作模式自20世纪80年代开始成形，如1981年创作的《天鹅湖》、1982年创作的《福星小子》、1983创作的《超时空要塞》等，这些卡通片在商业上取得了很大的成就；随着高科技的发展，到了20世纪90年代，日本卡通片在商业运作日渐成熟的基础上，不但注重开发新的卡通片，而且对其衍生产品也进行了深层次的开发，如1991年创作的《机动战士高达》、1995年创作的《攻壳机动队》、1996年创作的《名侦探柯南》、1999年创作的《宠物小精灵》等。日本的卡通片从20世纪80年代的崛起，到20世纪90年代的快速发展，至今已日臻成熟。日本卡通不仅在日本，而且在亚洲、欧洲、美国等一些国家都有一些"迷"，每年，世界卡通片总量的65%是日本卡通片。到2004年，日本卡通产业的收入已超过日本钢铁产业。

日本的卡通片分创作（创意）和制作两大块，目前，日本有50家创意公司，380家制作公司完成，其中350家在东京。卡通创作公司有创作（创意）后，便将制作交给制作公司完成，制作公司的制作成本，主要是人工费。由于日本本国的劳动力价值较高，于是，一些卡通的创意公司便将卡通的制作转移到其他人工费较低的国家去做，一开始主要是韩国的一些制作公司，现在中国内地、中国台湾、中国香港的一些公司也在承接日本的一些卡通制作工作。这样，给日本卡通片造成两个方面的问题：一是一些卡通制作公司因为成本高，便退出卡通行业，致使卡通制作的后备人才缺乏，并影响到卡通的创意；二是国外的一些承包公司能够从承包卡通制作中学习日本卡通的创作经验，使本国的卡通制作水平提高很快，并能够制作自己的卡通片，并与日本卡通进行激烈的竞争，使日本感到亚洲经济崛起的压力。

日本卡通业将未来的发展目标放在海外。一是利用海外的廉价劳动力，将制作承包给所在国公司，但这样会造成盗版行为，为此，日本不得不花费大量精力来反盗版；二是寻求海外合作。任何国家都把文化安全作为国家安全加以保护，因此，每个国家对外国文化产品的进口都有一定的限制。于是，日本卡通业便将目标放在合作上，以合作求发展，占领海外市场。在我国，由于合作需要审批，于是，日本便以项目合作为主，逐步渗透。如与国内一些卡通制作公司进行某个项目的全面合作，如投资、创意、市场的开拓等，这样的共同开发既规避了国内法律，也可在知识产权的保护上分得一杯羹。为此，日本官方不遗余力地做海外项目合作工作。如日本文化厅长官国际科便是专门为日本公司在海外活动提供服务和帮助的政府部门，其主要任务是加强针对授权发生国的政治工作，与联合国合作，交流信息，与授权国达成双边协议，同时支持本国企业在外国行使授权，包括反盗版、开发著作权教材、支援行政权力等。除日本政府的直接支持外，政府还加强与民间组织的合作。如与上海炫动卡通卫视合作的日本贸易振兴机构就是日本在中国设立的专门搜集中国各种文化信息包括文化政策等的民间机构，这些民间机构把从各处搜集来的信息进行分析、判断，然后提供给日本国内的有关部门。在这些官方、民间所搭建的"文化促进、交流"平台上，已有许多日本公司以各种名义与中方合作。如日本倍乐生株式会社以其《乐智小天地》儿童项目与中国福利会出版社合作，这个合作项目成功地规避了我国的出版法规，日方通过该项目合作得到的不仅仅是版权方面的收益，还有出版利润。

在加大与中国合作的同时，日本还加紧了对其文化产品海外知识产权的保护。不仅卡通产品的生产者保护自己产品的知识产权，日本的一些官方机构、民间机构还有一些卡通产品的代理商和律师等，都参与本国文化产品在海外的知识产权方面的保护。

拓展学习

跨国公司全球投资发展态势

20世纪90年代以来，世界政治经济格局和科技发展出现了一系列根本性的新变化：冷战结束、经济全球化、技术信息化、经济权力从原来的集中于制造厂家向销售商和客户分散，等等。这些变革极大地改变了跨国公司的经营环境、竞争规则和创造价值的方式。在上述经营环境剧变的情况下，全球大型跨国公司率先进行了一系列的战略调整与管理改革，从而保持了良好的增长势头和较强的国际竞争力。

1. 经营业务回归核心主业，成为大公司的主要动向

"二战"后，许多大型跨国公司为了分散风险，曾普遍采用业务多元化经营战略。但其弊端也逐步显现出来，如摊子过大或不熟悉非相关领域等，导致收益降低，甚至出现高负债。20世纪90年代以来，各国企业又纷纷由多元化扩张向有竞争力的主营业务回归，实施"归核化战略"，其要旨是：把公司的业务归拢到最具竞争优势的行业上；把经营重点放在核心行业价值链中自己优势最大的环节上；强调核心能力的培养、维护和发展。这是跨国公司在外部环境竞争日趋激烈的情况下"有所为，有所不为"的一种主动选择，是为了更好地发展核心主业、提高竞争力而实施的战略转移。可以预计，"归核化"将成为21世纪初各国大企业或跨国公司的主导型战略。

非股权参与的外包形式，尤其引人注目。跨国公司将非核心的生产、营销、物流、研发，甚至是非主要框架的设计活动都分包给成本更低的发展中国家的企业或专业化公司完成，不仅减少了固定投入成本，而且达到了在全球范围内利用最优资源的目的。目前，项目外包已广泛应用于产品制造、IT服务、人力资源管理、金融、保险、会计服务等多个领域。伴随着经济全球化的深入发展，国际项目外包市场近年来迅速扩张，由单个项目逐步发展成了一个规模巨大的市场。这个市场正以每年约20%的速度增长，预计到2010年将达到20万亿美元的规模。全球仅软件项目外包市场每年就有1 300亿美元的规模，其中80%以上是离岸项目外包。印度是最大的软件项目外包承接国，每年能拿到300亿美元的外包项目。目前受劳动力成本等经济因素的驱动，国际上服务外包的趋势仍然不可阻挡。据有关机构研究，未来15年，美国将有工资值为1 360亿美元的330万个服务产业的工作机会转移到成本更低的国家和地区。在这一轮浪潮中，印度、中国和俄罗斯这三个具有智力人才资源优势的国家处于最有利的位置。印度在软件外包服务及其他技术服务领域走在中国和俄罗斯的前面，成为全球服务业外包中心。惠普、甲骨文、埃森哲、美国在线、英国诺维奇保险公司等大型跨国公司都计划将部分服务业务转移到印度。最近值得注意的一个新趋势是，跨国公司在向中国转移制造业价值链条中的组装加工环节的基础上，开始把制造业价值链条中的服务环节，如战略咨询与管理、研究开发、产品设计、营销、公共关系、金融服务等转向中国，带动了外资流向中国。中国入世以来，跨国公司将服务业向我国转移的趋势明显。例如，英国汇丰银行在2002年把地区总部从香港转移到上海并把技术保障中心迁到深圳，把呼叫中心转移到广州和上海。摩托罗拉公司将人力资源服务外包给上海对外服务公司，为其进行销售团队的招聘、培训和管理工作。近几年我国企业承接的外包项目呈现出强劲发展势头。2000—2002年，惠普公司在我国的采购和外包订单超过了100亿美元，思科公司每年交给我国企业的外包生产也有30亿美元。2003年年中，诺基亚公司把手机日本本土客户服务外包给了我国的呼叫中心运营商195资讯公司。另外，我国对外承包工程业务继续保持良好发展态势，2003年我国对外承包工程完成营业额138.4亿美元，同比增长23.6%；新签合同额176.7亿美元，同比增长17.4%。

2. 职能与资源配置"全球化"

近年来，跨国公司对外直接投资的区域并不限于个别国家和地区，而是追求全球布点，扩大势力范围。特别是大型跨国公司凭借其巨额资产、庞大的生产规模、先进的科学技术、科学的管理手段，将其触角伸展至全球的各个角落，经营规模不断扩大。它们的子公司以及分公司等分支机构遍布世界各地，在经营管理上带有明显的"全球战略"特色，即放眼全球资源和市场，把各种职能行为如融资、研究开发、零部件生产、总装、会计、培训等安排到能最好地实现公司全盘策略的地方，并实行统一控制，这样创造了企业内部的国际化分工。在跨国公司的职能配置和区位选择中，生产和市场销售仍然是跨国公司的重要考虑因素。在跨国公司的国际职能配置和业务区位分布中，发达国家和发展中国家存在一定差别。研发等高附加值业务选择在发达国家的可能性远大于发展中国家，但生产加工和物流供应却最有可能选择在发展中国家。

3. 投资模式配套化

在新一轮全球产业大转移过程中，跨国公司遵循的是"全球化链条定律"："追随客户"和"全球协议伙伴"，即建立自己的生物圈（如果每一个环节都有他们熟悉和适应的伙伴，将"如鱼得水"），带动整个产业链投资，进行群体竞争，而不是单打独斗，竞争的程度和影响范围都大大增强了，产业转移的速度和范围也达到了一个新的水平。随着经济全球化的扩张和中国加入 WTO，跨国公司向中国投资也越来越具有系统性和关联性，即上、中、下游企业一起转移，在商业价值链上互为客户，跨国公司形成了"竖看一条线，横看一张网"的类似于其本土的商业环境。

4. 并购与新建（绿地）投资方式均衡化

国际直接投资一般可采取新建投资或并购两种方式进行。初级阶段为新建投资，一般发生在发展中国家（不排除因东道国的政策性限制），如我国自改革开放以来的外商直接投资基本为新建投资。兼并、收购是通过控制东道国企业的股权从而控制当地企业，这种方式不仅可以节约时间、迅速打进国外市场，可以利用优势互补、聚合效应和名牌效应来降低成本，而且通过兼并收购还消除了争夺市场和资源的对手，运作得好就可以收到事半功倍的效果。但跨国并购受到一些条件的限制，如东道国必须具备并购的条件和投资环境、具有可以并购的目标企业、具备能够确保投资商从事有效生产和经营的条件和政策等，这些条件的限制使跨国并购交易活动往往更集中在发达国家，或具有较先进的工业部门和较发达的资本市场的发展中国家。跨国并购可以说是国际直接投资和东道国经济发展到一定水平的必然结果，或国际直接投资的第二阶段。20 世纪 90 年代以来，跨国并购一直是跨国公司 FDI 的主要方式。至 2000 年并购高峰过后，跨国并购在 FDI 的比例趋于下降。事实上，全球外国直接投资的下降大部分来自于跨国并购的显著下降。从 2000 年的 1.14 万亿美元到 2001 年的 5 940 亿美元，再到 2002 年的 3 700 亿美元，每起交易的平均价值也不断下滑，从 2000 年的 1.45 亿美元到 2001 年的 0.98 亿美元和 2002 年的 0.82 亿美元，超过 10 亿美元巨额交易数量从 2000 年的 175 起下降到 2001 年的 113 起和 2002 年的 81 起。2003 年的跨国并购交易额仅为 2 970 亿美元，依然保持低迷状态。2004 年跨国并购又开始回升，上半年的跨国并购交易额比 2003 年同期增长了 3%。专家预计，在未来短期和中期内，并购对 FDI 的促进作用有限。与此同时，新建投资重新赢得各国的青睐，有逐渐增加之势。

5. 投资经营服务化

跨国公司直接投资在全球范围内加速向服务行业倾斜。20 世纪 70 年代初，服务业只占全球外商直接投资总量的 1/4。1990 年，服务业吸收的外商直接投资超过了第一、第二产业之和，在跨国投资总额中所占比重达到了 50.1%。而 2002 年已上升到约占 60%，约为 4 万亿美元。在同一时期，初级部门占全世界外国直接投资存量的比例由 9% 下降到 6%，而制造业降幅更大，由 42% 降至 34%。就具体行业来说，主要集中在贸易和金融领域，两者 2002 年仍占服务业外国直接投资存量的 47% 和流量的 35%。然而，诸如供电、供水、电信和企业活动正在占据越来越重要的地位。例如，1990—2002 年，发电和电力配送方面的外国直接投资存量值增长了 14 倍，电信、仓储和运输增长了 16 倍；企业服务增长了 9 倍。此外，制造业公司把服务环节作为增加附加值和利润的重要领域。美国 GE 公司是这种战略的先行者之一，其总销售额中服务业所占的比重，1980 年时仅有 15%，到 1998 年，67% 的收入来自金融、信息和产品等方面的服务。美国 Dell 公司的卓越服务在电脑业掀起一场革命，迫使 IBM、惠普、富士通等老牌电脑制造巨头们纷纷调整战略：由硬件制造商向软件和服务商的战略转变。在汽车、家电、医药等制造业也出现了向服务业的转变。例如，美国福特汽车公司在 1999 年 5 月宣布了"从组装到销毁"的全程服务新战略；家电先导的日本索尼公司正在实施从一个家电硬件制造商转变为娱乐服务商的新战略；医药制造业大公司近年来纷纷向医疗保健服务领域进军，也是这种新趋势的表现。

跨国公司投资和经营行为服务化，主要是由于：①服务业在经济整体上的地位上升，2001年，该类产业平均占发达国家国内生产总值的72%，占发展中国家国内生产总值的52%，占中东欧国家国内生产总值的57%。②第三产业的投资面广，比制造业和采掘业投资风险小、投资回收期短，有利于获得更高的投资收益。③经济发展使全球对现代化服务的需求提高，特别要求贸易、金融、房地产、咨询、保险、教育、文化、酒店旅游、交通通信、保健等产业，提供更全面多样而周到的服务。此外，发展中国家以及中东欧国家，在经济加速发展及向市场经济的转轨过程中，也需要充分利用银行、保险、电信、会计和法律等方面服务。巨大的潜在市场和利润无疑成为吸引跨国公司直接投资的重要动力。④乌拉圭协议《服务贸易总协议》和世界贸易组织通过的《多边金融服务贸易协定》推动了服务业国际直接投资自由化的步伐。⑤随着高科技的发展，同类企业普遍掌握了先进的技术和工艺，产品的设计、品种、制造、质量和价格彼此间已无明显的差异，它们已经不是绝对可靠的竞争手段，精明的企业家无不根据市场竞争状况和自身条件来努力探求具有独创性的优质服务，以赢得更多的市场和顾客。

6. 跨国战略联盟纵深化

面对不断变化的消费者需求、日益缩短的产品和技术生命周期以及日趋复杂激烈的全球竞争等新现实，单打独斗发展的传统思路已经行不通。于是，越来越多的跨国公司之间建立起了各种形式的战略联盟，包括建立合资企业、共同研究开发、许可贸易、特许专营、合作生产和销售、勘探协议等。战略联盟的好处是可以共同分担研究开发费用、分散与减少风险、取长补短、优势叠加、取得技术协作溢出效应，这样既可加强各方的竞争地位，又可避免两败俱伤。中小型跨国公司加入国际战略联盟还可以弥补企业规模不足的缺陷，增强企业的竞争力和生命力。20世纪90年代以来，跨国公司的战略联盟掀起一股热潮，世界最大的芯片制造商英特尔公司与世界最大的软件商微软公司结成联盟。1993年摩托罗拉公司与索尼公司、三菱公司和加拿大贝尔公司签订联合协议，共同开发新一代芯片。波音公司与空中客车共同投资40亿美元，联合开发高端产品。到1995年为止，史密斯克莱恩—比昌（Smith Kline Beecham）公司与140多家企业、大学和科研院所建立了战略联盟关系；葛兰素（Glaxo）公司也缔结了60多个这样的战略联盟。据统计，在世界150多家大型跨国公司中，以不同形式缔结成战略联盟的高达90%。跨国公司依靠与其他跨国公司从研究与开发到销售等系列经营活动方面组成的网络，将自己的触角伸向世界各地，寻求一切对自己的发展有利的知识、技术、人力资源方面的优势和机会。

7. 经营活动当地化

随着经济全球化的发展，80年代还是少数跨国公司提出并实施的当地化战略，90年代已成为一种大趋势：在市场方面，按东道国需求进行产品开发、生产和流通；在技术方面，利用当地技术，进行技术转让，在当地设立研究与开发（R&D）机构；在管理上，尽可能多地了解当地的文化和风俗习惯，容忍甚至鼓励外国（子）公司风格的当地化；在人员聘用和晋升方面，奉行能力主义，不分国籍地选用管理人员；在物料方面，在当地购买主要原材料和零部件；在利润分配上，把当地获得的利润大部分用于当地的再投资等。以跨国公司在华当地化为例，在高中级经理的当地化方面，美国跨国公司最为突出，美国大型跨国公司的中国公司的CEO绝大多数是华人，欧洲公司就差了许多，日本公司最差。

8. 经营目标高资本化

一是金融全球化导致股市融资日益成为大企业的战略要素；二是企业要想在全球市场中

以优势地位实行战略兼并，实现更高的市场资本价值，经营目标高资本化则成为前提条件之一。近年来，日本企业也出现了重视股市融资和股东利益的趋势。众所周知，日本企业的主要目标是企业的生存、持续和繁荣。但是，"在企业经营向全球化加速发展的今天，不采用重视股东的体制，已经无法参与国际社会的商务活动"。日本三和综合研究所指出："日本的经营体制，必须转换为重视股东、重视股东资本利润率的经营体制。"因此，日本大公司纷纷强调重视股东利益和股市价值。如索尼公司现在把股东、员工和客户三者利益摆在同等重要的地位。从1990年开始，索尼已经实行了"价值创造型管理"，也就是通过评定你为股东创造多少价值来衡量你为公司作的贡献。为此，索尼引入了经济增加值（EVA）的概念。从2000年开始，董事和公司高级执行官的部分报酬费始与EVA挂钩，公司还将EVA扩展到集团的其他业务，并准备将它运用到业务计划、表现监控、投资评价方面和其他管理层中去。索尼也意识到股东对市场资本的增加寄予厚望。2000年3月，公司的市场资本是13万亿日元，几乎是1999年3月末4.5万亿日元的3倍。为了推动个人投资者在公司股票上的投资，索尼为股东推出了二合一股票。

9. 组织结构扁平化、网络化

以往的西方跨国公司组织形式注重纵向分工和强调命令控制，经理阶层庞大，总部权力集中。这种金字塔式的组织管理模式在当今瞬息多变的经济全球化、信息化潮流的冲击下，日益暴露出官僚、臃肿、低效的弊端。因此，不仅业绩不好的公司，就是业绩优秀的大公司也在实施大规模的组织结构调整：减少层级、精简人员、下放权力、贴近客户，以全面增强公司的灵活性和适应性，从而持续增强公司的竞争力。例如，瑞典与瑞士合资的ABB公司在80年代末将其总部的1 000多人压缩到150人，管理层次简化为3个层次，基层的5 000多个利润中心具有高度的自主权。在管理层次最多的汽车公司中，美国通用从28层减至19层，日本丰田从20多层减少到11层。英荷壳牌公司在90年代中后期把总部的3 000多人裁去了70%，去掉了许多中间管理层次，使过去需要用1个月和一个20人委员会才能通过的决策，现在仅需要由1人用1天就能完成。

10. 产品和服务多样化、定制化

随着全球化市场竞争的加剧，企业竞争的焦点已经是如何更好、更快地满足客户多样化、个性化的需求。80年代中期以来，日本、美国及欧洲国家的大型跨国公司开始尝试一种新的经营模式即大规模定制服务。所谓大规模定制是指"对定制的产品和服务进行个别的大规模生产"。它试图把大规模生产服务和定制生产服务这两种模式的优势有机地结合起来，即用标准化零件实现规模经济，零部件按多种方式进行组合，生产多种最终产品，从而实现范围经济。采用大规模定制，能够同时达到产品的低成本和品种多样化的目的，有专家预言它将成为21世纪企业的主导生产与服务模式。日本制造商在20世纪80年代就开始寻求在不增加成本的前提下，生产多品种、小批量产品的途径，并凭着这种高度灵活性和快速响应在80年代击败了美国企业。到了20世纪90年代，美国的各行各业也开始出现"选择板"。耐克公司已经提供了定做的运动鞋。通过其网站，顾客可以选择色彩组合和其他特点。斯特劳斯公司1998年推出了一项服务，使顾客能自己选择合身的尺寸、式样和颜色。结果使斯特劳斯公司能生产近170万种不同的牛仔裤来满足顾客的喜好。戴尔公司更是堪称典范，它设计、开发、生产、营销、维修和支持一系列从笔记本电脑到工作站的个人计算机系统，每一个系统都是根据客户的个别要求量身订制的。对各种规模的公司都可以提供定制的产品和服务。根据大型跨国公司的经验，要实现大规模海外经营，必须做好四件事情：一是收集并建立顾客信息数据库，进行市场细分（产品细分＋顾客细分），然后各个击破。二是对生产过程和组织进行重组，引进柔性制造系统、计算机集成制造技术和网络技术，以提供新的环境必需的灵活性和快速适应能力。过程和组织的手段（生产产品、提供服务、联系客户）必须保持动态改进，以挖掘和满足不断变化的客户需求。三是零部件通用，以便在任何用得着它的地方都可以很方便地使用它。达到这一目标是通过对零件、工具、材料和工艺实行标准化生产来实现的。四是不能孤军作战，只有通过雇员、供应商、分销商、零售商共同参与，并且请最终客户参与进来，共同挖掘和满足他们的需求，才能实现大规模定制。

问题与讨论

1. 仔细阅读以上资料，并就近年跨国公司海外投资十大问题中你认为最重要的问题撰写发言提纲，并在课堂讨论中发表演讲。

2. 欧美与日本大企业海外投资的特点与差别是什么？

分组讨论

1. 为什么企业目前所关注的是企业的外部经营变化？这对于企业产品进入海外市场有什么积极影响？

2. 简述市场占有率对企业发展的意义。

作业题

1. 跨国公司的海外经营必须具备什么条件？查阅网络资料，对中国企业在海外发展遇到的问题进行总结。

2. 说说资源产品和海外资源开发与企业持续发展的关系。为什么近年对于资源产品的争夺战越来越激烈？跨国公司在海外的经营活动几乎都与资源产品有直接关系，如果民营企业也参与海外资源产品竞争的话，你认为对中国企业有利吗？

第八章

现代企业的风险与危机管理

现在几乎还没有哪一家企业可以很好地管理企业各个层次的风险。一个完善的风险管理机制，应该能够对企业所有的预期情况进行风险评估和处理，能够突破模糊企业所面临风险的组织之间的界限，能够对所有潜在的重大风险进行预计并制订出相应的解决方案。所以，按照有关企业风险管理的标准定期地评估企业风险及企业风险管理的有效性，不断地完善风险管理机制显得尤为重要。

第一节　国家经济动荡与企业风险管理

风险管理的实践和理论起始于 20 世纪 30 年代的美国保险业，于 50 年代发展成为一门管理科学。随着经济技术的迅速发展，风险管理先后在发达国家和发展中国家逐步普及到许多的企业中，如企业增设了风险管理机构，专门配备风险管理经理、风险管理顾问，由他们负责企业的风险识别、风险测定和风险处理等工作。

一、企业风险管理的基本内容

企业风险管理的基本内容包括企业风险识别、企业风险衡量和企业风险处理三个方面：①企业风险识别是风险分析和管理中的一项基础性工作，其主要任务是明确企业风险的存在，并找到主要的风险因素，为后面的风险度量和风险决策奠定基础；②在风险识别之后必须进行企业风险衡量，以便确定其对企业发展影响的严重性并采取相应的措施，它其实就是运用一定方法对风险发生的可能性或损失的范围与程度进行估计和衡量；③企业风险处理是针对不同类型、不同规模、不同概率的企业内、外部风险，采取相应的对策、措施或方法，使风险损失对企业生产经营活动的影响降到最小限度。

提高企业全面风险管理水平的措施主要有：

❶提高企业高层管理者综合素质，增强高层管理者全面风险管理能力

企业全面风险管理水平，取决于高层管理者的风险偏好、处理风险事件的态度、方法和能力。这就要求企业高层管理者必须拥有专门的风险管理知识、才能和智慧，形成一套系统的风险管理理念，树立科学的风险应对策略观，以确保履行其风险监控责任，引导企业风险管理文化的形成，推动企业风险管理系统的合理构建。与之相适应，在选拔、聘用和考核企业高层管理者时，应该强调其风险意识、风险管理态度与风险管理能力，要从制度设计着手，引导或迫使企业高层管理者不断提高其自身综合素质，增强其全面风险管理能力。

②塑造风险管理文化，增强全员风险管理意识

风险管理是一项全员参与的系统工程，需要塑造风险管理文化。风险管理文化是企业文化的重要组成部分，其内容主要包括风险管理理念、风险控制行为、风险道德标准和风险管理环境。在风险管理文化建设中，要倡导和强化"全员的风险管理意识"，通过各种途径将风险管理理念传递给每一个员工，并且内化为员工的职业态度和工作习惯，要在企业内部形成风险控制的文化氛围和职业环境。使企业能敏锐地感知风险、分析风险、防范风险。

③设立风险管理机构，构筑全面风险管理组织体系

设立风险管理机构，构筑全面风险管理组织体系，是提高企业风险管理水平的重要保证。主要涉及：企业法人治理结构、风险管理职能部门、内部审计部门、法律事务部门以及其他有关职能部门、业务单位的组织领导机构及其职责。董事会应该成为企业全面风险管理工作的最高决策者和监督者，就企业全面风险管理的有效性对股东会负责。董事会内部可以设置风险管理委员会，专门研究和制定企业风险管理政策与策略等。经理层应该成为企业全面风险管理政策与策略的执行者，主要负责企业全面风险管理的日常工作。就企业全面风险管理工作的有效性对董事会负责。企业风险管理职能部门等内部有关部门，应该形成各有分工、各司其职、相互联系、相互配合的有机整体。各机构人员应该由熟悉本职工作、能对个案作出风险评估和处理的专家或专门人才组成。根据各企业经营特点，应该确立各部门、各单位风险控制的重点环节和重点对象。制订相应的风险应对方案；监督企业决策层和各部门、各单位的规范运作。风险发生时，风险管理组织系统应该能够全面有效地指导和协调风险应对工作。

二、金融危机与韩国财阀企业倒闭

韩国财阀企业倒闭的经济原因，同韩国政府长期以来所实行的企业政策有关。在韩国，其企业尤其是财阀型的大企业同政府的关系是十分密切的，或者说韩国的大企业就是政府某位政要的企业更为贴切。在这样的企业与政府、银行相勾结的体制下，韩国企业对政府或对政府中的某位政要的依赖性就很强，这也是目前韩国及国际社会经常谈论的"透明度"问题。在韩国政治没发生问题的情况下，这种企业在某人的支持下可以得到较快的发展，但一旦政治发生变动，企业就很难生存，道理是很简单的。由于韩国的大企业是同国家政治联系在一起的，如果政治是不稳定的，反映到企业方面也会造成连锁反应，可以说韩国企业特别是大企业几乎没有长期稳定发展的可能。

韩国财阀企业倒闭，对于周边国家跨国企业的海外经营也或多或少造成了影响。由于日本的大公司在韩国投资较多，各公司之间的联系是很密切的。例如，在20世纪70年代与日立公司成为竞争对手的东芝公司，也是日本的大型跨国公司，经营的产品也与日立很相似，上至通信卫星和导弹，下至半导体和芯片，可以说无所不包。但进入80年代后期，东芝集团同日立的关系已由竞争转为伙伴关系。日本大企业之间的关系虽然是竞争关系，但企业间的合作关系也在成长，一旦周边其他国家大企业连续发生破产事件，日本大企业就会对其破产原因进行研究。所以说，当韩国发生政权变动但尚未正式交替时，日立公司就撤回投资，其他的日本公司也采取同样的行动，尤其是日本中小企业，则是跟随着大企业的步子走的。但问题是，日本企业纷纷撤资，从日本的角度看是成功地避开了后来发生的财阀型大企业的破产所产生的负面影响，但对于韩国的许多财阀企业来说，也正是由于日本大企业的撤资行动使其陷入困境，最后不得不破产。

按照学术界的一般看法，韩国是东亚地区最传统、经济发展最快、最容易动荡的国家。而在80年代以来形成的"东亚模式"中，韩国在汽车、半导体领域已形成一定的规模，但在下一轮的地域性经济格局划分中，韩国将被淘汰出局，只在过去已有的领域内发展。因为韩国生产的芯片是5年前的投资，现在没有什么新的投资。当然，这只是从目前由国家出台的国家计划的角度来分析韩国在未来东亚经济格局中的地位，情况是否有变化，则取决于韩国政治问题的解决。

当前经济亟须解决的问题，由于目前国际社会所倡导的自由化问题，实际上是要发展中国家更加开放，从而吸引外资流入。但从韩国的情况来看，韩国政府一直不愿意外国资本流入，如果政策得不到调整，韩国经济就难以出现转机。在企业的层面上，韩国的大集团收购是很便宜的，而且政府也改变做法，允许外国投资者拥有股权，并购韩国的大企业。所以说，韩国政府已经改变了严格控制外国投资者的做法。在出口问题上，韩国在1998年2月的统计是出口增长20%，但其增长的原因则是靠出口黄金。而目前的经济形势是外需增加、货币大量贬值后，韩国的出口没有看到大的增长。因为韩国的投入产出比是30%，出口1%必须有0.3%的进口，进口30%是同前面抵消的。不过，在整个东亚国家中，韩国的出口仍很强，只不过是技术的基础比较弱，而且对于高新技术产业，几乎没有国家主导计划及产业投资，所以在以后恐怕也很难形成竞争力。

关于韩国经济的变动，按文化学者的说法，韩国经济所反映出来的民族文化与韩国出现的经常性的政治或经济变动有很大关系。在金大中时期出现的财阀企业倒闭问题，如果从民族文化的角度思考，周边国家实际上早已做好充分的思想准备。如在日本大企业看来，韩国人如同中国北方人一样，体格健壮、生性好动、性情开朗直率，甚至急躁好斗，以这样的民族性格进行现代化的企业生产，其成效显然同其他亚洲国家和地区存在相当大的差异。基于这样的分析结论，导致日本大企业对韩国的技术输出仅限定在单项技术上。而在东亚与东南亚国家关系方面，相对来说主要是民族文化差异导致经济关系并不太密切，例如韩国在马来西亚的投资不多，而马来西亚企业对韩国的投资也很少。据研究表明，其根本原因很可能是社会和文化方面的。在马来西亚，韩国人主要从事建筑业，因为他们很强壮，所以有些桥梁公路的建设就请韩国人来做，而在其他的领域中，韩国人介入不多，因为从总体上说韩国的技术还是比较落后的。

对韩国财阀企业破产事件的研究，说明在相当长的时期内跨国公司的海外经营活动与其对该国政治、经济、文化的综合分析有直接关系。尤其是跨国巨额投资时，投资企业与政府对所在国政治、经济及企业的发展动向研究，也是十分重要的，否则由于政权更替等政治风波，极有可能对外来投资企业产生负面影响。特别是发达国家的跨国企业中，聚集了大量的研究人员，其中有不少是从事社会经济及地域文化研究的高级研究人员，其最大的好处是可以从社会经济变动的层面把握外国投资环境的变动，从而保证投资的安全。

对于韩国政企一体化的财阀型企业，尽管在政府首脑的扶持下出现经营景气现象，但随着政治形势的变化，企业也就必然会出现危机。如何避免这种类型的企业出现经营难题，其最好的办法即是逐步加大"专家经营"的成分。在日本的大企业中，其基本的企业经营活动是由"专家"实现的，即是说企业的主要经营活动中的"企划"由公司内的专家来做。总经理只是起着把握企业经营方向的作用，总经理并不直接从事企业具体的业务。直接经营的公司的经营形态，仍处于"老板式"的所谓传统企业阶段，而在现代跨国集团的经营中，已完全不靠"老板式"经营,而只能运用"专家"经营。由于"老板式"经营与政府甚至某个"首脑"的关系,这种体制就很容易受到政治变动的影响,现在韩国财阀企业倒闭就是明显的例子。这对于日本甚至美国、欧洲等发达国家的跨国集团的投资决策是会产生负面影响的。因为别人对其他国家的政治变化是弄不清楚的。

在整个亚洲,国家经济的运行与政治、社会及文化的关系是很密切的。特别是在包括中国内地在内的华人企业中,"经权管理"的文化模式很明显,这就很难同外国的跨国企业的运作方式接轨。在这些国家企业对外投资中,可以说只有大型的跨国集团才有实力,而在今后的以技术分工为主体的地域性经济格局中,跨国集团所看重的并不是每天可以生产多少产品,而是企业的成长及其在未来经济格局中所占的地位,而这个地位恰恰是同跨国大企业合作的基础。所以,从企业经营的长远利益来考虑,企业必须同政府处理好关系,但不能依赖政府,更不能把企业与政府某位领导联系到一起,这样容易使外国跨国企业产生误解。在对韩国企业的分析中,至少有些大的跨国企业是从这个角度分析的,而且把这个问题作为研究亚洲国家企业的一个标准,这也是极为有价值的观点。

三、企业的财务战略与风险

企业资本运营是企业经营活动的运行系统。而任何企业的经营,都离不开资金来源、资金分配、资金运作方式以及结算等财务经营管理。如果把企业的金融财务问题作为企业运行系统来考察的话,其财务战略乃是企业生存发展的重要经营要素。应该承认,在很多情况下,企业的破产实际上就是财务危机,因为企业债务超过其偿还能力而出现资不抵债的情况,法律上即可认定为破产。所以维护资金链而不使其断裂,是现代企业管理中的核心问题。

就一般情况而言,日本企业的财务战略的基本特点,是十分重视并依靠"间接金融"。在日本,企业的资金来源,不外乎有"外部资金来源"和"内部资金来源"两种。所谓"外部资金来源",主要是指银行或其他金融机构的借款、市场发行的股票,以及公司债券等有价证券。不过,由于公司发行的股票和债券大部分为银行或其他金融机构所收买,所以说日本企业对银行等金融机构的依赖性仍然很大。而所谓"内部资金来源",主要是指利润留成、设备折旧,以及企业经营的其他效益。

日本企业的财务战略,是根据日本社会金融结构的现状制定的。企业经营者之所以十分重视"间接金融"的财务战略,大体上有以下几方面的原因:一是由于日本企业发展速度很快,单靠利润留成已不能满足企业发展的资金需要。二是日本企业自有资本的比例远远低于欧美等国,尽管经过战后经济景气时期的资本积累,但想达到或超过欧美同类企业的水平,还有相当遥远的路程。如果以 1981 年的统计为例,日本企业的自有资本的比例是 22%,而美国则为 48.9%,联邦德国为 31.1%。三是日本的股票市场发育缓慢且不成熟,因而不可能从股票发行筹集到足够的资金。四是日本的借贷资金利息率较低,而且抵押价值可以随土地价格、股票价格的上涨而增加,所以有利于借贷资本形式的活跃。加上借贷资本具有准备时间短、投入快等特点,所以更适用于采取"微量调整"的日本式经营战略。

日本企业的主要资金来源是依靠本集团中银行的贷款来实现的,并以此作为企业经营活动正常运行的资金保证。银行与企业之间保持长期的默契关系,当企业经营活动陷于危机时,银行则千方百计地提供各种资金援助,以扶持企业尽快走出困境。而当企业经营稳定时,则是牺牲自己的一部分利益,以满足银行所希望的借款利息。这种金融业与企业互惠关系的存在和发展，一方面有利于维护企业与银行的共同长期繁荣；另一方面则形成了以"间接金融"为主体的日本式企业财务战略的特点。

更进一步说，日本企业特别是像东芝这样的企业集团，都与银行或其他的金融机构有贸易关系。在所有的金融机构中，关系最为密切的银行则称为"主力银行"，主力银行往往是企业的大股东，尽管原则上规定银行对企业的持股率不得超过5%，但企业认为与实力雄厚的大银行联姻，更有利于企业的长期发展。

东芝公司从1939年由东京电气公司和芝浦制作所合并成立东京芝浦电气时起，就成了股份制企业。在战前，东芝和三井、三菱两大财阀有密切的关系。而在战后，由著名的日本"财界总理"石坂泰三出任东芝社长，他是由三井银行行长佐藤喜一郎提名的，由此可以证明：不仅企业与银行的关系密切，而且银行对于企业具有支配关系。而实际上无论是三井银行还是石坂泰三所在的日本第一位的第一人寿保险互济公司，都是当时东芝公司的大股东。直到70年代，以银行为主体的股东结构并没有改变。如果以1972年东芝股东持股数的统计资料（见表8-1）为例，即可以说明包括东芝公司在内的日本企业"间接金融"财务战略实施的具体情况。

表8-1 1972年东芝公司主要股东持股数统计表

名称	持股数	在总股数中所占百分比（%）
通用电气公司	223 183 000	12.0
第一人寿保险互济公司	84 000 000	4.5
日本人寿保险互济公司	61 500 000	3.3
三井银行	34 425 000	1.8
三井人寿保险互济公司	30 688 000	1.6
日本长期信用银行	23 750 000	1.2
小计	457 546 000	

除美国通用电气公司外，日本银行和其他金融机构所持股数，都在日本政府规定的5%以下。尽管如此，这些金融机构仍是东芝公司的主要股东，其所持有的东芝股数，实际上已占总股数的12.4%。金融机构在日本企业持股的限制，是有其历史原因的。战后，日本采取了经济民主化政策，强制性地分散了一些由少数财阀控制的股份，因此使日本掌握经济权力的大资本家数减少。同时，日本在美国占领军的干预下制定了《反垄断法》，以致后起的资本家的企业很难发展成为大企业，同时对于金融资本控制企业持股率也有所限制，大公司的股份是由众多的金融机构、企业和私人投资者分散持有的，此外由于股票很少在市场上交易，致使社会融资极为有限，这一方面制约了日本金融市场的发展，而另一方面又使收买整个企业成为相当困难的事。

与日本金融机构相比，外国企业的持股率却并未受到限制。从上表所见的美国通用电气公司，因与东芝公司有长期的技术合作关系，所以以技术转让为代价的东芝股份额数通用最高。在1939年，美国通用电气公司曾一度持有东芝公司30%的股份，在资金和投资上给东芝以极为有力的扶持。以后，通用电气公司的股份逐渐减少，到1972年为12%，1983年则与其他外国企业共同持有东芝 9.5% 的股份，远比 1972 年外国企业持有股份比率 14.48% 低得多。

持股率和股东关系的分散化，大体上反映了东芝公司资金来源的变动趋势：原先持股率较高的外国企业和金融机构，逐渐将部分的东芝股份转卖给其他企业和私人，其结果就改变了股东的结构。据 1993 年 3 月 31 日的统计资料显示，东芝公司的股东人数已达到 445 120 人，而持股人的范围也遍及全世界。目前，东芝公司登记股票上市的证券交易所，除日本国内的东京及其他 7 个证券交易所外，在海外的卢森堡、阿姆斯特丹、法兰克福、杜塞尔多夫、伦敦、巴黎、苏黎世、日内瓦和巴塞尔等地，均可以买到东芝公司的股票。可以说，在现在的东芝资本结构中，外国资本的比例仍然很大，这就对东芝经营者提出了更为严峻的挑战。

除金融机构、企业和私人投资者分散持股外，日本大企业的另一特点是同政府及其他社会经济组织保持十分密切的关系。从财务战略的角度考察，政府和地方社团组织对公司也给予资金支持。政府对大企业的支持，是通过下达研制计划、订货，以及提供援助资金、低息贷款、享受低税率等优惠待遇实现的。例如，1971 年 12 月，通产省为了实现赶超美国半导体产业的共同开发计划，曾向包括东芝公司在内的 6 家规模巨大的电子厂家下达研制计划，而为了确保此项共同计划的实施，日本政府对参与研制的公司提供资金援助，以及享受低息贷款和低税率的优惠政策。其实，日本产业的研制开发活动，很大程度上是受日本政府支配的。日本政府把像东芝公司这样的大型企业作为带动日本产业经济的支柱企业，依靠这些大型企业把众多的中小企业编成有组织、有效率的"战斗队"，并巧妙地利用《中小企业协同组合法》的漏洞，使企业为了共同的事业同心协作，交流有关研究开发、市场销售、外国技术情报等信息，以及共同筹措资金等，以打破战后强迫日本制定的《反垄断法》对企业集体行动的限制。在这个大背景下，可以想象日本政府直接组织企业联合研究开发的"活塞"是很频繁的，而由政府提供资金和优惠待遇，更是不言自明的支持。

在政府订货方面，大企业所得实惠亦最多。例如，东芝公司同防卫厅的关系很密切，是所谓日本 22 家"防卫企业"之一。在战后，东芝向防卫厅提供的产品主要是电子设备和导弹。1979 年度，东芝接受防卫厅的军需订货为 181 亿日元，在防卫厅订货合同中名列第 5 位。1981 年上升到 322 亿日元，1983 年度又上升到 492 亿日元。除日本政府军需订货外，其他民用产品的政府订货自然也不在少数。像前面所说的通产省、邮政省的订货，大概都可作为东芝与政府保持密切合作关系，并由此获得政府订货、促进企业发展的实例。

在日本，企业同地方社团组织以及社区的关系，越来越成为企业立足于地区社会以求长期发展的关键所在。比如，与企业经营活动关系最密切的校友会组织，就是一个社会范围广泛，而且具有相当高的社会地位和权力的民间社团。正如东芝公司总裁石坂泰三所认为的那样：由于日本社会存在像校友会那样的许多社会组织，所以日本的大企业根本不可能破产，除非大企业过多地吸收外国资本。如果日本的大企业不景气，校友会等社团组织就会及时地给予资金方面的援助，全力以赴地保住大企业的地位与荣誉。在日本经济界看来，只有保住大企业的信誉，日本工业界的信誉才得以保住。尽管日本企业界之间存在激烈的竞争，但那只不过是内部的竞争，不是对外的竞争，所以这种竞争是日本企业生存发展的原动力。而在对外国的竞争方面，日本企业则会采取联合的形式。从这个现实出发，可以说日本企业之间有着千丝万缕的连带关系，即便是竞争对手，谁也不希望对方倒下去，倒是希望竞争对手更强些。因为只有这样，才能明确赶超的目标，才更富有挑战性。

　　总之，如果把上述理论作为日本企业财务战略的特点的话，那么，可以说日本大企业之所以立于不败之地，外部的资金来源以及各种形式的援助，应当是主要的原因。

　　除此之外，在这里，仍很有必要对东芝公司的"内部资金来源"作简单的勾画，以便全面地反映东芝公司的财务经营战略实施的大体实态。

　　20世纪70年代初期，由于石油危机的影响，东芝公司的利润有所下降。1976年以后，利润逐年上升。由于市场竞争日趋激烈，东芝的消费品的销售额自1976年以后仍处于下降趋势，不过，海外销售额却逐年增长，加上发电设备等方面始终保持市场优势地位，可以对国内消费品销售不足加以补偿。总之，公司的流动资金足够应付基本建设开支。

　　如果以前面所说的石油危机之前的1971年9月30日和1972年3月31日的两次决算为对象来分析的话，仅以净利润而言，东芝公司在1971年下半年的净利润为37.19亿日元。至次年3月，净利润略有上升，为41.03亿日元。到1972年底，东芝的资金已达到925.52亿日元，1973年又上升到946亿日元。

　　不过，仅从东芝的财经状况，很难说明东芝的经营业绩。实际上，在当时的市场竞争中，东芝已落后于日立和松下公司，特别是家用电器的生产和销售额，当时日本的排名已是日立第一，东芝第二。而后来的松下公司全力以赴地开发家用电器，其生产额和销售额一下跃居日本电子厂家的首位，东芝从此在家电领域只能屈居第三名，这种格局，至今仍未改变。

　　据经济专家的分析，东芝落后于日立和松下公司的原因之一，是东芝公司的产品结构长期以重型电机设备和原子能领域为主要的发展方向，于是将大部分的投资用到那些不容易取得效益却又不得不支付极高的研究开发费用的风险产业上，从而导致东芝形成整体上的生产成本居高不下，而效益却上升缓慢的局面。

　　东芝公司的生产结构，自80年代以来有所调整。据1981年的统计，在全部产品的销售额中，消费品销售额占33%，重型机电设备占28%，工业电子产品占27%，其他综合产品占12%。这组数据说明当时的东芝公司的家用电器产品及其他消费品的生产和销售额仅占总产品额的1/3。至80年代后期，东芝公司的产品虽然仍分为重型机电设备、通信与电子设备、家用电器和材料四大部分，但产品的比例和产品结构，则与70年代有很大的不同。其比例是：重型机电设备占33%，通信与电子设备占21%，家用电器占44%，材料等占2%。由于产品结构的调整，公司的年营业额已达到25 195.57亿日元，在1986年日本1 000家优秀企业中排名第九位。进入90年代后，东芝的产品结构，如果按部门净销售额的统计，其中信息、通信系统和电子元器件占49%，净销售额为24 380亿日元；重型电气设备占23%，净销售额为11 350亿日元；家用电器及其他产品占28%，净销售额为14 220亿日元。

　　由于日本是自然资源相当贫乏的国家，又加上劳动力价格上涨等多方面的因素，基础产业产品的生产仍时刻面临成本过高的难题。这可以从表8-2的成本结构分析中看出日本企业的经营困难。

表8-2　东芝公司1971年生产成本示例表

名称	1971年	占销售总额（%）	1972年	占销售总额（%）
资料费（百万日元）	110 962	66	112 509	68
劳务费（百万日元）	35 965	21	34 420	21
经费（百万日元）	21 606	13	17 366	11

　　以 1971 年度为例，东芝公司支付的原材料等费用为 1 685.33 亿日元，而到 1972 年度，则共支付生产成本 1 642.95 亿日元。高额的生产成本，在相当大的程度上是用于能源等基础性产业投资的。自有资本在公司资本总额中所占的比例，是测定企业实力的基本参数。以东芝同日立、三菱电机公司的比较，可以知道日立的自有资本占公司资本总额的 24.3%，东芝公司为 15.1%，三菱电机则占 33.9%。以此为例，显然可以说明东芝的自有资本率比日立和三菱电机低。

　　如果从纯借款和纯金融支出对比的角度，也大体上可以看出东芝与日立、三菱电机公司的不同（见表 8-3）。

表 8-3　1978 年日立、东芝、三菱电机纯借款和纯金融支出对比表

公司名称	借款、公司债券、职工存款、贴现票据（亿日元）	现金储蓄、有价证券、投资（亿日元）	前两项相抵后纯借款（亿日元）	纯金融支出（亿日元）	销售额纯利息负担率（%）
日立	4 920	5 063	-143	19	0.1
东芝	4 931	3 665	1 266	184	1.7
三菱电机	3 565	1 880	1 685	146	1.8

　　在纯借助金额中，以三菱电机为最高，达到 1 685 亿日元，东芝居中，日立最少；而纯金融支出则以东芝为最高，三菱电机居中，日立最少。上述数据说明，以基础产业为主导的东芝公司在财务负担方面远比其他企业大。再据 1978 年 3 月决算期的盈亏对比，来进一步考察东芝公司同日立、三菱电机公司经营业绩的实态（见表 8-4）。

表 8-4　1978 年 3 月日立、东芝、三菱电机决算期盈亏对比表　　　　单位:%

名称	日立	东芝	三菱电机
销售额	100	100	100
销售成本	77.3	77.8	76.5
销售总利润	22.7	22.2	23.5
销售及一般管理费	15.9	15.4	18.3
营业利润	6.8	6.8	5.2
营业外亏损	2.1	4.5	3.0
经常利润	4.7	2.3	2.2

　　在同期财经状况的比较中，可知日立公司的总资本利润率是 4.8%，而东芝公司则为 1.9%，三菱电机公司为 2%，日立公司的总资本利润率较东芝公司高约 2.53 倍。在这样的盈亏态势下，东芝公司如果想要提高总资本利润率，就必须在提高销售额利润率和总资本周转率上作出巨大的努力。不过，在上述的对比统计资料中，日立和东芝的销售利润率都是 6.8%，但问题在于"纯金融支出"（通常指资金过程中必须负担的利息和手续费等开支）部分，日立的负担只有 19 亿日元，而东芝则负担 184 亿日元，约是日立公司的 9.7 倍。此

外，日立公司的短期有价证券高达 1 600 亿日元，东芝则为 930 亿日元，三菱电机最少，为 610 亿日元。由于日立的融资渠道广泛，研制和生产规模也就急剧扩大，带来较佳的经营效益。仅就利润的余额来看，日立是 1 740 亿日元，而东芝仅有 680 亿日元，三菱电机最少，为 420 亿日元。

企业利润是进行再投资的资本之一，利润转化为投资的比例大小，也是衡量企业经营业绩的重要指标之一。进入 80 年代，东芝公司经营效益不及日立公司的格局仍没有多大的改变。下面拟就 1983 年度上述 3 家公司的财务状况进行比较（见表 8 - 5）。

表 8 - 5　1983 年度日立、三菱电机、东芝财务状况比较表

名称	日立	三菱电机	东芝
企业整体竞争力	强	中	弱
销售利润率（%）	3.8	2.2	1.6
总资本利润率（%）	3.8	2.5	1.6
贷款与自有资本比率（%）	0.7：1	1.4：1	1.9：1
贷款利息占利润比率（%）	27	44	50
红利分配率（%）	14	27	45
企业利润留成率（%）	86	73	55
企业利润留成额（十亿日元）	540	110	90
可用以再投资的利润及追加借款（十亿日元）	917	260	260

比较的结果显示，日立公司的企业利润留成的金额为 5 400 亿日元，而东芝仅有 900 亿日元，日立高出东芝 6 倍；可用于投资的利润，日立公司为 9 170 亿日元，东芝与三菱电机均为 2 600 亿日元，日立则比东芝和三菱电机高约 3.53 倍。东芝形成同日立公司的财经差距，但恐怕并不能据此作出东芝经营状况落后于日立的结论。在行家看来，在日立公司，产品出厂就算售出，而东芝和三菱电机则是将产品售出的时间定在设备试车并验收完毕之时，而一部大型发电机设备从出厂、安装、调试到试验完毕，往往要花半年到一年的时间。这样一种会计结算方法上的差异，就直接影响到经营指标的高低。比如对投资的年利润率的计算，日立公司的计算公式是：T（投资年利润率）$=U$（销售利润率）$\times K$（投资周转率）。其中 K 越高，T 也就越高，所以日立十分在意投资周转率，并以此公式作为测定近来公司经营状况的尺度。在 1977 年度，日立公司的投资每周转 1 次，东芝公司则周转 0.84 次，而三菱电机为 0.91 次。这样，日本经济界就很自然地作出日立公司投资年利润率高于其他公司的结论。此外，在库存周转率的计算上，也由于上述结算方法的不同，以致造成东芝公司库存资产周转慢的印象。按日立的结算方法，日立公司周转 5.1 次，东芝和三菱电机各周转 3.3 次。这就明显看出东芝公司的库存资产可能要比账面上高得多。

结算方法不同的又一明显例证，是关于退休职员工资的专款差别的问题。在日立公司，其提取退休专款的总额是 730 亿日元，平均每名退休员工为 103 万日元。而东芝公司退休专款总共提取 190 亿日元，每个退休员工仅有 30 万日元。出现这一差别的原因，其实是各家公司制定的标准不同所致。简单地说，日立公司提取的是退休金的全部金额，而东芝公司则

是按税务的标准仅提取一半。

东芝公司除了与日立公司的结算方法和提款标准有不同外，在结算的时间早晚方面也不尽相同。这自然令人感到素有"野武士"之称的日立公司财务战略的确与具有"武士"之称的东芝公司存在明显的经营差异。不过，这种差异究竟在经营方式上有什么特殊的意义呢？在东芝人看来，其特殊的意义在于迟一点结算，可以更有把握确保其产品满足用户的需求，并以此长期维护东芝公司的良好信誉。此外，晚算销售利润，并不影响销售的实际业绩，更何况还可以晚些上税，甚至可以晚结算销售利润作为回收资金的保证。从这一点说，东芝的财务经营战略非但没有失误，反倒有不少可借鉴之处。

第二节　企业应对危机的做法

正如日本企业界的权威所说，企业在顺利的时候，总经理只要下令前进，公司的全体员工就会有条不紊地生产；但当企业碰到经济萧条的时候，企业究竟怎样对付经济不景气，就是企业经营者所要时刻思考的问题了。如果我们仍然以东芝公司作为个案分析的对象，那么，从对20世纪60年代中期经济萧条的应对情况，大概可以看出日本企业对付经济危机的主要策略。

一、怎样渡过危机

20世纪60年代经济萧条的出现，是由1964年的"经济衰退"所引发的，而"经济衰退"现象很快渗透到日本产业的各个生产部门。到1964年底，大部分的工商企业都受到严重的影响。不兑现的支票满天飞，破产案逐日增加，破产企业债台高筑，社会经济秩序因资本结构的恶化而陷于混乱。更为严重的是，作为国家经济支柱的民间大企业的破产，将对国家经济基础造成动摇。1965年前后所展开的大规模国际贸易活动，国内市场销售疲软的损失，则从大规模的世界市场贸易中补偿回来。不过，这种情况可能大多出现在像东芝这样的大型企业，一般中小企业很少有能力单独进行国际贸易活动。

但从经营方法的角度来看，东芝公司对付经济萧条的办法，并不是像日立公司那样收缩生产规模、一定程度地减少从总经理到职员的工资和奖金、让职员度假、减少投资，等等。东芝反其道而行之，在经济萧条时扩大设备投资、增加生产规模，积极为经济的恢复做好准备。但不管采取什么样的方法，在经济萧条时期如何保持利润和保住市场，是每一个企业经营者都要面临的难题。

在1962—1965年的经济萧条时期，东芝公司是采取积极投资的方式来保住市场的，但对于东芝的这一经营策略，却有截然不同的评价。例如，1966年1月的《钻石》周刊在评价东芝公司成本提高的原因时，就批评东芝公司在经济萧条时期"设备投资抓得不紧"，此外，还有"运用资产方面做得不好"，"协作公司和承包体制软弱"等。显然认为东芝在采取积极投资的基本策略方面还应加大投资力度。

一直作为东芝竞争对手的日立公司，则批评东芝公司的成本提高是在萧条时期时加大投资造成的。日立公司认为，萧条时期的过量投资，不仅会增加资本回收费用的负担从而提高成本，而且为了不使新设备闲置，只好不惜工本地接受订货，从而导致利润下降。按照日立公司的经验，当经济萧条时，企业要停止设备投资，以制止恶性循环。按日立的说法，是采取"让肚子瘦下去"的策略。萧条期将至，公司就让工人回家，只发97%或98%的工资，不发奖金。这样做虽然省不了多少钱，但这却是极有效的"精神刺激疗法"，目的是让公司职员有强烈的"危机感"，待危机过去，可以在恢复期收到快速的效果。这种随着市场变动而采取的"紧缩经营"策略，可以说是以日立公司为代表的日本产业界所普遍采用的方法。

应该承认，东芝公司并不是不注意"紧缩经营"策略的应用价值，因为对于积极投资来说，"紧缩经营"可能更容易些。在战后的"黑暗东芝"时代，石坂泰三为了使东芝在混乱的困境中重新站起来，曾经按西方企业的经营标准，在东芝公司的22 200名职员中解雇4 581人，这是日本私营企业史上的第一次大裁员。尽管违背日本企业终身雇用制的传统，同日本企业的传统"慈爱精神"相悖逆，但却是当时东芝公司所唯一能采取的正确决策。即便在现在看来，当时如果不遣散没有工作可做的4 581人，东芝就无法回到合理运转的轨道上来。作为大企业的东芝，"紧缩经营"只能是不得已而为之的策略。

由于东芝与日立采取对付萧条的方法不同，在经营业绩上也开始逐渐拉大距离。到1974年石油危机后，萧条的影响还依然存在。据1975年9月中期决算的统计，东芝公司的销售额下降了49%，即减少到28亿日元，1975年底虽然有所恢复，但只恢复到1973年下半年的40%，直到1976年才开始转入恢复阶段。与此同时，日立公司的销售情况则较东芝乐观，因为下降的幅度不大，所以恢复的速度也比较快。如果仅就萧条时期的经营业绩而言，日立公司的做法显得更为稳妥，但是以长期发展的眼光来评价东芝公司的扩大投资策略，不用说东芝公司的销售额和利润的下降仅是暂时的现象。因为公司在萧条时期更新了设备，并且有目的、有计划地为经济恢复进行了技术整备，在技术力的整体发展上，具有较其他同类公司更强的竞争力。从这个意义上讲，东芝公司对付萧条的办法，对于着眼于未来发展的大企业来说，未尝没有可借鉴之处。

至于在短期内东芝同其他企业如日立公司的差距，其实是很正常的事情。这一点，正如东芝公司前副总经理大谷在1965年1月出版的《钻石》周刊上发表的一段谈话，很能说明因策略不同所产生的不同结果问题。大谷说："我不认为东芝比日立落后一大截。至少在电机方面，东芝现在还是比日立略胜一筹，不次于它。"由于东芝公司长期以来是在基础能源工业上做文章，所以想在短期内收到较高回报率也是不现实的。这正是东芝暂时落后于竞争对手日立公司的原因之一。但是，日本的能源产业必将有广阔的发展前景，所以大谷认为"电的消耗量今后会稳步增长，向电力公司提供火力发电设备，东芝公司则占全国的40%，居于绝对优势。"而在家用电器方面，东芝也是日本家电产品的主要生产厂家之一。大谷认为东芝完全可以指望家电生产有稳步的发展，因为在这个领域，"东芝公司和松下公司都具有强大的地盘"。正因为如此，即便是在经济不景气的逆境之中，以最富有发展前途的能源产业和电子技术产业为主体的东芝公司仍然有相当大的回旋余地，这是其他企业所难以与之抗衡的。

二、企业与金融危机

当年，随着泰国金融信用危机的加深，泡沫经济随之破灭。泰国企业一方面要面临金融风暴的考验，各自去解决因金融危机冲击所带来的一系列问题；另一方面，由于企业对于金融变动反应最为敏感，以致在经历金融危机三轮冲击波后，不少华人企业也开始积极谋求防范金融风险的途径。

泰国华人企业之所以受金融危机冲击的程度不同，与泰华企业的经营传统、企业类别有很大关系。在泰国，泰国华侨华人企业集团分为"老一辈贵族化资本集团"和"新生代资本集团"两种，这些企业集团分别控制泰国部门经济的运行。其中知名的贵族化资本集团有沙拉信、蓝三、乍迪甲哇匿、禽利、叶贤才、披隆博里、皆勒、他威信、那隆勒、巴蜀莫、云达军、干那戍、诗威军、奥沙他努鸪，南他披越汶嵩、三诗、林曼夏民、提哇军、巴莫等，主要在传统经济部门活动；而"新生代资本集团"，主要是指谢国民正大集团、读信、宾、阿南、颂铁林明达等金融、房地产及新兴工业部门。自1997年泰国政府宣布实行自由浮动汇率后的3个月，泰铢由原来的每美元值25.5铢下跌到41铢多。从道理上说，新老华人企业资本集团都不同程度地受到冲击，亏损的额度也各不相同。按杨作为在泰国的调查，可以认定以向外国借贷最多的企业所受损失为最大。如泰国最大的企业——泰水泥集团，根据里昂纳斯公司的最新评估，以1美元兑40泰铢的汇率计算，该公司的亏损将近300亿铢。至于基础工业受创更为严重。如廖派力家族的TPI公司和TPI坡林公司因汇率的亏损甚大，该集团负有外债约500亿铢，其辖下国泰金融证券公司已暂时停业，同时在基础工业的全部投资计划已停止。各行业中受影响最深的是房地产开发业，如泰国最大的土地开发商玲英豪集团即负有76.83亿铢的外债。据当初统计，那次金融危机受到冲击最大的行业是能源、石化、电子、建材工业等，其负外债总额为4 000.99亿铢。其中能源为863.46亿铢，石化为673.3亿铢，电子业为44.77亿铢，建材业为2 419.46亿铢。以现行汇率换算，其亏损是相当大的。

此外，从泰华中小企业的情况来看，由于举借外债额度有限，所受金融危机影响比大企业轻。危机发生后，泰华酒店业和零售商业中有影响的企业如奥沙塔努诰家族的德恒裕集团、紫拉提越家族的中央洋行集团宣布停止新计划的投资；经营酒店业的比业伟家族的律实集团为了应付金融危机而出售股份给哥曼澈投资银行，而触越那家族的协成昌集团则因泰铢贬值而寻求拓展出口市场。当然，在泰铢贬值的风暴中，也有不少泰华企业似乎没受多少影响。如在通讯业，引人注目的是班乍隆卡军家族的裕康集团的最高领导人许雯财、读信·秦博士创立的秦那越集团表示没有受到金融危机的多大冲击。至于金融业，由于商业银行在向外国贷款时已做过汇率变化保险，所以受亏面不大。

由于泰华企业经历过1985年泰国金融危机，所以不少企业在那次金融风暴中多少形成了防范能力。归纳起来，主要有以下应变措施：

（1）对企业来说，金融危机中最感困难的是需要大量的周转资金。当时采取两种回应方法：一是通过出售土地换取现金周转；二是增资，即由该集团的原股东增加认股。

（2）停止新投资计划，减缓在建项目，以偿还债务作为企业的要务。如前述泰水泥集团，其下辖有239个企业，而该集团的外债结构是美元贷款占80%，马克占5%，日元占15%，美元贷款总额为42亿美元，其中短期贷款为11亿美元，长期贷款即5年期贷款为31亿美元，而1997年贷款须偿还债务3亿美元，明年偿还7亿美元。按此债务额，该集团是有按期偿还能力的。

（3）在金融业，由于金融自由化、国际化进入程度的不同，金融危机防范结果亦各异。如陈有汉的盘谷银行，在金融危机爆发前便开放机会由荷兰著名的ABN AMRO银行参加亚洲金融证券公司的持股，同时有意让外国金融机构参加盘谷银行下属亚洲商业金融证券公司和友联财务公司的持股，所以受冲击不大。而丘细见家族辖下的杰那钦金融证券公司则因金融危机而被勒令停业。所以说，由外国金融机构持股，是金融业防范风险的有效措施之一。

（4）由于有外商参股和增资金融业的经验，不少企业开始寻求外国盟友参股或增资。

如拥有夜功和金凤酿酒专利的 TCC 商业有限公司，就是在金融危机冲击后改变经营策略的。又如从事汽车产销业务的陈龙坚家族辖下的暹罗机器集团和攀戚家族的实铁蓬搴打集团，因该行业已衰退，缺乏金融机构的融资支持。此次金融危机后，企业的经营策略即确定为减低生产力和精简机构，同时侧重于加大出口，并争取得到日方盟友在汽车卖赁融资业务方面的支持。

（5）由传统行业向新兴工业转化的企业，当时开始出现返回旧有行业的趋势。如正大、顺和成和汇川集团，即已开始重返农业产销和加工工业。因为在其新兴产业中如亚洲通讯集团约有 258.57 亿铢的外汇亏损，所以希望因泰铢贬值而在农产品出口方面得到一定的补偿。在转向多元化经营方面，由传统的低效益产业向高效行业移行，也是泰国华人企业的新动向，如喃能仓哇匿家族的顺和成集团原是泰国最大的大米出口商，危机后开始全力发展造纸业。这一迹象表明，在当时泰国经济变化的压力下，民营华人企业的产业结构出现新一轮的调整。

三、中国金融风险防范

就目前中国金融运作的实际状况来看，有关学者认为应采取谨慎的政策。按日本学者的看法，中国的经济改革虽然取得很大的成功，但在国际金融的运作方面还有很大的差距：一是金融、证券市场起步较晚，所以相当缺乏国际金融情报分析、实际运作的经验；二是没有培育出熟悉欧美、亚洲国际金融市场的高级人才，特别是在政府决策层缺乏总体策划及组织实施的人才。如果贸然过多过大地参与国际金融经营活动，就很容易产生失误。在中国经济状况稍有好转的时候，这种失误是承担不起的；三是证券、股票市场也不宜发展过快过猛。在目前国际金融十分活跃、国际资本集团资金流动加速的情势下，如果股票市场、证券市场出现像日本金融机构那样的漏洞的话，就很容易被国际金融投机者钻空子，造成政策导向和经营错误。按比较保守或者说是稳妥些的做法，股票、证券市场应是以解决国内企业融资为主导，只有条件成熟时才逐步参与国际金融交易与竞争；四是应致力于解决国内企业、贸易与金融业的关系问题，这可以说是泰国金融危机提示的经验。如中小企业经营漏洞问题、"三角债"问题、金融机构及金融体制改革问题，以及国内储蓄出路问题，等等。如果国内经济问题得不到好的解决，一旦出现金融危机，就会漏洞百出。泰国金融危机后国内陷入混乱的现实，就说明其缺乏应变、保障、缓冲金融危机的制度，而国内经济整体发展的问题很多，也是其原因之一。

第三节　全球性经济失衡与企业危机

由于经济全球化促进世界各国经济往来，世界各国的企业也伴随着生产要素的跨国流动得到回报。从这个意义上讲，一方面是发达国家的跨国大企业在普遍实施全球战略的情况下已获得较大收益，但另一方面，则因为全球性经济失衡现象的加剧而增加了企业跨国经营的风险和危机。因此在讨论现代企业风险与危机管理问题时，这显然是无法回避的问题之一。

一、全球性经济失衡的表现

2005 年，全球性经济失衡现象开始以令人震惊的速度逐步加剧，并且出现了危险的不对称信号。美国经常账户赤字占全球经济总赤字的 70% 左右，达到了历史上从未有过的债务水平，而在国家债务、企业债务、家庭和个人债务方面，美国也成为世界上债台高筑的国家，而世界上出现盈余的 70% 则来自除美国之外的大约 10 个经济体，这意味着世界经济是在美国外部严重失衡的状况下以其他经济体的盈余来维持平衡的。这样的经济失衡状况，促使美国政府把经济出现失衡的原因归咎于世界上实现经济增长的国家。其结果是新贸易保护主义抬头、贸易摩擦不断，甚至还会导致更为严重激烈的冲突。这就为跨国公司及国内所有企业带来更大的经营风险和企业危机。特别是美国的"9·11"、"卡特里娜"飓风和能源危机等突发事件频仍，美国国内储蓄的三大组成部分即家庭储蓄、政府部门储蓄和企业储蓄都持续恶化。美国要在短期内平衡债务问题，是难以想象的。

由于美国个人消费也建立在债务的基础上，早在能源危机之前，美国消费者的个人储蓄率就已经在负值运行，美国家庭可支配收入受能源价格冲击也逐步下降，美国人想维持以往形成的负债高消费的生活方式，就必然导致个人储蓄率滑落得更低。而长期的贸易逆差使美国的市场和生产萎缩，如果居民储蓄上升，则意味着消费减少，其他国家的出口也会受到影响，美国依靠出口平衡国际收支，在现阶段也是不可能做到的，美国因债务而减少消费支出已成为美国国民的共识，这对于其他国家的贸易出口也是严重的打击。现在的问题在于，仅仅"卡特里娜"飓风后的恢复与重建的费用支出就导致联邦政府预算赤字至少上升 1%，这就意味着美国政府依然要靠举债来维持庞大的国内开支，美国政府出售国家债券，以此吸纳其他国家的盈余，但对美国政府来说，显然是债务负担更重了。此外，商业部门和企业用作缓冲的储蓄也大幅度减少，原因是能源价格上涨及单位劳工成本提高侵蚀了企业的利润。这就使储蓄本就不足的美国经济陷入危机一触即发的关键点。自 2002 年年初开始，美国净国民储蓄率徘徊在仅占国内生产总值 1.5% 的历史低点，这说明美国的微薄储蓄远远不足以补充其日益枯竭的资本存量。

当然，在全球性经济失衡过程中，从欧盟内部的希腊主权债务危机到冰岛的"国家破产"及日本经济长期低迷而导致经济衰退的种种迹象表明，美国、日本等经济强国的地位开始发生动摇，过去维持全球经济平衡的力量已经开始发生转变，而世界最大的经济体的衰落，对于以大跨国公司为标志的国家经济的影响是至关重要的。如果发生连续的大公司破产事件，则表明全球性经济失衡终于变成现实。

二、美国大企业的破产风波

企业的兴办与破产，本来是经济生活中常见的事，并不会引起很多的争议。但问题是，如果由于金融危机或经济危机造成大企业破产，就很有可能对其他有关联的国家的经济造成严重影响。

通常来说，企业破产是指当债务人的全部资产无法清偿到期债务时，债权人通过一定的法律程序将债务人的全部资产供其平均受偿，从而使债务人免除不能清偿的其他债务。在多数情况下，破产都是指公司行为和经济行为。经济意义上的破产是指债务人的一种特殊经济状态，在此状态中，债务人已无力支付其到期债务，而最终不得不倾其所有以偿还债务。法律意义上的破产是指一种法律手段和法律程序，通过这种手段和程序，概括性地解决债务人和众多债权人之间的债权债务关系。但无论怎样讲，如果债务人不能清偿债务已是事实状态，就是事实上的破产，一是债务人丧失了继续经营事业的财产承受能力，二是债务人发生了有债务却不能清偿的财务危机，都属于事实上的破产。如果是在法律上使用"破产"，则是指债务人不能清偿债务时所适用的偿债程序和该程序终结后债务人的身份地位受限制的法律状态。而"倒产"则指债务人在偿还期满不能偿还债务时的状态，即处于已无可挽回的经济状态。表现为债务人签出的所有有价票据无效；受到银行停止交易处分的通知；正在进行破产以及其他倒产程序的申请。如在日本，现行倒产制度包括破产、和议、公司整顿、特别清算、公司更生等。

由于美国次贷危机，导致美国五大世界级投资信托公司受到影响，其中雷曼兄弟宣告破产，这也是美国有史以来所倒闭的最大的信托投资公司。如果说美国信托投资公司是金融机构的话，那么，对于美国政府和美国民众而言，最令人担忧的是美国实体经济会不会因金融危机而破产。在次贷危机后，紧随其后的是美国金融危机的爆发，随即演变成为全面的经济危机，并迅速蔓延到全世界。可以美国政府救助通用汽车公司及克莱斯勒公司破产案来进一步了解破产在发达国家美国的情况。

2009年3月，美国政府开始考虑提供60亿美元救助美国克莱斯勒公司，以免其倒闭。按照美国总统奥巴马3月30日在记者会交代挽救美国汽车业方案所说，美国最大的通用汽车公司及克莱斯勒公司已陷入危机，从而将大幅改变美国汽车业的面貌。不过，美国政府只能向通用公司提供60天的营运资金，以便他们制定出可以让白宫接受的重组方案，以提升竞争力及清除资产负债表上的债务。而克莱斯勒要在30日之内与意大利车厂菲亚特结盟，如果谈判未有成果，克莱斯勒可能无法继续经营。根据2008年的协议，通用汽车公司及克莱斯勒公司已获得美国政府174亿美元的贷款，以便继续运作。美国政府成立的工作小组为评估通用汽车公司及克莱斯勒公司履行协议程度而作的报告指出这两家公司未能履行条款。众所周知，美国是市场经济国家，按照其经济体制，政府不可能对企业经营进行干预。如果企业经营不善，其命运则是由企业自己决定的。这对于私营企业来说，其经营性风险与其是否破产有直接关系。正如奥巴马所说，纳税人不会再无限次给予数十亿美元，将这两家车厂的业务维持下去。但对于美国金融危机所面临的重重困境，美国政府不得不进行私营企业的救助行动，如果任其经营形势恶化的话，很可能会像雷曼兄弟那样一夜之间就破产了。这将对美国民众造成巨大的心理压力。

这两家公司曾经是美国工业制造史上最引为自豪的大企业，之所以濒临破产的边缘，想必是有其深刻的原因的。对于大企业来说，其实力之雄厚、技术力量之强、经营范围之广、抗风险能力之强，都是一般企业不可同日而语的。而在此之前，即2008年12月份美国政府已向通用汽车公司提供了134亿美元的拯救贷款，但通用公司总裁瓦格纳在重组方案中仍然向白宫再申请借贷166亿美元；克莱斯勒亦申请再次借贷，金额为50亿美元。此次申请政府贷款均遭到拒绝。由此可见，这两家大企业的债务，已不是靠政府贷款能够解决的。在这种情况下，通用汽车的股价在纽约股市急挫近三成，每股跌到2.57美元。美国股市听到美国政府拒绝通用及克莱斯勒原来的重组方案的消息后，美股一度急挫3.5%，欧洲股市也下跌2%~4%。

当然，以上所述仅仅是美国大企业申请破产前后的一般情况，由此也不难看出在经济全球化下，尽管是经营多年的大企业，由于本身经营方面的原因，也难免有随时破产的可能。换句话说，大企业所需要的资源远比中小企业多，其利润或债务的水平，也可能因其经营决策的失误而造成无法挽回的经济损失，这对于企业的命运来说就可想而知了。而在企业危机的过程中，其他企业尤其是跨国银行、企业和国际组织的救助，则是大企业走出破产阴影的好办法。可以想象，如果不是像通用公司那样有巨大影响力的标志性公司的话，其他公司的

破产，自然不会得到国家的救助。由此可预见该事件在美国工业制造史甚至美国经济史中，都将作为经典案例供大家分析。

此外，美国政府在金融危机爆发后推出总额 7 000 亿美元的不良资产救助计划，美国有 419 家公司接受了政府救助。包括高盛、美国运通、摩根大通等华尔街大银行。根据美国中小企业救助计划，美国政府从 7 870 亿美元经济刺激方案中划出 7.3 亿美元用于降低小企业借贷成本，并将受小企业管理局贷款项目覆盖的所有贷款的担保比例提高至 90%。美国政府还将斥资 150 亿美元解冻二级信贷市场；同时，政府还将要求接受政府救助的 21 家美国大银行每月向美国政府报告给予小企业的信贷金额，以此促进金融企业向小企业提供更多的信贷资金。由于美国信贷市场的停滞，正使中小企业面临困境，美国政府多方面采取救助措施，实际上是希望此举能帮助小企业迈出发展的第一步。当然，从美国宏观经济上看，金融危机导致失业率增至 10% 以上，而美国新增就业岗位的 70% 来自于小企业，美国政府将继续采取积极措施，确保小企业在美国经济复苏中发挥重大推动作用。

美国接二连三地爆发大企业破产案，对于国际资本投资来说，正因为美国政府、企业尤其是大企业、美国家庭和个人严重缺乏流动性，所以需要国际资金的进入以解除其资金缺乏的困境。在这样的情况下，从国际资本流动的角度看，的确给国际资本提供了投资机会。

三、国际投资额与投资取向变动

国际资本流动的方向和投资额的多少，取决于所在国的投资项目对于国际投资的利益回报率的高低。对于金融危机造成国际资本流动加快的原因，并不是因为有相当多的企业破产需要救助，从本国政府的角度考虑，自然是不得已而为之的事，但对于国际投资人而言，投资的利益，显然是决定其投资取向的首要因素。这一点，对于任何国家的投资者来说，其实并无两样。

投资总额变动是受投资取向决定的。投资总额是外商投资企业法中的特有概念。在组成上，投资总额实际上包括投资者缴付或认缴的注册资本和外商投资企业的借款。这与现在很多项目公司最低自有资金的限制存在相似之处。所谓的外商投资企业，其实质还是项目公司意义上的企业，并不是一般意义上的市场主体，而是为了一个具体的建设项目而在有效期限内存在的企业。国家在批准设立外商投资企业的同时，也批准了该外商投资企业的规模，这个规模就是外商投资企业投资总额。

在对外资的实际监管中，投资总额的意义有四点：第一是依据投资总额确定外商投资企业的注册资本；第二是依据投资总额确定外商投资企业免税进口自用设备的额度；第三是依据投资总额确定外商投资企业外汇贷款的额度；第四是依据投资总额确定外商投资企业的审批权限划分。以上对于投资总额的界定和基本做法，在世界各国虽有所不同，但对投资总额进行管理，也应大同小异。在这样的情况下，任何国家都不是不管外国资本的投资额度的大小都统统接受的，因为这显然是行不通的。换言之，国际资本的投资，一般是希望有大的资本进入，这才能形成经济规模，同时又希望能对本国的企业更有利，甚至于能通过投资达到既能吸引外国的资金以解决本国企业的问题，同时又能对本国企业有更大的利益的目标。其具体的做法主要为：

❶外商投资企业投资总额一般都有规定

例如在中国，即规定投资总额在 3 000 万美元以下的，可由省级对外贸易经济主管部门直接审批，但是根据法律、行政法规和部门规章的规定，属于应由商务部审批的特定类型或行业的外商投资企业，省级审批机关应将相关文件转报商务部，由商务部依法决定批准与否。另外，外商投资企业的登记机关与审批机关是相对应的，如商务部负责审批的，则申请人取得外商投资企业批准证书后应到国家工商总局做企业登记。可见国际资本进入任何一个国家，都是必须按所在国外资政策及制度规定办理相关手续的。

②国际投资的特点是投资者并非一次性将所有投资资金都注入所在国

这就必然牵涉到投资总额与注册资本的关系问题。仍以外资在中国的投资总额与注册资金的相关规定为例，根据1987年2月国家工商总局颁布的《关于中外合资经营企业注册资本与投资总额比例的暂行规定》：合资企业的注册资本和投资总额应保持一定的比例，两者的比例如下：①投资总额在300万美元以下（含300万美元），其注册资本至少应占投资总额的7/10。②投资总额为300万至1 000万美元（含1 000万美元），其注册资本至少应占投资总额的1/2，例如，投资总额在420万美元以下的，其注册资本不得低于210万美元。③投资总额在1 000万至3 000万美元（含3 000万美元），其注册资本至少应占投资总额的2/5，如投资总额在1250万美元以下，注册资本不得低于500万美元。④投资总额在3 000万美元以上的，其注册资本至少应占投资总额的1/3，如投资总额在3 600万美元以下，注册资本不得低于1 200万美元。

③国际投资取向与所在国产业集中度有直接关系

产业集中度也称为"市场集中度"，是指市场上产业、行业内少数核心企业产品的生产量、销售量、资产总额等对某产业、行业的支配程度。在进行产业结构调整和政府制定产业发展规划中，产业集中度成为经济发展中的重要指标之一。正因为如此，国际投资在考虑国家和地区经济发展方向或确定投资规模时，往往是根据该产业、行业中几家代表性企业的某一指标占该产业、行业总量的百分比来确定的。一个或若干个企业的市场集中度如何，不仅表明该企业在市场上的地位高低和对市场支配能力的强弱，也是该产业、行业发展前景如何及企业未来发展趋势与规模的重要标志。例如电子、汽车等产业，以某个汽车企业作为对象，作产业集中度考察，对于国际投资取向决策至关重要。一般来说，如果同日本、美国等发达国家相比，我国工业企业的产业集中度较低，很难达到规模经济的要求。为了实现产业高度集中，对企业进行重组并购，不仅是一种解决企业究竟如何发展的问题，对于投资者来说，还是决定投资规模大小的主要依据。

当然，从产业发展本身来说，产业集中通常是指在社会生产过程中，企业规模扩大的过程。它表现为全部企业中仅占很小比例的企业或数量很少的企业，积聚或支配着占很大比例的生产要素。因此，集中又可以分为工业集中与产业集中。工业集中是以整个工业为考察范围，对各个不同产业生产能力分布状况的一种综合反映。产业集中是以某个具体的产业为考察对象，反映产业内资源在不同企业间分布的状况。集中度即集中的程度。产业集中度是针对特定产业而言的集中度，是用于衡量产业竞争性和垄断性的最常用指标。产业集中度之所以被国际投资企业如此重视，原因在于产业集中度高的产业、企业对于价格有更多的支配权利，而定价权对于企业利润的形成无疑是最重要的。此外，由于国际竞争环境更加激烈，集中度高的企业有更强的国际竞争力。如在新药开发产业中，70%的新技术为美国制药公司所垄断，尤其是生物制药领域，美国生物制药企业与美国制药企业的总数比例说明，美国生物制药企业的产业集中度要高得多。此外，对于德国、英国的制药企业而言，其产业集中度也意味着将在国际竞争中获得较多的市场份额。如果同中国的制药企业相比，中国企业的产业集中度显然要低得多。这对于国际投资者来说，如果此类企业的产业集中度过低，即意味着市场化程度度低，其投入的资金规模就要大得多，因为市场培育与研究开发费用决定了未来的市场支配地位的变化。当然，这也表明如果投资取向不错的话，那么，在未来的市场中会占有相当大的份额。如果产业集中度过高，投入的资金也相对过高，因为较小的投资总额不会被所在国所接受，即便接受也很难在市场中有更大的支配权。

拓展学习

泰国金融危机的原因、影响与对策

1. 房地产泡沫

20 世纪 90 年代是泰国经济发展较快的时期，泰国也一时被称为世界投资热点国家。在大量外国资本投资中，有相当大的资金投入到了房地产等非生产性行业中。由于过度的资金投资房地产，导致房地产业过热，其利润明显下降。据统计，泰国在 1996 年以前的 5 年间，房地产的收入每年约占 GDP 的 30% ~ 50%。到了 1996 年后，房地产业中出现严重滞销现象，1997 年上半年约有半数以上的房地产无任何收入。由于银行和金融公司对不动产行业的贷款过多，致使一些全国一流的金融公司也因房地产的负债而破产。这样，外国金融投资者就必然改变其投资方向，将手中的泰铢兑换成美元，然后转移出境，这就形成对泰国货币市场的冲击以及对泰铢的不信任感。而当时的情况是，泰国金融机构投资到房地产的投资总额约为 2 300 亿法郎，无力偿还的有 700 亿法郎。已建的 60 万平方米办公楼中有一半以上无人问津，A 级写字楼的闲置率为 10%。泰国房地产造成资金积压、大部分金融机构无力偿还外国贷款、银行不良资产率不断上升，致使放贷银行产生大量呆账的现状，进一步引发外国投资者抛甩泰铢挤提美元的金融危机。其结果是，使得已建的房地产停滞，生产领域的投资进一步大幅减少，从而降低了本国出口产品的国际竞争力。

2. 外债过大

20 世纪 80 年代以来，东南亚国家经济的快速增长过程中所碰到的共同问题是资金短缺。为争取资金投入，各国在集资方面都采取大体上相类似的做法，即大力举借外债。但问题是，尽管高额外债在一定时期内对于当地经济发展注入了活力，但也成为偿还能力较低的发展中国家头上的绳索，随时会引发负债国家经济的动荡。在泰国，更由于私营企业所借外债较多，政府尚未建立有效的监控体系，对私营企业难以控制。再者，在东南亚国家的外债结构中，短期外债比重过大，一般占 25%，而在泰国则占 40%。如果以国际借贷标准来衡量的话，那么，这些外债很容易卷入资金周转不灵的死角中。

东南亚国家过分依赖外资，特别是短期资金的证券投资，也是导致其陷入金融危机的原因之一。在过去的几十年中，包括泰国在内的东南亚国家走的是外延投入增加的经济发展道路，而不是投入产出的增长，因而在这样的经济增长模式中，其结果必然是各国竞相放宽金融管制以吸引外资，这就很容易造成对国外资本集团的过分依赖，出现产业与贸易、金融协调发展关系的紊乱，以及货币和金融机构经营的漏洞。

3. 国内产业结构调整滞缓，出口产品竞争力下降

尽管东南亚国家近年来一直致力于产业结构调整及产品的升级换代，但步伐极为缓慢，同时在产业中低水平重复建设、生产能力过剩现象严重。在国家经济发展政策导向上，甚至有过分依赖外国资本集团的资金、技术与设备、管理体系的倾向，致使本国工人缺乏必要的技术，而劳动力成本却不断上升，生产率明显下降，最终导致产品出口竞争力减弱甚至退出国际市场。如传统的鞋、纺织品、服装等中档出口产品，随后几年在国际市场上已逐渐被中国及东盟低工资国家的产品所取代。

4. 过分依赖出口战略

由于东南亚国家长期以来走的是"出口替代进口"战略，这虽然在一定时期对于促进国内经济转型，向工业化过渡有积极的作用，但在另一方面却形成了过分依赖出口的倾向。

在以出口为主导的情势下，东南亚国家未能及时有效地改变其贸易结构。在致力于以推动出口作为经济发展主要动力的趋势下，一旦出口出现下降或停滞情况，就必然会严重地阻碍产业的发展和金融经济的正常运作，甚至会动摇国家乃至区域经济的基础。

5. 金融自由化改革，宏观调控能力不足

金融体制改革的步伐过快、过急，以致缺乏国家宏观控制能力及保障体系，也是造成金融危机的直接原因之一。如在泰国，自20世纪80年代以后，泰国采取金融自由化、国际化政策，其主要内容是：①放松外资流入的限制；②放宽对利率和信贷的管制；③积极推动股票证券和资本市场的发展；④引进外国金融机构；⑤鼓励开办离岸金融业务。应该说，上述金融改革取得的成就是明显的，但在实行金融自由化、国际化的同时，政府没有及时建立一套现代金融宏观管理体系，特别是金融风险防范制度不健全，对工业风险及金融风险的估计也明显不足。这主要表现在两方面：一是对国内银行资产负债风险监管不力。在泰国经济迅猛发展的时期，银行的信贷资金被大量投到房地产而不是生产领域，而泰国中央银行并没有相关规制，这样就产生了大量的"泡沫"经济，造成国内信贷资金严重不足。据1995年的统计，泰国国内信贷资金总额占GDP的109%。此外，东南亚国家经济迅猛发展的同时，实际上也逐渐积累了风险，尽管这些风险已有所表现，但并未引起政府的重视，特别是在政府中并没有与国际金融操作相关的人才与经验，以致国内金融市场出现混乱，而对国外金融市场的变动及操作又缺乏介入的能力。另外，泰国对近年大量涌入的外国资本缺乏有效的监管。长期以来，泰国的金融体系就不发达，有效资金调动能力不强，存在很大的投资、储蓄缺口。为了弥补资金的缺口，泰国不是通过发展长期资本市场来解决，而是通过短期的资本流动来筹措资金。由于短期投资本身即带有趋利性和投机性特点——一有风吹草动，就会发生资金外逃，而泰央行又缺乏有效的政策导向和金融监督。此外，当时泰国的外汇储备虽然已有300亿美元，在亚洲国家中排名第10位，但仍不能有效地维持泰铢与美元的固定汇率，在受到国际金融危机的情况下，仍不足以抵御国际大炒家的冲击。

6. 国际金融投机与货币贬值

当国际性的金融危机到来之时，政府的决策失误，应是造成金融危机加深的直接原因。其中的要素之一，则在于决策层缺乏适应当代国际金融分析研究的专家人才。关于此，只要对泰国金融危机的过程作一回顾，即可说明。1997年4～5月，泰国政府公布有关贸易数据，由于出口未见好转，国际金融投机家预测泰国将会采取将泰铢贬值的做法来推动出口，于是国际投机者就开始投机泰铢，泰国银行不得不动用数十亿美元的外汇储备进行干预，力图使泰铢在国际金融市场上稳定在23～24铢兑1美元的水平。但由于泰国中央银行对海外市场的干预，使得泰铢对美元在海外和国内市场形成双重汇率，当时泰国国内市场泰铢的汇率为26.67兑1美元，于是外国金融投机者在泰国市场大量抛售外币购进泰铢，再将泰铢转到海外市场兑换美元进行套利。泰国政府不得不采取强制性措施，责令有关金融机构不得向外国抛售泰铢，致使泰铢供应紧张，而外国投机者又转而抛售泰国股票，导致泰国股市大跌。从国际金融投机者索罗斯方面讲，他可以控制的其属下量子基金会的总资产额为170亿美元，可对包括泰国在内的东南亚国家进行套利活动。而在最初的套利中，仅一个月内就赚取了 20 亿美元。

对于泰国政府采取的回应措施应作怎样的评价呢？严格来说，泰国政府也意识到由于泰国外汇收入缺乏，在金融危机时不断动用外汇储备，仅能在短期内维持泰铢的稳定。如果让泰铢浮动，一方面政府可以省却大量外汇去干预市场；另一方面也可以使泰铢根据国内市场及经济状况使其接近市场价值，以便政府重新调整货币金融政策，使泰铢在新的水平上确定其地位。而在另一方面，美元升值对泰铢贬值的影响，也不容忽视。而泰国实行单一的、盯住美元的汇率制，为了维持同美元汇率的比率，不得不随美元上浮。这样一来，泰铢就被迫使用大量外汇储备来维持同美元汇率的挂钩。同时由于美元的升值，连带泰国出口商品竞争力亦受到影响。由于对外贸易逆差增加，最终使维持美元与泰铢的固定汇率的努力难以为继。

东南亚金融危机对日本的影响最为严重。日本同东南亚国家有相当紧密的关系，如在投资、进出口等方面。东南亚地区是日本的最大的出口商品市场之一。仅 1996 年，日本在泰国、马来西亚、印度尼西亚、菲律宾及新加坡 5 国的出口总额已达其出口总额的 17.3%。东南亚国家在金融危机后通过采取提高利率、推迟大型项目的建设、增加附加税等一系列的对策来抑制国内需求，这影响了日本产品在东南亚的销售。从日本方面来说，由于东南亚国家的货币贬值，使日本出口商品的价格暴涨，影响日本出口商品的竞争力。就进口而言，东南亚国家同时是日本进口商品的主要来源，货币贬值后，提高了东南亚商品出口竞争力，从而抢占日本商品的市场份额。在金融方面，日本金融界与东南亚国家联系密切，当时日本在东南亚国家的融资幅度大为增加，其中相当部分资金流入房地产业。金融危机使许多房地产公司破产，致使日本金融机构产生大量的坏账，加剧了日本金融的动荡。据日兴经济研究中心的测算，那次东南亚金融危机导致日本的 GDP 实际增长率下降 0.7%。

东南亚金融危机对美国经济也产生了影响。最直接的影响是向东南亚国家的出口不利，对电子芯片产品出口商的打击最大，这使美国对该地区的贸易赤字继续增长。从间接方面说，如果当时日本在东南亚金融危机中难以找到出路的话，就必然会从同美国的贸易中寻求出路，这将为美国今后同日本经济的关系带来更为复杂的影响。

对中国来说，由于东南亚货币贬值，这些国家的商品出口价格的竞争力加强，出口增加，进口受到压制，国际收支状况才会有所好转。但由于东南亚国家的出口商品结构与我国相近，所以也对我国的出口产生了较大的负面影响。

问题与讨论

1. 国际性和地区性的金融危机将对企业造成哪些直接经济损失？有什么办法降低损失？请查阅网络资料，举例说明泰国金融危机对企业产生的影响。

2. 美国金融危机对我国企业造成了什么样的影响？

3. 为防范金融危机，企业应采取什么样的危机管理模式？

分组讨论

1. 谈谈你对政治危机对企业产生影响的看法，并请举例说明。

2. 谈谈自然灾害与企业危机的关系。

3. 为什么说经济全球化背景下，一国发生经济危机便会将风险传导给全世界？请结合 2008 年美国金融危机对其他国家企业产生影响的具体事例，讨论企业在外部环境变动下的经营管理机制问题。

思考题

1. 怎样防范金融危机?

2. 你对美国政府提出的金融监管方案有什么看法?你认为这可以有效地防范金融危机吗?

3. 投资有风险,但高风险也会带来高回报。你认为这样的说法对吗?谈谈你对投资风险的看法。

4. 企业风险与企业危机产生的根源是什么?

作业题

1. 简述墨西哥金融危机的影响。

2. 谈谈东南亚华人企业在泰国金融危机中的基本情况。

3. 简述企业风险管理制度。

第九章

现代企业的融资与投资管理

企业竞争的胜负最终取决于企业融资的速度和规模，无论拥有多么领先的技术、多么广阔的市场，如果没有资金的支持，企业是很难生存的。因此，企业如何通过市场融资来保证自身的利益，是企业管理的重要内容。

第一节　企业融资与银企关系

融资是一个企业资金筹集的行为与过程。企业根据生产经营和资金的状况，对公司未来的经营发展进行预测和决策，设计企业融资方案筹集资金，以保证企业正常生产、扩张、还债等资金需要。企业对融资行为进行经营管理，实际上即是企业的理财行为。

由于企业融资需要通过各种方式进入金融市场筹措或贷放资金，所以企业融资按照有无金融中介分为直接融资和间接融资两种方式。直接融资是指不经过任何金融中介机构，而由资金短缺的单位直接与资金盈余的单位协商进行借贷，或通过有价证券及合资等方式进行的资金融通，如企业债券、股票、合资合作经营、企业内部融资等。间接融资是指以金融机构为媒介进行的融资活动，如银行信贷、非银行金融机构信贷、委托贷款、融资租赁、项目融资贷款等。直接融资方式的优点是资金流动比较迅速，成本低，受法律限制少；缺点是对交易双方筹资与投资技能的要求高，而且有的要求双方会面才能成交。相对于直接融资而言，间接融资以金融中介机构为媒介，充分利用规模经济，降低成本，分散风险，实现多元化负债，但直接融资又是发展现代化大企业、筹措资金必不可少的手段，故两种融资方式不能偏废。

一、企业融资与主银行制度

主银行是指对于某企业来说，在资本筹措和运用方面容量最大的银行；简单说来，是指向一个企业提供最大额贷款的银行。因此，企业与银行所建立的信贷融资关系就称为银企关系。银企关系的特征表现在三个方面：①主银行是企业最大的出借方。所有的公司都有一个主银行，每个银行都是某些企业的主银行；②银行与企业交叉持股；③主银行是债务所有者法律上的托管人。德国实行的主持银行制度与日本的主银行制度相似，其背景都是因资本市场不发达所致，产权制约较弱，银行在金融体制和企业治理结构中扮演重要角色。在日本，主银行通常持有该企业的股票，并为向该企业贷款的其他银行进行所谓的委托监督，即代替其他债权人对该企业的财会进行监督。

我国很早就形成了企业对银行的依附关系，20 世纪 90 年代也曾实行主银行制度，但我国的主银行制度与日本的有很大的差异。尽管我国不可能达到欧美那样的直接融资比例，也很难确定最佳的融资比例，但提高直接融资比重是必然的。发展股票、债券等直接融资形式，改善企业融资结构，将是我国企业融资结构方面的方向性选择。随着资本市场特别是证券市场的发展，股票融资和债券融资将成为企业主要的融资方式。因此，有必要对日本的主银行制度及其演变情况进行考察。

在日本，法律并没有明文规定实行主银行制度，实行这一制度是日本金融界和企业界的一种惯例。在日本企业看来，主银行制度有以下特征：①主银行是客户企业的大股东，主银行一般不持有与自己没有业务或交易关系的企业的股份。②向客户企业提供系列贷款。主银行既向企业提供短期贷款，也提供长期贷款。虽然企业所需贷款并不一定全部都由主银行单独提供，但企业的大额贷款则是由主银行与其他金融机构组成的银团提供的，其中主银行的贷款份额最大，承担的贷款损失责任也最多。当企业不能如期归还贷款或者出现坏账时，主银行要分担其他金融机构的贷款损失。③向客户企业派遣董事或经理。主银行向客户企业派遣人员可以分为两种情况：一是正常情况下的人员派遣，主银行以大股东的身份派遣董事或者经理到客户企业；二是企业出现问题时，主银行派遣人员接管企业。④管理客户企业的结算账户。主银行几乎都是所属企业的结算银行，由主银行负责企业的账户管理、现金支付和结算。从日本企业主银行的业务和功能上看，应该说，其与日本企业的需求相吻合。需要说明的是，日本的主银行制度与美国的银企制度截然不同。在美国，商业银行不能用非自有资金购买股票，企业也不能通过持股控制存款机构，这一传统被称为银行与企业的"防火墙"制度。从历史上看，在日本经济民主化时期，日本财阀企业之间的控制关系被拆散，银行对企业的控制关系也被割断，而且日本还制定了严格的《禁止垄断法》，防止财阀企业再次聚集。从这一点来说，日本已经开始形成美国"防火墙"制度的政治经济基础，但结果却与美国人的初衷大相径庭。

二、日本主银行制度的形成

日本金融体制和主银行制度形成的历史根源主要有两个方面：一是1927年银行危机后建立的银行体制，二是战时的金融管制。在战后经济民主化过程中，金融业的改革目标有两个：一是形成竞争性的金融市场，二是形成商业银行与投资银行隔离的制度。由于在解散控股企业时没有解散财阀银行，结果战前日本银行体制延续了下来，再加上日本政府的保护政策，银行业没有形成类似美国的充分竞争的格局。另一方面，保留财阀银行为日本企业以产权方式重新结合以及主银行制度的发展创造了条件。

❶战前银行制度的形成

明治维新后，日本银行业不断发展。早期日本对银行业实行自由放任的政策，银行数量多、规模小。1923年，由于关东大地震后发行的"震灾票据"没有得到妥善处理，导致1927年日本发生了大规模的存款挤兑和银行破产事件，1年之内共有45家银行破产。这一事件在日本金融史上称为"昭和银行危机"。

"昭和银行危机"发生的根本原因是政府对银行业采取自由放任的政策。为此，1928年日本政府颁布了《银行法》，该法要求普通银行的最低资本金须达到100万日元，资本金不足的银行只能通过与其他银行合并的方式增加资本金，自我增资不予承认。大藏省提出了"一县一行"的银行合并目标，由于有些银行不愿失去独立的经营权力，因此当时的银行合并并不顺利，直到实行战时金融管制后才真正实现了"一县一行"的目标，这些银行就是"二战"后的地方银行。另一方面，国民储蓄不断向属于财阀系统的大银行集中，这些大银行就是战后的城市银行，作为战后日本银行体系主体的城市银行和地方银行就是在这样的背景下形成的。

② 金融管制时期的主银行制度雏形

1931 年"九一八"事变后，日本加快了对外侵略扩张的步伐，日本金融业进入战时金融管制时期。金融管制的核心是控制资金分配，以保证军需企业优先获得资金。1944 年，日本开始实行"军需企业指定金融机关制度"，将各军需企业与银行"配对"，银行不仅保证"配对"企业的资金供应，还积极参与"配对"企业的经营管理和财务监督，这就是战后形成的主银行体制的雏形。战后解散财阀后，以城市银行为中心的金融企业保留了战时金融管制时期建立的企业与银行的"配对"关系，并在此基础上逐步发展成战后以持股关系为纽带的主银行制度。

③ 经济民主化时期日本金融体制的改革

战后，为了稳定货币和支持经济重建，在日本经济民主化时期，盟军司令部对金融体制的改革措施较少，基本没有改变战前已经形成的银行体系。首先，在解散财阀的过程中，旧财阀集团的城市银行没有一家被列为控股企业，也没有一家成为被集中取缔的对象。这样，旧财阀的金融企业被完整地保留下来。其次，为了限制财阀企业的重新聚集，1947 年的《禁止垄断法》规定：金融机构持有企业股票的比例不得超过发行总数的 5%。但 1949 年第一次修改《禁止垄断法》时，只禁止有竞争关系的企业之间持有股份。1953 年第二次修改《禁止垄断法》时，不仅进一步减少了对银行和事业法人持股的限制，而且把持股限制比例由 5% 提高到 10%（1977 年再次修改《禁止垄断法》，把法人持股限制比例从 10% 降低到 5%，但允许法人机构在 10 年后达到 10% 的限制标准）。再次，1947 年的《证券交易法》是以美国的《格拉斯·斯蒂格尔法》、《证券法》和《证券交易法》为范本制定的，禁止商业银行与其附属的信托企业承销、持有和交易企业证券，目的是建立美国式的商业银行与投资银行相分离的金融体制。1948 年又根据占领当局的意向对该法进行了全面修改。结果导致日本与美国金融体制分业经营不一致，美国商业银行只能通过有限的自有资金和独立的信托部持有企业股票，商业银行不能从事承销证券等投资银行的业务。日本银行也不能从事投资银行的业务，但却可以直接持有企业股票，存款可以通过银行转化为股票投资。

1949 年至 1964 年是日本个人持股占主导地位的时期，但在这一时期，法人持股比例不断提高，个人持股比例不断下降。1949 年，日本股票市场重建时，日本个人持股比例最高达到 69.1%，法人持股比例只有 28.1%，其中金融机构持股比例为 12.5%，银行持股比例只有 9.9%。到 1964 年，个人持股比例降低到 45.6%，法人持股比例上升到 52.3%，其中金融机构持股比例提高到 35.9%，而银行持股比例上升到 21.6%。银行持股比例提高意味着银行与企业通过产权方式相互结合得更加紧密，为主银行制度的形成奠定了坚实的基础。另一方面，战后银行系列贷款曾经一度消失。为了对付战后的通货膨胀和资金短缺，1946 年日本发布了金融紧急措施令。当时，大银行资金力量薄弱，不能充分提供资金。1947 年 1 月，日本政府设立了复兴金融公库，采取低利息贷款政策，优先向工矿业等重点基础产业贷款。1947—1949 年，复兴金融公库提供的贷款总额达 1 239 亿日元。

1948 年，盟军司令麦克阿瑟向日本首相吉田茂下达了"经济安定九原则"特别指令，主要内容是通过超平衡预算、稳定工资、强化物价管制、制定单一汇率、振兴出口等措施，促进日本经济自立和国际化。"经济安定九原则"的制定者和实施者是美国人道奇，因此该原则又被称为"道奇路线"。1949年，日本强制实行"道奇路线"，致使日本股票市场重建不久就陷入萧条。1950年，由朝鲜战争爆发所引起的"特需景气"给萧条的日本经济注入了活力。1950年3月，日本政府又批准11个城市银行设立中小企业金融专门银行，先后制定并通过了《关于协同组合的金融事业的法规》、《互助银行法》和《信用金库法》等，并成立了专门为设备投资提供金融服务的日本开发银行。"特需订货"为企业的恢复创造了机会，企业投资扩大，以城市银行为中心的大银行负责提供资金，自此以后，以城市银行为中心的系列贷款体制确立了。

❸ 日本间接融资模式

以银行为主导的间接融资模式是20世纪80年代以前日本企业融资的一个重要特点。在日本经济高速增长时期，日本企业进行生产扩张的投资主要是向银行贷款，其形成是多种原因共同作用的结果。首先，"二战"后日本资本市场不发达，存在着巨大的资金缺口。战后，日本经济迅速发展，企业急需融资，但是由于各种原因，企业的自有资本在所需资本中所占比例都较小，一般只占20%至30%，其余的70%至80%都需要从外部筹集。而战后日本资本市场比较落后，企业从证券市场上筹集资金要受到诸多限制，且筹资成本比较高。在这种情况下，企业只能向银行融资。其次，不健全的社会保障制度下的高储蓄率也是促成这一模式的重要因素。"二战"后，日本政府积极推行产业政策——通过国家向战略性的产业群进行优先资源分配和所得再分配，以促进战略产业的优先增长。为了保证产业政策的顺利实施，政府向其所选定的战略产业投入大量的财政资金。在财政收入有限的条件下，为了平衡财政收支，政府不得不削减其他方面的支出，将本应由国家承担的社会保障负担推给了企业，从而实施了一套不同于西方国家的福利模式，即用全体就业和终身雇用制度来代替欧美的失业救助和养老金制度。在经济高速发展阶段，日本民众为了防止退休后没有收入来源，就将其相当一部分收入存入银行，这样银行就积累了充足的资金。由于战后日本实行分业经营，不允许银行从事证券业，所以银行也乐于向企业提供贷款。

❹ 经济高速增长时期主银行制度的完善

在日本经济高速增长时期，主银行为企业发展提供了充足的资金，企业的扩张也使主银行获得了丰厚的回报。在主银行与企业相互促进、共同发展的过程中，主银行制度通过银行与企业建立的双向互惠交易关系得到强化。这种互惠关系表现在以下几个方面：

（1）在日本经济高速增长时期，大企业对重工业和化学工业的投资需求旺盛，企业拥有自己的主银行，不仅能够满足资金需求，而且能够通过主银行调节金融周期。当日本政府周期性地采取金融紧缩政策时，主银行减少对其他企业的贷款，以保证向系列企业提供贷款。因此，以大银行为主银行的企业比其他企业处于相对有利的地位。

（2）在经济高速增长时期，银行的存款越多，贷款和收益也越多。由于系列企业从其他银行获得的贷款将存入主银行，使主银行的存款增加，以某一银行为主银行的企业越多，该银行就能得到更多的存款，其实力就越强；相反，非主银行和系列企业少的银行法人存款少，在竞争中处于不利地位。因此，各个银行都试图通过对企业的系列化来扩大自己的范围，拥有系列企业很少的银行或未能成为大企业的主银行的银行只能以辅助银行的身份向企业提供贷款。

（3）城市银行把地方银行及非银行金融机构纳入自己的体系，通过持有这些金融机构的股份和向其派遣董事使其成为自己的辅助银行，参与银团贷款。同时，城市银行与同一集团内部的信托银行、生命保险企业保持密切关系，通过对辅助银行的系列化和横向合作增强了自己的作用。1974 年，法人持股比例达到 63.9%，银行持股比例进一步上升到 33.9%。在日本经济的高速增长时期，主银行与系列企业的结合是一种互惠交易。一方面，主银行制使大型城市银行迅速发展壮大；另一方面，主银行制的发展也有力地支持了企业的发展，对日本经济高速增长发挥了重要作用，形成了企业与银行相互促进、共同发展的局面。1975 年，第一次石油危机爆发，日本经济由高速增长转变为稳步增长，这期间的主银行制度走向成熟，银行持股比例稳步提高。1990 年，银行持股比例提高到 41.6%。

⑤金融体制与主银行的发展

日本政府对银行系统的保护措施是主银行制发展的另一个重要原因。

（1）日本银行严格控制城市银行的资格。20 世纪 50 年代以后，15 家城市银行由于银行之间的合并减少到 10 家。新增城市银行是通过批准现有城市银行设立分支机构实现的，这样，城市银行就在政府的保护下具有了垄断地位，降低了银行业的竞争。

（2）政府通过对银行的直接监察和奖优罚劣来维护银行体制的安全运行，防止银行破产，实际上为银行提供了"保险"。日本银行和大藏省对银行实行严密监控和审慎控制。大藏省银行局可任意检查银行的账簿，一旦发现问题即有权提出解决建议。同时，日本银行通过其信贷部密切监控银行的正常运作，定期现场稽查。当一家银行被证明管理不佳，需要资产重组时，大藏省会派人进入董事会担任董事或总裁。银行间的兼并也都是由政府操作的。日本银行还通过城市银行分支机构许可证的发放奖励那些在救援不良企业中有功的主银行。

（3）银行为日本银行和大藏省的退休官员提供工作，特别是到大银行担任重要职位，这是一种对官员在任职期间努力工作的奖励。这种惯例体现了政府和银行的密切关系，通过这种激励机制促使官员为维护银行的稳定而努力工作，并且促使监督官员与大银行保持一种默契的良好私人关系。

①间接融资特点

从银行方面看，在间接融资制度下，银行也需要向企业和社会提供信用。一方面，银行要吸纳社会居民储蓄，然后由银行及其他金融机构以货币的形式向客户提供信用，它是以银行作为中介金融机构所进行的资金融通形式。另一方面，银行也提供消费信用，主要是银行向消费者个人提供用于购买住房或耐用消费品的贷款。间接融资的基本特点是资金融通通过金融中介机构来进行，它由金融机构筹集资金和运用资金两个环节构成。由金融机构所发行的证券称为间接证券。间接融资的特点是：①间接性。在间接融资中，资金需求者和资金初始供应者之间不发生直接借贷关系，由金融中介发挥桥梁作用。资金初始供应者与资金需求者都只与金融中介机构发生融资关系。②相对的集中性。间接融资通过金融中介机构进行。在多数情况下，金融中介并非某个资金供应者与某个资金需求者之间一对一的对应性中介。而是一方面面对资金供应者群体，另一方面面对资金需求者群体的综合性中介，由此可以看出，在间接融资中，金融机构具有融资中心的地位和作用。③信誉的差异性较小。由于间接融资相对集中于金融机构，世界各国对于金融机构的管理一般都较严格，金融机构自身的经营也多受到相应稳健性经营管理原则的约束，加上一些国家还实行了存款保险制度，因此，相对于直接融资来说，间接融资的信誉程度较高，风险也相对较小，融资的稳定性较强。④全部具有可逆性。通过金融中介的间接融资均属于借贷性融资，到期均必须返还，并支付利息，具有可逆性。⑤融资的主动权主要掌握在金融中介手中。在间接融资中，资金主要集中于金融机构，资金贷给谁、不贷给谁并非由资金的初始供应者决定，而是由金融机构决定。对于资金的初始供应者来说，虽然有供应资金的主动权，但是这种主动权实际上受到一定的限制。因此，间接融资的主动权在很大程度上受金融中介支配。

日本企业间接融资模式的特点：

1. 企业融资是一种关系融资

其具体表现有以下几点：第一，向企业提供融资的银行具有相对稳定性。融资市场中存在着信息不对称、道德风险和逆向选择等问题，这意味着银行向企业提供融资有风险。银行为了降低经营风险，节约交易成本，通常只对与其长期有业务往来的企业或者得到其他银行担保的企业提供融资。第二，银行与企业的关系是紧密结合在一起的。战后日本政府为了防止金融业的过度竞争，实行严格的金融规制政策，不但没有限制过度竞争，反而加剧了金融市场的竞争。在金融规制政策和政府鼓励银行向企业贷款的政策下，银行为了留住资信较好的客户，不但向融资企业提供贷款和信息咨询服务，而且直接投资于该公司，持有该公司的证券或股票，参与企业的日常经营与决策。一旦企业的财务状况出现危机，银行即通过向其提供财务帮助从而与企业紧密结合在一起。

2. 主银行主导企业融资

在向企业提供贷款的银行中必定有一家银行居于主导地位，我们通常把这种居于主导地位的银行称为主银行。主银行不仅为企业提供较大份额的贷款，而且持有企业的股份，包揽企业的一切金融事务，向企业派驻代表作为股东，以监控企业，一旦企业的财务状况出现问题，主银行将直接干预企业的经营管理。主银行不仅是企业的主要贷款人之一，还负责为关系企业组织银团贷款。战后日本经济高速增长时期，日本企业外部融资来源于银行贷款。主银行不仅自己向企业提供较大份额的贷款，而且还帮关系企业联系其他贷款银行，也就是负责为关系企业组团贷款。

3. 融资银行对企业实行相机治理

相机治理是一种银行根据企业财务状况的好坏来决定对企业的控制程度的一种治理机制。在企业财务状况较好时，融资银行即对关系企业控制较弱。这时企业由"内部人"控制。在企业董事会中，除了有部分的银行代表外，多数的董事都由企业内部管理者担任。企业的日常经营决策和财务安排都由企业内部管理者控制的董事会负责。一旦企业出现财务危机，融资银行对企业的经营进行干预，其干预的深度取决于企业面临的财务危机的严重程度。一般说来，如果企业财务危机程度较轻时，融资银行只是向企业提供财务指导，企业的日常经营仍由企业内部管理者负责安排；当银行的财务危机程度较严重时，融资银行就会越过董事会直接对企业进行干预，派出财务危机治理小组，暂时掌握企业的全部控制权，帮助企业制订克服财务危机的方案，并贯彻和落实，重新安排企业的债务——豁免或者组织豁免部分银行债权和重新注入资金。

三、日本主银行制度的作用

主银行是客户企业的大股东和主要债权人，与企业之间存在着广泛的利益关系。因此，作为大股东和主要债权人的主银行应该通过各种途径控制企业来保证自身的利益。但是，在日本并没有出现这种情况，主银行在企业正常的情况下不会控制或操纵企业，原因是：①相互持股的股权结构形成了银行与企业之间相互控制的局面；②企业相互持股的目的是为了形成稳定的长期交易关系，一旦这种关系形成以后，可以大大降低交易成本，使长期交易的收益大于通过短期控制所带来的收益；③在日本经济中存在大量的隐含契约，这些隐含契约已经形成了一种制度化的行为期待，其约束力甚至比正式制度还强，谁违反了这种非正式的制度安排，谁将会受到严厉的惩罚。主银行不谋求控制企业就是基于这样一种隐含契约，这在建立主银行关系时就已经形成了。

日本主银行作为大股东和主要债权人与企业保持距离是有条件的，那就是企业要保持良好的经营状况，否则，主银行介入企业管理不仅被认为是正当的，而且是一种责任，这种治理方式被称为"相机治理"。更确切地说，相机治理是指这样一种机制：在企业经营处于良好的状态下，主银行通常并不干预企业的内部管理事务；在企业经营恶化的情况下，主银行根据情况干预企业内部事务，采取包括债务展期、减免利息、注入资金等金融援助措施；在更为严重的情况下，主银行会派遣管理人员接管企业。

❶ 金融援助

当企业经营业绩恶化或出现财务危机时，主银行以不同的方式对企业的经营活动实施干预，其首要措施就是金融援助。金融援助是指主银行单独或组织其他金融机构共同参与，给企业以金融方面的支持，包括推迟支付利息、降低贷款利率、减少或豁免企业应付的利息、推迟或暂停偿付贷款本金、向企业注入新的资金等等。这些措施一般要持续3年至5年。主银行在实施金融援助时，会要求企业提出一个恢复或调整计划，计划的制订需要和主银行磋商，得到银行批准后才能执行。在实施金融援助的过程中，主银行发挥主导作用，不仅要对财务恶化的企业命运负责，还要对企业债权人的利益负责。一般情况下，主银行的利率降低幅度通常要大于其他银行，而且可能会购买其他金融机构的债权或承担更多的债务。对问题不是很严重的企业，主银行采取金融援助的方式。如果企业陷入了更加严重的危机，主银行会更深入地介入企业管理。

❷ 接管企业

如果企业财务恶化继续发展或企业陷入破产状态，主银行就会通过企业法人治理机制接管企业，对企业进行重组，这种情况称为主银行接管。常见的措施有：①注入紧急援助资金，为企业恢复正常的经营活动创造条件；②派遣银行高级雇员替代或充实企业经营者队伍；③对企业资产进行重组；④重组企业内部组织系统；⑤实施裁减人员、降低成本等一系列措施；⑥调整企业金融结构，包括债务水平、融资方式、股权结构；⑦安排与相关企业合并。马自达公司的主银行对马自达公司的干预就是一个很好的案例。1973年，第一次石油危机爆发后，马自达公司生产的旋转式发动机汽车因耗油量大，市场需求大幅度降低，使公司陷入严重的财务危机。马自达公司的主银行——住友银行以及住友信托及时进行干预。首先，把银行的一大批高级管理人员委派到马自达公司出任董事或部门主管；其次，向马自达提供优惠贷款；再次，要求该公司把一部分股份卖给银行；最后，住友集团的综合商社全面负责马自达产品的销售。通过上述一系列措施，马自达公司顺利地渡过了这场危机。

❸ 主银行的干预作用

日本企业的主银行干预活动替代了美国的股票市场接管机制。从主银行对企业的干预过程可以看到主银行所做的绝大多数工作类似于美国的企业重组：原有的经营者被免职、委派新的管理人员、注入新的资金、重组债务、改变股权结构等等。正是基于这一点，日本虽然很少出现美国式的股票市场并购，但主银行对企业的监督和控制起到了接管市场的作用。换句话说，日本存在银行控制和接管市场的制度。由于存在银行接管的可能性，虽然在正常状态下看不到银行控制企业，但金融体系作为一个整体具有潜在接管的威慑力。此外，主银行对企业实施的金融援助和接管在某种程度上为企业提供了不破产的"保险"。从理论上说，企业会因有这种保险而倾向于从事风险更高的投资项目。但由于债权人对风险的回避性，主银行并不鼓励企业投资收益高但风险大的项目。从另一方面看，企业从主银行处获得资金的成本要高于从其他渠道获得资金的成本，这意味着企业从主银行处获得不破产的"保险"是需要付出费用的。

由于政府为银行提供不破产的"保险"，而主银行又为企业提供不破产的"保险"，20世纪80年代后，在"双保险"的刺激下，银行和企业的过度借贷行为使金融风险加剧，导致80年代末的泡沫经济膨胀。泡沫经济崩溃以后，日本经济陷入长期低迷。日本泡沫经济崩溃，对银行业造成了极大的冲击，北海道拓殖银行、东洋证券、山一证券、八佰伴等一批金融机构纷纷倒闭，极大地削弱了主银行的地位，其主要表现在几个方面：①银行持有大量企业股票，在股票市场上升时，银行能够获得丰厚的资本溢价收益；当股票市场全面下跌时，银行资本会随之缩水，银行的安全性受到威胁。②银行向企业提供的贷款大多数是抵押贷款，企业的抵押品主要是房地产、设备和股票。如果以经济高涨时期膨胀的房地产作为抵押品，在经济萧条时期，企业破产和房地产价格的下降会使银行得不到应有的贷款保障，结果形成银行不良债权。③主银行助长了企业参与房地产投资的行为、设备投资和股票投资的行为，这是导致80年代末日本泡沫经济膨胀的重要原因之一。当泡沫经济破碎以后，银行又是最大的受害者，企业大量无法收回的投资、破产、倒闭最终转化为不良债权。大量不良债权降低了企业的活力和金融系统的安全性，进一步制约日本经济走出低谷，使日本经济长期处于低迷状态。而长期低迷的经济又进一步使不良债权越积越多，结果形成了恶性循环。

泡沫经济崩溃后，日本银行纷纷裁减人员，收缩海外业务规模。宏观经济环境的变化不仅影响银行的经营战略，也迫使主银行调整其对企业的持股方式和援助方式。主银行因其自身实力的衰落，无法为众多企业提供长期援助，企业融资方式由主要依靠主银行转向海外融资和直接融资。同时，由于自身的资质下降，主银行无力支撑长期持有股票，不得不卖出部分股票，主银行对企业的影响也因持股关系的削弱而降低。

四、间接融资模式与日本经济发展

如果从历史角度对日本银行制度进行评价的话，那么可以说日本间接融资模式对日本经济的高速发展起到了巨大的推进作用。这主要表现在以下几个方面：

❶保证企业发展所需要的资金供给

间接融资模式通过银行的中介作用，把急切需要资金的企业和过多的私人储蓄联系起来。20世纪50年代中期，美国出于遏制社会主义国家的目的，积极扶植日本经济复苏，不仅对日本进行大量的经济技术援助，而且联合欧洲国家向日本单方面开放本国市场，使日本企业生产的产品有了广阔的销售市场。日本企业对扩大生产能力投资和技术创新投资需求十分巨大，尽管日本企业在经济高速增长时期积累了大量的资本，但是仍然满足不了企业的设备投资需求，于是企业不得不向银行借款。据统计，在20世纪50年代至60年代，企业所需要的资金中，80%需要从外部借款，只有20%是企业的内部融资，而企业外部融资主要依赖银行借款。

❷促进了企业经营战略的稳定实施

战后，日本企业资金严重短缺，几乎完全依赖银行的商业贷款。在金融市场资金紧张、风险巨大的情况下，日本企业为了能够得到稳定的资金供给，更愿意与银行保持紧密地联系。而银行为了能够收回自己的贷款，也希望企业不要破产，所以也千方百计地采取各种措施防范企业破产。融资银行除了加强对企业的监管外，还向企业提供信息，实现银企信息共享。在企业财务状况出现危机的时候，融资银行启动相机治理机制，对企业的经营进行直接的干预。在必要的时候，为了帮助企业渡过财务危机，银行还可以允许企业暂缓还款或者继续向危机企业提供贷款。因此，间接融资模式下的银企关系更加密切，这显然有助于企业的持续稳定经营。

③ 贯彻企业发展的长远规划

由于融资银行是企业的主要债权人，从根本上讲，银行的利益与融资企业是一致的。在共同利益的作用下，银行总是全力支持企业的长期平稳发展。即使在企业因实施长远战略规划而暂时收益不佳的情况下，只要企业能够到期还本付息，银行仍然会向融资企业继续融资以保护企业。在经济高速增长时期，银行等法人股东是企业的主要股东，个人持股比例很低。通常法人股东更多地关注的是企业的长远利益，对企业短期分红的欲望不是很迫切，因此这一时期日本企业为了进行资本积累，始终保持较低的分红率，这在一定程度上满足了经济高速增长时期企业对设备和技术创新的投资。在这种融资体制下，银行股东也不用担心由于财务业绩不好而受到董事会的指责，可以一心一意地贯彻企业发展的长远规划。

④ 节约了交易成本和监管成本

在日本金融市场中，由于存在着信息不对称、道德风险和逆向选择等问题，银行向企业贷款以后，为了能够收回贷款，通常对企业进行严格的监督。日本企业间接融资模式与欧美企业融资模式的最大区别是尽管企业可以向多家银行贷款，但是其中起主导作用的只有一家银行。其他银行向关系企业融资以后，通过"委托监督"的方式，把对融资企业的财务监督权交给了主银行。主银行通过事前监督（即风险评估）、事中监督（即跟踪监控）、事后监督（即财务状况审查）等措施，对企业的财务状况进行监督。银行向企业进行监督需要花费大量的人力、财力来收集企业的经营信息，委托监督的方式避免了各融资银行向关系企业进行重复的监督，节约了银行的监督成本。由于主银行是向企业提供融资最多的银行，并且根据日本破产法规的规定，企业发生破产时，主银行的清偿顺序排在其他银行的后面，一旦关系企业因经营不善而破产，主银行将蒙受最多的损失。主银行为了防止企业破产，就会努力对企业进行监督，通过各种手段防止企业破产，这就避免了主银行在代理其他银行向企业进行监督的过程中出现道德风险和逆向选择风险。在实际业务中，主银行向关系企业提供全方位的融资服务，其对关系企业的财务信息非常了解，故而主银行代理监督比各银行自主监督更有效率。

当然，如果从整个国家经济的角度看，日本间接融资模式也存在很大的局限性，对日本经济发展也有阻碍作用，主要是因为间接融资模式削弱了股东对企业管理者的控制，使个人股东的利益不能得到有效的保护。由于企业采取以间接融资为主的模式融资，在日本经济高速增长时期，企业个人股东的持股比重不断下降，法人股东（主要是银行股东）持股比重不断上升。通常法人股东对企业的控制愿望不强烈，银行对企业的监管只是一种相机性监管。当企业严重依赖银行提供的贷款时，股东对企业的重要性就大大削弱了，这就加强了企业管理者的自主性，结果导致股东的利益得不到维护，企业给股东的分红很少，私人股东对投资股票市场的积极性也就削弱了，也就导致股票市场不发达。在企业高级管理层缺乏股东监督的情况下，管理层的目标不是追求利润最大化，而是扩大企业的规模。因为企业的规模越大，企业高层管理者在行业内部和员工中的威望也就越高，同时也就意味着他在企业内能够得到更好的位置。管理层为了扩大企业规模，在证券市场不发达的条件下，只能向银行大量贷款，结果导致企业盲目扩张并担负高额的负债率，进而出现企业的非效率。

此外，企业间接融资模式导致银行过度放贷，这不仅弱化了央行调控国家经济的职能，而且导致日本商业银行在泡沫经济破灭后积累了大量的不良资产。战后，日本政府实行鼓励银行放款的政策即"护卫舰队模式"下的金融体制，担保银行不破产，把银行向企业提供的贷款数额作为批准银行开设新的分支机构的主要标准，提高了银行向企业放款的积极性，一旦企业需要贷款进行设备投资或者技术创新，银行总是给予满足，甚至在企业发生财务危机时，仍然向企业提供融资。同时，日本银行用向都市银行提供信贷的方式来供应货币，使都市银行能够源源不断地获得信贷资本。这种情况持续的时间长了，都市银行就失去较高的资本流动意识，总是迫不及待地放款。过度放贷使企业很容易获得资本，延缓了长期和短期资本市场的发展，也削弱了中央银行利用货币政策调控经济的职能。日本泡沫经济破灭以后，不少日本商业银行在其关系企业因过高的负债率而破产后，积累了不少的不良资产，使日本商业银行长期陷入不良资产过多的困境中。

总之，日本间接融资模式是日本封闭金融制度下的产物，在封闭经济环境下，它对日本经济的高速发展起巨大推动作用的同时，也有很多消极作用。在20世纪80年代日本金融自由化、国际化改革以后，这一模式逐步走向崩溃。

五、日本中小企业间接融资体系

在日本，中小企业占企业总数的98%左右，如此众多的中小企业跟随大企业的步伐进入市场，对大企业依附度高。而在外部融资方面，主要形式也是间接融资，因而完善间接融资体系也是日本政府支持中小企业发展的重要金融措施。由于日本政府长期重视中小企业的作用，随着银行与中小企业关系的长期发展，形成了较为完整的中小企业间接融资体系。

❶中小企业间接融资体系的特点

1996年，日本中小企业占企业总数的98.9%，就业人数占77.6%；整个批发业企业的销售额中，中小企业占64.2%；零售业企业的销售额中，中小企业占75.7%。中小企业已成为国家经济结构的重要组成部分。但中小企业存在的抵押、经营不稳定的问题成为中小企业得到贷款的阻碍。在日本，间接融资体系有两个主要特点：一是比较健全的中小企业贷款融资机构。日本有大量的民间金融机构，如都市银行、地方银行以及信用银行等，这些民间机构的总分店总数达到2 000余家，这些机构是给中小企业贷款的主要力量。同时，日本政府设立了专门为中小企业服务的国有金融机构，这些机构提供具有国家导向的不同期限和低利率的贷款，被用以补充和完善民间金融机构。它们包括三个独立的机构：中小企业金融公库、国民生活金融公库、商工组合中央金库。这三个机构的贷款对象不同，贷款利率也有所不同，但它们的贷款利率都比较低，期限也比较长，贷款业务由机构独立进行，不受政府干扰。以1953年成立的中小企业金融公库为例，该公库旨在为中小企业提供稳定、长期、固定低息的设备资金以及运营资金，这是民间金融机构不大愿意提供的。其贷款分为两种：一般贷款以及指导性较强的特殊贷款。一般贷款的最长期限可达20年，特殊目的贷款比一般目的的贷款的期限更长、利率更低。竞争以及国有金融机构的存在限制了民间金融机构给中小企业贷款的利率，降低了企业融资的成本。同时，国有金融机构的长期贷款也是对民间金融机构的有效补充。二是有比较完善的中小企业信用补充系统。仅有众多的金融机构给中小企业贷款是不够的，由于中小企业信用不高，势必会影响金融机构给中小企业贷款的积极性，中小企业信用补充系统的主要作用就是增加企业的信用价值。该系统包括两个子系统及组织机构：一个是中小企业信用担保系统，组织机构是中小企业信用担保协会；另一个是中小企业信用保险系统，组织机构是在中小企业综合事业团里的中小企业信用保险公库。中小企业向金融机构申请的贷款通过信用担保协会进行担保，然后由信用保险公库对该笔贷款进行保险。这样通过对贷款的担保以及再保险，降低了对中小企业贷款的风险，增加了中小企业获得贷款的可能性。

❷ 间接融资体系的运行

日本中小企业间接融资体系的运行可以概括为在国有金融机构的引导下，在信用担保和保险组织的支持下，大量民间金融机构积极参与。如国有金融机构，日本三大国有金融机构的资金来源是中央及地方政府，贷款的审批由其独立进行。以中小企业金融公库为例，该机构只放贷，而不吸收存款。资金来源的 80% 由政府财政预算拨付，20% 由政府担保发行债券解决，资金增量纳入财政预算逐年安排，公库为法律确定的特殊事业法人，免交一切税费，贷款的损失由财政补贴。公库对中小企业的贷款主要有两种形式：一是通过遍布日本的中小企业金融公库及其部门、分支机构进行直接贷款；二是通过几乎全部的民间金融机构来代理贷款，这扩大了公库资金的有效性，贷款的年息约为 2.5%。中小企业金融公库对中小企业的贷款有一套完整的审批程序。在 1997 年财政年（从 1997 年 4 月 1 日至 1998 年 3 月 31 日，以下均指财政年），该公库贷款总额为 1.85 万亿日元（约合 139 亿美元），贷款的数量为 3.27 万件，未结贷款 7.22 万亿日元（约合 542 亿美元）。此外是信用担保系统。日本的信用担保系统是 1937 年模仿德国建立的，现在有遍布全日本的中小企业信用担保协会 52 个，担保协会的主要作用是通过对符合条件的中小企业的贷款进行担保，增加中小企业的信用价值。协会的基本资产由基金和准备金两个部分组成，基金的主要来源是地方政府、金融机构、产业组织等。除了基本资产，协会还得到中小企业信用保险公库以及地方政府的贷款。保险公库给协会的贷款是长期且低息的，主要有两种贷款：一种是普通贷款，为了增强协会提供担保的能力；另一种是特殊贷款，用来促进有特定政策目标的特殊担保，如无抵押物担保、新事业发展担保等。1998 年，公库对协会的贷款总额达 462 亿日元。协会的资产存在金融机构中，增加了金融机构的存款，直接导致金融机构增加对中小企业的有担保贷款，同时协会也利用这些存款要求金融机构降低有担保贷款利率，1998 年利用担保的中小企业占中小企业总数的 33.81%。一方面，中央政府也向地方政府提供补助，用来增强担保协会的基础；另一方面，地方政府向协会提供的资金至少与中央政府提供给它们的补助一样多。再者是信用保险系统。当信用担保协会批准了担保，且金融机构已经发放贷款时，中小企业信用保险公库自动对该笔贷款进行保险（只要担保协会的担保满足保险要求），信用担保协会向保险公库支付保费（一般年保费率为 0.5% 左右，该保费率不高也是为了减少企业的担保手续费）。信用保险公库和信用担保协会每半个财政年对每种保险签订一次合同，担保协会的担保额是以保险公库每个财政年的预算为基础的。当担保协会为中小企业代偿时，可以向保险公库索要代偿额的 70% ~80%，而当其从企业收回该笔贷款时，要向公库支付收回金额的 70% ~80%。保险公库掌握中央政府提供的信用保险准备金。1998 年，中小企业信用保险公库受理的保险达 26.6 万亿日元。信用担保协会的国家联盟的主要目的是促进各地中小企业信用担保协会的发展，如促进各地协会间的合作，向各部、厅提交报告和信息等。

❸ 间接融资体系的运行状况

日本中小企业的间接融资体系发展至今已经比较完善，政府通过国有金融机构以及信用补充系统进行调控、扶植，利用竞争引导以赢利为目的的民间金融机构成为向中小企业贷款的主体，保证中小企业需要的资金。1998年，对中小企业的设备和运营资金贷款中，国有金融机构只占9.3%，民间金融机构占90.7%；未结贷款中，国有机构只占8.7%，民间机构占91.3%。对于信用补充体系而言，1998年利用担保的中小企业占中小企业总数的33.81%，担保利用率为12.59%（担保利用率=被保证的未结贷款额/全部未结贷款额），其中较难得到一般金融机构贷款的无抵押贷款的担保占72.6%。由此可以看出，需要中央及地方政府投入的国有金融机构和贷款担保保险机构所提供的资金并没有在中小企业间接融资额中占有很大的比重，国家通过较少的投入，引导民间资本大量投入，以满足企业的资金需求。日本政府对中小企业的支出还不到整个政府总支出的1%。信用补充系统的存在增加了企业的信用价值，而该系统通过分担风险降低了系统中每个主体的风险，增强了贷款的积极性。担保协会只承担20%~30%的风险，而保险公库承担了70%~80%的风险，金融机构的风险为损失的贷款利息。实践证明，担保的损失率一般能够控制在5%以内。

第二节　管理层收购直接融资体制

无论是传统企业还是现代企业，融资都是永恒的企业经营内容。目前，在全球性企业重构浪潮的推动下，企业管理层收购融资成为企业直接融资的主要方式。

一、管理层收购融资的基本情况

英国是欧洲大陆企业重构中实行管理层收购最有成效的国家。20世纪90年代前后，英国管理层收购融资经历了1989年和1997年两个高潮期，该制度迅速向企业界推广。1992年至1997年，通过管理层收购融资增长了150%。1999年，欧洲管理层收购总额达251亿英镑。美国也是全球管理层收购最活跃的地区之一。1979年至1987年，美国的管理层收购曾占全部收购交易额及交易量的22%以上。日本在20世纪80年代以前的企业兼并、收购市场一直不活跃。从20世纪90年代开始，由于日本国内经济形势逐渐恶化，大批的日本企业陷入经营困境，被迫进行以业务剥离为主要内容的企业重构，而所谓业务剥离的对象，则成为管理层收购的重要来源。

除上述西方发达国家外，在东欧、俄罗斯等经济转型国家也开始实行管理层收购融资活动。因为这些国家和地区开始向市场经济转型，企业管理层收购则成为计划经济向市场经济过渡、国有经济向民营企业转让的主要方式。截至1994年，中欧、东欧的3.07万家国有大中型企业及苏联的7.5万家、捷克的2.2万家、乌克兰的3.3万家中小企业被出售给了私人投资者，其中大约有2/3的企业是被原企业管理者和员工收购的。

由于各国的经济周期、政府政策、企业状况等不同，管理层收购案例的融资目标也不一样。管理层收购目标公司大致有五种渠道：剥离本国企业、剥离外国企业、私人企业、破产企业及其他收购等。管理层收购带有明显的战略倾向，促进了管理层收购后企业绩效的改善。据对欧洲1992年至1997年发生的300起管理层收购案例的调查表明，收购后企业的业务收入、息税前利润（EBIT）、出口都有所增长，就业数量增加且就业质量得到改善。

由于管理层收购制度受不同国家和地区金融机构、监管制度的限制和影响，各个国家和地区在融资来源及其融资比例、金融工具的运用、融资成本和运作方式上都有明显的区别，由此形成了以英国、美国、俄罗斯及东欧国家、日本等为代表的四种管理层收购融资模式。

❶美国"债权人主导融资模式"

美国管理层收购更多地依靠债务融资实现，被称为"债权人主导融资模式"。该模式形成的原因：一是由于债务融资是全部融资的主体。美国管理层收购的债务融资远远高于英国，可以说是管理层收购全部融资的主体。在典型的管理层收购融资结构中，优先债的融资比例为50%～60%，次级债的融资比例为20%～30%，管理层出资的融资比例为1%～10%，其他机构投资者出资的融资比例为10%～15%。二是债权人在并购后的重整中发挥了关键作用。在美国典型的管理层收购中，债权人不仅是融资的主体，而且通过持有目标公司的股份参与管理层收购后的重整工作，对管理层的经营进行监督、考察，最终保障债务的安全。对于那些不能实现预期目标的经理人员，债权人可以利用其所掌握的公司股份对这些人员予以罢免，重组管理层，对企业重整发挥关键作用。三是高负债是管理层收购能够成功实施的关键。管理层收购后的经理层面临归还大量债务本金和高昂利息的压力，同时也面临债权人和外部机构投资者收购、兼并的压力。高负债成为管理层收购成功实施的关键。

❷英国"权益投资者主导融资模式"

与典型的管理层收购大量依靠债务融资不同，权益融资日益成为英国管理层收购的主要融资方式，它具有如下特征：一是权益融资的作用越来越重要。20世纪80年代以来，权益资本一直是英国管理层收购融资的重要方式。进入90年代，经济界开始对高财务杠杆进行反思，垃圾债券发行困难，优先债、次级债等进一步减少，权益资本融资增长迅速，在整个管理层收购融资中所占比例由80年代的20%～30%上升到40%左右。二是权益融资比例高。与美国典型的杠杆收购有显著差异，英国管理层收购融资较少利用高财务杠杆，权益投资在外部融资中占有较大比例。而债务融资仍然是英国企业管理层收购的主要来源，所占比例在50%以上。权益融资一直保持在30%～40%，大大高于其他国家管理层收购的权益融资比例。三是权益投资在管理层收购融资中一直发挥关键作用。无论是在20世纪80年代，还是在以风险资本作为权益融资主体的20世纪90年代，权益投资在管理层收购融资中都发挥了关键作用。这包括权益投资者是管理层收购最大的风险承担者，积极发挥机构投资者的作用；权益投资一般为中长期投资，关注企业绩效的长期改善和企业内在价值的长期提升。

❸俄罗斯、东欧"银行主导融资模式"

由于俄罗斯、东欧等市场经济转型国家和地区的金融体制尚待完善，管理层收购融资的资金则是由国有银行转型的商业银行提供的。例如在斯洛伐克，管理层收购的贷款主要来源于两家国内最大的国有银行VUB和RIB。而俄罗斯、捷克等国还有一些由商业银行成立的投资基金对管理层收购进行股权投资，这些基金类似于英国的信托投资，基金与管理层共同出资收购目标公司并参与企业重组工作。这些投资基金的主要股东还是国有商业银行。

❹日本的减税政策

众所周知，同等收入的人，由于个体和家庭情况不同，生活压力可能有很大差异。为了避免一刀切的征税政策造成的不公平，日本政府制定了种类繁多的税收优惠规定。

（1）医疗费。如果纳税人为本人或同住的家人支付医疗费用，即可通过税基调整享受每年最多200万日元的减税额度。日本的大学毕业生起薪一般为20余万日元，40岁到50岁的公司普通职员月薪多为 35 万至 50 万日元。这一政策可在相当程度上减轻居民家庭的医疗负担。

（2）供养。如果纳税者有亲人与自己同住，且年收入不满一定数额，纳税人即可获得每年最高 38 万日元的减税优惠。而且如果孩子年龄在 16 岁到 22 岁，减税额将增至 45 万日元；如果老人年龄在 70 岁以上，减税额将增至 58 万日元。这极大地减轻了工薪阶层供养孩子就读大学或赡养老人的压力。

（3）社会保险。纳税人为自己支付社会保险费用（包括健康保险、就业保险、养老保险和医疗保险等）或为同住的家人支付这一费用时，可获得同等额度的全额免税。由于日本的社保费用较高，这一免税政策能够为工薪阶层节省很大一笔开支。同时，这一政策也有利于扩大社保范围。

（4）住宅贷款。在日本，如果居民购买自住住宅时从银行贷款，即可申请一定额度的减税待遇。根据房屋面积和价格不同，减税额度最高达 3 000 万日元，可在多年内逐年分期抵扣。

（5）杂损。日本税法规定，如果居民家庭遭到地震、洪水和雷击等自然灾害及火灾、盗窃等事件，即可根据损失享受相应的免税优惠。而且计算损失时，还要计入居民家庭因灾害出现的关联支出。比如某家的房子被烧毁后，应计入的损失不仅包括房子本身，还包括该家庭雇人清理现场的费用。如果损失过大，以至于超过受害居民该年度纳税总额，抵税额还可分 3 年逐年抵扣。

（6）勤劳学生。在日本，如果一名大学生在完成学业的同时还要打工创收，就被认定为"勤劳学生"。如果一名"勤劳学生"总收入低于 130 万日元，每年可获得 27 万日元的减免额度。对不少打零工上学的年轻人而言，这几乎是 2 个月的收入。这一减免不仅减轻了很多大学生的经济压力，还促使不少已经就职的年轻人到夜间大学、短期大学再度深造，对提高青年人才的素质有积极意义。这一政策同样适用于外国留学生。

❹ 日本"政府推动融资模式"

20 世纪 90 年代以来，日本企业陷入经济危机，被迫进行一系列的企业重组，而管理层收购则被认为是最适合日本企业重组的一种方式。管理层收购融资的资金主要由银行贷款、企业收购基金提供，而企业收购基金则是在政府推动下成立的。由于日本国内企业并购市场不发达，企业兼并、收购的金融工具没有得到应用。为了使企业走出困境，日本政府于 1999 年颁布《产业活力再生特别措施法》支援收购企业。在政府的推动下，日本金融界成立了专门为收购提供融资的收购企业基金，基金金额累计达 1 万亿日元。其中，专门为管理层收购设置的 MBO 基金 II 的金额高达 300 亿日元。

二、管理层收购中融资的进入与退出

如果说企业管理层以其自有资金和金融机构的个人贷款来筹集资金用于收购本企业的股权的话，那么这就意味着企业重组过程中原来的所有制产权已变更，企业所得到的是管理层的资金，管理层得到的是根据出资比例而定的企业股权。当然，由于管理层收购是在企业产权重组的国际大背景下出现的新的融资方式，从其制度设计上说，对于企业走出困境显然是有作用的；而对于金融机构来说，由于过去所形成的依靠金融机构融资的制度致使企业可以大量地贷款，企业经营不善或出现企业破产危机的时候，银行非但不能追回贷款或撤资，反而要加大贷款，以免企业破产造成银行不良资产的出现。但事实上更多的贷款进入企业仍然无法挽回企业破产，而金融机构又不能继续提供贷款支持的时候，那么为挽救企业及企业员工，就需要将金融信用风险转嫁到企业管理层头上，以企业管理层收购融资的方式使其成为债务人。当然，从这个原理出发，如果企业收购向企业员工开放的话，那么企业员工有可能成为企业的股东，由于出资数量有限，也不至于造成太大的风险。

在企业融资无门的情况下，向企业管理层收购融资的形式致使参与企业管理层收购的人成为债务人，金融机构的放款不是向企业法人而是管理层的个人，个人的偿还能力就成为金融机构放款的依据。当然，管理层收购意味着管理者已进入企业股东之列，但对于金融机构而言，这些管理者则是金融机构的债务人。金融市场所考虑的是如何收回债务。

债务融资项目的资金回收是管理层收购融资制度设计的关键所在。企业债务是企业无法经营下去的主要原因。在管理层收购中，企业债务融资则是管理层收购的主要项目。在西方发达国家中，管理层收购债务融资项目的形成大多是金融机构利用复杂的债务融资工具来设计的，这些融资工具受偿的优先顺序、回收时间、预期报酬率、担保状况等都有所不同。如有优先权的周转债务是一些有抵押担保的短期债务，包括抵押短期贷款、质押短期贷款、优先票据等。担保物可以是固定资产、流动资产、股权等，主要用于补充营运资金。由于一般为短期债务，通常不超过 6 个月，因此在所有债务中的预期收益率最低。又如有优先权的定期债务，主要包括抵押中长期贷款、质押中长期贷款、优先票据等，需要债务人提供担保抵押，且贷款期限较长，一般为 1～5 年，长的可达 15 年。这种债务长期、稳定，要求的收益率高于短期形式的有优先权的周转债务，是支付收购资金的重要来源。而有优先权的周转债务和定期债务统称为"优先债"，在英国，其预期收益率是在伦敦银行同业贷出利率的基础上加 2%～3%。在所有债务中，优先债可以优先受偿，债权清偿的风险较小。

此外，"优先次级（从属）票据"则属于夹层融资，主要是一些无抵押的从属债务，其债权人一般可选择获得部分股东权益，或者债权人只能得到并购融资中为先偿债务作担保的资产的次级留置权。优先次级票据一般为投资银行家安排，由保险公司、养老金、投资基金持有，其债务清偿顺序优于次级票据，预期收益率也比优先债高，一般比伦敦银行同业贷出利率高 3.5%～4%。"次级票据"则是典型的垃圾债券，发行人以未来收益作为发债的基础，承诺在一定的条件下次级票据可以转换成优先股。相对于优先债，优先次级票据和次级票据都属于次级债，其受偿等级低于优先债，但相应的，其预期收益率较高。英国次级债的预期收益率一般高于伦敦银行同业贷出利率 4%～5%。归还债务融资有四个方面的资金来源：出售业务部门获得短期现金流，偿还有优先权的周转债务；企业经营利润的分配；二次融资；破产清算中优先受偿等。

管理层收购融资所获得的权益资本，如果该权益持有人要求退出的话，那么管理层收购融资机制的基本设计一是将其权益资本发行上市，二是出售其股份，三是二次管理层收购，四是股份回购，五是破产。在西方发达的市场经济国家，管理层收购权益资本退出，主要是对其拥有的权益资本进行处置，但在管理层收购融资中的投资者无论采用什么方式退出管理层所收购公司，一般都能够获得 25%～30% 的报酬率，其收益率也远远高于债务融资的预期收益率。而且，如果投资者所收购的公司走出经营困境，其投资收益率将更为可观。

三、企业国际融资

目前，国际融资已成为企业吸收国际投资及通过国际金融市场融资的重要手段之一，其主要的融资方式包括国际债券融资、国际股票融资、海外投资基金融资、外国政府贷款、金融组织贷款等，随着国际资本流动速度的加快和对资金需求的增加，国际融资逐渐成为一国融资的重要手段之一。

根据国际融资关系中债权债务关系存在的层次来分类，有存在双重债权债务关系的间接融资，还有只含单一债权债务关系的直接融资。国际融资的主要方式及其特点：

❶国际债券融资

国际债券是指一国政府及其所属机构、企业、银行或国际金融机构等在国际债券市场上以外国货币面值发行的债券。国际债券主要分为欧洲债券和外国债券两种。欧洲债券融资主要有如下特点：①管制松散。欧洲债券市场的所在货币当局对银行及金融机构、跨国公司、国际金融机构的融资活动管制都很松。如果在美国纽约市场发行美元债券，美国对此审查相当严格，很难获准；而在欧洲货币市场发行美元债券，手续则较为简单，不需评级机构评级，也不必向任何机构登记注册，而债券注册则只需向当地证券交易所提交说明书即可。②币种多样化。欧洲债券可以有更多的货币种类供选择，而且当一些借款人想展期筹集较大金额的资金时，欧洲货币市场都能满足这些货币种类和数量的需要。③交易集中。欧洲债券市场的交易全部在证券交易所里成交，没有场外市场，要接受证券交易所规章制度的管理和监督。④资金调拨方便。欧洲市场是完全自由的市场，不存在限制和标准。加上欧洲的金融中心、银行林立，业务经验丰富，融资类型多，电信联系发达，银行网点遍布世界各地，资金的调拨非常方便，若融资后需调换成各种所需货币，可在最短时间内完成调换并调拨到世界各地。

外国债券融资主要有如下特点：①发行外国债券首先要对借款者进行评级。借款者涉及许多机构或公司企业，其信用程度决定了能否发行债券及借款的数额，资信等级高的可以获准发行，且发行限额较高。如日本政府规定，发行日元债券属政府级，即 AAA 级，贷款数额可不受限制；AA 级的被限定只可发行 300 亿日元；未评级的只能发行 100 亿日元。②外国债券发行额较大且筹资多国化、多样化。美国规定，在美国发行美元债券，规模至少为 5 000 万美元，从世界发行境外债券筹资的数额来看，约占国际筹资总额的 60%。③资金使用无严格限制，但不得干扰债权国的财政金融政策。发行外国债券筹到的资金，对其具体的用途及使用进度，债权国一般没有特殊要求，但债券毕竟是在外国发行，各国的经济、金融、税收等政策和法令又各异，在发行过程中要注意熟悉并执行当地的法律。④外国债券要受外国相关金融部门的管理，因此筹资手续相当复杂。比如，在美国发行扬基债券要经美国证券交易委员会批准。而且，外国债券融资对资信评级、申请手续和报送的资料都要求较严较细，非常复杂。

❷国际股票融资

国际股票融资即境外发行股票，是指企业通过直接或间接途径向国际投资者发行股票并在国内外交易所上市。国际股票融资具有如下特点：①永久性。这是由股票融资这一方式决定的，由于股票没有期限，股东在任何情况下都不得要求退股，因此，引进的外资能够成为永久的生产性资金留在企业内，而不至于像一般合资或合作企业一样，会因合同到期或意外变故，外方抽回资金而使企业陷入困境。特别是通过发行 B 股融资，筹资国吸引的外资只会增加而不会减少，B 股只能在外国投资者之间进行交易而不能卖给国内投资者，因此筹资国所筹外资就较为稳定，该国吸引外资的数量也不会受到游资的冲击。②主动性。通过股票吸引外资，筹资国可运用法律和政策性手段约束投资者的购买方式、购买种类、资金进出的方式、税率等，并作出相应的规定，筹资国还可以自主决定哪些行业、企业允许外商投资，哪些不行，从而正确引导投资方向。③高效性。国际股票融资有利于对外发行股票的企业在更高层次上走向世界。国外股票持有者从自身的利益出发，会十分关心企业的经营成果，有利于企业改善经营管理，提高赢利水平。而企业因股票向外发行，无形中提高了企业的国际知名度和信誉，有利于企业开拓产品销售市场，开展国际化经营。

❸ 海外投资基金融资

海外投资基金融资的作用在于使社会闲散的资金聚合起来，并在较长时期内维系在一起，这对融资者来说相当有益。此外，稳健经营是投资基金的一般投资策略，因而投资基金对资本市场的稳定和发展也相当有益。海外投资基金融资具有如下特点：①海外投资基金的共同特点是以开放型为主，上市销售，并追求成长性，这就有利于具有持续赢利能力和高成长潜力的企业获得资金，得到快速的发展；②投资基金不能参与被投资企业的经营管理，这就避免了投融资双方利益失衡、融资方资产流失及丧失控股权等弊端。

❹ 外国直接投资

20世纪80年代以来，世界经济中出现了两个引人注目的现象：其一，国际直接投资超越了国际贸易，成为国际经济联系中更主要的载体；其二，国际直接投资超过了国际银行间贷款，成为发展中国家外资结构中更重要的构成形式。外国直接投资在其发展过程中出现的最大特点就是发达国家和地区不仅是外国直接投资流出的主角，也是外国直接投资流入的主角。自外国直接投资产生伊始，发达国家和地区就是外国直接投资的主角。20世纪80年代至90年代前期，发展中国家在外国直接投资发展中的地位一度有所提高。1993年，发展中国家对外直接投资流出占全球的比重达到了16.1%。1994年，对外直接投资流入占全球的比重达到了39.9%。然而90年代后期，这一趋势却又急转直下，发达国家重新占据主导地位。外国直接投资发展的另一个特点是发达国家之间的相互投资非常活跃。1995年至1999年，美国和西欧的相互投资由840亿美元增加到2 863亿美元，增长了240.8%。其中，美国对欧盟的投资由488亿美元增加到582亿美元，欧盟对美国的投资由351亿美元增加到2 281亿美元，分别增加了19.3%和549.9%。由于美国和欧盟间相互投资的迅速增加，其相互投资占外国直接投资的比重（按对内直接投资额计）就由1995年的25.3%提高到了1999年的33.1%。

第三节　跨国企业投资

与企业融资相对应的企业行为即是企业对企业外的投资活动。如果企业经营中的自有资金比例不高的话，那么企业从市场上获得的回报中的一部分则用于偿还借贷款，而借贷款对企业来说是债务。对于企业经营者来说，对企业投资则是企业对外扩张的主要方式。应该承认，20世纪70年代以来，随着经济全球化的推进，大企业的跨国投资已成为全球化的象征。如20世纪90年代，美国对外直接投资规模迅速扩大，这显然与70年代以来经济全球化的加速推进密不可分。因此，现代企业投资成为企业发展的主要因素。

一、大企业投资的基本情况

发达国家大企业的跨国投资活动与国际经济形势发生的重大变化有直接关系。20世纪

70 年代，美国在亚洲政策的调整及石油能源危机的爆发导致美国的世界霸主地位随之动摇。但冷战结束后，东西方长期对峙的政治经济格局已发生变化，这就对西方发达国家通过经济渗透及加大对发展中国家投资、经济援助等形式，促使更多的国家转向市场经济体系。因此，西方大企业的跨国投资不仅是大企业的主要活动，对于接受投资的发展中国家来说，也是迅速改变经济落后面貌的历史机遇。

（1）贸易全球化的发展成为跨国公司扩大对外直接投资的新动力。一是使跨国公司能更好地将其所有权优势与东道国的区位优势相结合，为跨国公司调整其对外直接投资的地区分布和增加对外直接投资带来了动力。随着各国关税水平不断降低，非关税壁垒不断减少，跨国公司海外子公司在东道国的中间投入品进口也越来越自由。一方面，这使跨国公司能通过内部贸易，为一些子公司解决因东道国难以提供符合其要求的中间投入品而带来的质量控制问题；另一方面，公司内部贸易的发展还可以使跨国公司根据不同东道国的区位优势，通过直接投资实行区域性专业化生产，从而获取规模经济利益。此外，公司内部贸易的发展还为跨国公司通过转移定价获取额外收益提供了方便。二是国际贸易的发展加剧了东道国国内的市场竞争，促进了东道国整体市场环境的改善和劳动力市场弹性的增强，为子公司降低在东道国的生产成本、提高经营效益创造了更好的条件，特别是服务贸易为跨国公司对外直接投资提供了更为广阔的空间。

（2）国际贸易所引发的金融全球化发展为跨国公司扩大对外直接投资创造了更有利的条件。应该承认，金融市场全球化降低了跨国公司的筹资成本。随着金融市场全球化的发展，套汇、套利活动加剧，全球利率水平进一步趋同并趋于下降，这就降低了跨国公司间接融资的利息成本。而企业在金融市场上进行直接融资的成本也开始降低。因为金融市场全球化改变了资本供应人和企业之间的关系。金融市场全球化的发展使企业的潜在投资者大大增加，而潜在投资者之间的竞争以及金融中介机构（主要是投资银行）之间的竞争大大降低了企业进行直接融资的利息成本和交易成本。由融资产生的争夺企业控制权的竞争日趋激烈，强化了对企业管理人员的监督，给企业管理人员带来了巨大压力：如果他们经营管理不善，企业就很可能成为被兼并的目标，这在一定程度上降低了企业管理的成本；如果企业经营状况良好就会使企业投资者受益，潜在的投资者随之增加，这有利于企业降低进一步融资的成本。至于企业直接融资的成本，则因为证券经纪人、投资银行的内部竞争及彼此之间的竞争日趋激烈，他们为争夺客户而不得不降低服务价格，从而降低了企业在国际金融市场上的证券交易成本，同时企业也可通过选择效率高的证券交易所降低证券交易的成本，特别是企业能更有效地利用各种不同的筹资工具，进而降低融资风险和筹资成本。

（3）从本质上讲，投资全球化是指资本及其相关要素如技术、管理等在全球范围内自由、合理地流动，它主要表现为投资自由化、规范化以及资本大规模跨国流动。投资自由化和规范化的发展，一方面扩大了跨国公司对外直接投资的空间，另一方面也减少了其对外直接投资所面临的不确定因素，大大促进了发达国家跨国公司对外直接投资的发展。

长期以来，通过对外直接投资进而占领国际市场一直是发达国家跨国公司对外直接投资的战略目标。因此，东道国的市场规模和开放程度成为跨国公司对外直接投资区位选择的决定性因素。20 世纪 50 年代，美国的对外投资主要向发达国家倾斜。60 年代后半期至 80 年代，对发达国家的投资比重大都保持在 25% 左右的水平。90 年代后，美国对发展中国家直接投资的力度明显加大。1990 年至 1999 年，美国对发展中国家的直接投资总额约为 2 625.7 亿美元，相当于 80 年代的 5.7 倍，约占 90 年代其对外直接投资总额的 33.1%，比

80 年代增长近 7%。

但问题在于，贸易全球化迅速发展，所有参与全球贸易的国家都需要对本国的经济结构进行调整，其中自然也包括跨国公司对外直接投资战略调整。在相当长的时期内，国际贸易渠道越来越通畅使国际市场竞争越来越激烈，国际贸易环境越来越自由，促使企业降低生产和研发成本、提高企业的技术实力和产品的竞争力以适应更激烈的国际竞争。获取发展中国家廉价的自然资源、劳动力以及知识、技术、技术人才等"创造资产"战略，正是 20 世纪 90 年代跨国公司对发展中国家直接投资大量增加的重要原因。1983 年，美国跨国公司海外子公司的雇员总数为 638.3 万人，1989 年增至 662.2 万人，雇员年均增长率仅为 0.6%。与 80 年代相比，90 年代美国跨国公司海外子公司的雇员数增长快得多，由 1990 年的 683.4 万人上升至 1999 年的 890.7 万人，年均增长率高达 3.4%。而且，海外子公司雇员人数的增加，在很大程度上是由于美国跨国公司将劳动密集型生产环节大量转移到劳动力成本相对较低的发展中国家所致，其海外子公司仅在阿根廷、巴西、智利、墨西哥、印度尼西亚、韩国、新加坡、泰国、马来西亚、菲律宾等 10 个发展中国家的雇员人数就从 1983 年的 124.9 万人增加到 1999 年的 211.2 万人，在这 10 个发展中国家的雇员数占其跨国公司体系雇员总数的比重也相应地由 1983 年的 5% 上升到 1999 年的 7.3%。在海外子公司雇员人数迅速增加的同时，美国跨国公司总体劳动力成本上升幅度却大大下降。海外子公司雇员数占跨国公司体系雇员总数的比重由 1983 年至 1989 年的年均 25.7% 上升到 1990 年至 1999 年的 29.4%，海外子公司雇员工资年均增长率由 1983 年至 1989 年的 7.9% 降到 1990 年至 1999 年的 2.7%，相应的，美国跨国公司总体劳动力成本年均增长率则由 1983 年至 1989 年的 4.5% 降到 1990 年至 1999 年的 3%。由此可见，90 年代美国跨国公司对发展中国家直接投资的大量增加确实降低了其总体劳动力成本。另外，90 年代美国跨国公司增加对发展中国家的研发投入，利用发展中国家廉价的科学技术人才进行研究开发，对降低其研发成本也起到了积极的作用。

从发展中国家来看，80 年代中期以来，越来越多的发展中国家开始从限制外商直接投资向欢迎和鼓励外商直接投资转变，投资自由化浪潮在全球范围内兴起。投资自由化可以分为单边、双边和多边三个层次。从单边层次上看，投资自由化主要表现为东道国外资政策自由化和投资硬环境的改善。从各国外资政策和法规变化来看，1991 年至 1999 年，发展中国家对外商直接投资管理政策和法规的调整多达 1 035 项，其中的 94% 对外商直接投资有利。在实行外商直接投资管理政策自由化的同时，发展中国家自 80 年代中期以来在交通、电力、通信等方面进行了大规模的投资，大大改善了投资硬环境。从双边和多边层次上看，投资自由化主要表现在双边和多边投资保护协定的不断增加。1999 年，双边投资保护协定达 1 856 个，避免双重征税协定达 1 982 个，分别是 1980 年的 10.3 倍和 2.8 倍。另外，世贸组织多边协定中的《与贸易有关的投资措施协定》、《与贸易有关的知识产权协定》及《服务贸易总协定》也大大促进了国际直接投资管理的自由化。

在不断趋向自由化的同时，国际直接投资管理也在向规范化方向发展。这种规范化主要体现在区域和多边两个层次上的国际直接投资协调。区域层次的协调主要是区域一体化协议中包含的关于投资问题的条款。这些包含在一体化协议中的条款多是具有强制性的，例如欧盟成员国间资本自由流动的协议、《东盟投资协定》（1987 年）、《南方共同市场投资议定书》、《北美自由贸易协定》等。区域层次上国际直接投资政策协调的主要内容往往在于放松对国际直接投资进入和开业的限制，进而取消歧视性经营条件以及进行投资保护等。这一层次投资协调的目的一方面是鼓励国际直接投资，另一方面也是为了规范和引导投资，促进国际直接投资的有序化。在区域层次的国际直接投资协调不断发展的同时，20 世纪 80 年代中期以来，多边层次的国际直接投资协调也在不断加强。作为乌拉圭回合谈判成果的"一揽子"协议中包含了三个与国际直接投资有关的法律文件，即《与贸易有关的投资措施协定》、《与贸易有关的知识产权协定》及《服务贸易总协定》。尽管这三个文件所涉及的只是外国直接投资的待遇问题，但其具有较强的约束性。如《与贸易有关的知识产权协定》对知识产权保护以及其他两个协定对最惠国待遇和国民待遇问题提出了总原则。全球范围内投资管理的自由化和规范化，特别是发展中国家外资政策的自由化和投资硬环境的改善，增强了发展中国家对国际直接投资的吸引力，这正是 90 年代美国跨国公司大量增加对发展中国家直接投资的重要原因。

二、美国对外直接投资的行业流向变化

"二战"后，美国在将对外直接投资的重点由发展中国家转向发达国家的同时，其对外直接投资的部门结构也日益高级化。其主要表现是矿业、石油业在美国对外直接投资中所占的比重不断下降，制造业所占比重基本稳定，服务业的比重迅速提高。例如，1970 年至 1989 年的 20 年间，矿业、石油业在对外直接投资总额中所占比重下降了 20.2%，服务业所占比重上升了 26.4%，制造业所占比重几乎没有改变，但制造业始终是美国对外直接投资最多的行业。与 20 世纪 70 年代和 80 年代相比，90 年代美国对外直接投资的行业配置发生了更深刻的变化：1990 年至 1999 年，美国服务业对外直接投资总额高达 4 255.6 亿美元，占其对外直接投资总额的 53.7%，大大超过制造业所占比重 31.2%，成为美国对外直接投资最多的行业。

与制造业相比，美国服务业所拥有的更明显的相对优势及世界各国经济服务化程度的进一步提高，是 20 世纪 90 年代美国服务业对外直接投资快速发展的实体基础，而 80 年代中期以来，特别是世界贸易组织成立以来，服务贸易自由化的迅速发展则是 90 年代美国服务业对外直接投资大幅度增长的直接原因。服务贸易的自由化始于 80 年代中期，它分为单边、区域性和多边三个层次。单边层次的自由化主要表现在各国对服务业的市场准入放宽限制；区域性服务贸易自由化主要体现在区域经济一体化协议中关于服务贸易自由化的有关条款及区域经济集团与周边国家签订的服务贸易协定，这些区域集团包括北美自由贸易区、欧洲联盟、澳新自由贸易区及南方共同市场等；而世贸组织的《服务贸易总协定》则是多边层次上服务贸易自由化的集中体现。首先，《服务贸易总协定》作为世贸组织多边协议之一，所有成员方都必须接受，这使服务贸易自由化真正具有全球意义；其次，《服务贸易总协定》规定了以无条件多边最惠国待遇为核心，包括保持透明度、对提供服务所需资格相互承认、实行自由化等一系列成员方必须履行的一般性义务，为服务贸易的发展提供了更为自由的环境；再次，就市场准入条款而言，尽管《服务贸易总协定》没有给市场准入下定义，但其明确规定了禁止使用的 6 个方面的限制性措施（除非成员在其承诺表中明确列出），这六大被禁止使用的限制措施十分清楚，操作性强，能有效减少纠纷并且便于监督；最后，《服务贸易总协定》要求世贸组织成员将服务贸易开放的承诺列入承诺表，承诺涵盖 12 个部门和 155 个分部门，而且对于每一个分部门，承诺又根据服务贸易的 4 种方式进行了细分。因此，服务贸易自由化对世界各国所产生的影响是可想而知的。80 年代中期以来，特别是世界贸易组织成立以来的服务贸易自由化极大地促进了美国服务业对外直接投资的发展。1990

年至 1999 年，美国服务业对外直接投资总量是 1982 年至 1989 年对外直接投资总量的 5.4 倍。1995 年至 1999 年的 5 年间，美国服务业对外直接投资总额是 1990 年至 1994 年对外直接投资总额的 2.2 倍，超过了 1983 年至 1994 年 12 年间美国服务业对外直接投资的总和。

三、美国对外直接投资方式的变化

对外直接投资主要有并购与新建两种方式。长期以来，美国对外直接投资主要采取跨国并购的方式。自 20 世纪 80 年代后半期开始，跨国并购在美国对外直接投资中所占的比重出现加速上升的趋势。进入 90 年代，美国跨国并购活动成为对外直接投资的主要方式，跨国并购在美国对外直接投资中所占的比重都在 60% 以上，1998 年甚至超过 90%。整个 90 年代，跨国并购在美国对外直接投资中所占的比重约为 57%。90 年代跨国并购取代绿地投资成为美国对外直接投资的主要方式，与经济全球化迅速发展所带来的企业经营环境的巨大变化有直接关系。

随着贸易全球化的不断发展，各国经济的开放程度越来越高，各国市场与全球大市场的联系越来越紧密，这一方面为企业发展提供了更广阔的空间，另一方面也迫使企业直接面对国际市场的激烈竞争，因此，企业对经营环境变化的敏感程度和反应速度成为企业生死攸关的问题，而跨国并购正是企业对经营环境变化作出反应及提高企业反应速度的最快、最有效的手段之一。首先，跨国并购是企业开展国际化经营，争夺国际市场最快、最有效的手段。一方面，跨国并购能节省绿地投资方式下进行固定资产投资所需的时间，使企业在东道国更迅速地建立商业存在；另一方面，跨国并购能使并购企业通过被并购企业迅速了解当地市场情况，获取企业经营决策所需的市场信息和客户信息，而且并购企业还可以通过被并购企业的销售渠道迅速抢占当地市场乃至全球市场，这比通过绿地投资或出口逐步建立自己的销售网络占领市场的速度更快。其次，在全球竞争日趋激烈的背景下，企业规模的大小比过去具有更重要的意义。一方面，企业通过跨国并购迅速扩大经营规模，既可以降低被兼并的风险，又可以通过规模经营降低生产成本，提高收益；另一方面，通过跨国并购扩大企业规模，企业可以更好地应付生产经营中的不确定因素，降低经营风险。这主要是由于以下几个原因：其一，通过并购一些有长期业务往来的企业，使以往的企业外部交易内部化，从而降低企业的交易风险；其二，通过并购扩大经营规模，增强企业对市场环境的控制能力，至少可以降低对市场环境的依赖程度，有效减少企业生产经营中的不确定因素；其三，通过跨行业并购，并购企业可以快速开展多样化经营，有效分散经营风险；最后，跨国并购有利于企业巩固和迅速增强其核心竞争力。企业所拥有的技术及技术创新能力可以说是企业核心竞争力的核心。80 年代末以来，高新技术的不断涌现和应用是经济全球化加速推进的重要原因之一，而经济全球化的迅速发展又加剧了市场竞争的激烈程度，导致产品的生命周期不断缩短。因此，经济全球化的发展反过来又对企业的技术创新能力提出了更高的要求，技术创新能力有限的企业生存空间越来越小。为了生存和发展，企业不得不设法改进技术，提高技术创新能力，以适应经济全球化背景下更激烈的市场竞争。对一个企业而言，提高技术水平主要有三种途径：加大本身的研究开发投入、谋求战略技术联盟及并购其他企业以获取被并购企业的技术和技术开发力量。不断加大投入进行研究开发不仅风险大、周期长，而且研究开发所需的巨额资金即使是实力雄厚的跨国公司也难以负担。因此，80 年代中期以来，越来越多的跨国公司在增加研究开发投入的同时，更多地通过与其他企业建立战略技术联盟和并购（包括跨国并购）相关企业来提高技术水平和技术创新能力。但战略技术联盟这种获取外部技术资源的方式也存在一些问题：其一，在联合研究开发的过程中，由于联盟各方技术的可保密性不同，因此，可能会出现一些联盟成员不愿意看到技术泄密的问题；其二，在战略技术联盟中，联盟一方很难获得联盟其他成员的现有技术，战略协作的规模和范围都会受到限制。但是，通过并购方式获取外部技术资源，一方面可以避免在战略技术联盟中可能出现的泄密问题；另一方面，并购企业还可以获得利用被并购企业的资金和技术力量进行研究开发的动态效益，以及获得被并购企业现有技术的静态效益。通过跨国并购获取国外企业技术及技术开发力量正是 90 年代美国企业大规模开展跨国并购的重要原因之一。

拓展学习

跨国投资企业与中国的经济关系

美国的高盛集团（Goldman Sachs）是全世界历史最悠久及规模最大的投资银行和证券公司，向世界各国提供广泛的投资、咨询和金融服务，拥有大量的多行业客户，包括私营公司、金融企业、政府机构以及个人。高盛集团成立于 1869 年，总部设在纽约，并在东京、伦敦和香港设有分部，在 23 个国家拥有 41 个办事处。高盛自 20 世纪 90 年代初开始就把中国作为全球业务发展的重点地区。1984 年在香港设亚太地区总部，1994 年分别在北京和上海开设代表处。此后，高盛在中国逐步建立起强大的国际投资银行业务分支机构，向中国政府和国内占据行业领导地位的大型企业提供全方位的金融服务。高盛也是第一家获得上海证券交易所 B 股交易许可的外资投资银行及首批获得 QFII 资格的外资机构之一。

在过去的 10 年中，高盛在中国的交易有：中国移动于 1997 年进行的首次公开招股发售，高盛为其筹资 40 亿美元，使该项目是除日本外亚洲地区规模最大的民营化项目之一。中国石油于 2000 年 3 月进行的首次公开招股发售，高盛为其筹资 29 亿美元；中国银行（香港）于 2002 年 7 月进行的首次公开招股发售，高盛为其筹资 26.7 亿美元；平安保险于 2004 年进行的首次公开招股发售，高盛为其筹资 18.4 亿美元；中兴通讯于同年在香港进行的首次公开招股发售，高盛为其筹资 4 亿美元，这是第一家在香港上市的 A 股公司；中国交通银行于 2005 年进行的海外上市项目，高盛为其筹资 22 亿美元，该行成为第一个在海外上市的中国国有银行；中国石油于同年进行的后续股票发售，高盛为其筹资 27 亿美元。2006年，高盛还成功地完成了中海油价值 19.8 亿美元的快速建档发行项目以及中国银行 111.9 亿美元的 H 股首次公开上市项目，中国银行的项目是至发售日止中国最大及全球第四大的首次公开上市项目。在债务融资方面，高盛在中国牵头经办了 40 多项大型的债务发售交易。高盛多次在中国政府的大型全球债务发售交易中担任顾问及主承销商，分别于 1998 年、2001 年、2003 年和 2004 年 10 月完成了 10 亿美元以上的大型交易。高盛是唯一一家作为主承销商全程参与中国政府历次主权美元债务海外发售项目的国际投行。与世界其他国家一样，高盛在中国同样担当着首选金融顾问的角色，通过其全球网络向客户提供策略顾问服务和广泛的业务支持。近年来，高盛作为金融顾问多次参与中国的重大并购案，如日产向东风汽车投资 10 亿美元，戴姆勒·克莱斯勒向北汽投资 11 亿美元，TCL 与汤姆逊成立中国合资企业，汇丰银行收购中国交通银行 20% 的股权，联想收购 IBM 的个人电脑部；中国石油收购哈萨克斯坦石油公司以及中海油收购在尼日利亚的石油资产等。2004 年 12 月，高盛获得中国证监会批准成立合资公司——高盛高华证券有限责任公司。合资公司的成立是高盛在中国发展的又一个里程碑。高盛拥有合资公司 33% 的股权，北京高华证券有限责任公司拥有67% 的股权。合资公司的成立令高盛从此可以在中国开展本土 A 股上市业务、人民币企业债券、可转换债券和提供国内金融顾问及其他相关服务。

　　美国金融危机爆发后，随着雷曼公司的破产，美国五大投行如今仅存高盛和摩根斯坦利，金融危机在美国有进一步蔓延开来的趋势。出于对金融危机的担心，人们纷纷猜测：会不会五大投行最后仅剩高盛一家？有分析师表示，摩根斯坦利也有被收购的可能，但收购方很有可能是巴克莱集团等大型外国银行，而不是美国商业银行。他们认为目前美国已经没有哪家大银行有能力收购摩根斯坦利。富国银行或许有能力收购一家投资银行，但两者似乎都没有意愿去进行如此大规模的交易。巴克莱集团或许是诸多有意收购摩根斯坦利的外国公司之一。摩根斯坦利也有可能会与高盛合并，这样华尔街就只剩一家大型投资银行了。

问题与讨论

　　1. 美国金融危机爆发后，为什么作为世界五大投资公司之一的高盛还活跃在国际经济舞台上？高盛的经营与其他投资公司有什么不同？

　　2. 查阅网络资料，对美国投资公司在世界各国的投资活动特点进行小结，并写成书面提纲，在课堂讨论时作演讲。

　　3. 投资公司的赢利模式是什么？就高盛在中国地区的投资情况进行分析。

分组讨论

　　1. 现代企业的融资方式是什么？

　　2. 企业融资与投资有什么区别？企业融资所形成的企业债务按什么方式偿还？究竟怎样才能规避融资风险？

　　3. 企业国际投资的意义与基本做法是什么？

思考题

　　1. 根据投资经济学的基本原理，谈谈招商引资政策下外商投资企业在我国的投资回报率及其计算方法。

　　2. 企业通过股票市场融资的主要方法是什么？

　　3. 为什么有人说间接融资比直接融资容易操作？试比较两种融资方式的利与弊。

作业题

　　1. 简述企业融资的商务模式。

　　2. 企业跨国投资战略决策的依据和出发点是什么？请查阅网络资料，选择我国海外投资企业的案例进行模拟分析。

　　3. 跨国投资的东道国投资环境分析的要点是什么？

第十章

第十章

现代企业政策

随着工业化程度的加深，无论是发达国家还是发展中国家都十分重视企业在国民经济中的地位与影响力，特别是工业企业在相当长的时期内是国民收入和国家财政收入的主体，所以世界各国政府也以国家产业政策、企业政策的方式，对企业采取保护、扶持政策，其中中小企业更为政府所重视。本章主要以发达国家和发展中国家的中小企业政策为分析对象，了解企业的市场运作与政府政策的关系问题。

第一节　政策与企业的关系

各国的国情不同，对中小企业的界定、政策、支持措施也各异。但从总体来说，因为中小企业在国民经济中所占的比重日益提高，所以发达国家对中小企业的重视程度越来越高，对中小企业的支持措施也日益完善。在此仅从政府对中小企业的政策这一角度，对美国、德国、日本、法国、英国等国家作一综述。

一、政府发展中小企业的基本政策

欧美发达国家对发展中小企业的政策并不是统一的。在欧洲，只有少数国家实行明确、统一的中小企业政策。如在德国，政府就制定了一系列政策，以指导中小企业的发展。但在比利时，中小企业的发展是由中产阶级主管的中小企业和个体经营者推动的。葡萄牙则于1974年制定了发展中小企业的政策性文件。

在欧洲国家中，中央政府与地方政府对发展中小企业的态度、作用也有所区别。如地方权力较大的奥地利、德国、瑞士以及有经济发展自主权的比利时、西班牙和英国的北爱尔兰、苏格兰、威尔士等地的地方政府，都能灵活地采取措施支持当地中小企业的发展，使其具有极大的发展潜力。

由于各国发展中小企业的目的不同，其支持中小企业的政策措施也有差别。如英国是把发展中小企业作为增加就业机会的手段，德国是为了保护中产阶级的利益以增强其竞争力，荷兰则是在发展社会经济的总目标下为中小企业提供平等竞争的环境。在欧洲的许多国家中，由于支持中小企业已成为传统，所以政府的支持措施是由社会组织来实现的。如在瑞典，政府对中小企业的支持是通过政府资助下的地区开发基金组织向中小企业提供的。挪威、芬兰、意大利等国都通过地区性的开发基金组织向中小企业提供支持。而在希腊、西班牙、葡萄牙、英国和大多数的北欧国家，有许多专门的组织为中小企业提供信息和咨询服务。对于有困难的中小企业，欧洲国家大多采取抢救的政策。如在葡萄牙、瑞典、法国，有关团体对处于经营困境的中小企业进行诊断和抢救。

在发达国家中，日本政府的中小企业政策最应得到重视。由于日本政府对中小企业在日本经济发展中的地位已有相当清楚的认识，所以对于中小企业的政策也具有现代化、高度化的特点。具体来说，主要有几点：①行业转换政策。按日本《特定中小企业者事业转换对策临时措施法》的规定，中小企业可制订行业转换的合理化计划，在获得县知事及商工组合的认可后，可从中小企业金融公库得到特别贷款，或得到中小企业信用完备制度的特例措施对象应得的金融及税制上的照顾。此办法主要是为了提高中小企业的经营体制及竞争力。②中小企业现代化。依据《日本中小企业现代化促进法》的规定，为使困境中的中小企业成长发展，并促进中小企业的现代化，政府把这些行业作为特定的行业进行调查，调查结果经政府的中小企业现代化审议会审议，最后由主管大臣制订现代化计划，被批准进行现代化计划的中小企业可取得中小企业金融公库和国民金融公库的现代化贷款及中小企业事业团的高度化资金贷款。此外，在指定的行业中进行结构改善，各行业要主动制订中小企业结构改善计划，获主管大臣批准后，可得到金融公库和国民公库提供的行业结构改善贷款，还可从中小企业事业团取得知识汇集贷款及中小企业事业高度化资金贷款，而且在设备的增减方面也能得到税制上的照顾。③高度化事业。所谓"高度化"即是由中小企业通过行业协助化、经济化等横向联合的组织来达到中小企业从本质上发生的结构性变化。对于被指定高度化的中小企业，中小企业事业团和都、道、府、县要给予指导和长期、低息资金贷款。④在尖端技术领域和技术细分化倾向增大的行业层，政府要对中小企业的"组合"提出技术研究开发的计划，并在国家指导方针下，确定适当的标准，企业通过认定后即可获得补助金，并在国家融资、税制等方面得到照顾。总之，日本的中小企业是一个十分特殊的概念。日本政府认为，中小企业是日本经济中最具活力的源泉，对于日本实现国际化、技术革新、情报化、国民生活多样化起着十分重要的作用。但对于中小企业的界定，因各法律都有所侧重，以致内容复杂，定义各异。按《日本中小企业基本法》的规定，资金在1亿日元以下、职员在300人以下的制造业、矿业、运输业、建筑业等的企业，资金在3 000万日元以下、职员在100人以下的批发业企业，以及资金在1 000万日元以下、职员在50人以下的零售业和服务业企业都是中小企业。20人以下的制造业企业及5人以下的商业、服务业企业则称为小规模企业。日本政府对中小企业的政策性界定显然与欧美国家以企业人数为基点的做法有所不同。

二、政府的中小企业管理机构

在美国，中小企业是指500人以下的企业，这样的企业才能接受小企业管理局（SBA）的帮助。美国国会早在1953年就决定专门设立小企业管理局。该局的任务是支持小企业的事业，宣传小企业在美国经济中的作用，拟订支持小企业发展计划，并与联邦政府、国会及其他金融、教育、贸易等行业的机构密切合作。其具体的工作是为中小企业提供财政支持、管理、咨询和人员培训，同时帮助中小企业获得政府的订货合同，对小企业中的女性、少数民族、残疾人等提供专门的帮助。

小企业管理局总部设在华盛顿，在全国的100多个城市设有大区办事处，每个大区办事处管辖几个州及若干地区办事处。地区办事处负责审批贷款，提供管理咨询服务。小企业管理局及其在全国的100多个分支机构有工作人员4 000多人。其下属或挂靠单位有退休经营人员服务公司，并在全国几百所高等院校中设立小企业研究所（SBIC）及小企业开发中心

（SBDC），为小企业提供经营管理、资金信息和其他服务支持。

日本政府的中小企业管理机构是通产省中小企业厅，该机构于 1984 年成立，是为加强对中小企业的扶持而采取的组织措施。中小企业厅的任务是使中小企业和国民技改得到健全的发展，防止经济力量过分集中，并对想经营中小企业的人按确保公平的经营活动机会给予扶持，以保证经营的各种条件，使其得到发展。其部门划分及具体的业务内容是：总务科——普及政策、防止破产、综合、计划、人事及行政会计等，调查科——搜集情报、调查分析、编写白皮书；计划科——制订现代化方案、转产方案，管理中小企业事业团、地区中小企业振兴室；金融科——制定金融对策，调查金融制度，管理政府系统的中小企业机关即中小企业金融公库、商工组合中央公库、信用保险公库；发展科——完善税制，管理中小企业投资育成公司，制定地区改善办法；分包企业科——发展分包公司，确保订货；指导科——开展诊断指导，管理人员进修事务，调查经营状况，制定防止公害办法；组织科——办理中小企业组织事务，促进联合与协作，实施中小企业法及工会法和团体法，组建中小企业团体中央会；技术科——技术指导、技术开发、技术人员进修；贸易流通科——管理批发业、调整行业、发展出口；小规模企业政策科——资金、租赁设备，促进小规模企业互助，制定防止破产制度，进行对策立案，改善经营，促进设备现代化；零售商业科——对零售业和服务业的中小企业进行指导，发展零售业的中小企业，推行零售业调整法。此外，还有小企业参事和小规模企业指导干部接受小规模企业的业务咨询及解决困难问题。

三、政府的中小企业支持政策

应该承认，无论是发达国家还是发展中国家，政府都对中小企业的发展持大力支持的态度，所制定的政策具有连续性，其主要内容可归纳如下：

❶财政支持政策

美国对中小企业的财政支持主要有两个方面：一是通过信贷计划提供直接支持，如贴息贷款和贷款担保；二是以税收支出形式给予间接支持，如在税法中规定某些中小企业可以推迟起税期或降低税负。美国的贷款一般分为普通经营性贷款和专项贷款两种，大部分普通经营性贷款均向私营机构发放，由小企业管理局提供担保，担保金额可达贷款总额的 90%，贷款最高额度可为 50 万美元，贷款期最长可达 25 年。目前平均贷款金额为 15.5 万美元，平均期限为 8 年。专项贷款包括地区开发贷款、支持小建筑企业的小额贷款、季节性的信贷担保、支持残疾人办企业的贷款、为受灾地区小企业提供的灾害贷款等。

❷创业支持政策

在欧洲，大多数国家对未来的企业家给予补贴性咨询服务。在通常的情况下，由行业联合会或商会给予资助，目前多由地区发展基金会或地方当局提供。如英国在地区发展基金会的基础上，又组织全国性的退休经理支持网络。爱尔兰的企业发展计划则为有志于独立创办企业的经理提供资金援助。瑞典和英国则为失业者提供援助，以鼓励他们自谋生路。瑞典的某些大学还把支持的重点放在咨询和组织培训上。意大利和法国的高等院校也举办创业课程，为未来的企业家提供创业支持。最为典型的是德国所提供的创业贷款和风险投资贷款计划，为创业的企业提供无须贷款担保、长达 25 年的低息贷款及延期偿还的优惠贷款。

❸管理支持政策

由于小企业的失败主要是因管理不善造成的，所以美国小企业管理局的主要任务是提高中小企业的经营管理水平。具体的措施是提供咨询,举办各种讲座、会议、研究班,作出问题诊断,提供大量的印刷品,而面向小企业提供的咨询都是通过计划由小企业管理局、退休经理人员服务公司(SCORE)及无数的专业协会组织进行的。此外,在美国的500多所大学中,小企业管理局成立了小企业研究所,利用大学高年级学生、毕业生和教师作为企业的顾问人员或小企业管理局的管理支援人员,并按其工作成绩给予学分。而小企业开发中心主要是从当地州或联邦政府计划中得到资金,由私营组织、大学提供管理和技术支持、开展研究,其活动方式是以大学为基地向小企业提供专业性的个别咨询和实用性的培训。奥地利的经济发展研究所、法国的专业管理中心地区网络、丹麦的工艺中心和荷兰的国家工业服务中心均向企业提供咨询服务。而瑞典、英国、比利时的这类中心还安排各种培训。此外,瑞士的小企业学院不仅对企业人员进行培训,还为公司的经营活动提供分析研究报告、交流经验。丹麦雇主联盟则通过小企业学校开办管理课程。

④ 研究开发支持政策

在美国,1982年联邦政府就规定凡对外提供1亿美元以上的研究开发任务的联邦机构,必须将一定比例的研究开发合同交给中小企业。通过这项法令,中小企业在1983年得到了4 400万美元的研究开发费用,1984年为1.1亿美元,1985年为2亿美元。在欧洲,小企业研究开发是政府支持的重点。如在德国,有一种专门为中小企业建立的机构叫技术设施中心,在社会各界的支持下向中小企业提供软件支持。有些国家还鼓励国家研究机构和大公司向中小企业转让技术,在研究机构设联络员,负责向中小企业提供信息。大部分的欧洲国家都设有专门为中小企业研发新产品和进行革新而提供的补贴性资助。

⑤ 采购支持政策

美国联邦政府每年都要与私营企业签订上千亿美元的采购合同,小企业管理局帮助中小企业在这些合同中得到合理的份额,具体的做法是:①帮助联邦机构将政府的分包合同直接交给中小企业;②帮助私营总承包人将联邦分包合同交给中小企业;③将合格的中小企业推荐为联邦合同的总承包人;④监督联邦机构将联邦合同交给中小企业。小企业管理局的采购专家为中小企业准备投标和争取合同提供咨询,指点中小企业到采购物品和劳务的政府机构寻求承包任务,而政府则为中小企业预留某些合同,为中小企业创造分包机会。小企业管理局通过现场调查为参加投标的中小企业出具能力证书(COC),并利用计算机信息系统建立随时可提供采购源系统(PASS)向发包、承包双方提供中小企业的名称、承包能力等信息。这个计算机信息系统的终端设于小企业管理局的10个地区办事处和25个主要联邦采购机构及私营总承包者的办公室。在小企业管理局任职的技术支援官员则在各地区的办事处负责技术援助计划,利用各种资源和数据库确认适用技术,提供改进工艺、发展新产品及解决问题的办法。在瑞士、瑞典、德国、奥地利、荷兰、法国、葡萄牙等欧洲国家,政府和有关机构一方面向中小企业提供政府采购信息,如德国在11个地区建立了信息中心,葡萄牙有3个分包中心;另一方面,与中小企业在采购、推销、经营、技术开发和促进外贸等方面也开展合作。特别是在重视出口的国家如瑞士和瑞典,政府鼓励中小企业组织进出口联营集团,而丹麦和荷兰则由政府资助中小企业聘请进出口业务经理;爱尔兰、丹麦、荷兰、英国和葡萄牙组织大学毕业生为中小企业进行市场调查和开发新产品,帮助中小企业扩大出口,政府对大学毕业生给予6个月以下的补贴。大多数的国家对于中小企业的进出口培训是由政府部门主管、商会和专业外贸机构主办的。

第二节　欧盟区域性中小企业政策

欧盟中小企业政策面对的是拥有 250 名雇员以下、年营业额不超过 4 000 万欧元或者年资产负债表总值不超过 2 700 万欧元的企业，并且没有企业或者若干企业（本身不是中小企业）拥有该企业 25% 或者更多的资本或投票权。此外，小企业的定义是雇员少于 50 名、营业额不超过 700 万欧元或者资产负债表总值不超过 500 万欧元，而微型企业则要求雇员少于 10 名。欧盟之所以要对中小企业进行界定，主要是便于各成员国使用同样的定义，在欧盟开展的项目中，国家对中小企业的援助有统一的标准。据初步统计，目前欧盟有 1 800 万家企业，其中 99.8% 是中小企业，这些中小企业雇佣了私人部门劳动力的 66%，占总营业额的 56% 以上。

一、欧洲中小企业管理机构

欧洲中小企业观察局是一个独立机构，包括 15 个欧盟成员国，加上挪威和瑞士，发表有关数量和质量的信息以及主题分析的报告。该机构特别关注市场国际化对中小企业的影响，得出的结论是：统一市场的建成已经对欧洲的经济增长产生积极影响，尤其是对中小企业的出口和生产率，现在已经具有最大的增长潜力。对中小企业的支持措施，主要有提供资金和信贷、鼓励欧洲化和国际化。当然，现代经济的复杂性表明对中小企业的分析必须考虑到其他因素，如提高中小企业的环境如简化管理和改善法律、金融、税收、社会环境立法，成员国帮助中小企业提高竞争力和创新能力等。

二、中小企业信贷

欧盟为促进中小企业获得资金采取了三大政策，即建立银行与中小企业的伙伴关系、欧洲资本市场及共同担保银行与中小企业的伙伴关系。1995 年，欧盟执委会召集银行部门和 7 个欧洲中小企业组织的专家举行圆桌会议，圆桌会议的最终报告于 1997 年发表，包括一系列可操作性强的做法，并建议银行对其中小企业客户的需求作出更好和更为迅速的反应。

❶欧洲资本市场

1995 年和 1996 年，欧盟执委会正式通过了 2 个关于"为中小企业的欧洲资本市场"的通讯，涉及执委会的有关部门之间的密切合作，包括"企业政策"、"电信"、"金融事务"、"内部市场"。1995 年以来，一些股票市场被建立起来以迎合中小企业的需要，尤其是那些高速增长的中小企业，如伦敦的选择投资市场（AIM，1995 年），巴黎的新市场（1996年），法兰克福、阿姆斯特丹和布鲁塞尔的股票市场（1997 年）。这几个市场形成了欧元NM 网络（作为 EEIG 而建立），在网络中对准入规则、报价程序和传播信息的方式进行了协调。根据 1993 年 5 月 10 日采纳的欧洲法律—投资服务指令（ISD），在网络中可以在市场之间进行证券交易。另一个泛欧洲市场——欧洲证券商自动报价协会于 1996 年在布鲁塞尔建立，通过欧洲金融市场为中小企业融资。

❷共同担保

欧洲担保协会（EMGA）对葡萄牙、希腊、芬兰的共同担保系统给予了支持，并在布达佩斯召开研讨会，使东欧国家了解由共同担保系统提供的可能性，尤其是对中小企业联盟的金融措施采取的三种形式：欧洲投资银行（EIB）、欧洲投资基金、风险资本引导规划。

❸ 欧洲投资银行对中小企业的投资贷款

欧洲投资银行是欧盟的发展银行，其资金的 90% 用于欧盟不发达地区的资金项目，其余的 10% 用于东欧国家或者与欧盟有联系的发展中国家。欧洲投资银行通过"综合贷款"间接地为中小企业投资筹措资金，这是由负责研究中小企业项目的商业银行根据欧洲投资银行的指导原则发放的贷款。1990 年以来，欧洲投资银行向 45 000 家以上的中小企业提供融资，这些资金的近 45% 给了工业和服务业，这些中小企业的 80% 以上雇员少于 50 人，97% 少于 250 人。超过 25 000 项业务涉及在援助地区的投资，大约 13 000 个项目在这些地区之外。这些融资是按照市场利率作出的。

❹ 为中小企业创造工作的补贴贷款

对于欧洲投资银行的 10 亿欧元的综合贷款，在 5 年中给予每年 2% 的利率补贴，每创造一个工作岗位给予的最高贷款额为 30 000 欧元，这样，每创造一个工作岗位在 5 年中获得的补贴达到 3 000 欧元。这种利率补贴由欧盟融资，由欧洲投资银行管理。贷款额的 95% 给予雇员少于 250 人的中小企业，80% 给予雇员少于 50 人的中小企业。4 000 多家中小企业创造了 45 000 个新工作岗位。贷款的大部分给了第二产业部门（71%）和第三产业部门（28%），其中 20% 在餐饮业，20% 在私人和公共服务业。

三、其他扶持政策

其他扶持政策是指以特别项目的形式，为中小企业承包提供援助，其中阿姆斯特丹特殊行动项目（ASAP）即是欧盟中小企业援助计划的重要项目之一。1997 年，欧洲投资银行根据阿姆斯特丹欧盟理事会关于"增长与就业创造"的结论通过了一个三年项目。该项目是将欧洲投资银行融资的重要部分用于对高度劳动力密集型部门的投资。此外，欧洲投资银行于 1998 年为法国中小企业融资提供综合贷款，向 12 家银行或者金融机构提供超过 20 亿欧元的信贷限额。

第三节　发展中国家的中小企业政策

在发展中国家，各国政府对中小企业在增加就业、消除贫困、增加国民收入、满足基本需求等方面的积极作用，已有相当清楚的认识。但中小企业在发展中所面临的资金短缺及技术、管理的不足等共同性问题，已逐渐成为中小企业发展的主要难题。本节拟就菲律宾、泰国、马来西亚等国支持中小企业的国家政策及其支持计划即项目管理政策的主要做法进行评述。

一、菲律宾的中小企业政策

在菲律宾，小型企业是指从业人员有 10 至 99 人、总资产为 25 万至 250 万比索的企业；中型企业则是指从业人员有 100 至 199 人、总资产为 250 万至 1 000 万比索的企业。在整个国家的制造业中，中小企业的数量占制造业企业总数的 90%，从业人员占 50%，增值总额占 50%。

菲律宾政府对中小企业的政策体系是 20 世纪 70 年代初期提出的促进乡村中小企业发展的计划。其具体的内容是：在财政、销售及技术等方面对中小企业给予扶持；成立新的专门机构，并对现有机构进行调整，使发展中小企业成为政府机构的任务之一。其制订的计划有监督信贷计划、中小企业租借计划、风险投资计划、企业家开发计划、工业担保及贷款基金会计划、中小企业协调工作计划等。在政府机构中，新成立的机构有工业部下属的有 12 个机构参加的中小企业委员会，其他政府机构有中小企业局、菲律宾设计中心、菲律宾发展科学院、贸易部的贸易支持中心、小企业支持中心、技术资源中心等。其任务就是促进就业、鼓励本国资源开发及开办出口型企业，促进中间产品和资本货物与市场开发，促进工业扩散到全国及国外各地去，以取得经济稳步增长，并为经济衰退高潮中倒闭的企业人员提供就业机会。

菲律宾对中小企业的支持主要是由菲律宾开发学院下属的生产率中心（PDC）来实现的。为提高中小企业的生产率，该中心与工贸部共同执行中小企业协调援助计划（MASI-CAP）、市场信息与直接援助计划。中小企业协调援助计划的任务主要是主动照顾那些在寻找项目和贷款的企业家，从而增强工业部门的经营潜力。具体的做法是：第一步，与工业服务和支持机构共同评估城镇现有中小企业的发展潜力；第二步，选出典型企业及在该计划的帮助下能够完成项目的企业家；第三步，制订改进中小企业市场经营的方案。市场信息与直接援助计划则提供国内和出口市场的供需信息。

除此之外，菲律宾还有地方研究小组项目，其对象主要是农村中小企业家和经理。该项目自 1978 年开始执行，目的是组织农村企业家与首都的企业家进行信息交流，参观首都的企业，以改善农村中小企业经营管理，并结合这些活动进行讲演和讨论。该项目涉及许多领域，主要是在服装、五金、家具三个行业。具体的做法是：①对该地区中小企业进行初步研究，以确定项目参加人选；②制定该地区经济发展纲要及评估所需的援助；③由工贸部小企业援助中心从所提供的中小企业家名单中选出项目参与人。参与人的资格确认标准是：所在企业列入中小企业名录，对经营活动感兴趣，至少有两年企业经营经验的人员。

菲律宾大学下属的由菲律宾与荷兰联合成立的小企业研究所则是菲律宾国家促进小企业发展的重要经济部门。该研究所的任务是从事中小企业培训、研究、咨询、信息服务等，对国家与地方政府重视中小企业的作用产生了相当大的影响力，对国家决策发挥了重要的作用。

二、泰国的中小企业政策

在泰国已登记的 8 万多个工业企业中，70% 至 80% 属于 50 人以下的家庭手工业作坊和小型企业，人数在 200 人以下的中型企业占 15%，约有 70% 的企业位于曼谷和中心地区。小企业占工业生产总值的 52%，占就业人数的 80%，占增值总额的 48%。主要行业分布于食品、服装、家具、塑料制品、建筑及五金工具设备等。中小企业所面临的最严重的问题是资金短缺。中小企业的债务资金占投入资金总额的 30%，表明中小企业在从金融机构取得信贷方面有很大的困难，而在向商业银行申请信贷时，由于抵押资产不足、履约能力弱，因此中小企业经营失败的风险使得发放贷款的风险很大。对银行经营来说，由于中小企业贷款远较大笔贷款小，所以银行的经营成本较高，银行利润减少，这也成为银行不愿意向中小企业发放贷款的原因之一。此外，中小企业的资金短缺问题在一定程度上是由于管理上的弱点造成的。一是不善于理财；二是典型的家庭式管理方式落后；三是生产控制薄弱；四是缺乏现代推销技术和知识；五是不具有现代生产技术，等等。

泰国的金融开发机构是泰国工业金融公司（IFCT）。该公司主要从事中长期贷款筹措活动。自 1959 年开业以来，已为 382 个贷款金额在 13.25 万美元以下的小型项目和 272 个贷款金额为 13.25 万至 75.5 万美元的中型项目贷款，分别占公司经营项目总数的 50% 和 35%，占贷款总额的 8% 和 25%。1984 年，公司为小企业提供专项贷款，为获得固定资产提供长期贷款及短期流动资金贷款。贷款目标是那些固定资产净值小于 26.5 万美元和长期贷款申请金额在 13.25 万美元以下的制造业和服务业企业。其贷款利率与公司正常贷款利率同为 14.5%。到 20 世纪 80 年代中期，已有食品加工、建筑材料、木器、家具和商业性耕作等行业的 104 家小型企业接受了贷款。

泰国工业金融公司对中小企业的贷款计划不同于其他金融机构的地方主要在于其贷款计划以出口现代化为目标。该计划分为资金援助和技术援助两种。首先，在计划所涉及的 40 多个企业中，其具体目标是试图通过生产设备的现代化及技术改造提高产品质量，使其具有出口竞争力；其次，为实现上述目标，该计划在整个项目执行过程中将技术援助和资金筹措结合起来；最后，将资金集中使用，以便选出优先出口的行业。该公司的资金来源：一是在国内筹集；二是经批准后，由日本援助机构——经济合作基金组织分两批给予 1 700 万美元贷款，其中 100 万美元先用于技术援助计划。获得资金援助的中小企业须具备的基本条件：一是固定资产净值在 185 万美元以下的中小型出口制造企业；二是在 3 年期限中每年的外销比例至少为 30%；三是工业行业。根据出口潜力、技改需要、中小企业支配地位及其在出口鼓励计划中的优先地位等条件来选定行业。此外，在食品加工、服装、木器、鞋类、五金、玩具、橡胶制品、电子 8 个行业中挑选符合借款条件的中小企业。获得技术援助的中小企业须具备的基本条件是：①以基本的市场调查确定其营业机会；②按公司以及政府机构的规定准备进行项目研究；③生产管理援助包括产品设计和质量控制；④经营管理援助包括财务管理和市场营销。技术援助的期限是两年。由于技术援助的费用较高，大多数中小企业可能因不能支付全部费用而不愿意利用这一服务，但如果是无偿援助，很多中小企业就有可能不知道自身的价值。因此，政府规定借贷人无须支付咨询人员进行经营调查、问题诊断、分析及提出改进意见的费用，但如果企业同意加入技术援助的话，那么政府就要收取这部分技术服务费。

当然，关于泰国中小企业的融资问题，随着东南亚金融危机的爆发，其政策也受到各方面的评价。

三、马来西亚的中小企业政策

在马来西亚，50 人以下的小制造企业在全国 2 万个制造工厂中约占 90%，从业人员占 28.3%，固定资产和收益所占的份额分别为 16.4% 和 15.8%，每个小企业所拥有的固定资产平均值约为 9.32 万马来西亚元（简称"马元"）；50 至 199 人的中型企业占 8.2%，所拥有的固定资产平均值为 200 万马元；大企业只占 2.3%，但其固定资产平均值则超过 11 000 万马元。中型企业和大型企业的人均固定资产分别为 2.18 万马元和 2.06 万马元，而小企业为 1 万马元。所以，马来西亚政府对中小企业在国家经济中的地位与作用是相当重视的。从 1986 年至 1995 年开始执行工业大纲起，政府就把发展中小企业作为提高中小企业地位与作用计划的重要内容。该计划在为大企业生产零部件和提供工程服务方面所支持的行业主要有铸造、金属成型、金属切割、表面处理、连接技术等，在出口型资源及加工工业中主要有锡矿、棕榈油提炼、橡胶加工、木材加工、机器设备及零件和附件的生产。

由于马来西亚中小企业的特点是规模小、大多为本国人所经营，所以特别缺乏信息网络。对政府来说，给予中小企业生产技术、资金和市场销售决策方面的支持是最为重要的。而支持中小企业发展的任务主要是由技术展览和资源中心来实现的。该机构的具体任务：一是提供适用的技术信息如图书、刊物等；二是作为各种先进设备展览和演示的场所；三是向中小企业提供咨询服务。目的是增加中小企业的技术知识、信息，以提高中小企业的生产率及现代化水平。该中心的活动是与政府或其他机构合作进行的，其中最为重要的政府机构有马来西亚银行（BPMB）、马来西亚工业发展局（MICA）、使用担保公司（CGC）、全国生产率中心（NPC）、国家经济开发公司（SEDGS）等。其主要的任务就是为私营企业提供展出和表演的机器设备。马来西亚标准和工业研究所于1955年成立后就致力于促进标准化、确认商标、推动工业研究和开展其他活动。该研究所以中小企业为服务对象，同时政府已确认了该研究所与中小企业的关系，研究所派人参加政府制定中小企业政策的机构即小企业发展协调理事会，还参加技术展览和资源中心的管理工作。20世纪80年代中期，研究所内又设立了五金工业技术中心（MITEC），该中心开设模具制造、冲压、焊接、电镀等课程，为五金和轻工业小企业培训人员。此外，研究所还通过其他工业延伸服务单位提供技术咨询服务，使小企业采用最适用的技术，以最低的成本生产优质产品。

四、韩国的中小企业政策

韩国的经济目标是扩大出口与提高国民生产总值。因此，在经济发展战略上，政府致力于为中小企业提供经济援助及税收优惠政策，同时采取吸引外资、促进合资企业发展、允许少数大企业的垄断等政策，因此引发了经济发展不平衡的问题。为解决该问题，韩国政府通过各种行政命令及立法如《小企业发展政策》、《小企业创业促进法》、《小企业现代化法》、《小企业贸易法》、《小企业产品采购法》、《小企业分包制促进法》加以纠正。至20世纪80年代，政府认识到应把中小企业作为国民经济的基础来发展，所以在宪法中规定"国家要保护和支持中小企业的经营活动"。

政府所采取的措施主要是指定在中小企业中保留某些特定的行业和产品品种，以便在中小企业和大企业之间建立稳定的分包关系。其中包括：①从行政管理上和财政上加强和扩大对中小企业出口活动的支持；②以财政鼓励的方式帮助中小企业合并或转到新的生产领域；③以扩大政府贷款与采购的方式帮助中小企业，扩大合作企业的联合购销活动；④支持发展SAEMANAL运动，以扩散工业和增加乡村收入。

在国家机构方面，政府也相应地调整职能机构，如设立中小企业振兴公司、中型工业银行、经济技术研究所、技术发展公司及小企业培训学校。在社会团体的层面，小企业联合会则发挥了重要的作用。韩国政府在《小企业合作法》中首次提出鼓励小企业合作方式的重要政策指导，于是在采矿业及制造业中很快有300多家企业联合起来，同时联合会还建立小企业互助基金，以防止小企业破产。据联合国工业发展组织的报告，韩国目前已有三种中小企业合作方式：一是中小企业在国内活动中的横向联合；二是中小企业与大企业在国内的纵向合作；三是中小企业在国外的合作。合作的内容主要是工厂的合作所有制化、兴建联合的公寓式工厂、建设小型合作工业区、共同建设和使用生产设备、联合开发和研究新技术、联合采购、联合推销，等等。

五、印度的中小企业政策

印度的小企业发展起步较早，1948 年至 1956 年通过的工业政策决议就规定了工业各行业的任务，其中小企业的目标则是加速实现分散工业化及创造就业机会，所以印度政府即把工业发展的重点放在中小企业。发展中小企业计划的主要内容是：为劳动力与技术工人提供就业机会，调动尚未开发的资金与技术资源，满足市场对消费品与简单生产资料日益增长的需求，同时保证更为公平的国民分配。1980 年，印度政府对上述政策进行调整。新的工业政策条例规定提高小型企业定义的投资限额，要求小型企业须按以下方向发展：一是通过提高技术与加强推销等措施来提高工艺水平及改善收入水平，特别是手工艺人的生产和收入水平；二是通过联合充分利用现有的设备能力，加速制造业的经济成长；三是在分散的基础上创造更多的就业机会；四是通过培训建立一个更大的企业家基地；五是创造农村与小企业相结合的有生命力的结构，以逐步减少政府补贴；六是努力增加出口。此外，政府还对中小企业采取两项重要的保护政策：其一，保留 800 多种专门由小企业生产的产品；其二，由政府专门从中小企业采购 300 多种产品。

六、新加坡的中小企业政策

在新加坡，中小企业的作用表现在为跨国公司在国际上保持竞争地位提供支持性服务，同时提供稳定、长期的投资及吸收剩余劳动力，减少失业并缓解社会问题。据统计，20 世纪 80 年代，中小企业帮助跨国公司减少进口 58% 的零部件，小企业还获得了 100 万美元的出口创汇，雇用了制造业中总劳力的 15%，提供了制造业总投资的 10%。尽管如此，新加坡政府在 70 年代前对中小企业的作用似乎并未引起注意。70 年代末，由于新加坡加快调整产业结构以鼓励高技术、资金与技术密集行业的发展，给中小企业带来了新的问题。1979 年，政府又制定了小企业政策，基本目的是提高小企业的经济稳定性及国际竞争力。1985 年至 1986 年，新加坡受到经济衰退的打击，小企业显示了恢复能力。至此，政府才认识到小企业的作用，并采取了关键性的措施：在国家的最高经济计划机构——经济发展委员会内成立了小企业局，同时在国家生产率委员会、贸易发展委员会、新加坡标准及工业研究所等国家机构的计划中把小企业作为重点对象加以支持。其支持的内容有几个方面：一是帮助中小企业得到资金以购买设备与厂房，并对确可节约劳力、提高生产率或引进先进技术的投资项目提供优惠贷款利率；二是在新的有希望的项目上进行投资的人，有资格申请 5 至 15 年的固定或浮动利率贷款；三是在项目开发中，拨款鼓励设计与开发本国产品或工艺；四是向中小企业提供咨询项目服务费用及聘请外来专家帮助中小企业更新设备，促进现代化；五是对于风险投资项目，政府帮助中小企业革新技术并吸引拥有新技术的公司来新加坡投资，同时鼓励中小企业成立风险投资企业；六是鼓励中小企业在新技术方面的投资和人力开发，由政府拨款支付人工费用，包括新技术或工业研究开发项目所需的训练工程技术人员的费用；七是从事新技术的中小企业可从机器人公司租赁机器人及其他工业自动化设备；八是中小企业可以获得相等价值的拨款，用于出国学习、访问以开发新技术国际市场，建立新的业务关系，争取合资或参加业务发展研讨会，等等。

由于我国目前尚未建立中小企业的政策体系，所以发展中国家的中小企业政策有很多可借鉴的方面。

（1）按照国外学者史坦来（Staley）的研究，中小企业的发展有五项政策原则：一是促进现代化，即产品、生产技术、经营管理现代化；二是要有选择地鼓励中小企业成长，而不是保持"小"；三是要改善管理方法，使中小企业有效地进行生产；四是促进技术改造与因地制宜地采用本国技术，以确定最佳生产方法；五是要在不同类型与不同大小的企业之间发展协调关系，最佳途径是使企业的生产活动互相补充，而不是直接竞争。

（2）尽管各国的中小企业发展都是以其国情为基础的，但在发展中国家却有一定的模式，并不需要重走发达国家的老路子。

（3）发展中小企业需要统一步调，政府的政策需要各个机构去执行。

（4）发展中国家可以从发达国家的技术转移中使中小企业受益。在落后的发展中国家使用先进的技术。

（5）微观手段（即公司水平支援）与宏观手段（即创造与保持良好的环境）要并举。

（6）保持政策的连贯性与一致性，政府的优良服务是与企业结成良好关系的关键。

（7）组织与发展私营行业协会是政府发展中小企业伙伴的重要因素。

拓展学习

政府政策与企业发展

在现代社会，企业经营环境与企业发展关系极为密切。无论企业是在国内生存与发展还是在海外拓展，都需要政府政策的支持。根据西方发达国家的经验，政府规制不仅表现在依据法律和法规维护公众利益，提供公共产品和公共服务，同时还表现在运用经济、行政等手段规范市场中特定的经济主体活动的行为，包括保护市场竞争秩序规制、环保规制等许多方面。因此说现代企业制度与现代政府行为是一致的。在这里，有必要以美国为例，对西方国家的政府政策和规制与企业的关系进行介绍。

一、政府经济规制

从理论上说，政府经济规制的手段主要有三：一是价格规制，对垄断企业的产品或服务规定最高限价，对过度竞争产品或服务规定最低保护价；二是限制企业进入或退出市场；三是数量管制，在政府规定的价格水平上，对企业应该提供的产品和服务的数量与质量进行管制。政府与企业之间在规制方面的互动共进主要表现在规制政策的制定和执行两个方面。

美国各级政府在每项规制政策的制定过程中，都有公众参与机制，企业自身或企业通过代表其利益的中介组织来表达自己的意见。联邦政府或各级政府提出规制的议案交国会或各级议会，在国会或各级议会召开辩论会、听证会，乃至在批准议案的过程中，企业或代表企业利益的中介组织都可以发表自己的意见。即使议案已经国会或各级议会通过，政府执行部门在制定法规的过程中，企业和中介组织仍然可以对法规提出质询，政府执行部门必须逐一答复，如不接受质询意见，该部门必须以充分的论证说明不采纳企业和中介组织意见或建议的理由。公众参与机制使得政府在制定规制政策的过程中与企业互动共进，政府的规制政策与大多数公众、企业达成了共识。制定规制政策过程中的互动共进有利于政府执行规制政策。公众和企业参与制定或修改规制过程中的每个环节，最后形成的政府规制政策必然是各方妥协的结果，然而，它是政府意志和企业利益的共同点与结合点，为政府依法规制奠定了良好的基础。一旦规制政策确定以后，大多数企业都愿意无条件地遵守。如个别企业对现行的规制政策有意见，可以等到修改规制政策时发表，未修改前也必须遵守现行规制，如果有意见的企业干了合理不合法的事，政府部门照样可以按照现行法律法规对其予以制裁。

互动共进的政府规制政策有效地规范了市场主体的行为，建立起公开、公平和公正的市场竞争秩序，减少了上有政策、下有对策的现象，良好的法制环境促进了企业健康发展。

二、政府职能与宏观经济政策

1. 公共服务

美国政府提供许多公共服务来促进企业发展。政府的公共服务包括基础设施建设和市政建设，给企业发展提供良好的外部环境，降低企业经营的社会成本，有利于企业低成本地经营和扩张，刺激经济发展。美国政府经济管理部门，特别是地方政府经济管理部门的思路是为企业发展创造良好的外部环境。以纽约州的奥农达嘎郡为例，郡政府只有一个经济管理部门，即经济发展部，它的主要职能是吸引企业到当地办厂，增加就业机会，促进地方经济发展。经济发展部通过设立工业园区，降低财产税、销售税，发行地方政府债券，提供财政贷款、财政担保贷款或财政资助，建立服务网络，帮助企业员工进行转岗培训，加强基础设施建设，改善当地居住环境，帮助企业留住人才等措施，协助企业开展生产经营活动。同时，政府也要求企业雇用本地的员工，提高当地的就业率，提高居民生活水平。目前，该郡已有11 000多个大小企业，与世界各地16个国家建立了经济联系。郡经济发展部主动与企业联系，在许多企业设有联络员，及时了解企业发展战略和运营动态，帮助企业解决困难，将政府发展经济的意图通过对企业的帮助传递给企业，政府与企业共同努力实现企业和地区经济的发展。

政府应主动地提供公共服务，为企业发展创造优良的外部环境。政府提供公共服务要着眼于提高民族企业的市场竞争力，帮助企业发展，增加就业机会，促进经济繁荣。政府要加强基础设施和基础产业建设，以降低企业生产和发展的社会成本。加快政企分开进程，让企业自主经营、自负盈亏，不要直接干预企业的经营管理，而是依法对企业进行规制。

2. 社会保障政策

美国的社会保障体系分为两大部分：一是上层项目，即旨在解决就业、养老等问题的保障网络，主要包括退休金、退休残疾人的健康保险、失业保险和仍有部分劳动能力的残疾人的保险；二是底层项目，即对穷人的保险支持，由政府提供购买房屋、幼儿补贴和培训等的资助。社会保障管理体制：美国卫生与人类服务部制定社会保障计划并向国会报告，负责医疗保险。美国社会保险税由财政部税务司负责征收，存入社会保障信托基金会，单独列收列支和管理，基金可以购买国债，也可以购买专门向联邦信托基金发行的特殊证券。联邦劳工部负责就业保障和失业保险。各州和地方政府也有相应的机构承办社会保障工作，依法、多渠道筹集社会保障基金。社会保障基金的主要来源是社会保险税，征收的依据是联邦保险资助法，政府依法向雇员和雇主分别征收占工资额7%的社会保险税。政府向雇主征收工资税作为雇员的失业保险。健康保险是依据医疗保险法，一般由雇主向政府缴纳占雇员工资1.4%的医疗保险税。社会保障基金的支出由各级政府直接拨付到个人账户或由政府提供福利设施。美国社会保障政策的特点主要是：①覆盖面广，保障程度低。②社会保障项目管理体系多层次，发挥各级政府的力量进行管理。③强制与自愿相结合。对具有普遍性的社会保障项目，如退休保险、失业保险等，通过法律规定强制参加；对影响面小、开支少的项目采取自愿参加的原则。④保险资金管理严格有序。

3. 就业政策

美国经济持续增长，对劳动力的需求随之增加。除了通过每年数十万的移民弥补劳动力不足外，美国政府还加速劳动力市场建设，改革就业服务体系以提高就业服务机构的效率，就业服务实现自动化和个性化，资助企业进行职业教育和转岗培训，鼓励妇女就业，扩大劳动力市场。

4. 货币政策

美联储直接向国会负责，根据美国经济发展情况的变化独立地制定和执行货币政策，美联储在全国设立的 12 家分行也不受地方政府干预，独立地执行货币政策，确保了货币政策的客观性和有效性。美联储以超前性的货币政策削弱或避免经济波动。美联储拥有一大批高素质的经济学家，对国内外经济和金融形势进行全面的分析、评估和预测，作为制定货币政策的依据。同时，美联储考虑到货币政策的时滞性，在经济过热和通货膨胀之前采取紧缩性货币政策，在经济衰退之前采取扩张性货币政策，从而熨平经济周期性波动。随着经济全球化进程的加快，国际贸易和国际资本流动对美国经济的影响越来越大，美联储的货币政策也更加关注国际协调问题。美国的货币政策目标是促进经济增长和稳定物价。1997 年东南亚金融危机爆发后，美联储根据本国的经济发展变化和东南亚金融危机对美国的影响，3 次降息、6 次升息，小幅微调，实现了货币政策目标。东南亚金融危机和国际金融市场动荡导致美国出口下降、国内信贷紧缩，1998 年美联储 3 次降息缓解了这些问题，刺激了经济增长，保持了低通胀率。1999 年以后，世界经济复苏，美国经济出现强劲增长，为了防止经济过热和通货膨胀，美联储 6 次升息，使美国经济成功地实现了软着陆。

5. 财政政策

美国政府较好地协调了财政政策与货币政策，既促进了经济发展，又解决了长期困扰美国经济的财政赤字问题。20 世纪 90 年代初，美国政府提出限制财政开支的议案，该议案被国会通过后，抑制了美国财政支出过快增长。随后美国政府执行了适度紧缩的财政政策，联邦财政赤字由 1992 年的 2 930 亿美元降到 1997 年的 226 亿美元，1998 年财政盈余 629 亿美元，这使美国财政结束了多年以来的赤字预算，首次出现财政盈余。1999 年财政盈余达 1 230 亿美元。

1993 年，克林顿入主白宫后，面对庞大的政府债务和经济衰退现象，提出了振兴经济的计划，其中财政政策的核心是大幅度减少财政赤字。财政政策的主要内容和措施为：①推行机构改革，裁减员工，减少财政支出，到 1997 年底已削减联邦工作人员 30 万，节支 100 多亿美元。②大力削减军费支出，军费总额由约 3 000 亿美元降至约 2 500 亿美元。③结构性地提高累进税率，加强征管，增加财政收入，查处公司偷漏税行为，提高少数富有家庭的所得税税率，允许中等收入家庭选择较低的所得税，给多子女和贫困家庭减免所得税。由于低收入者的边际消费倾向大于高收入者，因此这项措施在增加国家税收的同时刺激了社会消费需求支出。④调整支出结构，发挥财政支出刺激经济增长的作用，减少了社会保险、医疗照顾和退伍军人的福利津贴等消费性财政支出，增加了机场、高速公路和住房投资支出，增加了社会需求和就业机会，降低了失业率。⑤实行有利于增强美国经济竞争力的财税优惠政策，允许从公司所得税中扣除一定比例的科研费用于鼓励科技创新，降低资本收益税税率，以刺激风险资本发展；财政支出重视教育投入，以提高劳动力的素质和适应市场变化的潜能，增加联邦政府的研究与开发经费，加大对基础研究的资助。

三、国家产业政策

美国政府顺应经济全球化，促进高科技产业发展的政策主要为：①将一批国防高新技术转为民用，增加研究开发基金，资助和鼓励民间高新技术发展。②制定移民政策，帮助企业争夺人才。美国的移民来自全世界 100 多个国家，硅谷中 40% 的人才是移民，1/4 的诺贝尔奖获得者是外国移民。政府的移民政策在人力资源的利用上突破了国界限制，帮助美国高新技术企业网罗了世界各国的人才。③政府鼓励高新技术企业发展和风险投资，给经济可持续增长注入了长久的活力。

政府还推动国际贸易自由化，如建立北美自由贸易区，支持新兴市场国家加入 WTO，通过自由的国际贸易增加海外投资，充分利用外国的廉价劳动力、人才和自然资源，掠夺发展中国家的科技资源，加大高新技术产品的出口，抢占发展中国家的市场，从自由贸易中获得更加丰厚的利润。

问题与讨论

1. 仔细阅读以上资料，并就政府的产业及企业政策与经济发展的关系问题，谈谈你的看法。

2. 模拟某中小企业的领导人，从金融危机时期企业融资难的角度向政府提出要求融资援助的报告，并将所撰写的报告在课堂讨论中进行交流。

3. 为什么说世界各国政府都高度重视中小企业的成长问题？请查阅网络资料，对我国中小企业发展现状进行评价，并就目前我国中小企业存在的突出问题在分组讨论中发言。

思考题

1. 如果你想创业，你了解我国关于风险投资的政策和法律规定吗？

2. 我国对大型国有企业的政策是什么？为什么大型国有企业的经营活动不向国民公布？

作业题

1. 简述日本中小企业政策对于稳定大企业与中小企业关系的作用。

2. 中国的中小企业政策是什么？

3. 中国对于外商投资的政策是什么？

4. 内地对于港澳台的投资政策与内地企业政策有什么异同？请分别说出政策的主要依据。

第十一章
现代企业的跨文化管理

跨文化管理不仅是国际企业和国际交流中会碰到的大问题，也是中国涉外企事业单位及政府的对外交流活动中会遇到的跨文化问题。甚至在一个国家的不同地区，也会遇到地域文化差异问题。这些问题若处理不当，就会引发跨文化危机。

第一节　跨文化管理的主要应用领域

跨文化管理的应用范围相当广泛，对于一些企业，如中国海外经营企业、中外合资企业、有外籍雇员的中国企业及有中方雇员的外国企业等而言，跨文化管理的需求则更为迫切。

一、中国合资企业的跨文化管理

根据吉尔特·霍夫斯泰德提出的文化维度理论，中美两国在权力距离、个人主义与集体主义、不确定性回避、长期思维取向与短期思维取向这四个维度上都存在着明显的差异。如果处理不当，这些差异将导致中美合资企业的跨文化冲突，增加企业的管理成本，降低企业的绩效。

（1）人员配置上的问题。由于美国在不确定性回避这一文化维度上明显低于中国，美国的企业和劳动者之间是简单的短期供求关系，没有过多的权利和义务约束，因此市场机制在人员配置中发挥着基础作用。美国人崇尚个人主义，认为能在市场流动、竞争中找到更好工作的员工是"市场价值"很高的优秀员工。员工的合理流动使得企业具有组织上的开放性。中美合资企业的美方合作者在利润最大化的原则下，追求最佳的员工规模和员工配置；传统的中国企业在人员配置上以内部培训为主、人才市场为辅，企业的培训工作通常是与人事部门分离的，仅限于岗位培训，企业为维护社会稳定和照顾各种关系而因人设岗，忽视效率原则，造成人员冗余的情况很普遍。

（2）人才选拔上的问题。企业的发展在于技术和产品的不断创新、质量的提高以及经营管理的不断完善。因此，员工只要在工作中做出成绩，就可能很快得到提拔和重用。由于中国在权力距离这个维度上明显高于美国，人们对权利在机构和组织中不平等分配的接受程度较高，承认组织内权利的巨大差别，强调等级有别、遵从统一领导，论资排辈现象较明显。中美合资企业在人才选拔的标准上，美方强调能力第一，而中方则注重背景和资历。

（3）人员考核上的问题。美国的企业管理，自泰罗的科学管理理论诞生以来，历来讲究制度化。美国企业在组织上具有明确的指令链和等级层次，分工明确，责任清晰，讲求用规范加以控制，对常见问题处理的程序和政策都有明文规定。美国人崇尚个人主义，强调个人的成就和权利；而在强调集体主义文化的中国，追求和谐气氛的价值观使得人际关系在集体中的重要性显然高于个人成就。在绩效评估时，美方强调规范化和定量化的绩效评估体系，希望客观地衡量个人的贡献和价值；而中方由于不愿破坏集体的和睦团结，倾向传统的以经验判断为主的评估办法。

（4）薪酬机制上的问题。在美国，公司内部工资制定的基础是职务分析，工资政策的制定主要考虑工作的内涵及该工作对公司经营效率所作出的贡献。不同级别的工作、不同专业的工种、不同性质的岗位、不同经历的经理有着不同的职业要求和不同的工资水准。在中国，工资的制定和调整强调人的学历、工龄、行政级别等，在这种薪酬制度下，一个员工的报酬主要是由他的受教育水平、在企业的服务年限及职务高低决定的。因此在工资制定和调整方面，外方坚持认为工资应对岗不对人，薪酬水平主要与其工作性质和绩效挂钩，学历仅仅是求职的敲门砖，而不是获得待遇的凭证。

ⓘ 中国外资企业的跨文化问题

对于中国境内的外资企业来说，其跨文化管理所面临的主要有六大问题：

（1）中方雇员多，其文化程度与受教育程度不同。

（2）语言沟通有障碍。

（3）缺乏对对方经营环境的了解。

（4）缺乏对对方管理方式的了解。

（5）存在信息壁垒和"双重指令链"。

（6）双方均未能建立相互信任和取得谅解的协调机制。

中国学者余凯成曾归纳出中国文化对中国商务与交往行为的影响，以及由此呈现出的七个关键而敏感的文化因素。它能帮助我们深入了解在本国文化影响下自身的行为，并提醒外资企业在与中国本土企业交往时注意的七个方面。

（1）世界观：爱国主义敏感性。世界观是指一种文化对于诸如人、自然、宇宙以及其他与存在概念有关的哲学问题的取向，它反映的是人与自然的关系——人们如何看待这个世界。人与自然关系的价值取向主要有三种："听命型"、"协调型"与"驾驭型"。在世界观方面，中国文化基本属于居中的协调型。这种世界观反映在人与国家的关系上，个人与国家也是统一的，中华民族拥有强烈的爱国主义凝聚力。外商在中国开展商务活动时，其产品与言行都不能伤害中国人民的感情，为了维护国家的形象与根本利益，中国人最终会放弃纯粹经济方面的小利益，这一点从中国人在加入世界贸易组织谈判中所表现出的民族自尊心与自信心中可见一斑。

（2）人性观：小生产者心态。人性观是对人的内在性格以及人的本性是否可以改变的一个总的看法。它反映的是人对自己本质的基本看法——我是谁？人的本性的价值取向基本也可归纳为三类："性善论"、"性恶论"与"中性论"。在人性观方面，中国的儒家文化基本上是以性善论为前提的，即所谓"人之初，性本善"。但随着市场经济在中国的逐步推行，中性论与性恶论的市场面越来越大。这种影响在当今中国文化中的作用不容忽视。

（3）人际关系：大家庭制。人际关系涉及一个人对别人应负的责任以及一个人对别人的幸福应不应该承担义务。它反映的问题是"我如何与他们发生关系"。在人际关系方面的价值取向主要有"个人主义"、"集体主义"与"等级主义"三种变化。在人际关系方面，中国社会始终都是由集体主义文化占统治地位的。中国传统儒家文化的修身、齐家、治国、平天下之术推崇的就是以大家庭为核心的治理模式。大家庭制的基本管理理念是以整个组织为一个大家庭，大家都为同一理想与目标而奋斗、献身。这个大家庭自然也要照顾和保护其每个成员。这一理念便衍生出人人听命、依附和归属于自己的组织（大家庭），而组织则对每个成员一生的工作与生活的各方面负责的体制。外商在中国的合资企业的企业文化应充分顾及大量中方员工的大家庭意识。现在一些明智的在华外商老总也学会了在平时关心员工，每逢节假日还亲自驾车与员工一道外出旅游，这种亲民的形象往往会获得员工们的青睐。

（4）行为方式：关系导向。行为方式指的是人们行为的价值取向，它并不涉及行动的主动或被动状态，而是指行动的目的和重点。在行为方式方面，中华民族是勤劳的民族，属于工作型。随着人们生活水平的逐步提高，中国人现在越来越讲究"工作—生活质量"。无论是工作还是休闲，中国人都表露出惯于利用"关系"的行为方式特点。他们找工作、看医生、寻旅行社都要首先看看有没有"关系"。这里的"关系"是指个人的社会关系与交友网络。中国人十分看重非正式渠道的关系，并以此作为其自身发展的社会资源。其中虽有较多的消极因素，但目前利用关系促进商务交往是非常现实的。外商在中国的商务活动的成功与否要看其与中国客户、伙伴乃至政府的关系程度，企业的社会形象与公共关系在中国特别值得关注。

（5）思维模式：务虚先于务实。思维模式指的是人们的思维习惯或思维程序、推理的方式和解决问题的途径等，它主要包括"曲线思维"、"直线思维"与"折线思维"三种。在思维方式方面，中华民族的思维是典型的曲线思维。传统上以中国文化为代表的东方哲学在方法论上一直是以整体性思维为特点的。这种东方式的逻辑思维是一种曲线式的形象思维和定性思维。先考虑一般原则上的共识的建立，再降至具体细节层次，这种与西方文化的差异在许多方面表现出来。中国人的这种思维方法反映到具体的商务方法与习惯上，就成了先务虚、再务实的解决问题的程序，即一事当前，应先就解决它的指导原则展开讨论以达成共识，然后以此去指导具体解决问题方案的制订。这使既缺乏耐心又喜单刀直入式谈判风格的外商觉得别扭，认为这种从上帝创世纪谈起的冗长的、泛泛的原则探讨是"废话与空谈"，是兜圈子，是回避对实质问题的明确表达，"反映了东方人的圆滑与世故"。其实，中国人的这种思维方式有其优势，完全不谈原则就直接进入事务性的谈判比较容易失控。

（6）空间观：礼貌。这里的"空间观"是指一种文化的空间观念，不仅包括人与人之间的空间距离，也涉及其心理距离，可分为"隐秘"、"公开"与"半公开"三种情况。在空间观念方面，中国人采取的是"不即不离"的第三种。儒家文化的核心价值观就是"中庸之道，过犹不及"。中华民族是礼仪之邦，中国人在交往中主张"克己复礼"、"礼尚往来"，因而倡导中庸、含蓄、谦让，也包含着顾及自己及对方的面子的含义。外商在中国要充分尊重中国商务活动中的文化礼仪。中国人友好但不善拥抱，中国人虽有不同意见但不善说"不"。

（7）时间观：耐心。这里的"时间观"是指一种文化的时间观念，是其对"过去"、"现在"、"未来"及对时间重视与否的哲学。在时间观念方面，中国人绝对不是现在导向的，他们是过去与未来导向的混合体：他们拥有五千年的文明史，所以他们特别尊重传统。他们节约、节俭、储备，是为了今后的长远发展。所以，中国人在改革开放年代提倡"时间就是金钱"的同时，也存在着无休止的"内耗"。由于上述诸多因素的互动关系，加上传统的工作与沟通的低效，致使在中国办事必须有耐心，还须拥有把事办成的坚韧性。虽然中国政府在外商审批等环节提高了效率，但外商在中国办事时记住"一切都需要时间"是没

错的。

二、冲突与摩擦：麦道公司在上海

经国家外经贸部批准，上海飞机制造厂于 1985 年 3 月与坐落于美国加利福尼亚长滩的麦道公司签订了协议书。协议规定：双方合作，在上海装配生产具有 20 世纪 80 年代水平的 MD-82 飞机。同时，美方向中方提供先进的管理技术，帮助中方把工厂全面改进成现代化的航空企业。然而这种合作并不是一蹴而就的，中美双方在文化方面的冲突和摩擦随处可见。中方工程技术人员于 1979 年初在麦道公司考察，得到了训练教材、工作人员的素质要求等资料。当时，据美方个别人员介绍，还有"方针与程序"这样一套文件。当中方人员索要时，美方回答："那是公司的圣经，目前还不能给。"这套"圣经"实际上是公司管理的指令性文件系统，包括两大部分：一是方针，二是管理程序。这两者都是公司有效经营所不可缺少的支柱。其中，方针部分不多，大头在于管理程序。它分为三个层次：公司一级的简称"CP"，是全公司贯彻方针必须遵守的工作程序；下面一层是"SP"，是贯彻公司方针或公司程序所必须遵守的一个工作程序，也可称为"标准工作法"；再下一层工作程序是"OI"，是办公桌、钳台等现场一级的工作程序。从工作类别来说，它分为三个类别：第一类是总的管理程序，第二类是项目或课题管理程序，第三类是合同方面的程序。每个层次类别的编号相同，因此，一看便可知道该程序的类别。多年来，麦道公司就是靠这套方针与程序管理生产的。麦道公司管理方法的最大特点是各项工作的规范化、标准化、程序化和系统化。有些工作标准、程序实际上就是麦道公司管理的法规。而麦道公司的主管部门——美国联邦航空局（FAA）对程序的执行进行了严格督促、检查，在联邦航空局的 8120·2A 指令第二章第二十三节中规定：一个生产许可证持有者有责任保持质量控制系统与颁发生产许可证时批准的资料和程序相符。在中美合作生产 MD-82 飞机项目的合同签订以后，上海飞机制造厂开始引进麦道程序。为了保证质量控制系统的建立，麦道公司专门为中国项目编制了质量保证手册第 5 卷和质量工作程序，其中就有中国项目标准工作法（PSP）。麦道公司的方针与程序共有 500 多项，根据中国的国情，中国项目的标准法暂定为 89 项，以后逐渐扩大。因为编定了程序，厂部的红头文件逐渐减少了，2/3 已被程序替代。

尽管上海的麦道飞机制造厂中有着这样那样的文化摩擦和文化冲突，不过无论如何，从 1985 年 3 月 18 日上海航空工业公司与美国麦道公司经过长期谈判达成合作协议，到 1987 年 7 月 2 日试飞成功，从 1989 年举行的表示飞机已转交主人的剪领带传统仪式，到今天在大飞机生产上取得的辉煌成就，上海飞机制造厂的成功也为中外合资企业跨文化管理提供了经验。麦道公司负责中国分公司业务的副总裁说："上海，现在已成了长滩的缩影。我们的一套做法，如工艺流程、造型、工程制度、规程、标准、质量保证、资料、电脑化运输和接收系统及仓储管理都已在这里实施。工人们正在学习如何依照联邦航空局的检验要求生产出国际上认可的客机。全世界只有少数几个国家能够做到这一点。"无疑，东西方将继续相会，文化的冲突与摩擦将继续发生。但通过飞机，上海与长滩能找到更多的"共同语言"，飞机能够巧妙地弥合差距——无论它是属于文化上的还是地理上的。

三、中美文化心态与思维方式的差异

从文明形态来说，美国属于工商业文明，其特点是人口不断流动，无法建立稳固持久的社会关系，因此人们只能用不以人际关系为转移的契约作为保障生存的有效手段。正因为如此，美国人的法律意识是根深蒂固的。在美国，治国靠的是基本国策、法律，治厂也就要靠规章制度。于是，麦道公司也就有了他们的程序。而中国的管理，无论是机关、学校，还是工厂、商店，在一定程度上实行的是人治，这往往会在一定程度上干扰组织行为的有序进行。

美国是一个新移民随处可见的国家，移民的社会等级变化无常。在这里，人们不受任何权威与传统观念的支配，这样的社会历史背景培养了美国人强烈的创造意识和竞争意识。美国人有句名言："允许失败，但不允许不创新。"麦道公司同其他美国公司一样，其企业管理的指导思想就是创新。迄今为止，麦道公司每四年就要进行一次"创造性的破坏"，再继续探寻新的方法，开辟新的途径。麦道公司总是对敢于创新的人进行嘉勉。上海飞机制造厂一车间有位工人改进了一个工艺装置，美方副总裁得知后就亲自送给他一个礼品。美方经理说："在美国，若有人提出对一事进行改变，别人就会鼓励。而在中国，旁人就会问：'为什么要改变呢？'"

在美国人的文化心态中，较突出的是竞争意识。在美国，没有平均主义和"大锅饭"，什么都要靠个人能力。对于平均主义，美方经理提到过这样一个现象：四个人在一起，老板给其中一个人一支钢笔。在中国，其余三人会感到尴尬；而在美国，其余三人会觉得很自然。对于中国分配奖金的方法，美国人感到很奇怪，因为奖金人人有份。不同的思维方式在企业跨文化管理中也有明显的表现。一般来说，中国人重视直觉、内省，重先验理性与伦理精神。这种理性与实践相脱离的思维方式导致中国人重整体、轻个体，喜欢作定性研究，不善于作定量分析。而西方人则比较注重实证经验、逻辑推理，善于作定量分析。这两种思维方式的差异在麦道公司和上海飞机制造厂的管理方式中也有体现。

美国人对任何事情都有条分缕析的习惯，这在企业管理中则表现为很强的分工意识。例如，美国道格拉斯飞机制造公司是麦道公司的分公司，其制造部的机构设置就体现了分工明确、精简高效的特点。制造部下设4个部门，制造工程部负责工艺技术准备工作，设施部负责生产设施保障，制造支援部负责零件、工装、工具、材料、资料的配套供应，生产部负责组织现场生产任务的完成。这样，制造部副总裁只要从工程部拿到图纸资料，从器材部拿到器材，就可以依靠下属的4个部门组织完成任务。如果与工程部、质保部、器材部有了矛盾，到执行副总裁那里就可以解决。

第二节　国际经营中的跨文化管理

随着我国"走出去"战略的实施，越来越多的企业走向海外。各国宗教信仰、风俗习惯、思维方式、法律制度、语言文字、沟通方式等的不同，造成了中外文化之间的差异，并由此导致文化冲突与文化风险，致使项目组织沟通不畅、管理效率下降，经营成本增加，甚至受到东道国的抵制，造成项目经营失败。文化冲突和文化风险成为困扰我国企业海外跨文化管理的一个难题。

一、文化差异影响海外项目的成败

海外工程项目中，由于员工来自不同国家，缺乏共同的文化基础，因此存在不同的价值观念、伦理道德、风俗习惯、思维方式和行为方式等文化差异。这些文化差异的存在使人们难以准确解释和评价从另一种文化中传来的信息，难以准确理解对方的意图，因而以自己的文化价值和标准去解释和判断其他文化群体的民族中心主义普遍存在，这就降低了沟通的效率，增加了跨文化交流的难度和风险，造成了文化冲突的产生。

❶国际经营中的跨文化管理难题

中外管理学界的学者研究表明，无论是外国人还是本国人，只要进入国际经营的领域，或多或少都会面临跨文化挑战。

国际经营中的跨文化管理难题主要表现在几个方面：①人事管理中的跨文化问题；②积极性管理中的跨文化问题；③交际管理中的跨文化问题；④目标和计划管理中的跨文化问题；⑤决策管理中的跨文化问题；⑥组织管理中的跨文化问题；⑦监督管理中的跨文化问题。

从文化学理论来说，文化冲突是指不同的文化形态或其文化因素之间相互对立、相互排斥的过程，它既指跨国企业在他国经营时与东道国因文化观念不同而产生的冲突，又包含了在一个企业内部由于员工分属不同文化背景的国家而产生的冲突。文化冲突表现为组织中人际关系的紧张、管理失效、沟通中断、交易失败，甚至会有一些非理性的反应，威胁项目运作的效率和效果。如果文化冲突得不到妥善解决，就很容易进一步引发大规模的种族优越感风险、管理风险、沟通风险、商务惯例风险、感性认识风险等跨文化管理风险。这些风险如果不能及时化解和排除，将导致海外投资项目的失败。

如何有效地解决文化差异带来的矛盾，规避文化风险，实现跨文化融合，从而顺利完成项目，是国际经济界与工程界的一个新兴课题。跨文化管理是文化管理理论的重要组成部分，也是企业文化基本理论逐步深化的结果。它能预测宏观的国家文化对企业经济活动的影响，是对文化管理理念的深化和发展，也是时代发展的必然选择。海外工程项目不仅需要产权纽带，还需要精神、道德方面的纽带。只有形成共同的价值观、企业精神和行为规范，才能把项目内部每个人的力量都凝聚起来，齐心协力进行项目运营和生产施工。

二、海外项目面临跨文化管理挑战

1999 年底，大连国际公司首次进入苏里南市场，历经 9 年的发展，大连国际在苏里南已经成为一个知名企业品牌，与当地政府部门、社会团体、企业及中国使馆、中资公司建立了密切的联系，通过跨文化融合，不仅创造了经济效益，同时也为促进两国关系、增进两国文化交流作出了贡献。

大连国际在苏里南的发展经历了艰难的探索过程，尤其是初期因为对当地市场不够熟悉，东道国的文化观念、风俗习惯、思维方式、生活方式等与国内差异很大，项目面临着诸多困难，主要体现在以下方面：

（1）国内外派人员与异国工作环境之间的矛盾。项目运作初期，国内外派人员与当地沟通较少，工作与生活相对闭塞。思想上，经历了刚到苏里南时的新鲜感之后，由于远离祖国和亲人，失落、烦恼、焦虑的情绪笼罩在大家的心头，对自身的价值、未来发展愿景等产生了质疑；工作中，由于不了解当地人的思维方式、工作习惯，常常事倍功半，甚至适得其反；生活上，每天不仅要面对因风土人情、生活方式不同而产生的压力，还要面对语言沟通的障碍，生活多有不便。

（2）当地聘用人员与项目管理方式之间的矛盾。大连国际在当地聘用了几名管理人员，同时招聘了50余名设备操作人员和司机。因为工期紧、任务重，常常需要夜间加班施工，尽管得到了当地建设部和有关法律部门的同意，但这与聘用人员的作息时间有冲突，造成很多矛盾。

（3）项目组织沟通上的矛盾。海外工程项目本身的一次性、项目组织的临时性以及项目建设环境的特殊性，决定了海外工程项目组是一种以项目为中心、以承包任务为目标的短期性组织，其内部在组织结构与沟通渠道上存在诸多矛盾和冲突。项目组的组织寿命一般为1年至5年，项目竣工时，项目组的使命也宣告结束。通常情况下，项目组通过承包合同或聘任合同来明确每个成员的责、权、利。这决定了项目组是一个相对松散的组织，造成了项目组内部权力重叠、职责不清、组织沟通混乱等情况。

（4）项目领导方式上的矛盾。海外工程项目中，领导层的权力是一种临时性的授权，是按照项目任务和专业分工，以内部承包合同或聘任合同的形式所授予的权力。项目组成员的成分比较复杂，相互之间了解不多，信任程度低，人际关系松散。授权的短期性和临时性使得领导层的权威和对项目成员的约束力比较弱，在矛盾激化的情况下，往往会有内部成员挑战项目经理权威的情况发生。而项目组在初期采取了一种高度集中的领导方式，在一定程度上压制了员工的积极性与创造力，也造成了员工的不满和抵触情绪。

项目外部的矛盾主要有以下几个方面：

（1）因不熟悉当地宗教信仰、政治团体所造成的矛盾。苏里南是一个多民族国家，其中印度斯坦人占35%，克里奥尔人占32%，印度尼西亚人占15%，丛林黑人占10%，印第安人占3%，华人占3%，其他人种占2%。各民族均有自己的语言，荷兰语为官方语言，通用苏里南语。居民中有40%信奉基督教，33%信奉印度教，20%信奉伊斯兰教。中国企业初到苏里南，对当地的宗教信仰、政治团体不熟悉，造成很多不便甚至矛盾。例如印度教忌食牛肉，项目组有几次宴请当地政要，其中有几位印度教徒因为上的菜中有牛肉而很不满意，认为这是对他们不尊重。另外苏里南全国在册的政党有20多个，而且这是一个言论非常自由的国家，大连国际进入苏里南初期，因为与个别党派接触得稍多一些，便引来其他党派的非议，给工作带来较大麻烦。

（2）因不熟悉当地法律法规所造成的矛盾。苏里南虽然是一个经济欠发达国家，但该国法律对企业员工的工作、生活条件要求比较高。项目组创业初期条件比较艰苦，职工住在简易板房里，四个人一个房间。当地劳工部来检查，针对员工的工作和生活条件提出了许多意见，要求每个房间住宿不得超过三人，限期整改，否则不许施工。另外，当地法律非常注重保护职工的权益，规定外国企业必须招聘30%以上的本地员工，企业不得随便辞退工人，辞退工人要多付2~3个月工资。所以聘用当地工人是一件需要谨慎处理的事，稍有不慎便会陷入法律纠纷之中。

（3）与当地政府部门之间的矛盾。当地政府部门办事效率低下、管理混乱、互相推诿、各自为政，给项目组的工作带来很大困难。例如居留手续的办理，苏里南法律规定凡外来人员在苏里南停留半年以上者，必须办理居留手续，取得合法居留权。但司法部移民局的办事效率非常低，往往申请两三年都办不下来。因为大连国际承建的道路项目是苏里南政府的项目，合同中规定政府需要协助办理居留等相关手续，但是建设部给司法部的信函作用不大，因为这两个部门属于不同党派，最后找到总统才得到解决。

（4）与当地分包商、材料供应商的矛盾。项目组在工程施工中，将边石、涵管等工作分包给当地一些公司，但由于双方的工作方式不同，常常造成施工环节衔接不上，材料供应跟不上等问题，有时候质量也达不到标准。

三、海外项目跨文化管理的经验

要解决海外经营中的文化冲突问题，促进项目健康发展，就必须有效地实施跨文化管理策略。大连国际详细分析了苏里南项目所面临的问题，在承认并重视中苏文化差异的基础上，尊重当地文化，吸收本土文化的优势，因势利导，融合创新，形成全新的团队文化，从而达到跨文化适应。在解决文化冲突、有效实施跨文化管理战略的过程中，采取了下列措施：

❶整合团队文化，消除文化冲突

项目组充分分析了中苏文化差异及其对项目经营的影响，组织员工学习当地文化，在此基础上采取了一系列的文化整合措施，消除了文化差异给项目带来的不利影响。具体分为以下三个方面：①学习当地文化，增强跨文化意识和沟通技巧。跨文化意识与沟通技巧不是一蹴而就的，它来自于在与异文化群体相互影响中获得的经验，这是一个逐步积累的学习过程。苏里南项目组通过语言与文化的培训和在文化境遇中模拟锻炼等途径学习当地文化。②充分认识当地文化的复杂性，尊重东道国文化，尊重当地的习惯和传统，尊重他们的生活方式。③消除自我参照准则，避免错误归因和评价。在跨文化经营管理与交流中存在一种误区，人们往往自觉或不自觉地以自身的价值观念和标准去解释和判断异文化群体的倾向，认为类似自己文化的行为是正常的、优秀的，而不同的则是不正常的、落后的。为此，项目组特别强调从异文化的历史和理念来解释、评价和看待异文化群体的行为。

❷分析本国与东道国的文化差异

文化差异是文化冲突的根本原因，要消除文化冲突，首先要分析识别不同文化间的差异。在掌握了一些基本的跨文化知识和沟通技巧后，必须进一步认识母国文化与东道国文化究竟存在多大的差异以及这些差异主要表现在哪些方面，以便对项目的经营管理作出相应的调整，使其与东道国文化环境相协调。为此，项目组首先对苏里南文化的诸要素，如价值观、宗教、法律、语言等进行全面的调查比较，并找出其与我国文化的差异，分析这种差异对项目团队可能造成的现实的或潜在的影响，有针对性地进行解决和消除。文化差异对项目团队的影响分为三个层次：价值观念，即判断是非的标准，这种差异带来的摩擦和冲突常常不易消除，只能通过教育逐步转变；风俗习惯，由此引起的冲突可以通过较长时间的交流、相互影响而消除；技术规范，可以通过人们对知识的学习而掌握。项目组明确区分文化差异中哪些属于价值观念的差异，明确树立项目团队文化的主体，即形成共同的价值观，以此来引导全体员工的行为；哪些属于风俗习惯差异，可以去影响它、改造它；哪些属于技术规范不同，通过组织学习培训直接改造它。通过分析识别文化差异的类型，找出消除文化冲突的正确途径。

❸进行文化整合，消除文化冲突

通过学习当地文化和识别文化差异，项目组员工提高了对苏里南文化的鉴别和适应能力。在文化共性认识基础上，项目组从以下三个方面着手进行文化整合：一是价值观的整合。价值观的整合是文化整合的核心，苏里南项目组在跨文化经营的过程中通过宣传、动员将不同的看法规范成一种新的与项目发展统一的价值观，形成了精诚团结、协同合作的团队精神。二是制度文化的整合。制度文化是团队文化的重要方面，项目组通过吸收苏里南风俗习惯、法律制度中的有利因素，规避冲突，修正完善了项目经营的规章制度，明确工作要求，规范中外员工的行为，加强团队管理。三是物质文化的整合。通过采取物质层面的一些文化整合措施，进一步强化员工对项目的认同感和对团队深层文化的理解。大连国际公司的商标、标志物、厂房车间、生活环境等物质因素都与团队文化一起，逐步在员工思想上发挥影响力。比如，统一的着装能使员工产生归属感和纪律感。

④ 完善用人机制，优化人力资源

（1）开展外派人员的选拔和跨文化培训，建立团结协作的海外项目团队。最初项目组在选用外派人员时，总是瞄准专业技能最强的人员，但实践证明，驻外人员面临的最大挑战不是工作本身，而是新文化背景给驻外人员带来的跨文化交往中的障碍。所以，大连国际总部加强了对海外人员的选拔与培训。首先是对外派人员的选拔。要求驻外人员除了具有良好的专业技能外，还要有比较出色的语言能力、人际关系能力，要有去海外工作的强烈愿望，对任职地的文化有较多了解，且行动弹性大，适应能力强，思想开放。其次是对外派人员进行跨文化培训。跨文化培训主要是培养外派人员在海外经营中的跨文化理解能力和跨文化适应能力。培训的主要内容包括对文化的认识、文化的敏感性训练、语言学习、跨文化沟通及冲突处理技巧、地区文化情境模拟等。培训的基本途径主要有两种：一是通过公司内部的培训部门；二是利用外部培训机构如大学、科研机构、培训公司及各种文化协会等进行培训。通过跨文化培训，员工提高了对不同文化的适应能力，能够迅速进入工作角色，融入国外项目团队。

（2）针对中外员工的不同特点进行灵活使用。首先，在工作中加强培养、锻炼，提高人员的素质。对作业人员，通过观察，将成绩突出、能力较强的选拔出来，通过培养锻炼逐步将其转化为技术型、管理型的工人、工长，提高人力资源的使用效率。对于管理人员，尽量安排培训机会，让他们学习掌握当地法律法规、制度规范，加强与项目所在国本地语言、文化的融合。这些措施不仅有助于员工自身素质的提高，也有助于项目的顺利实施。其次，努力发掘各类雇员的特长，优化调整岗位分工，发挥资源优势。国内公司选择派出人员时往往是根据其以往的经历和能力进行选拔的，是基于一定条件作出的判断。在国内，作业人员可能条件相仿，劳动技能水平相当，管理人员适应他们以前所处的环境，能胜任各岗位的职责，但在国外新的条件下，部分人往往会逐渐显现出各种特有的才能，部分人也可能无法胜任新环境下的工作。因此，努力发掘各人的特长，根据情况合理调整岗位安排，把他们安置到能发挥他们最大优势的位置上，或让他们离开使他们陷于最大劣势的位置，实现资源的合理优化配置。

（3）实施人才本土化策略。为了有效实施文化融合，项目组聘请当地的律师、会计师负责协调当地相关法律、财税事务，同时，聘请当地外事人员与技术人员负责对外事务和现场施工的协调管理。人才本土化对项目在苏里南的经营具有重要意义。当地人受聘管理生产经营业务，他们深谙当地的文化传统及其影响下的行为和思维方式，能顺畅地与当地部门进行沟通，达到很好的效果，对于化解文化冲突、促进有效合作具有重要的作用。人才本土化战略不仅避免了因文化差异造成的经营管理上的损失，而且增强了东道国的信任感，保证了项目管理人员的相对稳定，还最大限度地消除了文化上的隔阂，增强了项目组与所在国政府打交道的能力。

（4）实施弹性的激励约束机制。对于作业层人员，建立多种形式的物质报酬激励和约束机制，除正常工资、奖金外，适当以增加补贴、改善劳动条件、建立长期雇佣关系等目标进行诱导，防止项目人力成本增加过大。对于管理层人员，首先充分了解不同人员的目标，分别设定激励、约束方式，给予他们充分实现个人价值的发展空间，充分授权、委以重任，发挥其聪明才智与创造潜能。另外，对当地雇员要强化制度约束，完善管理。在遵守当地的法律制度的基础上，建立适合项目建设需要的当地人员聘用制度以及有效的绩效评价和奖罚标准，在雇佣时谈定条件，明确要求，在管理上争取主动地位。同时，要避免激励约束方式的单一化造成的低效率，建立对外有市场竞争力、对内有公平公正的目标导向的弹性激励约束体系。

❺ 加强组织沟通，创造和谐氛围

海外工程的项目特征决定了项目组在内部权利分配和责任范围的界定上有其先天不足。苏里南项目组通过合理设计内部组织结构，尽可能做到主要管理人员在责任、权利和义务上职责范围清楚，分工明确，避免因权力重叠和责任不清所造成的内部冲突。同时，在项目组组建时，充分考虑项目组的主要领导成员在性格和观念上的异同，合理搭配项目组领导班子，减少项目组内部发生冲突的可能。

（1）签订项目组内部冲突个人承诺书。大连国际本部在项目组外派人员出国前会对其进行内部冲突解决方案交底。书面告知项目组成员，在项目组内每个人向上级汇报问题和请示任务的隶属关系，向下级指派任务和领导控制的组织关系，明确岗位职责及协作关系，明确一旦出现矛盾或发生冲突时的解决机制。在总公司与项目组成员签订的责任承包合同中，专门设置一个关于项目组内部矛盾和冲突解决机制的责任条款，以防患于未然。

（2）加强沟通，建立定期例会制度。项目组内部加强沟通是增进共识、消除分歧、防范冲突的有效途径。苏里南项目建立定期例会制度，为项目组成员提供一个沟通的正式场所。每周三下午和周日晚上召开工作例会，一方面可以制订计划、安排任务；另一方面，可以统一思想、增进共识、消除冲突。另外，项目组还重视非正式组织的作用，许多在正式场合产生的分歧，利用非正式场合进行沟通，予以消除。

（3）丰富职工业余文化生活，创造轻松活泼的团队氛围。项目组利用业余时间组织中外员工开展丰富多彩的文体活动，如各种球类比赛、棋牌比赛、歌咏比赛、郊游、野营等，安排各种形式的座谈会、会餐，在轻松活泼的氛围中加强了员工之间的沟通，消弭了彼此的隔阂与矛盾，也消除了外派员工在异国他乡的孤独感、沉闷感。另外，苏里南项目组还编辑出版了内部刊物《苏里南之路》，定期公布项目经营状况、公司新闻动态，宣传健康的企业文化，广大员工积极参与、踊跃投稿。这些措施都极大地增强了团队的凝聚力，使项目组成为一个和谐的大家庭。

❻ 加强公关协调，改善外部环境

海外工程项目面临的环境非常复杂，为了使自己有一个宽松的发展环境，应非常注重对外关系的建设与协调。这些关系包括与当地政府的关系、与社团的关系、与供应商的关系等。

（1）加强与东道国政府部门的沟通协调。项目组积极开展公关事务活动，与东道国政府部门广泛接触，通过座谈会、比赛、联谊等各种活动，表达项目组的观点，让政府及其职能部门的官员了解、理解并支持项目发展，消除政治壁垒，达到沟通协调的目的。同时，与我驻东道国的使馆、经商处等保持密切联系，借助驻外机构的力量加强与当地政府的沟通与交流。通过上述措施，项目组与东道国政府建立了密切的关系。

（2）与当地企业建立密切合作关系。现代社会的生产分工越来越细化，越来越专业化。海外工程项目为了实现特定的经营目标，必须加强与当地企业的合作。首先，对于一些重要的客户、供应商，要在互利合作的基础上建立长期关系，注重双方各层次的往来，签订长期供销合同，形成风险共担、利益均沾的局面。在一些材料市场不发达的国家，这一点对于保障项目的稳定运营尤为重要。其次，明确对合作伙伴的要求。海外工程项目要保证施工质量，就必须明确要求各种材料与工序的质量标准。所以，在海外生产施工的过程中，海外工程项目要明确对合作伙伴的要求。如对分包商、材料供应商的质量、进度提出明确要求，另外，海外项目对合作伙伴的要求不仅仅体现在质量上，还包括时间、人才、交通等与效率、形象有关的各个方面。再次，与东道国的其他中资企业建立良好的互助合作关系，互通有无，共同发展。

（3）充分利用高层往来，为项目创造良好的外围环境。大连国际总公司非常注重与苏里南政府关系的协调，利用一切条件为项目创造良好的外部经营环境。公司高层与苏里南政府总统、各部部长、社会名流都建立了良好关系。在总部的积极促成下，苏里南总统费内希恩先生两次来华访问，并专程到公司参观。2007年9月，苏里南副总统萨灸来中国访问，也参观了大连国际公司。苏里南建设部、财政部等代表团也多次来大连。这促进了双方的理解与合作，为项目的顺利开展创造了良好条件。公司积极利用政府高层访问的机会为项目发展创造机遇。2003年1月，国务委员吴仪访问苏里南。2007年1月，政治局常委李长春访问苏里南。两位国家领导人对大连国际在苏里南的发展都留下了深刻印象。大连国际抓住机遇，充分利用领导人访问苏里南、达成中苏经贸合作意向的机会，协调与苏里南及国内相关部门的工作，促成了二期与三期项目的签约，为项目的顺利开展奠定了基础。

第三节　跨国公司的跨文化管理

对于中外跨文化经营的企业而言，其跨文化管理所遇到的问题和出现的跨文化危机比以上问题要复杂得多，是需要进行认真总结、慎重面对的。仅以上面所提到的中外合资企业、跨国公司及跨国经营来看，其采取跨文化管理已是必然的趋势。这一点已成为中外管理学界和企业界的共识。但究竟如何认识跨文化管理的属性，目前还是讨论的热点问题之一。

一、跨文化管理新认识

国际性的跨国合资企业的定义是：①一个独立组成的公司实体；②有来自两个或更多国家的投资者；③提供资本资产；④在一定水平上分担一定程度的经营管理责任；⑤共同承担企业的全部风险；⑥除分享企业纯收益外，合伙者均不得从企业中取得其他收益。

中外合资企业是外国直接投资的基本方式之一，是目前中国内地吸引外商投资合作合伙办厂普遍采用的形式。

❶跨国公司的跨文化管理问题

对于跨国公司而言，跨文化管理问题已成为跨国经营成败的关键因素。主要问题有：①如何处理文化差异；②如何适应不同文化环境；③如何适应环境改变与处理突发事件；④如何制订多元文化背景下的计划与战略；⑤如何有效地对跨文化进行沟通与协调；⑥如何有效地实施跨文化领导与激励；⑦跨文化的组织文化如何变革以适应多元文化环境。

全球著名跨国公司纷纷涉足中国市场，在中国经济的发展中发挥着越来越重要的作用。从1993年起，中国连续数年成为仅次于美国的世界第二大外商直接投资引进国，成为吸收外商直接投资最多的发展中国家。随着跨国公司在中国数量的增多和规模的扩展，文化冲突日渐明显，跨文化管理的问题也日益增多，在华跨国企业的管理也逐渐被提升到一个令人关注的地位。对跨国公司来说，充分了解这种文化冲突产生的原因和表现，并采取相应的对策，是其在华经营取得良好效果的关键。

荷兰比较管理学家霍夫斯坦特将文化定义为"在一个环境中的人的'共同心理程序'"。他认为，文化不是一种个体特征，而是具有相同的教育和生活经验的许多人所共有的心理程序。不同群体、地域或国家的人的心理程序有差异，这是因为他们的"心理程序"在多年的生活、工作、教育中形成了不同的思维。从跨国公司的角度来看，文化意味着指导一个群体日常生活的普遍共享的信念、准则和价值观。文化的多元要素和多层次的差别使跨文化冲突在所难免。具体来说，在华跨国公司的跨文化冲突产生的原因主要有以下几个方面：

（1）沟通方式不同。沟通是人与人之间或群体之间信息传递的过程，通常人们最重要的沟通方式为语言，因此沟通方式的不同主要体现在语言的不同上。语言在很大程度上体现了一个社会的文化，也蕴涵了一种文化的思维模式。因而语言的不同也意味着思维模式的不同，而汉语和西方语系的语言差别巨大，语言的不通不仅给日常交流带来障碍，在思维方式上也会产生差异。其次，不同文化背景中，身体语言、表情、举止等方面所含意义的不同也会带来理解上的障碍。企业在跨文化沟通中采用同样的指令会对中方员工和外方员工产生不同的效果，给企业带来管理上的麻烦。

（2）价值观不同。不同文化背景的员工具有不同的价值观和信念，不同国家和社会的价值观有不同的对待自然、人性、人与人、人与社会的态度，会使人们对同一事物产生不同的看法，使企业管理、决策、执行方法复杂化，因此也容易产生内部冲突。中国人偏好直觉型思维，追求完美，以稳妥为先，喜欢随大流，崇尚中庸之道，集体意识强；而西方人偏好理性思维，追求最优化原则，自我意识、时间观念强，怕束缚，喜标新立异。或许语言学习可以在较短时间内速成，但价值观的了解却不能一蹴而就，需要时间深入接触才能逐渐理解。

（3）管理方法不同。西方文化明确主张将工作与个人情感分清界限，除工作外，下属与上级不需要有过多私交。西方文化重视人的权利，西方企业文化积极发动、倡导普通员工参与管理的分权式决策，能够更广泛地考虑员工的权益。此外，西方企业强调正规化、标准化的管理，注重时效性、紧迫感和利益关系，讲究原则。而中国文化却认同在工作中能获得友情，认为建立良好的人际关系，尤其是下属与上级的关系，能够为个人的发展带来好处。中国文化在权利和义务的统一和匹配中往往更强调义务，更多倾向于上层领导的集体式决策，人情在工作中占有特殊而不可替代的地位。

（4）民族性格及风俗不同。东西方民族由于各自传统文化的不同而形成了不同的民族性格。传统文化是民族文化的深层积淀，深深融入民族性格之中，使各个民族表现出不同的个性。而这种个性的不同往往构成跨文化沟通中最直接的冲突。此外，不同国家、民族都有自己特有的风俗习惯，因而会有不同的消费习惯、偏好及禁忌。跨国公司在国外开辟新市场时，如果对当地人的风俗习惯没有充分的了解，水土不服则在所难免。

二、跨国公司文化冲突的表现

研究表明，海外经理失败的比例一直较高，曼登霍尔与奥登认为这一比例为 25% 至 40%；科利则指出，有 1/3 的海外经理未能完成任务便提前回国。另有研究指出，海外经理的失败率与文化差异的大小呈正相关关系。由此，文化差异导致的负面影响可见一斑。在中国，由于中西方文化差异明显，在华跨国公司跨文化冲突方面的问题亦不容忽视，这方面的冲突主要表现在以下几个方面：

❶ 行为方式

中方企业家一般缺乏风险意识和冒险精神，做决策时更为慎重；外方企业家则勇于冒险、敢于探索，尤其在应用新技术、开拓新市场、建立新研发项目上更为积极。外方人员做事直率而中方人员含蓄。表达不同意见时，外方喜欢直截了当说明情况，而中方则更倾向于选择委婉的表达方式。外方人员的行为计划性强，而中方人员的行为缺乏计划性。

❷ 管理方法

外方企业习惯于在法律比较完善的环境下进行经营管理，会用法律条文作为行动依据。外方管理体制在很大程度上遵循"法、理、情"的事理顺序来开展工作，强调数字化、程序化、制度化，这往往让中方职员感到跨国公司的管理过于程序化，缺乏灵活性，不讲情面，重预算多于重控制等；中方的管理讲究人伦，习惯以领导的意思和上级的指示为指导开展工作，忽略制度效应和条例管理，缺乏完善的制度和程序，管理过程中也不太重视数字的作用，主要依赖经验的判断。

❸ 劳动人事方面

首先，在企业人员的工资待遇上，外方多根据员工的工作性质和能力来确定，将工资调整与物价指数相结合；中方则更看重企业人员的资历、学历和职称。其次，在人才选拔上，中方在看重能力的同时，还注重政治素养、人际关系等方面；而外方管理者则更多地把能力放在第一位，量才而定。

❹ 评价及激励体系

外方人员在评价员工时"只重结果不重过程"；而中方人员不但注重一个人的工作业绩，还关心其思想、道德等方面的表现以及工作的过程。在人员激励方面，外方比较注重物质奖励而忽视精神奖励，中方更注意把握两种奖励之间的平衡。

跨文化冲突的负面影响是深远的。企业中的文化冲突若长期存在，势必会逐渐扩散到社会上，结果对跨国公司东道国的经营与发展将产生严重的负面影响。据统计，在我国建立的中外合资企业中，有 15% 的企业比预定寿命短，其中外方缺乏对中国文化的理解和学习而造成企业不稳定是主要原因。这些负面影响主要有以下几点表现：①增加沟通困难，降低管理效率。跨国公司的高层管理者与下属有不同的文化背景。如果他们彼此间不能达到有效的沟通和理解，影响其彼此间的合作成效和关系上的稳定和谐，从而直接导致信息不能在组织结构层次上直接传递，致使管理者无法真实了解下情，对员工情绪和思想的了解不够充分，在采取决策时，势必会增加造成失误的可能。同时，员工也不愿意或不能恰当表达自己的想法和建议，久而久之，与上司关系疏远，工作积极性不高，双方矛盾加剧。最终结果是企业收益不高，效率低下。②对企业经营有消极影响。由于文化上的差异，跨国公司难以统一行动和决策，企业管理中混乱和冲突时有发生，这使企业需要花大量的财力与精力来解决内部沟通协调的问题，导致管理成本增加，精力有所分散，无法全力关注外部市场变化和积极应对行业竞争，因此有可能在竞争中处于被动地位，错失市场机会。③产生信任危机，破坏目标统一性。管理者与下属职员之间缺乏沟通会使管理者认为下属懒散、缺乏工作积极性和责任心，员工则认为上司呆板、自以为是、狂妄自大。彼此的不信赖会使误会越积越多，冲突愈演愈烈。本来价值观、工作方式和态度就不同的管理者与员工，若加上彼此之间由于沟通障碍造成的信任危机，必然难以形成统一的企业目标和激发企业凝聚力，最终导致经营管理效率低下。

三、在华跨国公司可采取的应对策略

一个企业跨出国界经营，要实现商业目标就必须融合三种文化——自己国家的文化、目标市场国家的文化、企业的文化。基于这个原则，针对所面临的中西跨文化管理问题，在华跨国公司可采取以下几点应对策略：

❶注重文化分析

置身于不熟悉的新文化环境中时，在华跨国公司可以对中西方文化分别进行分析，找到文化特质，整理发掘各种文化的优势与不足。识别并理解文化差异，不仅要理解中国文化如何影响当地员工的行为，也要理解母国文化如何影响母公司派去的管理人员的行为，强化自我意识。一位美国管理学家曾告诫说，跨国经营的成败，取决于跨国企业管理人员对文化差异的认识和理解，取决于他们是否愿意把美国文化观念当作超重行李一样留在美国。要将不同类型的文化差异区分开来，以便在管理中有针对性地采取措施来减少文化冲突，发展文化认同，推进文化融合。

❷增强跨文化意识

对于在华跨国公司，若想解决好中西方文化差异问题，搞好跨文化管理，就需要一批高素质的跨文化管理人员。要具备这样的素质，应该加强跨文化培训。比如文化敏感性训练、文化适应性训练，又如把不同文化背景的中西方员工集中在一起进行专门的文化培训、外语学习、冲突处理、实地考察，组织各种社交活动，使具有不同文化背景的中西方员工打破自己心中的文化障碍和角色束缚，减少可能出现的文化冲突，培养文化移情能力和应变能力。此外，思想灵活，不守成规，倡导理解精神，学会尊重、理解异国文化亦很重要。全球500强企业中，有在华投资跨国公司的一些总裁就对中国的《孙子兵法》烂熟于心，并且还能将其中的策略运用到商业运作中去。

❸文化融合、创新

对于在华跨国公司而言，仅仅承认中西方文化差异的存在或只达到一定程度的认同是不够的，更重要的是如何去适应另一种文化并促进二者融合。文化融合是化解文化差异的必然途径。文化的融合是不同文化在承认、尊重彼此间差异的基础上相互补充、相互协调，进而形成一种你中有我、我中有你的全新文化。这样统一的文化具有较强的稳定性，并且具有"杂交优势"。在华跨国公司应该在中西方文化融合的基础上，结合企业战略需要和客观环境的要求，建立属于企业自己的独特文化，并以此产生文化协同效应，使中西方的不同文化群体产生相同的文化意识、相同的文化归属感和共同的价值取向，形成彼此都能接受的新企业文化。

④建立共同价值观和公司文化

在华跨国公司应该建设具有协作精神的企业文化，超越多样性文化的差异性，消除文化偏见，吸收各种文化中相契合的优秀部分，在对文化共性认识的基础上将其整合，建立共同的价值观和与公司总体跨国战略相一致的企业文化。这种文化把企业的员工与经营战略和宗旨紧密结合起来，加强了在华子公司与母公司的联系，增强了企业在不同国家文化环境中的适应能力。比如，上海大众汽车公司致力于寻找文化的共同点和互补性，增加相互沟通和缩短彼此之间的距离。公司员工的共同价值观是，每一辆大众汽车都体现大众汽车品牌的卓越标准。在这一共同价值观的指导下，上海大众汽车公司在中国的经营取得了巨大的成功。

◉ 拓展学习一
在华跨国公司的跨文化管理——广州标致解体案例

目前，世界上最大的 500 家跨国公司已有 400 多家在中国投资或设厂。但是，一个不容忽视的事实是，进入中国的跨国公司中，有不少由于跨文化的差异而产生企业管理的困惑。统计数据表明，在中国建立的中外合资企业（包括跨国公司）中，有 15% 左右的企业预定寿命提前终止，由文化差异造成企业不稳定是主要原因。

美国学者曼姆在分析北京吉普的案例时也指出：中美双方发现文化差异比任何一方在合资企业开办之前预想的都大。由于文化差异导致合资失败的企业个案中，影响较大的莫过于广州标致的解体。

广州标致是由广州汽车集团公司控股 46%、法国标致汽车公司控股 22%（主要以技术入股）、中国国际信托投资公司控股 20%、国际金融公司控股 8%、法国巴黎国民银行控股 4% 合资经营的汽车生产企业。广州标致共有员工 2 000 余人，由广州汽车制造厂和法国标致汽车公司共同管理。截至 1997 年 8 月，广州标致累计亏损 10.5 亿元人民币，实际年产量最高时为 2.1 万辆，未能达到国家产业政策所规定的年产 15 万辆的标准。同时，中法双方在一些重大问题上存在分歧，无法继续合作。1997 年 9 月，中法双方签订协议，广州汽车集团公司与法国标致汽车公司终止合作。广州标致的解体，其原因是多方面的和复杂的，汽车造型失误是关键因素，但合作后期由于文化的差异，双方目标不一致，未能及时更换车型也是重要原因之一。

据研究者分析，广州标致的合资双方在企业文化建构上的差异主要表现为：

（1）物质文化差异。物质作为一种实物形态，在合资企业中为中外双方所共有，是企业赖以生存、不可缺少的基础。建设合乎企业自身文化特色的企业物质外壳是合资企业构建企业文化的重要外在因素。法国的资金技术密集型产业的现代化大生产管理方式移植到中国后，必须面对大量低水平的手工劳动操作。法方人员要从习惯于高技术、大规模生产的工作环境回落到较初级的汽车生产方式中，这需要一定的心理和文化适应期。

（2）行为文化差异。广州标致采用了法国标致的组织机构设置，实行层级管理，强调专业化分工和协作，同时沿用法国标致的全套规章制度。但是，这套规章制度有很多地方不符合中国的国情。法方人员在许多情况下采取强制的方式要求中方人员贯彻实施其管理模式，这往往使中方被管理者对规章制度产生逆反心理，并在管理的空隙中尽可能地应用中国的管理方式，使制度化管理难以贯彻实施。

（3）精神文化差异。企业精神是合资企业创造的精神财富，是合资企业赖以生存的精神支柱，是合资企业内部凝聚力和向心力的有机结合体。广州标致建立 12 年来，中法双方的高层管理人员并没有致力于企业共同价值观的塑造，没有意识到共同价值观的塑造可以减缓文化冲突，没有提炼出比较符合广州标致实际情况的企业精神，这就使中法双方未能齐心协力、统一行动。加之中法合资双方没有致力于协调投资目标期望的差异，导致许多决策出现意见分歧，使决策权共享这一合资企业的重要特征无法实现。

透过广州标致解体的全过程，可以看到表面上由各方资本、技术、人员、劳动有机组成的合资企业，其深层次的内涵则是文化的交汇、冲突与融合。更多的合资企业管理实践表明，由于文化差异的存在，中外双方在交流与合作中常存在以下问题：

（1）中外双方对对方的政治、经济、法律尤其是社会文化环境缺乏足够的了解，文化敏感性差，双方往往依据自身的文化，对来自对方的信息作出分析和判断，从而产生了不少误解和冲突。

（2）对对方的公司文化及管理方式缺乏了解，或完全照搬外方模式导致"水土不服"现象，或双方各持己见，互不相让，造成"双重指挥系统"现象。

（3）双方对合作中可能出现的困难程度没有足够的思想准备，文化适应能力、解决文化冲突的技能都不尽如人意，同时未能建立起相互信任和理解的协调机制。

（4）语言上的障碍严重影响了双方的准确交流，加之翻译的水平还不尽如人意，因而造成了许多误解。

（5）如中国、日本的含蓄文化中，许多信息不是用明确的语言、文字或符号，而是通过肢体语言、上下文的联系、场景等进行传递的，这对于上述因文化差异而产生的矛盾难以妥善解决，一些合资企业最终走向解体。即使像上海大众那样成功的合资企业，也往往是在经历了艰难的文化磨合之后才走上坦途的。

跨国公司的管理者在异域文化中如果不能很好地解决以上五个方面的问题，必将引发文化冲突。文化冲突对跨国公司经营活动的影响是多方面的。

（1）文化冲突影响了跨国公司管理者与当地员工之间的和谐关系，甚至产生"非理性反应"。管理是"管"与"理"的有机统一。如果跨国公司管理者不相信员工，只"管"而不"理"他们，势必造成管理者和职工关系的疏远和社会距离的增加，就会影响沟通，甚至造成沟通中断。管理者如果不能正确面对这种文化冲突，对职工采取情绪化的或非理性的态度，职工也会采取非理性的行动，这样，误会越多，矛盾越深，对立与冲突就成为必然，后果不堪设想。

（2）文化冲突导致跨国公司市场机会的损失和组织机构的低效率。价值取向的不同必然导致不同文化背景的人采取不同的行为方式，而同一公司内部便会产生文化冲突。随着跨国公司经营区位和员工国籍的多元化，这种日益增多的文化冲突就会表现在公司的内部管理上和外部经营中。在内部管理上，人们不同的价值观、生活目标和行为规范必然导致管理费用的增大，增加组织协调的难度，甚至造成组织机构低效率运转。在外部经营中，由于文化冲突的存在，跨国公司不能以积极和高效的组织形象去迎接市场竞争，往往在竞争中处于被动地位，甚至丧失许多大好的市场机会。

（3）文化冲突使跨国公司全球战略的实施陷入困境。从一般的市场战略、资源战略向全球战略的转变，是跨国公司在世界范围内提高经济效益、增强全球竞争力的重要步骤。为保证全球战略的实施，跨国公司必须具有相当的规模，以全球性的组织机构和科学的管理体系作为载体。但是，目前大多数跨国公司普遍采取矩阵式组织机构的形式，文化冲突和缺乏集体意识导致组织程序紊乱，信息阻塞，各部门职责不分，相互争夺地盘，海外子公司与母公司的离心力加大，使得母公司对子公司的控制难上加难，从而造成跨国公司结构复杂、运转不灵、反应迟钝，大大不利于全球战略的实施。

拓展学习

全球化跨文化管理培训

　　人力资源管理面临的最大挑战是如何增强并有效利用人力资源管理者的学习能力提升其绩效水平，因此跨文化管理的关键是全球化的培训。全球化培训有利于文化和技术的转换，这意味着使来自不同文化的人们进行深度融合以达到共同的目标。全球化培训能够营造出一种氛围，即态度、行为和认知的改变将通过知识和技术的分享来实现。对组织的全球化培训可以为改变员工、经理人员和领导者的思维提供一个框架，使他们能够专注于全球化。像IBM、通用、麦当劳、福特、壳牌、菲利浦、索尼、NCR、联合利华这些全球化的公司，已经体现出它们的国家标志，能够高度适应环境的变化，并且对可能影响组织未来的全球趋势极为敏感，需要完全不同的思维方式和适应能力极强的管理者与企业文化。因此，为跨国公司设计培训计划首先需要评估全球化培训的需求。这需要考虑几个方面：识别在跨文化环境中工作的员工、决定谁将被培训以及如何培训、发现眼下没有涉及的领域、着眼于培训的终极结果——目标。其次，全球化培训还要协助管理层进行全球化思考，全球化的经理人员必须学会同世界各地的伙伴合作，从相互交流的过程中尽可能多地获取知识，并且通过世界范围的运行网络快速有效地传递这些知识。这需要由那些有意愿学习，并且能够快速持续地学习在不同文化中工作的团队技能的管理者来实现。再次，全球化培训需要创造全球化培训战略，真正具有竞争力的全球化公司将战略集中在四个主要方面：组织结构、管理活动和流程、人员和文化。公司必须使培训战略与公司战略保持一致。开发战略的过程包括七个方面：①确定组织的价值观；②创造全球培训使命；③检查影响培训的内外部环境；④确定培训目标；⑤确定实现培训计划的步骤；⑥战略目标的测评；⑦设计能够反馈计划结果的体系。最后，确定全球化培训设计导向。为不同文化背景的员工设计培训课程是一种挑战。培训设计人员知道他们不能够简单地把培训资料翻译成不同的语言，必须从对具体文化影响的立场来考虑计划的设计，小到每一个词语和每一项活动，所以要从分析、设计、开发、实施、控制等方面来考虑全球培训的目标导向。

　　开发全球化培训课程必须包含五个层次：

　　第一层次课程：文化意识。这是一门关于如何与来自其他国家的人共同工作的入门课。这一层次的培训主要包括理解文化是如何影响工作关系的，以及这种对差异的理解是如何促进组织中团队工作和生产力的。模块包括：全球化经营思考、跨文化意识、跨文化交流、跨文化工作。

　　第二层次课程：跨文化交流。这一课程着眼于文化交流。尽管它不是语言培训，但是仍然要特别关注不同的语言能力。模块包括：语言和文化、国际礼仪、国际团队建立。

　　第三层次课程：针对具体国家的培训。出发前的培训和介绍：让受训人员了解其将去国家或地区的政治、经济、社会、文化、商业、管理等。针对具体文化的培训：特定某一国家。主要包括以下步骤：①建立集中训练基地。相互认识，设定场景，确立目标，开发参与者自身的文化和价值观，学说该国的语言。②熟悉当地环境。居住在一个城市，结识新的邻居，了解因此产生的文化差异（包括相似性）。③面对面。主要的挑战在于要自信地用当地语言进行有效的沟通。④作为一个外国人有意义地生活。履行特殊的责任，在该国追求特殊的机会、成功的适应、有意义的贡献、计划创造对本国有益的战略。

第四层次课程：经理人员的开发。可组织全球简报和圆桌会议、国际经理人员论坛、经营全球化项目团队。模块包括：①国际项目管理者角色；②项目计划和组织工具；③项目监督与控制；④全球化领导技能；⑤案例研究，实验，演示问题，制订个人发展规划。

第五层次课程：东道国工作队伍培训。对东道国员工的培训重点应是：①员工自身会期盼何种行为；②外派经理的行为方式；③如何有效地处理文化差异。

经营跨国培训系统也是全球化培训的重要组成部分。"全球化思考，本土化行动"已经成为跨国公司的行动指南。因此，美国培训发展学会指出：发展全球焦点、区域运行、了解当地政府的规定、建立培训联盟、确定培训成本是构建跨国培训系统的关键。

彼得·德鲁克曾说："建立在知识基础上的经济将成为我们未来的经济形式，在这样一种经济中，企业组织的真正价值存在于员工的思维能力中，如果人们对工作无主人翁感，又没有充分施展个人才能的自由，他们就不能进行创造性思维。"所以，跨文化的整合、跨文化的管理，对企业的发展特别是对跨国收购兼并的企业收购兼并以后的成败具有关键作用。因此，企业必须构建一个全新的、复杂而动态的跨国经营模式，同时注重人才管理和生涯发展。

问题与讨论

1. 怎样分析中国企业内部跨文化管理的现实与问题？
2. 人力资源管理中的跨文化难点在哪里？
3. 怎样建立跨文化管理的机制？

思考题

1. 简要说明投资环境分析与跨文化管理的关系。
2. 国际投资的非物质环境分析的要素是什么？
3. 国际投资的物质环境分析中的要素与跨文化管理的关系是什么？

作业题

1. 根据你所了解的企业跨文化管理问题，尝试组织进行企业战略思考。
2. 简述企业跨文化管理战略思考与战略规划的特点、作用与影响。
3. 企业跨文化管理战略思考与战略规划的执行难点与主要问题是什么？

第十二章
现代企业的社会责任与企业文化

在现代社会，由于企业的发展成为无国界的第三社会，因此世界上哪个国家需要经济增长，跨国公司的投资就会延伸到哪个国家。当企业成长至可在行业中进行垄断的时候，各国的反垄断法会限制企业的市场垄断行为，于是要求企业承担社会责任就成为目前世界各国普遍实行的企业政策。

第一节　企业与社会的关系

企业社会责任的概念最早由英国提出，从理论设计上看，主要是依据社会伦理学原理发展成为当代西方流行的企业哲学，该理论主要是研究和解决主要利益人与利益相关者的关系、法律与人格、社会与环境等一系列理论和实践问题。从企业和整个社会来说，企业社会责任则与可持续竞争力、吸引优质的投资者、建立可持续和更加公平的增长机制使包括贫困者在内的社会各阶层受益三个基本问题联系在一起。可见企业的思维方式与行为方式已成为世界各国最为关注的问题之一。为什么国际社会和各国政府如此关注企业的社会责任问题呢？是企业本身发展的需要还是各国政府需要企业那样做呢？这不仅是当代企业管理亟待解决的大问题，同时也是经济全球化过程中企业未来走向的大问题，值得深入研究。

一、企业的社会责任

应该承认，从全球经济的角度看，联合国是推动企业发挥社会责任的重要机构。在联合国前秘书长安南主政时期，联合国的工作重点发生了较大变化，其中最引人注目的是从维护国家主权转向了维护公民权利。由于经济全球化步伐加快，世界各国经济发展的差距越来越大，而各国内部的经济发展不平衡问题突出，贫富差距扩大，社会财富分配不公正、不平等的问题已成为严重的政治和社会问题，冲突地区增多，而国际企业及跨国公司的迅速发展一方面促使发展中国家经济社会转型，另一方面，国际性大企业的牟利行为却对世界政治经济稳定造成影响，生态环境遭到严重破坏。在这样的情况下，联合国要求国际商界领袖们担负起更多的社会责任，而不是一味地只顾自己企业的发展。于是，1999 年 1 月，在瑞士达沃斯世界经济论坛上，安南提出了全球协议，并于 2000 年 7 月在联合国总部正式启动。该协议号召全球各公司遵守人权、劳工标准和环境方面的九项基本原则：①企业应支持并尊重国际公认的各项人权；②绝不参与任何漠视和践踏人权的行为；③企业应支持结社自由，承认劳资双方就工资等问题进行谈判的权力；④消除各种形式的强制性劳动；⑤有效禁止童工；⑥杜绝任何在用工和行业方面的歧视行为；⑦企业应对环境挑战未雨绸缪；⑧主动增加对环保所承担的责任；⑨鼓励无害环境科技的发展与推广。现在的问题是，在世界上很多国家尤其是发达国家已经进入现代社会的时候，为什么还要通过联合国以全球协议的形式来发布这九项原则呢？这显然与目前全球存在的突出矛盾有关，而世界各国政府、企业存在的突出问题，概括地说，实际上即缺乏社会责任。如果只从字面上讲，九项原则似乎是强调企业要保障员工的尊严和福利待遇，要发挥企业在社会环境中的良好作用，但具体到国家来讲，企业缺乏社会责任感的情况则是相当普遍的。

❶中国企业社会责任的缺失

有中国学者认为当前中国某些企业的社会责任感严重缺失，最突出的问题是：①无视企业在社会保障方面应承担的责任，想方设法地逃税及逃避社保缴费；②较少考虑就业问题，将包袱甩向社会，把企业应承担的责任推给社会或政府；③不考虑环境保护，只顾企业自己赚钱，将企业利润建立在破坏和污染环境的基础之上，把治理环境污染的责任推给社会；④一些企业唯利是图、自私自利，提供不合格的服务产品或虚假信息甚至是假冒伪劣产品，一度威胁食品安全；⑤依靠压榨企业职工的收入和福利来为所有者谋利润，甚至克扣工人的工资，长期不解决欠薪及员工福利待遇问题；⑥缺乏提供公共产品的意识，有些企业从不参与公益事业；⑦缺乏公平竞争意识，一些在计划经济时期延续下来的国有垄断企业大量侵吞垄断利润，并极力排斥市场竞争；⑧企业普遍缺少诚信，尤其是有些大型国有企业对国家缺少诚信，以国有资源牟取私利，与民争利情况日盛，搞假破产逃避债务，而一部分民营企业则坑蒙拐骗，通过造假到市场上圈钱。此类现象不一而足。

从理论上讲，发展中国家从二元结构向工业化现代化过渡期间，大量的乡镇企业像雨后春笋般出现，虽没有技术与产品，但发家致富的欲望却十分强烈，导致中国企业的发展正处在一个急功近利的历史阶段。如何摆正企业与社会的关系？如何发挥企业的社会责任？企业到底应该肩负起哪些社会责任？恐怕中国企业和社会对这些问题还从未思考过。从国际经验看，企业社会责任的提出主要是为了解决资本与公众的矛盾问题，是为了解决企业与消费者的矛盾。没有正确的理念，资本就会过度地偏向少数人。例如，企业如果搞假冒伪劣，就会不正当地攫取消费者的利益；如果生产优质产品，不欺骗顾客，就要减少利润。如果要搞清洁生产、减少污染、保护环境，就更要减少利润。这是一对矛盾，一个社会如果没有清晰的商业伦理和经营理念，便可能陷入自私自利、互相诈骗的泥沼之中。国际企业的成长经验表明，现代企业的发展不仅需要法律保障，还需要一定的思想道德境界来保障。

二、企业与社会的关系

有人说，企业只要照章纳税，就算完成了企业对社会的责任，就没有必要再去承揽其他社会义务；企业如果负有太多的社会责任和道义，就肯定长不了，因为负担太重。应该说明的是，市场经济下的企业与社会有着千丝万缕的联系。企业来自于社会，也必将还原于社会，这是一种新形势下的社企关系。企业失败的代价最终都要由社会来承担。更主要是，社会是企业的生存环境，没有一个好的环境，企业也难以生存。因此，企业与社会有一种共荣的关系，市场经济下的企业与社会甚至有着更密切的关系，而不是关系变得相对疏远。新形势下的企业与社会的关系，一个重要表现就是企业要通过纳税和缴费的形式来履行应尽的社会保障的责任，增强社会的保障能力，而不是千方百计逃避这一责任。就目前的形势看，企业不履行这一责任的问题相当严重。联合国的全球协议所提出的九项原则基本上都是企业应尽的刚性责任，属于"分内"的事。除了分内的事情，企业还可以从事许多公益活动。这些责任我们可以称之为非刚性责任，是企业自觉自愿的事。企业能在社会上做多少这种非刚性要求的公益活动，完全取决于企业的公德心水平和经济实力。

实践证明，企业效益不等于社会效益。在市场经济下，效益好的企业可以较多地将利润分配给员工。效益好的企业和效益差的企业在收入方面拉开了较大的差距，与失业下岗者更是拉开了巨大的差距。例如，浙江镇海的烟草行业职工年收入都在 10 万元以上。在这种情况下，企业是否应将利润通过税收等方式更多地转移给社会？市场经济下的企业不可与计划经济下的企业同日而语，计划经济下的企业几乎没有差别，而市场经济下的企业可以有着天壤之别。因此，均衡企业的收益、研究企业的社会责任已成为重要的时代课题，否则社会的贫富两极分化就会更严重。

从理论上来说，产权归公共所有的国有企业更容易肩负起社会责任，私营企业的公共责任心相对较弱。但中国当前的情况非常复杂，一些国有大型垄断企业反而利用垄断地位与消费者争利，所得利益更多地流入了本部门的福利中。有的企业所缴的税与自身的资产规模远不相称，然而职工的收入和福利水平却名列前茅。至于一些实力薄弱的小型民营企业则更有可能为了生存不择手段。目前在中国只有少数企业表现出了公益精神。深圳一对靠个体经营起家的夫妇捐款几千万元救助贫困地区的教育事业。在"光彩事业"中，也有一些企业为社会的公益事业作出了贡献。而内蒙古的仕奇集团更是作出了中国企业少有的举动，即出资建立了仕奇综合研究机构，在物质生产之外，还在社会科学研究上为社会作贡献。

事实证明，企业不仅要学会怎样挣钱，还要学习如何花钱，即取之于社会，还原于社会。当企业经济效益好的时候，企业的利润转移仅靠税收一种方式还不够，还有捐款、资助、参加慈善活动、创办基金会等多种途径。以美国为例，其目前有各种基金会 5 万多家。这些基金会承担了大量的社会责任，向社会提供了大量的公共产品。在中国，由企业出资设立的基金会目前还较少。之所以出现这种状况，主要是由于政府承担了太多的社会责任，在法律上也未对企业设立基金会作出规定，这在一定程度上限制了企业应发挥的社会作用。

在这方面，目前亟须研究的是企业公益活动与税收的关系。譬如，在什么样的情况下，企业可以设立社会基金？基金与税收是什么关系？企业利润转变成社会基金之后还要不要纳税？总之，企业可以提供多少公共产品，可以提供什么样的公共产品，怎样提供公共产品，将是中国企业和理论界需要认真研究的一个课题。

三、企业与其他经济组织的关系

协会是社会团体组织，它的产生和发展是社会分工和市场竞争日益加剧的结果，反映了各行业的自我服务、自我协调、自我监督、自我保护的意识和要求。企业协会应具备如下特征：一是必须以同行业的企业为主体；二是必须建立在自愿原则的基础上；三是必须以谋取和增进全体会员企业的共同利益为宗旨；四是必须是一种具有法人资格的经济社团。

中国企业协会组织起源很早，明清时期在经济较为发达的地区就有相当多的商人商会组织，手工业协会组织也相当活跃，行会、公所甚至商人的会馆都在历史上发挥了协会组织的功能。对传统企业来说，如果不参加协会组织，那么当经营活动遇到纠纷时，就很难得到同行的支持。而在西方，协会也是企业组织中最为活跃的。美国的《经济学百科全书》说协会"是一些为达到共同目标而自愿组织起来的同行或商人的团体"。日本把协会定义为"以增进共同利益为目的而组织起来的事业者的联合体"。英国权威人士指出，"协会是由独立的经营单位所组成，为保护和增进全体成员合理合法利益的组织"。企业的很多事情原本是协会组织的业务，所以不需要政府来办。在我国政治体制改革中，政府需要更专注于公共服务，而企业则由企业协会去组织。政府职能转变了，就使得许多政府原有的职能如行业管理、企业间的协调交由协会负责，协会的职能比原来更为丰富。做好协会公关，对于企业来说，可使竞争力增强；企业与企业之间、企业与协会之间、本协会与其他协会之间、企业与政府之间、企业与其他社会组织之间的公共关系活动大都由协会进行组织，这对于企业来说则节约了大量的交易成本；企业与社会的广泛接触为企业社会责任的发挥提供了广阔的市场。这一原则如果延伸到海外业务的拓展上，则对企业有更大的帮助。协会组织走向海外市场，并且为企业的海外发展牵线搭桥，这样就可以最大限度地发挥企业协会的公共关系作用，为企业的发展提供更为宽广的平台。

第二节　企业文化的产生

20世纪80年代初，美国哈佛大学教育研究院的教授泰伦斯·迪尔和麦肯锡咨询公司顾问艾伦·肯尼迪在长期的企业管理研究中积累了丰富的资料。他们在6个月的时间里，集中对80家企业进行了详尽的调查，写成了《企业文化：企业生存的习俗和礼仪》一书。该书在1981年7月出版后，就成为最畅销的管理学著作，后又被评为20世纪80年代最有影响力的10本管理学专著之一，成为论述企业文化的经典之作。它用丰富的例证指出，杰出而成功的企业都有强有力的企业文化，即为全体员工共同遵守，但往往是自然约定俗成的而非书面的行为规范，同时，有各种各样用来宣传、强化这些价值观念的仪式和习俗。正是企业文化这一非技术、非经济的因素导致决策的产生、企业中的人事任免，甚至员工们的行为举止、衣着爱好、生活习惯。在两个其他条件都相差无几的企业中，其文化的强弱对企业发展所产生的影响就完全不同。

一、企业文化的基本理论

对于企业文化的基本理论，目前管理学界基本上认为是由以下观点所组成的：一是由于生产力的发展、新型办公工具如因特网等的普及应用，企业的日常管理规则发生了一些变化，劳动工具的变化要求思想观念的更新；二是劳动中人的智力因素比例提高，脑力劳动者人数相对增长，相应的，企业管理者也不能再把这些高素质的员工视作机器人，而是要给员工以感情尊重、理智尊重；三是随着生产力的发展，人的需要满足层次攀高，企业必须适应这一新情况，从而制定出适合现代人的管理方法，这一点与"社会人"在管理界的提出有相同的现实基础；四是竞争加剧，企业为了在竞争中取胜，在提高劳动效率的同时，职工的生产积极性与创造性在劳动中显得越来越重要，企业必须提出符合需要的价值观念，如创新、服务、信誉等；五是由于企业规模的扩大、跨国公司的出现，成千上万人，甚至是不同国籍、不同民族的人在一个公司工作，需要统一思想、统一观念、统一行为。

当然还有企业文化要素的理论，指的是企业文化整个理论系统或基本要素，即企业环境、价值观、英雄人物、文化仪式和文化网络。具体来说，企业环境是指企业的性质、企业的经营方向、外部环境、企业的社会形象、与外界的联系等方面，它往往决定企业的行为。价值观是指企业内成员对某个事件或某种行为好与坏、善与恶、正确与错误、是否值得仿效的一致认识。价值观是企业文化的核心，统一的价值观使企业内成员在判断自己的行为时具有统一的标准，并以此来选择自己的行为。英雄人物是指企业文化的核心人物或企业文化的人格化，其作用在于作为一种活的样板，给企业中其他员工提供可供仿效的榜样，对企业文化的形成和强化起着极为重要的作用。文化仪式是指企业内的各种表彰与奖励活动、聚会以及文娱活动等，它可以通过把企业中发生的某些事情戏剧化、形象化来生动地宣传和体现本企业的价值观，使人们通过这些生动活泼的活动来领会企业文化的内涵，使企业文化"寓教于乐"。文化网络是指非正式的信息传递渠道，主要是传播文化信息。它是由某种非正式的组织和人群以及某一特定场合所组成的，它所传递的信息往往能反映出职工的愿望和心态。

根据企业文化的定义，其内容是十分广泛的，其中最主要的应包括如下几点：

❶经营哲学

经营哲学也称企业哲学，是一个企业特有的从事生产经营和管理活动的方法论原则，是指导企业行为的基础。一个企业在激烈的市场竞争环境中，面临着各种矛盾和多种选择，要求企业有一个科学的方法论来指导，有一套逻辑思维的程序来决定自己的行为，这就是经营哲学。例如，日本松下公司"讲求经济效益，重视生存的意志，事事谋求生存和发展"，这就是它的战略决策哲学。北京蓝岛商业大厦创办于1994年，它以"诚信为本，情义至上"的经营哲学为指导，"以情显义，以义取利，义利结合"，使之在创办三年的时间内营业额就翻了一番，跃居首都商界第四位。

❷价值观念

所谓"价值观念"，是人们基于某种功利性或道义性的追求而对个人、组织本身的存在、行为和行为结果进行评价的基本观点。可以说，人生就是为了价值的追求，价值观念决定着人生追求行为。价值观不是人们在一时一事上的体现，而是在长期实践活动中形成的关于价值的观念体系。企业的价值观是指企业职工对企业存在的意义、经营目的、经营宗旨的价值评价和为之追求的整体化、个异化的群体意识，是企业全体职工共同的价值准则。只有在共同的价值准则基础上才能产生正确的价值目标，有了正确的价值目标才会有奋力追求价值目标的行为，企业才有希望。因此，企业价值观决定着职工行为的取向，关系着企业的生死存亡。只顾企业自身经济效益的价值观会偏离社会主义方向，不仅会影响企业形象，还会损害国家和人民的利益；只顾眼前利益的价值观会急功近利，搞短期行为，使企业失去后劲，导致灭亡。我国老一代的民族企业家卢作孚（民生轮船公司的创始人）提倡"个人为事业服务，事业为社会服务，个人的服务是超报酬的，事业的服务是超经济的"，从而树立起"服务社会，便利人群，开发产业，富强国家"的价值观，这一为民为国的价值观促进了民生公司的发展。北京西单商场的价值观以求实为核心，即"实实在在的商品、实实在在的价格、实实在在的服务"，在经营过程中，严把商品进货关，保证商品质量；控制进货成本，提高商品附加值；提倡"需要理解的总是顾客，需要改进的总是自己"的观念，提高服务档次，促进了企业的发展。

❸企业精神

企业精神是指企业基于自身特定的性质、任务、宗旨、时代要求和发展方向，经过精心培养而形成的企业成员群体的精神风貌。

企业精神要通过企业全体职工有意识的实践活动体现出来。因此，它又是企业职工观念意识和进取心理的外化。

企业精神是企业文化的核心，在整个企业文化中占居支配地位。企业精神以价值观念为基础，以价值目标为动力，对企业经营哲学、管理制度、道德风尚、团体意识和企业形象起着决定性的作用。可以说，企业精神是企业的灵魂。

企业精神通常用一些既富于哲理，又简洁明快的语言予以表达，便于职工铭记在心，时刻用于激励自己，也便于对外宣传，容易在人们脑海里形成印象，从而在社会上形成个性鲜明的企业形象。如王府井百货大楼的"一团火"精神，就是用大楼人的光和热去照亮、温暖每一颗心，其实质就是奉献服务；西单商场的"求实、奋进"精神，体现了以求实为核心的价值观念和真诚守信、开拓奋进的经营作风。

④ 企业道德

企业道德是指调整本企业与其他企业之间、企业与顾客之间、企业内部职工之间关系的行为规范的总和。它是从伦理关系的角度，以善与恶、公与私、荣与辱、诚实与虚伪等道德范畴为标准来评价和规范企业的。

企业道德与法律规范和制度规范不同，不具有那样的强制性和约束力，但具有积极的示范效应和强烈的感染力，被人们认可和接受后具有自我约束的力量。因此，它具有更广泛的适应性，是约束企业和职工行为的重要手段。中国的老字号同仁堂药店之所以300多年长盛不衰，在于它把中华民族的传统美德融于企业的生产经营过程之中，形成了具有行业特色的职业道德，即"济世养生、精益求精、童叟无欺、一视同仁"。

⑤ 团体意识

团体即组织，团体意识是指组织成员的集体观念。团体意识是企业内部凝聚力形成的重要心理因素。企业团体意识的形成使企业的每个职工都把自己的工作和行为看成实现企业目标的一个组成部分，使他们为自己作为企业的成员而感到自豪，对企业的成就产生荣誉感，从而把企业看成自己利益的共同体和归属地。因此，他们就会为实现企业的目标而努力奋斗，自觉地克服与实现企业目标不一致的行为。

⑥ 企业形象

企业形象是企业通过外部特征和经营实力表现出来的、被消费者和公众所认同的企业总体印象。由外部特征表现出来的企业形象称为表层形象，如招牌、门面、徽标、广告、商标、服饰、营业环境等，这些都给人以直观的感觉，容易形成印象；通过经营实力表现出来的形象称为深层形象，它是企业内部要素的集中体现，如人员素质、生产经营能力、管理水平、资本实力、产品质量等。表层形象以深层形象为基础，没有深层形象这个基础，表层形象就是虚假的，也不能长久地保持。流通企业主要以经营商品和提供服务为主，与顾客接触较多，所以表层形象显得格外重要，但这绝不是说深层形象可以放在次要的位置。北京西单商场以"诚实待人、诚心感人、诚信送人、诚恳让人"来树立全心全意为顾客服务的企业形象，而这种服务是建立在优美的购物环境、可靠的商品质量、实实在在的价格基础上的，即以强大的物质基础和经营实力作为优质服务的保证，达到表层形象和深层形象的结合，赢得了广大顾客的信任。

⑦ 企业制度

企业制度是在生产经营实践活动中所形成的，对人的行为带有强制性，并能保障一定权利的各种规定。从企业文化的层次结构看，企业制度属中间层次，它是精神文化的表现形式，是物质文化实现的保证。企业制度作为职工行为规范的模式，使个人的活动得以合理进行，内外人际关系得以协调，员工的共同利益受到保护，从而使企业有序地组织起来为实现企业目标而努力。

⑧企业文化的结构

企业文化的结构是指企业文化系统内各要素之间的时空顺序、主次地位与结合方式，企业文化结构就是企业文化的构成、形式、层次、内容、类型等的比例关系和位置关系。它表明各个要素如何链接形成企业文化的整体模式，即企业物质文化、企业行为文化、企业制度文化、企业精神文化形态。

二、企业文化的基本功能

企业文化一旦形成，则具有如下功能：

①导向功能

导向功能即通过企业文化对企业领导者和职工起引导作用。企业文化的导向功能主要体现在两个方面：一是经营哲学和价值观念的指导。经营哲学决定了企业经营的思维方式和处理问题的法则，这些方式和法则指导经营者进行正确的决策，指导员工采用科学的方法从事生产经营活动。企业共同的价值观念规定了企业的价值取向，使员工对事物的评判达成共识，有着共同的价值目标，企业的领导和员工为实现他们所认定的价值目标去行动。美国学者托马斯·彼得斯和小罗伯特·沃特曼在《追求卓越》一书中指出，"我们研究的所有优秀公司都很清楚它们的主张是什么，并认真建立和形成了公司的价值准则。事实上，一个公司缺乏明确的价值准则或价值观念不正确，我们则怀疑它是否有可能获得经营上的成功"。二是企业目标的指引。企业目标代表着企业发展的方向，没有正确的目标就等于迷失了方向。完美的企业文化会从实际出发，以科学的态度去制定企业的发展目标，这种目标一定具有可行性和科学性。企业员工就是在这一目标的指导下从事生产经营活动。

②约束功能

企业文化的约束功能主要是通过完善管理制度和道德规范来实现的。①有效规章制度的约束。企业制度是企业文化的内容之一，是企业内部的法规，企业的领导者和企业职工必须遵守和执行，从而形成约束力。②道德规范的约束。道德规范是从伦理关系的角度来约束企业领导者和职工的行为。如果人们违背了道德规范的要求，就会受到舆论的谴责，心理上会感到内疚。同仁堂药店"济世养生、精益求精、童叟无欺、一视同仁"的道德规范约束着全体员工必须严格按工艺规程操作，严格进行质量管理，严格执行纪律。

③凝聚功能

企业文化以人为本，尊重人的感情，从而在企业中造成了一种团结友爱、相互信任的和睦气氛，强化了团体意识，使企业职工之间形成强大的凝聚力和向心力。共同的价值观念形成了共同的目标和理想，职工把企业看成是一个命运共同体，把本职工作看成是实现共同目标的重要组成部分，整个企业步调一致，形成统一的整体。这时，"厂兴我荣，厂衰我耻"成为职工发自内心的真挚情感，"爱厂如家"就会变成他们的实际行动。

④激励功能

共同的价值观念使每个职工都感到自己存在和行为的价值，自我价值的实现是人的最高精神需求的一种满足，这种满足必将形成强大的激励作用。在以人为本的企业文化氛围中，领导与职工、职工与职工之间互相关心、互相支持，特别是领导对职工的关心，会使职工感到受人尊重，职工自然会振奋精神、努力工作。另外，企业精神和企业形象对企业职工也有着极大的鼓舞作用，特别是企业文化建设取得成功，在社会上产生影响时，企业职工会产生强烈的荣誉感和自豪感，他们会加倍努力，用自己的实际行动去维护企业的荣誉和形象。

❺ 调适功能

调适就是调整和适应。企业各部门之间、职工之间由于各种原因难免会产生一些矛盾，解决这些矛盾需要各自进行自我调节；企业与环境、顾客、其他企业、国家、社会之间都会存在不协调、不适应之处，这也需要进行调整和适应。企业哲学和企业道德规范使经营者和普通员工能科学地处理这些矛盾，自觉地约束自己。完美的企业形象就是进行这些调节的结果。调适功能实际上也是企业能动作用的一种表现。

❻ 辐射功能

文化力不只在企业起作用，它也能通过各种渠道对社会产生影响。文化力辐射的渠道很多，主要包括传播媒体、公共关系活动等。社会学家、《工会博览》杂志副主编艾君认为，计划经济、自由经济和有计划的商品经济所表现出来的企业文化现象是不同的。可以这样理解，自由经济条件下的企业文化是在追求物质财富的基础上发展起来的；以政治为纲的计划经济条件下的企业文化往往带有意识主导物质的发展痕迹；而有计划的商品经济条件下的企业文化实际上是建立在物质决定意识的基础前提下，同时又会受到来自上层建筑这种意识的制约的企业文化现象。

第三节　不同国家的企业文化模式与管理特点

文化与民族是分不开的，一定的文化总是一定民族的文化。企业文化是一个国家的微观组织文化，它是这个国家民族文化的组成部分，所以一个国家企业文化的特点实际上代表了这个国家民族文化的特点。下面我们仅对能代表东西方民族文化特点的几个国家和地区的企业文化和管理特点作一些简要介绍。

一、美国的企业文化与管理特点

美国是一个多民族的移民国家，这决定了美国民族文化的个人主义特点。

美国的企业文化以个人主义为核心，但这种个人主义不是一般概念上的自私，而是强调个人的独立性、能动性、个性和个人成就。在这种个人主义思想的支配下，美国的企业管理以个人的能动主义为基础，鼓励职工个人奋斗，实行个人负责、个人决策。因此，在美国企业中个人英雄主义比较突出，许多企业常常把企业的创业者或对企业作出巨大贡献的个人推崇为英雄。企业对职工的评价也是基于能力主义原则，加薪和提职也只看能力和工作业绩，不考虑年龄、资历和学历等因素。以个人主义为特点的企业文化缺乏共同的价值观念，企业的价值目标和个人的价值目标是不一致的，企业以严密的组织结构、严格的规章制度来管理员工，以追求企业目标的实现，而职工仅把企业看成是实现个人目标和自我价值的场所和手段。

二、欧洲国家的企业文化与管理特点

欧洲文化是受基督教影响的，基督教给欧洲提供了理想价值的道德楷模。基督教信仰上帝，认为上帝是仁慈的，上帝要求人与人之间应该互爱。受这一观念的影响，欧洲文化崇尚个人的价值观，强调个人高层次的需求。欧洲人还注重理性和科学，强调逻辑推理和理性的分析。

虽然欧洲企业文化的精神基础是相同的，但由于各个国家民族文化的不同，欧洲各国的企业文化也存在着差别。英国人由于文化背景的原因，世袭观念强，一直把地主贵族视为社会的上层，企业经营者处于较低的社会等级。因此，英国企业家的价值观念比较讲究社会地位和等级差异，不是用优异的管理业绩来证明自己的社会价值，而是千方百计地使自己进入上层社会，因此在企业经营中墨守成规，缺少冒险精神。

法国人最突出的特点是民族主义，傲慢、势利和有优越感，因此法国人的企业管理表现出封闭守旧的观念。

意大利人崇尚自由，以自我为中心，所以在企业管理上显得组织纪律性差，企业组织的结构化程度低。但由于意大利的绝大多数企业属于中小企业，组织松散对企业生机的影响并不突出。

德国人的官僚意识比较浓，组织纪律性强，而且勤奋刻苦。因此，德国的企业管理中，决策机构庞大、决策集体化，保障工人参与管理的权利，往往要花较多的时间论证，但决策质量高。企业执行层划分严格，各部门只有一个主管，不设副职。职工参与企业管理广泛而正规，许多法律都保障了职工参与企业管理的权利。职工参与企业管理主要是通过参加企业监事会和董事会来实现的。按照《职工参与管理法》的规定，2万人以上的企业中，监事会成员20人，劳资代表各占一半，劳方的10名代表中，企业内推举7人，企业外推举3人；1万~2万人的企业中，监事会成员16人，劳方代表8人，其中企业内推举6人，企业外推举2人；1万人以下的企业中，监事会成员中的劳资代表各占一半。

三、日本的企业文化与管理特点

日本是一个单一民族的国家，社会结构长期稳定统一，思想观念具有很强的共性。同时，日本民族受中国儒家伦理思想的影响，侧重"和"、"信"、"诚"等伦理观念，使日本高度重视人际关系的处理。这些决定了日本企业文化以和亲一致的团队精神为特点。"和"被日本企业作为管理中的哲学观念，是企业行动的指南。

以团队精神为特点的日本企业文化使企业上下一致地维护和谐、互相谦让、强调合作，反对个人主义和内部竞争。企业是利益共同体，共同的价值观念使企业目标和个人目标具有一致性。企业像一个家庭一样，成员和睦相处，上级关心下级，权利和责任的划分并不那么明确。企业实行集体决策，取得一致意见后才作出决定，一旦出了问题不归咎为个人责任，而是各自多作自我批评。企业对职工实行终身雇佣制和年功序列工资制，员工对公司的忠诚度高，而且公司各层级人员的实际收入差别不大。日本虽然是单一民族的岛国，却并不封闭守旧，日本人革新精神强，这与日本注重吸收西方文化、重视科学技术和理性管理有关，同时这一点又与日本传统文化相结合，于是形成了东方特有的生产力。

四、中国的企业文化与管理特点

在中国早期民族工业企业中，老一代的民族企业家也积极倡导爱国爱厂的企业文化，"实业救国"及民生轮船公司的创始人卢作孚先生于1925年倡导的"民生精神"都是我国早期工业时期企业文化的代表。新中国成立以后，国有企业是中国经济的主体，企业文化如同整个国家的经济建设一样，经历了一番曲折的道路。在传统计划经济体制下，高度集权的管理模式对企业文化建设既有积极的一面，也存在着严重的消极因素。所谓积极的一面，是有利于体现企业的社会主义共性，形成注重国家利益的大集体观念和艰苦奋斗精神，如20世纪五六十年代出现的"两参一改三结合"的"鞍钢宪法"和"三老四严"的"大庆精神"，曾经成为中国企业精神。所谓消极的一面，是这种集权管理模式强化了"官本位"观念，管理活动行政化，职工的积极性未能充分发挥出来，民主管理的监督约束机制显得无力。特别是在极"左"思潮的干预下，"以阶级斗争为纲"，把政治挂帅绝对化，严重阻碍了企业民主制度的建立和监督制度的形成。实行经济体制改革以后，传统计划经济体制逐步转换为社会主义市场经济体制，中国企业文化建设的环境开始转变，特别是现代企业制度的建立，为建设有中国特色的企业文化创造了有利的政治法律环境，企业文化建设也取得了显著成效。

拓展学习

员工关系和组织文化

建设企业文化的目的在于形成全公司统一的价值观念。一个公司想做大，成为一个跨国公司或国际集团公司，最主要的标志是，全公司无论是在中国还是在外国，都有统一的观念、统一的文化。统一就意味着管理风格的统一、员工行为方式的统一，对外是一个统一的形象，代表着同一个品牌。具体工作包括内部信息沟通、员工集体活动、协助绩效改进、员工意见调查（通过反映员工意见促进组织变革和组织发展）。

员工是名牌企业中一个很重要的因素。一个现代企业如何通过人力资源管理手段来建立企业的团队精神和发挥企业的凝聚力？壳牌公司是这样做的：

第一，明确一个企业需要哪些人才。大体上有四类人力资源：①企业家型的人才。企业家是敢于超越自己的资源去开拓事业的人。例如，一个小学毕业的人只懂得做木匠，其他的什么都不懂，但他敢于涉足电脑行业，进入一个他现在的能力根本达不到的领域，这样的人才就是企业家型的人才。这样的人在做事时，首先想到的是找关系，但找的不是自己的亲戚、朋友，而是对自己的事业有用的人，哪怕不认识，也要设法认识他，和他建立关系。这样的人具有企业家精神。②职业经理人。职业经理人能充分利用现有资源，最大限度地使其发挥作用。可能他是一个博士毕业生，他知道这个技术怎么去研制，怎么去开发。他能在自己力所能及的范围内做出成绩，这是他和企业家型人才最大的区别。③专业技术人员。他是一个能够出色完成专业工作的人，包括工程技术人员、管理人员、执行人员。④最基层、最具体的操作人员，包括辅助人员、工人等。

第二，确定关键岗位和关键人员。必须清楚哪些是短期、长期的关键岗位，哪些人是关键的人。这二者有时是一致的，有时又是不一致的。如果关键人员并没有处在关键岗位，但这人很有潜质，也许是经理人才的后备人选，或者是具有企业家精神的人，那么从现在起就要重视他，为他制订特别的培养计划。

第三，促进企业的变革和管理发展。人力资源部门负责这项工作的人应经常考虑企业目前面临的外部环境是怎样的、它会发展成什么样、今后长期发展的挑战是什么等问题。同时要不断去创新，开拓出新的项目，推动组织变革和组织发展。

第四，通过人力资源规划和人力资源战略管理，把人力资源纳入企业的整个经营发展规划中，而不是把自己简单地理解为一个独立的人事部门、执行部门。

从这方面讲，国内企业大都面临着几大挑战：

（1）发现、培养企业家继承人。国内做得好的公司大都经过新的领导人、新的企业家的开拓创造。但如何从核心领域拓展到相关领域，从1个亿发展到10个亿、50个亿，从中国做到世界，这就需要新的企业家，需要拥有企业家精神，能超脱企业现有的资源，去创造更大的事业。

（2）建立一种有计划的良好的内部培训、选拔机制。通过实践和工作来判断企业内部员工是否真正具有这种潜质，把有潜质的员工培养成企业的接班人。

（3）建立强大的专业化职业经理人队伍。一些企业过于看重从内部培养，从国内企业吸收人才，为什么不能吸引外企的经理人才呢？由于受到金融危机的冲击，全世界的经济比较萧条，中国经济也受到了很大影响。特别是外国公司，最初对中国市场的估计非常乐观，投资很大，并做了很多人力资源培训计划。但是根据目前的情况，可能短期内会有一个平缓的发展时期，所以很多人才没有得到企业预先承诺的职位。这对国内的企业来说是一个契机，企业应抓住这一契机，给他们更多的机会去尝试、去创造。

另外，培养大学毕业生经理人也是外国公司通常采用的方法。如壳牌、联合利华、宝洁、英国烟草，这些大公司对大学生都有特殊的培养计划，每年从毕业生中挑选培养对象，不看专业，看的是潜能（管理潜能、领导潜能），通过特殊的培养计划，三年或五年培养到经理层次。

（4）应更多地培养自己的专业人员、管理人员。广泛而多渠道地招聘人才，并留住他们。企业年年招人却年年都留不住人，这是一个很突出的问题。

（5）大学生的招聘、培养、保留计划。大学生是企业发展壮大的一个很好的人力资源，他们虽然没有丰富的工作经验，但他们的创造性、思维的开拓性非常强，如果有一个好的培养计划，对企业的发展将有很大的促进作用。

在人力资源战略管理中，还要特别强调组织变革和管理发展。

第一，组织发展。全球化日益深化，现在很多大企业已超越国界，甚至有人说在经济领域，世界的划分不是依靠国家而是企业。企业跨越国界，可以回避国家的税收等政策，所以跨国性经营越来越强。但企业在跨文化、跨国管理时，尤其要注意组织的变革。

第二，技术发展。从过去十年一换、二十年一个周期，转变为三五年一个周期。

第三，组织之间的合并、重组、协作、参股时有发生。1997年至1998年，全球制药、化工、电子、金融业等很多大公司都进行了重组合并。企业在重组合并中，最重要的是人员的变动和机构的调整。

第四，企业为适应更迅猛的经营环境的变化，需要更灵敏地、不断地自我调整，通过高层人员的变动、组织的变动甚至裁员，来调整企业的适应性。

所以，适应环境变化，最主要的方法是调整组织结构，系统地更新管理观念、领导方式、系统地创新管理模式、管理系统。

问题与讨论

1. 你认为企业人才培养的意义及价值是什么？

2. 怎样识别企业内的关键的人，怎样才能将具有领导才能的人安排到关键的岗位上？请查阅网络上有关世界500强企业的资料，并进行初步小结，拟定发言提纲，进行分组

讨论。

3. 外国知名企业怎样看待大学毕业生在企业中的作用？如何开发大学生的潜能已成为大企业的重要任务，对此，你有何具体看法？

思考题

1. 在现代企业管理中，究竟怎样运用现代企业制度的基本理论来指导企业经营行为？
2. 国际大企业的经验借鉴对认识现代企业制度的意义与价值是什么？
3. 谈谈你对学习现代企业制度课程的主要收获。

作业题

1. 企业文化的内涵与现代意义是什么？
2. 企业文化为什么越来越受到企业界的重视？
3. 通过现代企业制度的学习，你怎样看待企业文化建设？

后 记

　　《现代企业制度与企业管理》即将付梓之际，笔者不禁想起 1991 年在厦门大学开始研究外国百年大企业经营问题的情景。记得当时笔者承担的是日本电子企业研究项目，此后即在国内外收集相关资料，并得到日本东芝公司国际部的支持，获得了该公司最新经营管理方面的资料。日本大企业如何经营制胜始终是笔者最感兴趣的问题。因为在此之前笔者承担了国家重点项目"中国经济史"的"盐业"与"茶业"两个子项目，其中就涉及究竟怎样从理论上解释中国传统社会中国家经济运行与产业、行业、企业等不同经济组织的关系问题。在接触到有关外国大企业经营的资料后，发现中国传统企业制度与西方企业制度有许多共同之处，因为经济组织的活动与行为方向是一致的，即便是早期的中国生产组织经营方式，也有许多值得总结的独特经验。在中国崛起的今天，中国企业应学习和借鉴发达国家的企业管理理论，这在中国企业走向世界的进程中尤为重要。在现代社会日益错综复杂的国际经营环境中，任何企业都应不断调整自己以适应市场变动，否则即便是大企业也会出现危机甚至破产。对于中国企业来说，究竟如何借鉴西方国家企业管理的成功经验，以便在国际化经营中立于不败之地，则是其面临的新课题。应该承认，市场经济越发达、越成熟，企业所面临的共同性问题就越相似。现代企业经营成效的差异，其区别仅仅在于企业的思维与行为不同罢了。因此，在大学中学习与研究各不相同的现代企业管理理论，重点在于必须采取多种方式来更多地了解企业经营环境变动情况，能够清醒地认识到市场经济体制下企业思维与行为的意义与价值，加强企业国际经营理论学习，注重总结中外企业发展的历史经验，这对于今后进入企业工作显然是有帮助的。作为大学通识教育课程，企业管理所涉及的学科领域相当广泛，这对于提升学生跨学科、跨领域、跨文化的有效学习能力也有积极意义。

　　现代企业制度与企业管理课程的开设始终得到广东工业大学张湘伟校长的支持与关心，2006 年该课程成为全校工程技术专业学生首批开设的通识教育课程之一；本书的出版得到了暨南大学出版社的支持，列入了"全国大学通识教育系列教材"的出版计划；在本书编写过程中，广东工业大学通识教育中心的齐顺利博士和陈慧老师利用业余时间帮助整理相关资料，谨此一并表示感谢。

　　由于编者水平有限，错误在所难免，希望大家指正。

编 者

2010 年 6 月 28 日于广州翠云山下